In unserer Überfluß- und Überdrußgesellschaft gewinnt die Frage nach dem Sinn des Lebens immer größere Bedeutung. Singer wendet sich gegen die pessimistische Auffassung, daß die genetische Ausstattung den Menschen zum Egoismus verurteilt, und beschreibt, wie die Evolution zur Förderung von altruistisch orientierten Lebewesen beitragen kann. Aber darüber hinaus müssen, so seine Grundaussage, Eigeninteresse und Ethik nicht in Konflikt miteinander stehen. Anhand konkreter Beispiele werden hier Perspektiven und Chancen einer ethischen Lebenseinstellung vorgeführt, die zeigen, daß sich unser Leben wesentlich und tiefgreifend verändern kann.

»Ein ethisches Leben zu führen, bedeutet nicht Selbstaufopferung, sondern Selbsterfüllung.« (Peter Singer)

Peter Singer, 1946 in Melbourne geboren, studierte Philosophie in Melbourne und Oxford und ist Professor für Philosophie und stellvertretender Direktor des Centre for Human Bioethics an der Monash University, Melbourne. Er ist Vorsitzender der Australian and New Zealand Federation of Animal Societies sowie Mitbegründer und Vorsitzender des Great Ape Projekts. Veröffentlichungen in deutscher Sprache: ›Praktische Ethik‹ (2., rev. Aufl. 1994); ›Muß dieses Kind am Leben bleiben? Das Problem schwerstgeschädigter Neugeborener‹ (gem. mit Helga Kuhse, 1993); ›Animal Liberation. Die Befreiung der Tiere‹ (2., erw. Aufl. 1996); ›Leben und Tod. Der Zusammenbruch der traditionellen Ethik‹ (1998).

Peter Singer

Wie sollen wir leben?

Ethik in einer egoistischen Zeit

Aus dem Englischen von Hermann Vetter

Deutscher Taschenbuch Verlag

Februar 1999
Deutscher Taschenbuch Verlag GmbH & Co. KG,
München
© 1993 Peter Singer (Die Originalausgabe erschien unter dem Titel ›How are we
to live?‹ 1993 im Verlag The Text Publishing Company, Melbourne, Australien)
© 1996 für die deutschsprachige Ausgabe: Harald Fischer Verlag GmbH,
Erlangen (ISBN 3-89131-115-X)
Umschlagkonzept: Balk & Brumshagen
Druck und Bindung: C. H. Beck'sche Buchdruckerei,
Nördlingen
Gedruckt auf säurefreiem, chlorfrei gebleichtem Papier
Printed in Germany • ISBN 3-423-08474-X

Inhalt

Vorwort 5
Danksagungen 9

1 Die grundlegende Entscheidung 11
   Ivan Boeskys Entscheidung 11
   Der Ring des Gyges 18
   »Wozu in aller Welt machen wir das eigentlich?« 20
   Ende der Geschichte oder Anfang einer säkularen Ethik? 23
   Ethik und eigenes Interesse 29

2 »Was kommt dabei für mich heraus?« 33
   Ein scheiterndes gesellschaftliches Experiment 33
   Der Verlust der Gemeinschaft 40

3 Wir verbrauchen die Welt 51
   Jean-Jacques Rousseau oder Adam Smith? 51
   Wir leben von unserem Erbe 55
   Wie eine überlaufende Abfallgrube Adam Smith
      obsolet macht 59
   Wann geht es uns gut? 62

4 Wie wir zu dieser Lebensweise kamen 69
   Ein perverser Trieb 69
   Aristoteles über die Kunst des Geldverdienens 70
   Kann ein Kaufmann Gott gefallen? 73
   Luthers Berufung und Calvins Gnade 79
   Religiöses und Weltliches nähern sich einander an 82
   Die Konsumgesellschaft 89
   Ein verblaßtes Grünen 91
   Die Reagan-Jahre: »Bereichere dich« 94

5 Liegt der Egoismus in unseren Genen? 101
   Das Argument der biologischen Verankerung des Egoismus 101
   Die Sorge für unsere Kinder 105
   Die Sorge für unsere Verwandtschaft 109
   Die Sorge für unsere Gruppe 115

6   Wie die Menschen in Japan leben 125
    Japan: ein erfolgreiches soziales Experiment? 125
    Die Firma als ethische Gemeinschaft 127
    Das Ich und die Gruppe 139

7   Wie du mir, so ich dir 149
    Die Sorge für die, die für uns sorgen 149
    Mit »Wie du mir, so ich dir« geht es uns besser 162
    Eigenes Interesse und Ethik: ein Zwischenergebnis 174

8   Ethisch leben 175
    Helden 175
    Ein grüner Sproß 181
    Warum handeln Menschen ethisch? 189

9   Das Wesen der Ethik 193
    Eine umfassendere Perspektive 193
    Sind Frauen das ethischere Geschlecht? 197
    Jesus und Kant: zwei Auffassungen, warum wir
        ethisch leben sollten 202
    Über Jesus und Kant hinaus: die Suche nach einer
        letzten Antwort 210

10 Ein Ziel im Leben haben 219
    Der Mythos von Sisyphus und der Sinn des Lebens 219
    Von Hausfrauen, australischen Ureinwohnern und
        Käfighühnern 221
    Der Kampf um den Sieg 226
    Die Wendung nach innen 231
    Ein weiterreichendes Ziel 240

11 Das gute Leben 247
    Das Steinchen ein Stück weiterrollen 247
    Die Rolltreppe der Vernunft 254
    Auf ein ethisches Leben zu 262

Anmerkungen 267
Index 290
Über den Autor 300

Vorwort

Gibt es noch etwas, *wofür* es sich zu leben lohnt? Gibt es außer Geld, Liebe und der Sorge für die eigene Familie überhaupt noch etwas, das den Einsatz wert ist? Wenn ja, was könnte das sein? Die Rede von »etwas, wofür es sich zu leben lohnt«, hat gewisse religiöse Anklänge; doch viele völlig unreligiöse Menschen haben das ungute Gefühl, es könnte ihnen etwas Grundlegendes fehlen, das ihrem Leben eine Bedeutung verleihen würde, die es jetzt nicht besitzt. Auch politisch sind diese Menschen nicht sonderlich engagiert. Im letzten Jahrhundert hat der politische Kampf oft den Platz ausgefüllt, den die Religion in anderen Zeiten und Kulturen innehatte. Doch niemand, der über die jüngste Geschichte nachdenkt, kann heute der Meinung sein, daß die Politik allein unsere Probleme lösen könnte. Doch wofür können wir sonst leben? In diesem Buch gebe ich eine Antwort. Sie ist so alt wie die Philosophie selbst, aber sie ist in unserer Gegenwart ebenso nötig wie in jeder früheren Zeit. Sie lautet, daß wir ethisch leben können. Damit fügen wir uns in eine große, die Kulturen umspannende Tradition ein. Und wir werden feststellen, daß ein ethisches Leben nicht Selbstaufopferung bedeutet, sondern Selbsterfüllung.

Wenn es uns gelingt, einmal über unseren eigenen Alltag hinauszuschauen und die Welt als Ganzes und unseren Ort in ihr zu betrachten, dann ist der Gedanke etwas widersinnig, es könnte schwer sein, etwas zu finden, wofür es sich zu leben lohnt. Es muß so vieles getan werden. Doch nicht nur große, dramatische Krisen verdienen unsere Aufmerksamkeit, es gibt zahllose Situationen kleineren Ausmaßes, die genau so schlimm sind, und die verhindert werden könnten. So gewaltig solche Aufgaben sind, es gibt viele Dinge, denen sich Menschen, die ein ernsthaftes Ziel suchen, verschreiben könnten.

Das Problem besteht darin, daß die meisten Menschen nur eine höchst unklare Vorstellung davon haben, was es bedeuten könnte, ein ethisches Leben zu führen. Ethik ist für sie ein System von Regeln, die ihnen dies und jenes verbieten. Sie begreifen die Ethik nicht als eine Grundlage zum Nachdenken darüber, wie wir leben sollen. Oft führen sie ein egoistisches Leben, doch nicht, weil sie als Egoisten geboren wären, sondern weil die anderen Möglichkeiten lästig, verwirrend oder einfach sinnlos erscheinen. Sie sehen für sich keine Möglichkeit, den Lauf der Welt irgendwie zu ändern, und selbst wenn, warum sollte es sie kümmern? Wenn sie keine religiöse Bekehrung erlebt haben, sehen sie oft keinen anderen Lebenszweck als ihre eigenen materiellen Interessen. Aber wenn wir uns dazu entscheiden, ethisch zu leben, können wir aus dieser Sackgasse herauskommen. Davon handelt dieses Buch.

Die Möglichkeit eines ethischen Lebens auch nur anzudeuten, genügt schon für den Vorwurf völliger Naivität. Manche werden sagen, der Mensch sei schon von Natur aus Egoist. Die Kapitel 4 bis 7 setzen sich auf verschiedene Weise mit dieser Behauptung auseinander. Andere werden meinen, wie immer die menschliche Natur beschaffen sei, habe die abendländische Gesellschaft schon lange einen Zustand erreicht, in dem weder rationale noch ethische Argumente noch irgend etwas ausrichten könnten. Das heutige Leben kann so verrückt erscheinen, daß wir daran verzweifeln könnten, etwas verbessern zu wollen. Ein Verleger, der das Manuskript dieses Buches gelesen hatte, deutete auf die New Yorker Straße unter seinem Fenster und sagte zu mir, da unten hätten die Leute angefangen, bei Rot über die Kreuzungen zu fahren, nur so zum Spaß. »Wie können Sie erwarten«, meinte er, »daß so ein Buch irgend etwas an einer Welt verändert, die voll von *solchen* Leuten ist?« Gewiß, wenn die Welt wirklich *voller* Menschen wäre, die sich so wenig um ihr eigenes Leben scheren, nicht zu reden vom Leben anderer, dann könnte niemand etwas erreichen, und die Menschheit würde wahrscheinlich nicht mehr allzu lange fortbestehen. Doch die Evolution tendiert dazu, *derartig* Verrückte auszumerzen. Ein paar davon gibt es vielleicht immer; und in den amerikanischen Großstädten kommen sie zweifellos gehäuft vor. In den Medien und im öffentlichen Bewußtsein findet solches Verhalten jedoch eindeutig übertriebene Beachtung. Es war aber schon immer so: berichtet wird nur über das Außergewöhnliche. Wenn eine Million Menschen jeden Tag etwas für andere tun, kommt das nicht in die Nachrichten; aber *ein* Heckenschütze, über den wird berichtet. Das vorliegende Buch verschließt nicht die Augen vor bösartigen, gewalttätigen und irrationalen Menschen, doch es ist in der Überzeugung geschrieben, daß wir nicht so leben sollten, als wäre jeder andere Mensch seiner Natur nach bösartig, gewalttätig und irrational.

Aber auch, wenn ich unrecht habe und es viel mehr Verrückte gibt, als ich glaube, welche Alternative bleibt uns? Die übliche Orientierung an den eigenen Interessen ist aus Gründen, die ich in einem späteren Kapitel untersuchen werde, für den einzelnen und die Gesamtheit selbstzerstörerisch. Das ethische Leben ist die grundlegendste Alternative zu dieser Orientierung an den eigenen Interessen. Die Entscheidung dazu ist weitreichender und mächtiger als ein herkömmliches politisches Engagement. Ein ethisch durchdachtes Leben führen heißt nicht strikte Beachtung eines Regelwerks, das dieses vorschreibt und jenes verbietet. Ethisch leben heißt, daß ich auf bestimmte Weise darüber nachdenke, wie ich lebe, und daß ich versuche, danach zu handeln. Wenn die These dieses Buches richtig ist, dann können wir kein ethisches Leben führen und zugleich gegenüber dem ungeheuer vielen unnötigen Leiden in der heutigen Welt gleichgültig bleiben. Vielleicht ist es eine naive Hoffnung, daß verhältnismäßig wenige Menschen, die ethisch durchdacht leben, sich als »kritische Masse« erweisen könnten, die das geistige Klima bezüglich des Wesens des Eigeninteresses und seiner Verbindung mit der Ethik verändert; doch wenn wir uns in der Welt umsehen und gewahr werden, in welchem heillosen Zustand sie sich befindet, dann scheint es der Mühe wert, dieser optimistischen Hoffnung jede nur mögliche Chance zu geben.

Jedes Buch spiegelt persönliche Erfahrungen wider, mögen die Gedanken auch durch noch so viele theoretische Filter gegangen sein. Mein Interesse am Thema dieses Buches setzte ein, als ich Student der Philosophie an der Universität von Melbourne war. Ich schrieb meine Magisterarbeit über das Thema »Warum sollte ich moralisch sein?«. Ich untersuchte sowohl die Frage selbst als auch die Antworten der Philosophen aus den letzten zweieinhalb Jahrtausenden. Widerstrebend kam ich zu dem Ergebnis, daß keine dieser Antworten wirklich befriedigend ist. Dann studierte und lehrte ich fünfundzwanzig Jahre lang Ethik und Sozialphilosophie an englischen, amerikanischen und australischen Universitäten. Am Anfang dieser Zeit beteiligte ich mich an der Opposition gegen den Vietnamkrieg. Auf diesem Hintergrund entstand mein erstes Buch, *Democracy and Disobedience*, das sich mit der ethischen Frage des Widerstands gegen ungerechte Gesetze befaßt. Mein zweites Buch, *Animal Liberation*, vertrat die Auffassung, daß unser Verhalten gegenüber den Tieren ethisch nicht zu rechtfertigen sei. Dieses Buch spielte eine Rolle bei der Entstehung und Verbreitung einer Bewegung, die jetzt die ganze

Welt umfaßt. Ich habe an ihr nicht nur als Philosoph teilgenommen, sondern auch als aktives Mitglied von Gruppen, die sich für Veränderungen einsetzen. Auch verschiedenen anderen Aufgaben mit einer starken ethischen Grundlage habe ich mich, wiederum sowohl als Philosoph wie auf eher alltägliche Weise, gewidmet: Hilfe für Entwicklungsländer, Hilfe für Flüchtlinge, Legalisierung der freiwilligen Euthanasie, Naturschutz und allgemeinere Umweltfragen. Das alles gab mir Gelegenheit, Menschen kennenzulernen, die Zeit und Geld und manchmal einen großen Teil ihres Privatlebens einem ethischen Anliegen opfern; und es gab mir Gelegenheit, ein tieferes Verständnis dafür zu gewinnen, was es heißt, ein ethisches Leben zu versuchen.

Später habe ich die Frage, warum wir ethisch handeln sollen, im Schlußkapitel meines Buches *Praktische Ethik* behandelt und das Thema von Ethik und Egoismus in *The Expanding Circle* gestreift. Wenn ich mich jetzt wieder der Beziehung zwischen Ethik und Eigeninteresse zuwende, kann ich mich auf solide praktische Erfahrungen und auf die Forschungen und Schriften anderer Wissenschaftler und Wissenschaftlerinnen stützen. Werde ich gefragt, warum Menschen überhaupt moralisch oder ethisch handeln sollten, so kann ich eine mutigere und positivere Antwort geben als in jener ersten Arbeit. Ich kann auf Menschen verweisen, die sich dazu entschieden haben, ein ethisches Leben zu führen, und die die Welt verändern konnten. Dadurch haben sie ihrem Leben einen Sinn verliehen, den viele sich überhaupt nicht zu erhoffen wagen. Verglichen mit ihrem früheren Leben empfinden sie ihr Leben nach dieser Entscheidung als reicher, erfüllender, ja aufregender als zuvor.

Peter Singer

Danksagungen

Zu danken habe ich vielen. Di Gribble vom Verlag Text Publishing in Melbourne meinte, daß die Zeit für ein Buch zu diesem Thema gekommen sei, und Michael Heyward von diesem Verlag beriet mich, als ein Entwurf vorlag. Der Australian Research Council ermöglichte eine Teilzeit-Forschungsassistenz durch Margaret Parnaby in Form von Materialsammlung, Prüfung von Zitaten und kritischen Kommentaren in jedem Stadium der Arbeit. Ihre Tätigkeit hat dazu beigetragen, daß das Gerüst, das mir vorschwebte, eine konkrete Gestalt angenommen hat. Aaron Asher, Stephen Buckle, Paola Cavalieri, Lori Gruen, Helga Kuhse, Shunici Noguchi, Renata Singer, Henry Spira und Tomasaburo Yamauchi lasen verschiedene Entwürfe. Sie alle lieferten mir nützliche Kommentare, und zusammen haben sie das Buch – welche Fehler auch immer geblieben sein mögen – ganz wesentlich verbessert.

1 Die grundlegende Entscheidung

Ivan Boeskys Entscheidung

1985 galt Ivan Boesky als der »König der Arbitrageure«; die Arbitrage ist eine bestimmte Form der Geldanlage in Anteilen von Firmen, die Gegenstand eines Übernahmeangebotes sind. 1981 verdiente er 40 Millionen Dollar, als Conoco von Du Pont aufgekauft wurde, 1984 verdiente er 80 Millionen, als Gulf Oil von Chevron aufgekauft wurde, und im gleichen Jahr 100 Millionen, als Getty Oil von Texaco erworben wurde. Er erlitt auch einige bedeutende Verluste, blieb aber im Magazin *Forbes* auf der Liste der 400 reichsten Amerikaner. Sein persönliches Vermögen wurde auf 150 bis 200 Millionen Dollar geschätzt.[1]

Boesky hatte ein ungeheures Ansehen und erheblichen Respekt gewonnen. Teilweise gründete sich sein Ruf auf sein Vermögen. Ein Kollege sagte von ihm: »Ivan könnte jeden Chef im ganzen Lande morgens um sieben von der Toilette holen, wenn er mit ihm sprechen wollte.«[2] Doch sein Ruf gründete sich auch auf den Glauben, er habe das Geldanlegen um neue, »wissenschaftliche« Gesichtspunkte bereichert, die sich auf ein hochentwickeltes Kommunikationssystem stützten, das er mit dem der NASA verglich. Er tauchte nicht nur in Wirtschaftsblättern auf, sondern auch in der Rubrik »Zeitgenossen« der *New York Times*. Er trug die besten Anzüge, auf denen eine goldene Uhrkette im Stile Winston Churchills nicht zu übersehen war. Er besaß ein altes Herrenhaus im Georgia-Stil mit 12 Schlafzimmern und 190 Morgen Land in Westchester County vor den Toren New Yorks. Er war ein wichtiges Mitglied der Republikanischen Partei, und manche schrieben ihm politische Ambitionen zu. Er nahm Funktionen am American Ballet Theater und am Metropolitan Museum of Art wahr.

Anders als andere Arbitrageure vor ihm suchte Boesky die Grundzüge seines Arbeitsgebietes publik zu machen und als Sachverständiger auf einem Spezialgebiet anerkannt zu werden, das dem Funktionieren des Marktes dienlich sei. 1985 veröffentlichte er ein Buch über die Arbitrage mit dem Titel *Merger Mania* (»Der Fusionswahnsinn«). Dort wird behauptet, die Arbitrage trage zu »einem fairen, flüssigen und wirksamen Markt« bei, und es wird festgestellt, daß »keine ungerechtfertigten Gewinne gemacht werden: es gibt keine Geheimtricks, die es dem Arbitrageur ermöglichen würden, dem System ein Schnippchen zu schlagen … Gewinnmöglichkeiten bestehen nur deshalb, weil die Risikoarbitrage eine wichtige Marktfunktion erfüllt.« Das Buch beginnt mit einer anrührenden Widmung:

> »Meinem Vater und Mentor seligen Angedenkens William H. Boesky (1900-1964), dessen Mut ihn aus dem heimatlichen Jekaterinoslaw in Rußland im Jahre 1912 an diese Ufer führte. Mein Leben wurde tief geprägt vom Geiste meines Vaters, seiner überzeugten Hingabe an das Wohl der Menschheit und seiner Betonung der Gelehrsamkeit als des wichtigsten Schlüssels zu Gerechtigkeit, Barmherzigkeit und Rechtschaffenheit. Sein Leben bleibt beispielhaft für die Rückerstattung all dessen an die Gemeinschaft, was er durch gottgegebene Fähigkeiten erworben hatte.
>
> In diesem Geiste schreibe ich dieses Buch für alle, die mein Spezialgebiet kennenlernen wollen, auf daß sie erkennen mögen, daß man durch Vertrauen auf sich selbst und Entschlußkraft alles werden kann, was sich nur erträumen läßt. Mögen die Leser meines Buches etwas von den Chancen erkennen, die in so einzigartiger Weise in diesem großen Lande bestehen.«[3]

Im Jahr der Veröffentlichung dieser Autobiographie, auf der Höhe seines Erfolges, traf Boesky mit Dennis Levine eine Abmachung über die Überlassung von internen Informationen. Levine selbst verdiente jährlich etwa 3 Millionen Dollar an Gehalt und Prämien bei Drexel Burnham Lambert, jener ungeheuer erfolgreichen Wall-Street-Firma, die den »Junk-Bond«-Markt beherrschte. Da Junk Bonds die bevorzugte Form der Finanzierung von Firmenübernahmen waren, war Drexel an fast jedem größeren Übernahmekampf beteiligt, und Levine standen Informationen zur Verfügung, mit deren Hilfe kapitalkräftige Leute praktisch ohne Risiko Hunderte von Millionen Dollar verdienen konnten.

Die Frage, wie diese Situation ethisch zu bewerten ist, kann kaum Anlaß zu Diskussionen geben. Wenn Boesky aufgrund von Levines Informationen Anteile kaufte, wußte er, daß ihr Wert steigen würde. Die Anteilseigner, die an ihn verkauften, wußten das nicht und verkauften deshalb zu einem niedrigeren Preis, als sie später hätten erzielen können. War Drexels Kunde ein Interessent für die Firmenübernahme, so mußte er dafür mehr bezahlen, wenn die Übernahmeabsicht durchsickerte, denn Boeskys Käufe konnten den Preis der Anteile in die Höhe treiben. Daran konnte die Übernahme scheitern, oder es kamen anschließend mehr Anteile der übernommenen Firma auf den Markt, um die zusätzlichen Kredite zu bezahlen, die für den höheren Kaufpreis nötig waren. Da Drexel, und damit auch Levine, die Kenntnis von der beabsichtigten Übernahme von ihren Kunden vertraulich erhalten hatten, verstieß die Weitergabe an Dritte, die daraus zu Lasten des Kunden Kapital schlagen konnten, eindeutig gegen alle anerkannten Grundsätze der Berufsethik. Boesky hat nie durchblicken lassen, daß er sich von diesen distanziere oder in seinem Falle eine Ausnahme für gerechtfertigt halte. Er wußte auch, daß der Handel mit internen Informationen rechtswidrig ist. Trotzdem ging er 1985 so weit, seine Abmachung mit Levine zu kodifizieren und ihm fünf Prozent seines Gewinns aus dem Verkauf von Anteilen zu überlassen, über die er von Levine Informationen erhalten hatte.

Warum hat Boesky das getan? Warum sollte ein Mensch wie Boesky, der 150 Millionen Dollar und eine geachtete gesellschaftliche Stellung besaß und der – wie aus der Widmung seines Buches hervorgeht – zumindest dem Anschein nach ein ethisches Leben im Dienste der Gemeinschaft wertschätzte, seinen guten Ruf, sein Vermögen und seine Freiheit durch eine offensichtlich rechtswidrige und unethische Handlung aufs Spiel setzen? Schön, Boesky konnte durch sein Arrangement mit Levine sehr viel Geld verdienen. Die Securities and Exchange Commission äußerte sich später über mehrere Transaktionen, in denen Boesky Informationen Levines ausgenutzt hatte; seine Gewinne daraus wurden auf 50 Millionen Dollar geschätzt. Angesichts der bis dahin vorliegenden Tätigkeitsbilanz der Kommission konnte Boesky durchaus hoffen, daß seine rechtswidrigen Geschäfte nicht aufgedeckt und verfolgt würden. Es war also gar nicht unvernünftig, wenn er glaubte, die Ausnutzung der internen Informationen würde ihm bei geringer Aufdeckungsgefahr viel Geld einbringen. Bedeutet das nun, daß er klug gehandelt hat? Was ist in dieser Situation Klugheit? Indem Boesky sich dafür entschied, sich auf eine Art und Weise weiter zu bereichern, die er ethisch nicht rechtfertigen konnte, traf er eine Entscheidung zwischen zwei grundsätzlich verschiedenen

Lebensweisen. Eine solche Entscheidung nenne ich eine »grundlegende Entscheidung«. Wenn Ethik und Eigeninteresse einander zu widersprechen scheinen, dann stehen wir vor einer grundlegenden Entscheidung. Wie sollen wir uns entscheiden?

Die meisten Alltagsentscheidungen sind beschränkte Entscheidungen, die von einem gegebenen System von Werten ausgehen. Wenn ich mich körperlich einigermaßen fit halten will, dann entscheide ich mich vernünftigerweise für einen Spaziergang, statt mich mit einer Dose Bier aufs Sofa zu legen und im Fernsehen ein Fußballspiel anzuschauen. Wer etwas zur Erhaltung der Regenwälder tun will, schließt sich einer Gruppe an, die das öffentliche Bewußtsein von deren kontinuierlicher Zerstörung stärken möchte. Jemand anders möchte einen gutbezahlten und interessanten Beruf, also studiert er oder sie Jura. Bei jeder dieser Entscheidungen werden die Grundwerte schon vorausgesetzt, und bei der Entscheidung geht es nur noch um die besten Mittel zur Erreichung des Angestrebten. Bei einer grundlegenden Entscheidung geht es jedoch um die Grundwerte selber. Wir entscheiden nicht mehr innerhalb eines Rahmens, der festlegt, daß wir nur unsere eigenen Interessen bestmöglich wahrnehmen wollen, und auch nicht innerhalb eines Rahmens, der festlegt, daß wir das tun wollen, was wir für das ethisch Beste halten. Vielmehr entscheiden wir uns zwischen verschiedenen möglichen Lebensweisen: zwischen einer Lebensweise, in der die eigenen Interessen an erster Stelle stehen und einer Lebensweise, in der die Ethik an erster Stelle steht – vielleicht wählen wir auch einen Kompromiß aus beidem. (Ich stelle Ethik und Eigeninteresse einander gegenüber, weil sie in meinen Augen das stärkste Gegensatzpaar sind. Andere Möglichkeiten wären etwa ein Leben nach den Konventionen oder gemäß den eigenen ästhetischen Maßstäben, wo das eigene Leben gewissermaßen als Kunstwerk angesehen würde; doch diese Möglichkeiten behandelt das vorliegende Buch nicht.)

Grundlegende Entscheidungen erfordern Mut. Beschränkte Entscheidungen können wir auf der Basis unserer Grundwerte treffen. Bei grundlegenden Entscheidungen müssen wir diese Grundlagen unseres Lebens in Frage stellen. In den 50er Jahren sahen französische Philosophen wie Jean-Paul Sartre in dieser Art von Entscheidung einen Ausdruck unserer letzten Freiheit. Wir können wählen, was wir sein wollen, weil wir kein unveränderliches Wesen haben, kein gegebenes Ziel außerhalb von uns selbst. Anders als etwa ein Apfelbaum, der an einer bestimmten Stelle steht, weil irgend jemand es so vorgesehen hat, existieren wir einfach, und das übrige ist unsere Sache. (Daher der Name Existentialismus.) Manchmal führt das zu dem Gefühl, vor einem moralischen Nichts zu stehen. Es schwindelt uns, und wir möchten so schnell wie möglich diesem Zustand entfliehen. So umgehen wir die grundlegende Entscheidung und machen weiter wie zuvor. Das scheint das Einfachste und Sicherste zu sein. Doch in Wirklichkeit umgehen wir die grundlegende Entscheidung so nicht. Faktisch treffen wir sie auch dadurch, daß wir uns nicht entscheiden, und Sicherheit bringt uns das auch nicht. Vielleicht bereicherte sich Ivan Boesky deshalb immer weiter, weil alles andere bedeutet hätte, fast sämtliche Grundlagen seines Lebens in Frage zu stellen. Er handelte, als hätte seinem Wesen allein das Geldverdienen entsprochen. Aber natürlich war das nicht der Fall: er hätte sich dafür entscheiden können, ein ethisches Leben über das Geldverdienen zu stellen.

Doch auch wenn wir bereit sind, uns einer grundlegenden Entscheidung zu stellen, ist nicht leicht zu erkennen, wie sie aussehen soll. In beschränkteren Entscheidungssituationen wissen wir, wie wir sachverständigen Rat bekommen können. Es gibt Finanzberater/innen und Erziehungsberater/innen und Gesundheitsberater/innen, die uns erklären, was wir in unserem eigenen Interesse am besten tun sollten. Und viele andere Menschen lassen uns ebenfalls gerne wissen, was ihrer Meinung nach das Richtige für uns ist. Aber wer kennt sich bei grundlegenden Entscheidungen wirklich aus? Angenommen, Sie haben eine Möglichkeit, Ihr Auto, von dem Sie wissen, daß größere Reparaturen bevorstehen, an einen Fremden zu verkaufen, der so naiv ist, daß er das Auto nicht überprüfen läßt. Es macht äußerlich einen guten Eindruck auf ihn, und er ist im Begriff, den Kaufvertrag abzuschließen, fragt aber noch beiläufig, ob das Auto irgendwelche Probleme habe. Wenn Sie ebenso beiläufig antworten: »Nein, nicht daß ich wüßte«, dann kauft er und bezahlt um die 2000 Mark mehr, als Sie von jemandem bekommen würden, der Bescheid weiß. Der Fremde wird nie beweisen können, daß Sie gelogen haben. Sie sind überzeugt, daß es unrecht wäre, ihn zu belügen, aber die 2000 Mark könnten dazu beitragen, Ihr Leben in den nächsten Monaten etwas zu verschönern. In dieser Lage halten Sie es nicht für nötig, irgend jemanden um Rat zu fragen, was in Ihrem eigenen Interesse liege, und ebensowenig, was das Rechte wäre. Können Sie immer noch fragen, *was Sie tun sollen?*

Natürlich ist das möglich. Manche würden sagen, wenn Sie wüßten, daß es unrecht wäre, nicht die Wahrheit über den Zustand des Wagens zu sagen, dann sei der Fall klar; doch das wäre Wunschdenken. Wenn wir ehrlich gegenüber uns selbst sind, werden wir zugeben, daß wir mindestens manchmal, wenn Ethik und eigene Interessen zusammenstoßen, die eigenen Interessen wählen; und das ist nicht einfach Willensschwäche oder Unvernunft. Wir sind ernstlich im Zweifel, welche Entscheidung vernünftig wäre, denn wenn der Konflikt so grundsätzlich ist, scheint die Vernunft keine Lösung zu bieten.

Wir stehen alle vor grundlegenden Entscheidungen, und vor gleich schweren, ob wir nun auf unethische Weise 100 oder 100 Millionen Mark verdienen können. Wie die Welt am Ende des 20. Jahrhunderts nun einmal beschaffen ist, müssen wir, selbst wenn wir nie der Versuchung ausgesetzt sind, auf unethische Weise Geld zu verdienen, doch entscheiden, in welchem Maße wir für uns selbst und in welchem Maße wir für andere leben wollen. Es gibt hungernde, unterernährte, obdachlose und kranke Menschen, denen selbst die medizinische Grundversorgung fehlt; und es gibt Organisationen, die Geld sammeln, um diesen Menschen zu helfen. Gewiß, das Problem ist so groß, daß eine einzelne Person nicht viel ändern kann; und sicher geht ein Teil des Geldes in die Verwaltung oder wird unterschlagen oder erreicht aus irgendeinem anderen Grund nicht die Menschen, die es am nötigsten brauchen. Doch bei all diesen unvermeidlichen Schwierigkeiten ist die Kluft zwischen den reichen Ländern und der größten Armut in den Entwicklungsländern so groß, daß, auch wenn nur ein kleiner Teil der Spende ankommt, dieser kleine Teil für die Bedürftigen einen größeren Unterschied ausmacht, als der ganze gespendete Betrag für Ihr eigenes Leben bedeuten würde. Daß Sie als einzelner Mensch das ganze Problem nicht lösen können, spielt dabei keine Rolle, denn Sie können dennoch einzelnen Menschen oder Familien helfen. Also, wollen Sie sich mit einer solchen Organisation in Verbindung setzen? Wollen Sie selbst etwas spenden, nicht bloß ein paar Groschen, wenn Ihnen jemand die Sammelbüchse unter die Nase hält, sondern so viel, daß Sie deshalb bei Ihrem eigenen Leben im Wohlstand gewisse Einschränkungen hinnehmen müssen?

Einige Verbrauchsartikel schädigen die Ozonschicht, tragen zum Treibhauseffekt bei, zerstören Regenwälder oder verschmutzen unsere Flüsse und Seen. Andere werden zu Testzwecken in konzentrierter Form nicht narkotisierten Kaninchen in die Augen gegeben, die in langen Reihen entsprechender Vorrichtungen bewegungsunfähig gehalten werden wie in mittelalterlichen Folterblöcken. Es gibt aber andere Erzeugnisse, die weniger umweltschädlich sind oder nicht auf so grausame Weise getestet werden. Sie zu finden, kann jedoch Zeit und Mühe kosten. Wollen Sie das auf sich nehmen?

In unseren persönlichen Beziehungen stehen wir ständig vor ethischen Entscheidungen. Wir können Menschen ausnutzen und fallen lassen, oder wir können zu ihnen stehen. Wir können zu unseren Überzeugungen stehen oder uns beliebt machen und tun, was die anderen von uns erwarten. Die Moral persönlicher Beziehungen läßt sich zwar nur schwer allgemein fassen, weil jede Situation anders ist. Doch auch hier wissen wir oft, was das Rechte wäre, und sind dennoch im Zweifel, was wir tun sollen.

Natürlich gibt es Menschen, die durch das Leben gehen, ohne nach der Ethik ihrer Handlungen zu fragen. Einige davon sind einfach gleichgültig gegen andere Menschen; andere sind richtig bösartig. Doch wirkliches Desinteresse an jeder Art von Ethik ist selten. Mark »Chopper« Read, einer der abscheulichsten Verbrecher Australiens, brachte kürzlich (aus dem Gefängnis) eine schauerliche Autobiographie voller ekelerregender Einzelheiten heraus, in der er beschrieb, wie er seine Feinde prügelte und folterte, ehe er sie umbrachte. Doch so sehr der Verfasser auch Gefallen an der Gewalttätigkeit zu finden scheint, ist er doch sehr darauf bedacht, seinen Lesern und Leserinnen zu versichern, daß seine Opfer alle irgendwie zum Verbrechermilieu gehörten und das eben verdient hätten. Er möchte ihnen klarmachen, daß er nur Verachtung für einen australischen Massenmörder übrig habe – der jetzt mit ihm im Gefängnis sitzt –, der mit einem automatischen Gewehr wahllos auf Passanten schoß.[4] Das psychische Bedürfnis nach ethischer Rechtfertigung, wie schwach diese auch sei, ist auffallend weit verbreitet.

Jeder und jede einzelne von uns sollte sich fragen: Welchen Platz hat die Ethik in meinem täglichen Leben? Und dabei sollten wir auch fragen: Was stelle ich mir als ein gutes Leben im besten Sinne vor? Das ist eine grundlegende Frage. Sie bedeutet: was für eine Lebensweise bewundere ich wirklich, und auf was für ein Leben möchte ich zurückblicken können, wenn ich älter bin und darüber nachdenke, wie ich gelebt habe? Wird es genügen, wenn ich mir sagen kann: es hat Spaß gemacht? Werde ich überhaupt ehrlicherweise sagen können, daß es Spaß gemacht hat? Welche Position, welchen Status wir auch haben, wir können uns fragen, was wir – im Rahmen unserer Möglichkeiten – aus unserem Leben machen möchten.

Der Ring des Gyges

Vor zweieinhalbtausend Jahren, an der Wiege des abendländischen philosophischen Denkens, stand Sokrates im Ruf, der Weiseste in Griechenland zu sein. Eines Tages verlangte Glaukon, ein gutsituierter junger Athener, von ihm zu wissen, wie wir leben sollen. Die Frage ist ein zentraler Punkt in Platons *Staat*, einem der Hauptwerke in der Geschichte der abendländischen Philosophie. Sie ist auch eine klassische Formulierung einer grundlegenden Entscheidung.

Nach Platon beginnt Glaukon mit der bekannten Geschichte eines Hirten, der in den Diensten des Herrschers von Lydien stand. Eines Tages war der Hirte draußen bei seiner Herde, als sich ein Unwetter erhob und eine Erdspalte sich auftat. Er stieg in sie hinab und fand einen goldenen Ring, den er sich an den Finger steckte. Ein paar Tage darauf war er mit anderen Hirten zusammen und spielte mit dem Ring herum; dabei entdeckte er zu seinem Erstaunen, daß er, wenn er den Ring auf bestimmte Weise drehte, für seine Gefährten unsichtbar wurde. Daraufhin ließ er sich zu einem der Boten machen, die dem König über seine Herden berichteten. Im Palast benutzte er alsbald den Ring, um die Königin zu verführen, er ermordete im Einverständnis mit ihr den König und gewann so die Krone.

Für Glaukon stellt diese Geschichte eine gängige Ansicht von der Ethik und der menschlichen Natur dar. Sie besagt, daß jeder, der einen solchen Ring hätte, alle ethischen Grundsätze über Bord werfen würde – und daß das auch noch völlig vernünftig wäre:

»... so würde doch wohl keiner, wie man ja denken müsse, so stahlhart sein, daß er bei der Gerechtigkeit bliebe und sich darauf setzte, sich fremden Gutes zu enthalten und es nicht anzurühren, da es ihm frei stände, teils vom Markt ohne alle Besorgnis zu nehmen, was er nur wollte, teils in die Häuser zu gehen und beizuwohnen, wem er wollte, und zu töten oder aus Banden zu befreien, und so auch alles andere zu tun recht wie ein Gott unter den Menschen … Denn wenn einer, dem eine solche Macht zufiele, gar kein Unrecht begehen wollte noch fremdes Gut berühren, so würde er denen, die es merkten, als der Allerelendeste vorkommen und als der von allen Unverständigste; wiewohl sie einander betrügen und ihn einer vor dem anderen loben würden aus Furcht vor dem Unrechtleiden.«[5]

Glaukon fordert dann Sokrates auf zu beweisen, daß diese verbreitete Auffassung von der Ethik falsch sei. Sokrates soll ihn und die anderen Gesprächsteilnehmer davon überzeugen, daß es vernünftige Gründe gibt, das Rechte zu tun – nicht bloß Gründe wie die Furcht, erwischt zu werden, sondern solche, die auch gelten, wenn man wüßte, daß man nicht entdeckt wird. Beweise uns, daß ein kluger Mensch, der den Ring findet, anders als der Hirte weiter das Rechte tun würde.

So jedenfalls beschreibt Platon die Szene. Und bei ihm überzeugt Sokrates Glaukon und die anderen anwesenden Athener, daß, welchen Vorteil auch die Ungerechtigkeit versprechen mag, nur der Mensch wirklich glücklich ist, der rechtschaffen handelt. Leider lassen sich nur wenige moderne Leser und Leserinnen von der langen und verwickelten Analyse überzeugen, die Sokrates den Zusammenhängen zwischen Rechttun, Gleichgewicht zwischen den Teilen des eigenen Wesens und Glücklichsein widmet. Das alles scheint zu theoretisch, zu künstlich, und der Dialog wird einseitig. Offensichtliche Einwände fallen uns ein, und wir möchten sie Sokrates vorgelegt sehen, doch nach der anfänglichen Herausforderung scheint Glaukon der kritische Mut gesunken zu sein, lammfromm erkennt er jedes Argument an, das Sokrates ihm vorhält.

Ivan Boesky besaß mit den Informationen, die er von Dennis Levine erhielt, eine Art Zauberring, der ihn in den republikanisch regierten, geldorientierten Vereinigten Staaten einem König so ähnlich wie nur möglich machte. Es stellte sich aber heraus, daß der Ring einen Fehler hatte: Boesky war nicht unsichtbar, wenn er es gerne sein wollte. Doch war das Boeskys einziger Fehler, der einzige Grund, warum er sich von Levine nicht die Informationen hätte beschaffen und sie benutzen sollen? Die Herausforderung, die Boeskys günstige Gelegenheit für uns bedeutet, ist eine moderne Form der Herausforderung Glaukons an Sokrates. Können wir eine bessere Antwort geben?

Eine Antwort, die aber in Wirklichkeit gar keine ist, besteht darin, die Herausforderung einfach zu übersehen. Viele Menschen tun das. Sie leben und sterben ohne Nachdenken, ohne sich jemals zu fragen, was eigentlich ihre Ziele sind und warum sie so handeln, wie sie handeln. Wer völlig mit seinem gegenwärtigen Leben zufrieden ist und ganz sicher ist, kein anderes Leben führen zu wollen, braucht jetzt nicht weiterzulesen. Denn was ihn oder sie da erwartet, ist vielleicht nur verwirrend. Wer sich aber die Fragen, die an Sokrates gerichtet wurden, noch nicht selbst gestellt hat, lebt dieses Leben, ohne sich wirklich dafür *entschieden* zu haben.

»Wozu in aller Welt machen wir das eigentlich?«

Heute steht die Frage, wie wir leben sollen, deutlicher vor uns denn je. Wir haben die 80er Jahre hinter uns – man hat sie das »Jahrzehnt der Habgier« genannt –, aber wir wissen noch nicht, wie die 90er werden sollen. Boesky selbst trug zur Bestimmung der 80er Jahre bei mit seiner Antrittsrede an der betriebswirtschaftlichen Fakultät der University of California in Berkeley, in der er seinen Zuhörerinnen und Zuhörern sagte: »Habgier ist in Ordnung … Habgier ist gesund. Man kann habgierig sein und sich dabei ganz wohl fühlen.«[6] Zwanzig Jahre, nachdem die Bewegung für Redefreiheit diese Universität zum Zentrum des progressiven Denkens in Amerika gemacht hatte, applaudierten die Betriebswirtschaftsstudenten von Berkeley diesem Lob der Habgier. Sie waren darauf aus, Geld zu verdienen, möglichst viel Geld, und möglichst bald. Michael Lewis nannte das in seinem populären Buch *Wall Street Poker* einen »seltenen und erstaunlichen Defekt« in »der weitgehend berechenbaren Maschinerie des Gebens und Nehmens«. Smarte Aktienhändler wie Lewis verdienten jährlich eine Million Dollar als Gehalt und an Prämien, noch bevor sie fünfundzwanzig waren. Lewis konnte ganz richtig sagen: »Niemals zuvor haben so viele so unerfahrene 24jährige in so wenig Zeit so viel Geld verdient, wie wir in diesem Jahrzehnt in New York und London.«[7] Doch auch das war Kleingeld im Vergleich mit den Summen, die die älteren Schwergewichte verdienten: Absahner wie Carl Icahn, T. Boone Pickens oder Henry Kravis, Baulöwen wie Donald Trump, der Junk-Bond-Finanzier Michael Milken oder Wall-Street-Könige wie John Gutfreund von Salomon Brothers.

In der geldorientierten Treibhausatmosphäre der Vereinigten Staaten der 80er Jahre waren das Helden, über die in den Zeitschriften geschrieben und über die endlos gesprochen wurde. Doch am Ende fragten sich viele, wozu das alles eigentlich gut war. Donald Trump bekannte:

>Die meisten, die ein wichtiges Lebensziel erreicht haben, fühlen sich sehr bald elend, leer und ein bißchen verloren. Ziehen wir Bilanz – in diesem Fall aus Zeitungen, Zeitschriften und Fernsehen –, so sehen wir, daß ungeheuer viele erfolgreiche Leute, von Elvis Presley bis Ivan Boesky, vom Weg abkommen oder ihre Ethik verlieren.

Eigentlich muß ich gar nicht auf das Leben anderer blicken, um zu erkennen, daß es so ist. Mir droht diese Gefahr nicht weniger als irgend jemandem sonst …«[8]

In den 80er Jahren arbeitete Peter Lynch 14 Stunden am Tag und machte den Fidelity-Magellan-Fonds auf Gegenseitigkeit zu einem 13-Milliarden-Dollar-Riesen. Doch mit 46 Jahren, in einem Alter, in dem die meisten Manager immer noch weiter aufsteigen wollen, stieg Lynch überraschend für seine Kollegen aus. Warum? Weil er sich gefragt hatte: »Wozu in aller Welt machen wir das eigentlich?« Und er konnte sich des Gedankens nicht erwehren: »Ich kenne niemanden, der sich auf dem Totenbett gewünscht hätte, mehr Zeit im Büro verbracht zu haben.«[9]

Kennzeichnend für die sich wandelnde Einstellung war Oliver Stones Film *Wall Street*, in dem Michael Douglas überzeugend die Hauptrolle des widerlichen Gordon Gekko spielte, eines gerissenen Finanzmannes, der ähnlich wie Boesky vorgeht und zur Abrundung des Charakters noch mit einigen Zügen eines Absahners wie Carl Icahn ausgestattet ist. Bud Fox, der von Charlie Sheen gespielte ehrgeizige junge Börsenmakler, ist eine Zeitlang von der Aussicht fasziniert, das große Geschäft zu machen, doch als Gekko seine übliche Methode, andere bei Firmenübernahmen auszunehmen, anläßlich einer Firmenübernahme bei der Luftfahrtgesellschaft anwenden will, bei der Fox' Vater als Mechaniker arbeitet, wird Fox böse und fragt:

»Sag mal, Gordon, wo soll das alles noch hinführen? Hinter wieviel Jachten kannst du Wasserski fahren? Wann ist es mal genug?«[10]

Diese Frage verweist auf etwas, wovon die Philosophen schon immer wußten und das die Reichen der 80er Jahre wiederentdeckten: Überfluß kennt keine Grenzen. Immer mehr Leute begannen sich zu fragen: »Wozu in aller Welt machen wir das eigentlich?« Wie Lynch stellten sie die Weichen für ihr restliches Leben neu, statt einfach auf dem Gleis weiterzufahren, das ihnen durch wirtschaftliche und gesellschaftliche Erwartungen vorgezeichnet schien. Sie begannen auf ein Lebensziel hin zu leben.

Die nachfolgende Rezession hat bei vielen zum Nachdenken darüber beigetragen, was für eine Welt sie sich wünschen sollen, wenn die Konjunktur wieder anzieht. Manche möchten vielleicht einfach das unterbrochene Fest wieder aufnehmen und weiter feiern, aber viele denken nur an den immer noch spürbaren Katzenjammer. Auf jeden Fall dürfte in den 90er Jahren der einschüchternde Schatten Japans in anderen Ländern die Neigung zum Jubel dämpfen. Der Besuch George Bushs in Tokio 1992 war ein ungewöhnliches Ereignis. Denn der Präsident der militärisch gesehen nach wie vor stärksten Macht der Erde bat den japanischen Premierminister um Zugeständnisse, die es der US-Industrie ermöglichen würden, neben einem Japan zu bestehen, das es geschafft hatte, Honda zur meistverkauften Automarke in den Vereinigten Staaten zu machen. Der Besuch Bushs gab wieder einmal Anlaß zu der Frage, was die japanische Gesellschaft so einig, harmonisch, wohlgeordnet und erfolgreich gemacht hatte. Eine Flut von Büchern versuchte das Besondere an Japan herauszufinden. Wissen die Menschen in Japan mehr als wir darüber, wie man gut zusammenlebt? Der Erfolg Japans bis 1998 war ein weiterer Grund für die westlichen Selbstzweifel.

Ende der Geschichte oder Anfang einer säkularen Ethik?

Das Versagen der westlichen Ideale in den 80er Jahren ist der unmittelbare Anlaß dafür, daß die Frage, wie wir leben sollen, heute drängender als gewöhnlich vor uns steht. Doch noch ein weiterer Aspekt, der gewichtiger und langfristiger ist, verleiht dieser Frage eine besondere Schärfe, vielleicht sogar welthistorische Bedeutung. Der Kommunismus sollte nach Marx »die *wahrhafte* Auflösung des Widerstreits des Menschen mit der Natur und mit dem Menschen, die wahre Auflösung des Streits ... zwischen Individuum und Gattung« sein.[11] Marx hätte also auf die Frage Glaukons erwidert, sie könne erst befriedigend beantwortet werden, wenn wir die Gesellschaft grundlegend verändert haben. Solange wir in einer Gesellschaft leben, in der die wirtschaftliche Produktion den Interessen einer bestimmten Klasse dient, müsse es einen Konflikt zwischen den Interessen des einzelnen und denen der ganzen Gesellschaft geben. Unter diesen Umständen würde der Hirte völlig vernünftig handeln, wenn er mit Hilfe des Zauberrings nimmt, was ihm gefällt, und diejenigen umbringt, die ihm nicht gefallen. Wären aber die Produktionsmittel dem gemeinsamen Interesse aller unterworfen, dann, so würde Marx sagen, ändere sich auch die menschliche Natur, die nicht unveränderlich, sondern gesellschaftlich bedingt sei. Habsucht und Neid seien nicht auf ewig in den menschlichen Charakter eingegraben. Die Bürger der neuen Gesellschaft, die auf dem Gemeinschaftseigentum beruhe, würden ihr Glück in der Tätigkeit zum Wohle aller finden.

Für viele Kritiker von Marx stand von Anfang an fest, daß das ein Traum sei; doch mit dem Zusammenbruch der kommunistischen Gesellschaften in Osteuropa und der früheren Sowjetunion wurde der utopische Charakter des marxistischen Denkens für alle offensichtlich. Zum ersten Mal leben wir in einer Welt, in der es nur ein einziges dominierendes Modell für die entwickelten Gesellschaften gibt. Die Hoffnung auf eine Lösung des Konflikts zwischen Egoismus und Gemeinwohl durch Aufbau einer Alternative zur freien Marktwirtschaft ist jetzt auch nach Eingeständnis derer gescheitert, die auf sie setzten. Nur ein paar Unentwegte halten noch immer am sozialistischen Ideal fest, sie lehnen die Verfälschungen durch Lenin und Stalin ab und machen geltend, daß die eigentliche sozialistische Idee noch nie eine Chance gehabt hätte. Es scheint, als ob sich allein die individualistische Auffassung des Eigeninteresses als lebensfähig erwiesen hätte.

Das liberale, demokratische Modell der freien Marktwirtschaft beherrscht so stark unsere Vorstellungen vom Möglichen, daß Francis Fukuyama, ehemals stellvertretender Planungsleiter im US-Außenministerium, mit einer kühnen, überraschend gut begründeten, aber letzten Endes wenig überzeugenden Idee achtbaren und in manchen Kreisen sogar begeisterten Widerhall fand. Wie Hegel schrieb er der Geschichte eine Richtung und ein Ende zu, allerdings weniger im Sinne eines völligen Stillstands, sondern mehr im Sinne eines Endziels. In seinem Buch *Das Ende der Geschichte* erblickt Fukuyama dieses Endziel konkret in der umfassenden Anerkennung der liberalen, demokratischen, die freie Wirtschaft fördernden Gesellschaftsform.[12] Doch gerade jetzt, wo dieses Modell das Bewußtsein derer, die sich als politische Realisten verstehen, so stark beherrscht, erkennen wir allmählich, daß wir uns dem Ende einer Epoche nähern. Wie Daniel Bell, der kurz vor dem Aufstieg der Neuen Linken und dem Wiedererstarken radikaler Ideologien in den 60er Jahren »das Ende der Ideologie« voraussagte[13], könnte Fukuyama die Beständigkeit des liberalen Systems der freien Wirtschaft gerade vor seiner schwersten Krise vorausgesagt haben.

Es gibt zwei interessante und grundlegend verschiedene Gesichtspunkte gegen Fukuyamas Vision vom »Ende der Geschichte«. Der erste kommt im Titel eines Buches von Bill McKibben zum Ausdruck: er meint, daß wir heute nicht das Ende der Geschichte erleben, sondern »Das Ende der Natur«. McKibben lebt in den Adirondack-Bergen im Staat New York, und er sieht ganz klar, daß es zum ersten Mal in der Geschichte der Menschheit keine vom Menschen unbeeinflußte natürliche Welt mehr gibt.[14] Nicht in den Adirondack-Bergen, nicht in den Regenwäldern des Amazonas, nicht einmal im ewigen Eis der Antarktis entgeht man den Einflüssen der menschlichen Zivilisation. Wir haben die Ozonschicht vermindert, die unseren Planeten vor der Sonnenstrahlung schützt. Wir haben das Kohlendioxid in der Atmosphäre vermehrt. Das Pflanzenwachstum, die chemische Zusammensetzung des Regens, selbst die Kräfte, die zur Wolkenbildung führen, sind zum Teil unser Werk.

In der ganzen bisherigen Menschheitsgeschichte dienten die Weltmeere und die Atmosphäre ohne weiteres als riesige Abfallgruben. Die liberale, demokratische Gesellschaft mit einer freien Wirtschaft, in der Fukuyama das Endergebnis aller Geschichte sieht, beruht auf dem Gedanken, daß es immer so weitergehen könnte. Demgegenüber gehen verantwortungsbewußte wissenschaftliche Meinungen heute dahin, daß wir in einem führerlosen Zug sitzen, der mit großer Geschwindigkeit auf einen Abgrund zurollt. Wir *können* einfach nicht weitermachen wie gewohnt. Entweder ändern wir freiwillig uns selbst, oder das Klima unseres Planeten ändert sich, und ganze Länder tragen die Folgen. Und kleinere Änderungen genügen nicht. Es geht um die Grundwerte und das ethische Bewußtsein der marktwirtschaftlich orientierten Gesellschaften des ausgehenden 20. Jahrhunderts. Vielleicht ist diese Gesellschaftsform der Herausforderung gewachsen; doch dann wird sie zu einer ganz anderen liberalen, demokratischen, marktwirtschaftlich orientierten Gesellschaft werden müssen, und ihre Menschen werden ganz andere Werte und Lebensweisen entwickeln müssen. Der Zwang, die ethische Grundlage unseres Lebens neu durchzudenken, ist also stärker als je zuvor.

Das zweite interessante Argument gegen das angebliche Ende der Geschichte wurde vor einigen Jahren von Derek Parfit vorgebracht, einem Philosophen an der Universität Oxford, der zwar nur in Fachkreisen bekannt ist, aber dort um so mehr geschätzt wird, weil er einige der schwierigsten Probleme des ethischen Denkens auf bisher einzigartige Weise behandelt hat. Am Ende seines Hauptwerks *Reasons and Persons* erlaubt sich Parfit nach 450 Seiten detaillierter, ausgefeilter Argumentation einen Ausblick auf die allgemeinere Frage, ob es in der Ethik einen Fortschritt geben könne. Gegen die Auffassung, es sei alles schon gesagt, führt er an, daß die Ethik noch bis vor kurzem ganz überwiegend unter religiösem Vorzeichen betrieben wurde. Erstaunlich wenige nichtreligiöse Menschen hätten die Ethik zu ihrer Lebensaufgabe gemacht. (Parfit erwähnt Buddha, Konfuzius, den schottischen Philosophen David Hume aus dem 18. Jahrhundert und den spätviktorianischen Utilitaristen Henry Sidgwick.) Während eines Großteils des 20. Jahrhunderts, als zum ersten Mal viele Moralphilosophen Atheisten waren, war unter ihnen die Frage, was wir tun sollen, äußerst unbeliebt. Stattdessen untersuchten sie die Bedeutung der moralischen Begriffe und stritten darüber, ob die Ethik subjektiv oder objektiv sei. Erst seit etwa 1960 haben sich viele systematisch mit einer nichtreligiösen Ethik beschäftigt, die deshalb nach Parfit

»die jüngste und unentwickeltste« der Wissenschaften ist. Sein Buch schließt in einem hoffnungsvollen Ton:

> »Die Erde wird noch mindestens eine Milliarde Jahre bewohnbar bleiben. Die Zivilisation begann erst vor ein paar tausend Jahren. Wenn sich die Menschen nicht selbst ausrotten, wird das nur ein winziger Bruchteil der ganzen zivilisierten Menschheitsgeschichte sein … Der Gottes- und Götterglaube verhinderte die freie Entwicklung des moralischen Denkens. Von der Mehrheit offen bekannter Unglaube ist etwas ganz Neues und wird sich noch weiter ausbreiten. Weil er etwas so Neues ist, steckt die nichtreligiöse Ethik noch in den ersten Anfängen. Wir können noch nicht sagen, ob wir uns – wie in der Mathematik – alle einigen werden. Aber weil wir nicht wissen können, wie sich die Ethik entwickeln wird, ist es nicht unvernünftig, sich großen Hoffnungen hinzugeben.«[15]

Wenn Parfit recht hat und die Entwicklung des nichtreligiösen ethischen Denkens noch in den Kinderschuhen steckt, dann ist es gewiß voreilig, die Geschichte schon an ihrem Endziel angelangt zu sehen. Erst jetzt lösen wir uns von einer Vergangenheit, in der Religion und Ethik nahezu gleichgesetzt wurden. Noch können wir nicht sagen, welche Wandlungen die Zukunft bringen wird, wenn das Wesen der Ethik besser verstanden sein wird, aber es ist wahrscheinlich, daß es sich um tiefgreifende Wandlungen handeln wird.

Weil nichtreligiöse Menschen dazu neigen, ihre Skepsis hinsichtlich der Religion auch auf die Ethik auszudehnen, haben sie diese den religiösen Konservativen ausgeliefert. Diese konnten daher die »Moral« für Kreuzzüge gegen Schwangerschaftsunterbrechung und Homosexualität monopolisieren. Doch wer die Interessen der Frau über die nur potentiellen Interessen des Fötus stellt, vertritt einen moralisch gut gesicherten Standpunkt[16]; und die moralische Begründung der Zulassung freiwilliger sexueller Beziehungen zwischen Erwachsenen, die andere nicht schädigen, ist noch eindeutiger. Es ist an der Zeit, das moralische Feld von denen zurückzugewinnen, die es besetzten, als es die fortschrittlichen Köpfe unbearbeitet ließen und sich lieber den marxistischen Träumen von einer gewandelten Gesellschaft hingaben, in der es keine Zweifelsfragen mehr geben würde. Die entscheidenden moralischen Fragen unserer Zeit drehen sich aber nicht um Homosexualität oder Schwangerschaftsunterbrechung. Die Moralphilosophen sollten fragen: Wie sehen unser aller Verpflichtungen aus in einer Welt des Überflusses, in der die Menschen in Somalia langsam verhungern? Und was ist gegen den Rassenhaß zu unternehmen, der die Menschen in Bosnien, Aserbeidschan und Los Angeles nicht zusammenleben läßt? Dürfen wir weiter Milliarden nichtmenschlicher Lebewesen in Riesenbetrieben als bloße Sachen behandeln, die unseren Gaumen erfreuen sollen? Und wie können wir unser Verhalten so ändern, daß das Ökosystem erhalten bleibt, von dem unser ganzer Planet abhängig ist?

Die aufgeklärteren christlichen Leser und Leserinnen haben inzwischen selbst erkannt, daß die Fixierung ihrer Kirche auf die Sexualität falsch war. Dr. George Carey, Erzbischof von Canterbury, hat zugegeben, daß sich die Kirche dadurch schuldig gemacht habe, daß sie »auf den Gedanken fixiert war, sexuelle Sünden seien ›schwerwiegender‹ als andere Sünden«, und er hat sich dafür eingesetzt, daß wir mehr über globale Probleme wie die Armut nachdenken sollten. Damit predigte der Erzbischof etwas verspätet das, was Philosophen, die sich mit angewandter Ethik beschäftigen, seit den 70er Jahren sagen.[17] Sind sich einmal alle darüber im klaren, daß die Ethik keine notwendige Verbindung mit der sexuell fixierten Moral des konservativen Christentums hat, dann wird es möglich, daß eine menschliche und positive Ethik die Grundlage für eine Erneuerung unseres sozialen, politischen und ökologischen Lebens bildet.

Das heute vorherrschende politische und wirtschaftliche Modell gestattet den Menschen, ja bestärkt sie darin, ihre eigenen Interessen (die weitgehend auf den materiellen Wohlstand bezogen werden) zu ihrem wichtigsten Lebensziel zu machen. Selten denken wir als einzelne oder als Gesellschaft darüber nach, ob das klug ist. Bietet diese Einstellung wirklich uns allen das bestmögliche Leben? Sollte jeder und jede von uns bei der Entscheidung darüber, wie wir leben wollen, den Wohlstand zu seinem oder ihrem Ziel machen? Welche Rolle spielt die Ethik bei solchen Entscheidungen? Wir dürfen uns nicht dem Irrtum hingeben, das Versagen der früheren utopischen Ideale bedeute, daß Werte nicht im Mittelpunkt unseres Lebens stehen sollten. Ich bin mit Parfit der Meinung, daß der Fortschritt der Ethik die Möglichkeit einer neuen und hoffnungsvollen Wendung der Weltgeschichte in sich birgt; doch es darf nicht nur ein Fortschritt in der ethischen Theorie, sondern es muß auch ein Fortschritt in der ethischen Praxis sein.

Zur Veränderung brauchen wir eine neue Kraft. Eine Veränderung der Rolle, die wir der Ethik in unserem Leben geben, könnte wie etwas erscheinen, das zwar das Leben des einzelnen verändert, aber die Gesellschaft insgesamt und die Welt der Politik unberührt läßt. Doch so ist es nicht. Die frühen 90er Jahre haben gezeigt, daß die Unterstützung der Habgier durch Befürworter des freien Marktes nicht einmal das beschränkte Ziel einer blühenden Wirtschaft erreicht hat. Und auch in einem weiteren sozialen und ökologischen Sinn war diese Politik eine Katastrophe. Es ist an der Zeit, die einzige andere Möglichkeit auszuprobieren, die uns bleibt. Wenn sich genug Menschen von einer engen materialistischen Auffassung des eigenen Interesses lösen, dann kann vielleicht wieder Vertrauen aufgebaut und für größere, wichtigere Ziele gearbeitet werden. Die Politiker und Politikerinnen würden dann einsehen, daß sie eine Politik wagen können, die mehr leistet, als allen, die sie wählen, größeren materiellen Wohlstand zu versprechen. (In Neuseeland waren sich die großen Parteien ein Jahrzehnt lang darin einig, die Einkommensteuer und die Staatsausgaben zu senken; dann versprach die neugebildete Alliance Party Steuer*erhöhungen* – weil ein gutes staatliches Gesundheits-, Sozial- und Bildungssystem sein Geld wert sei. Nach den Meinungsumfragen könnte die Alliance Party den Großen durchaus gefährlich werden.)

Wir haben die Möglichkeit zu einem besseren Leben – in jedem Sinn *außer* dem der Konsumgesellschaft, die das Reicherwerden als das Gute schlechthin fördert. Haben wir uns einmal von dieser herrschenden Vorstellung vom guten Leben gelöst, so können Fragen zur Erhaltung der Ökologie der Erde und zu einer weltumspannenden Gerechtigkeit in den Mittelpunkt treten. Erst dann können wir auf eine Erneuerung des Willens hoffen, sich mit den tieferen Ursachen von Armut, Kriminalität und rascher Zerstörung der Ressourcen unseres Planeten auseinanderzusetzen. Eine Politik auf ethischer Grundlage könnte radikal im ursprünglichen Sinne des Wortes sein: sie könnte die Dinge von der Wurzel her verändern.

Ethik und eigenes Interesse

Auf persönlicherer Ebene verbleiben noch Zweifel gegenüber der Ethik. Ethisch leben, so liegt nahe, ist mühsam, unbequem, bedeutet Selbstaufopferung und ist ganz allgemein unattraktiv. Wir halten die Ethik für unvereinbar mit dem eigenen Interesse: wer aus internen Kenntnissen Kapital schlägt, scheint gegen die Ethik zu verstoßen, aber dem eigenen Interesse zu dienen (solange er oder sie nicht erwischt wird). So verhalten wir uns aber selbst, wenn wir lieber eine besser bezahlte Stellung annehmen, auch wenn sie mit einem Produkt zusammenhängt, das gar nichts Gutes bewirkt oder die Menschen geradezu krank macht. Diejenigen andererseits, die wegen ethischer Bedenken gegenüber ihrer Arbeit auf Karrierechancen verzichten oder ihr Geld für eine gute Sache geben, scheinen ihre eigenen Interessen dem Diktat der Ethik zu opfern. Noch schlimmer, wir könnten sie sogar für Dummköpfe halten, die auf alle Freuden, die sie haben könnten, verzichten, während andere von ihrer sinnlosen Großzügigkeit profitieren.

Diese gängige Lehre vom eigenen Interesse und der Ethik stellt die Ethik als etwas uns Äußerliches, ja unseren Interessen Feindliches hin. Wir stellen uns vor, daß wir ständig hin- und hergerissen sind zwischen dem Trieb, den eigenen Interessen zu dienen, und der Furcht, bei etwas erwischt zu werden, das die anderen verurteilen und wofür wir bestraft werden. Diese Vorstellung ist fest mit vielen der einflußreichsten Denkweisen in unserer Kultur verwachsen. Sie findet sich in herkömmlichen religiösen Vorstellungen, die Lohn und Strafe für gutes und schlechtes Verhalten verheißen, diese aber in eine andere Welt verlegen und sie so dem diesseitigen Leben äußerlich machen. Sie findet sich auch in der Vorstellung, der Mensch stehe in der Mitte zwischen Himmel und Erde, er habe Anteil an der spirituellen Welt der Engel, sei aber auch mit einer rohen animalischen Natur in dieser physischen Welt behaftet. Der Philosoph Immanuel Kant griff den gleichen Gedanken auf, als er den Menschen nur insoweit als moralisches Wesen gelten ließ, wie er seine natürlichen physischen Bedürfnisse den Geboten der universalen Vernunft unterordnet, die er kraft seiner Vernunftbegabung erkennt. Von da ist es nicht weit zu Freuds Sicht des menschlichen Lebens als zerrissen von dem Konflikt zwischen Es und Über-Ich.

Die gleiche Annahme eines Konflikts zwischen Ethik und eigenem Interesse liegt einem großen Teil der modernen Wirtschaftswissenschaft zugrunde. Sie wird auch in populärwissenschaftlichen Darstellungen der menschlichen Soziobiologie propagiert. Bücher wie *Werde Nr. 1* von Robert J. Ringer, das ein ganzes Jahr lang auf der Bestsellerliste der *New York Times* stand und weiter gut verkauft wird, erzählen Millionen von Lesern und Leserinnen, das Glück eines anderen über sein eigenes zu stellen, heiße, »die Naturgesetze umzukehren«.[18] Das Fernsehen, und nicht nur die Fernsehwerbung, vermittelt materialistische Erfolgsbilder ohne ethischen Gehalt. Todd Gitlin schreibt in seiner Analyse des amerikanischen Fernsehens mit dem Titel *Inside Prime Time*:

»... die Hauptsendezeit zeigt uns Menschen, die ganz ihrem persönlichen Ehrgeiz nachgehen. Auch wenn sie nicht völlig vom Ehrgeiz und der Furcht besessen sind, zum Verlierer zu werden, sind Ehrgeiz und Furcht für sie doch etwas Selbstverständliches. Sind sie nicht von der Konsumwelt der Mittelschicht umgeben, so sind sie selbst glänzende Beispiele der verkörperten Begehrlichkeit. Das Glück, dem sie nachjagen, ist ein privates, kein gesellschaftliches; von der Gesellschaft verlangen sie wenig, und auch wenn sie in Not geraten, scheinen sie noch mit der bestehenden institutionellen Ordnung zufrieden zu sein. Persönlicher Ehrgeiz und Konsumhaltung sind die Antriebskräfte ihres Lebens. Die luxuriösen und hellerleuchteten Szenen der meisten Serien sind geradezu Werbung für eine Form des guten Lebens, in dessen Zentrum der Konsum steht, und das selbst ohne die unaufhörlichen Werbesendungen, die die Idee vermitteln, daß die menschlichen Bedürfnisse nach Freiheit, Freude, Erfüllung und Status durch den Konsum befriedigt werden könnten.«[19]

Die Botschaft ist deutlich, aber etwas stimmt mit ihr nicht. Daß das Leben sinnlos sei, ist heute nicht mehr von existentialistischen Philosophen zu hören, für die das eine furchtbare Entdeckung ist, sondern von gelangweilten jungen Menschen, für die das selbstverständlich ist. Vielleicht ist dafür die zentrale Rolle des Eigeninteresses verantwortlich und das, was darunter verstanden wird. Ein am Eigeninteresse orientiertes Leben, wie es üblicherweise aufgefaßt wird, hat keinerlei

Sinn außer der eigenen Annehmlichkeit, der eigenen Befriedigung. Ein solches Leben ist oft eine selbstzerstörerische Angelegenheit. Die Alten kannten die »Paradoxie des Hedonismus«: je betonter dem Wunsch nach Befriedigung nachgegangen wird, desto mehr entzieht sich diese. Und es gibt keinen Grund für die Annahme, die menschliche Natur hätte sich inzwischen so gründlich geändert, daß diese alte Weisheit nicht mehr gelten sollte.

Die Fragen sind alt, doch wer sie heute stellt, braucht sich nicht mit den alten Antworten zufriedenzugeben. Vielleicht schreitet die Ethik nicht so spektakulär voran wie die Physik oder die Genetik, doch im letzten Jahrhundert hat sich viel getan. Der Fortschritt nicht nur in der Philosophie, sondern auch in den Wissenschaften hat unsere Vorstellung von der Ethik bereichert. Die Evolutionstheorie trägt zur Beantwortung alter Fragen über die Grenzen des Altruismus bei. Die »Theorie der rationalen Entscheidung«, die sich mit dem Problem rationaler Entscheidungen in komplexen, mit Unsicherheitsfaktoren versehenen Situationen befaßt, hat ein Problem beleuchtet, das in der Antike noch nicht behandelt wurde und heute als das »Häftlings-Dilemma« bekannt ist. Seine moderne Behandlung läuft auf folgendes hinaus: Wenn jede von zwei oder mehreren Personen völlig rational und bewußt und im Besitz der bestmöglichen Information unabhängig von der oder den anderen ihre eigenen Interessen verfolgt, dann ist es möglich, daß dabei alle schlechter wegkommen, als wenn jede einzelne Person weniger Gewicht darauf gelegt hätte, ihre eigenen Interessen rational zu verfolgen. Die Untersuchung dieses Problems zeigt auf, wie sich die menschliche Natur hin zur Fähigkeit der Überschreitung des engen Eigeninteresses entwickelt haben könnte. Auch zwingt uns das moderne feministische Denken, über die Frage nachzudenken, ob die bisherige Ethik aufgrund der Vorherrschaft der männlichen Weltsicht verkürzt sein könnte. Und das könnte auch für unsere Auffassung des Eigeninteresses gelten. Das Häftlings-Dilemma, die Paradoxie des Hedonismus und feministische Einflüsse auf die Ethik sind einige der Linien, die später in diesem Buch zusammengeführt werden sollen, um eine neues und breiteres Verständnis unserer eigenen Interessen zu entwickeln.

Und hier kommt die Ethik wieder ins Spiel und rundet das Bild ab. In einem ethischen Leben verschreiben wir uns anderen und größeren Zielen und verleihen damit unserem Leben einen Sinn. Die Auffassung, das ethische Leben und das Leben nach einem aufgeklärten Eigeninteresse seien ein und dasselbe, ist schon alt, und heute wird sie oft von denen verhöhnt, die zu zynisch sind, um an eine solche Harmonie zu glauben. Zynismus gegenüber einem ethischen Idealismus ist eine verständliche Reaktion auf einen großen Teil der modernen Geschichte – etwa auf die tragische Verfälschung der idealistischen Ziele Marx' und seiner Nachfolger durch die russischen kommunistischen Führer, die erst zum stalinistischen Terror und dann zu der völlig korrupten Diktatur der Breschnewzeit führte. Angesichts solcher Beispiele ist es kein Wunder, daß der Zynismus beliebter ist als die Hoffnung auf eine bessere Welt. Doch vielleicht können wir aus der Geschichte lernen. Die antike Auffassung ging dahin, daß ein ethisch gutes Leben auch ein gutes Leben für die betreffende Person selbst ist. Noch nie war es so nötig wie heute, das Verständnis dieser alten Meinung so vielen Menschen wie möglich nahezubringen. Dazu müssen wir aber die Auffassung vom Eigeninteresse in Frage stellen, die die abendländische Gesellschaft so lange beherrscht hat. Und wenn es eine tragfähige Alternative zu dieser Auffassung gibt, dann kann die grundlegende Entscheidung doch noch eine rationale Grundlage haben.

2 »Was kommt dabei für mich heraus?«

Die übliche westliche Vorstellung vom Eigeninteresse hat in unserer Zeit nicht zu einer, sondern gleich zu zwei ganz verschiedenen Krisen geführt. Die erste, auf die ich in diesem Kapitel eingehen möchte, ist eine Krise der ganzen westlichen Gesellschaft und drückt sich beispielhaft in jüngsten Entwicklungen in den Vereinigten Staaten aus. Die zweite Krise bedroht die Biosphäre unseres Planeten, von der alles Leben abhängt. Sie ist der Gegenstand des nächsten Kapitels. Beide Krisen zusammen verleihen unserem heutigen Verständnis vom Eigeninteresse eine unabweisliche und möglicherweise zugleich tragische und ironische Bedeutung: Wenn wir unsere eigenen Interessen weiterhin rein materialistisch auffassen, dann garantiert die kollektive Auswirkung dessen, daß jeder einzelne Mensch nur sein persönliches Interesse verfolgt, das Scheitern aller unserer Versuche, diese Interessen zu fördern.

Ein scheiterndes gesellschaftliches Experiment

Amerika steht vor uns wie ein Fanal und zeigt uns, wohin sich eine Gesellschaft bewegt, die auf das individuelle Interesse aufgebaut ist. Es gab einmal eine Zeit in der Entwicklung dieser Gesellschaft, die dem einzelnen soviel Raum gewährte, daß die Freiheitsstatue als Symbol dessen galt, was diese Gesellschaft für die übrige Welt bedeutete; doch Anfang der 1990er Jahre wurde der Rauch der Brände bei den Unruhen von Los Angeles zum Symbol Amerikas.

Die Kriminalität in Amerika ist der deutlichste Hinweis darauf, wohin sich eine Gesellschaft egoistischer Individuen entwickeln kann. 1990 wurden Einwohner und Einwohnerinnen New Yorks in einer Umfrage gefragt: »Wie oft machen Sie sich Sorgen wegen der Kriminalität?« Nur 13 Prozent antworteten »selten oder nie«, volle 60 Prozent aber gaben an »ständig oder oft«. Kein Wunder, denn in diesem Jahr konnten sie in ihren Zeitungen von Verbrechen lesen wie dem Mord an dem 22jährigen Brian Watkins, der auf einem U-Bahnsteig mitten in Manhattan niedergestochen wurde. Watkins war mit zwei Männern aus seiner Familie auf dem Weg zum Abendessen, als er von einer Gruppe von acht Jugendlichen angegriffen wurde. Nach *Time* war die Gruppe auf Geld aus für »einen ausgelassenen Abend in dem nahegelegenen Tanzlokal Roseland«.[1] Und solche kaltblütigen Morde kommen in New York ständig vor. Schußwaffenverletzungen sind heute bei den Jugendlichen in den Vereinigten Staaten die häufigste Todesursache. Im März 1992 berichtete die *New York Times*, in der ersten Hälfte des Schuljahres habe es in den städtischen Schulen und in deren Umfeld 56 Schießereien gegeben, bei denen 16 Schüler bzw. Schülerinnen, zwei Elternpersonen und ein Polizist verletzt wurden, davon sechs Jugendliche tödlich. In 21 New Yorker höheren Schulen wurden die Schüler beim Betreten der Anstalt mit Metalldetektoren auf Waffen durchsucht.[2]

New York ist kein Sonderfall. In acht anderen amerikanischen Städten sind Mord und Totschlag noch häufiger. In fast jeder amerikanischen Großstadt hat die Verbrechensgefahr das tägliche Leben vergiftet. Nachdem ich in Australien aufgewachsen war und vier Jahre in Oxford verbracht hatte, kam ich 1973 nach New York, um eine Gastdozentur am philosophischen Institut der New York University anzutreten. Als ich das Hauptgebäude der Universität am Washington Square betrat, traute ich kaum meinen Augen: da standen bewaffnete Universitätspolizisten. Gegen Ende des Jahres hatte ich mich an die tödlichen Waffen in einer Universität gewöhnt. Bald hatte ich auch gelernt, nach abendlichen Lehrveranstaltungen nicht durch, sondern um den Washington Square Park herum zurück in meine Wohnung in der Bleecker Street zu gehen. Wenn ich nach Einbruch der Dunkelheit noch in der Stadt war, wußte ich, daß es besser war, mit der U-Bahn zu der Haltestelle an der West 4th Street zu fahren und dann durch die belebten Straßen von Greenwich Village zu gehen, als die Lexington-Avenue-Linie zu nehmen, mit der ich näher bei meiner Wohnung hätte aussteigen können, aber zu weit östlich im Village ankam, wo es nicht mehr sicher war. Solche Stadtpläne mit »Sperrgebieten« haben heute alle Menschen im Kopf, die in einer amerikanischen Großstadt leben. Je nach der Gegend ist etwas so Natürliches wie ein Abendbummel im Park nebenan heute riskant bis geradezu verrückt. Aus den Erdgeschoßfenstern schaut man durch Gitter; das Gefängnis ist draußen. Wer es sich leisten kann, wohnt in Appartmenthäusern mit Bewachung rund um die Uhr. Die Kinder bekommen »Überfallgeld« mit, weil Straßenräuber eher unangenehm werden, wenn sie nichts erbeuten. *Time* berichtet: »Die Kindergärtnerinnen in einigen schlimmeren Vierteln der Stadt bringen den Kindern, wenn sie noch kaum sprechen können, bei, sich auf den Boden zu werfen, wenn sie Schüsse hören.«[3]

In Los Angeles gibt es eine eigene Form des anonymen Mordens: Seit 1987 kommt es vor, daß einzelne oder Gruppen auf Autobahnbrücken parken und auf Autos schießen, die darunter durchfahren. Andere geben Nahschüsse auf überholende Autos ab. Die Polizei von Los Angeles riet den Leuten, dem Fahrer des Autos neben ihnen nicht in die Augen zu schauen.[4]

Weniger bedrohliche Vergehen finden kaum noch Beachtung, doch auch sie sprechen für sich. Jeden Tag springen 155000 U-Bahnbenutzer über die Drehkreuze, um das Fahrgeld zu sparen. Das kostet die Stadt jährlich mindestens 65 Millionen Dollar, die zur Verbesserung der öffentlichen Verkehrsmittel hätten dienen können.[5] Und es ist ein unübersehbares Beispiel für die Verachtung des Gedankens, daß diejenigen, die von einer öffentlichen Einrichtung profitieren, auch ihren Beitrag zu dieser leisten sollten. Aber warum denn nicht schwarzfahren, wenn man nicht erwischt wird? Machen das nicht alle? Wäre ich nicht dumm, wenn ich es anders machen würde? Eine Amerikanerin, die im Rahmen von *Gewohnheiten des Herzens*, einer einflußreichen Untersuchung über die amerikanischen Werte aus der Mitte der 80er Jahre, interviewt wurde, sagte es so:

> »Jeder möchte an der Spitze stehen und seinen eigenen Weg frei haben. Es ist wie in einer Beziehung … Ich möchte nicht als einziger leiden. Ich möchte nicht der einzige Einfaltspinsel sein. Ich bin nicht bereit, der Dumme zu sein für Leute, die ihren Teil nicht beisteuern.«[6]

In den Vereinigten Staaten ist heute die Sozialstruktur so weit zerfallen, daß mit gutem Grund befürchtet werden muß, daß der Schaden nicht wieder gutzumachen ist. Das Problem liegt darin, daß Menschen, die gleich von Anfang an nicht allein der Dumme sein wollen, jeder neuen Begegnung eher skeptisch gegenüberstehen, und je mehr Menschen diese Einstellung teilen, desto schwerer läßt sich eine Zusammenarbeit für das gemeinsame Wohl aller verwirklichen (wie wir in Kapitel 6 genauer sehen werden). Es gibt noch kein Beispiel für die Aufhaltung des Zerfalls einer Gesellschaft, die so bevölkerungsstark, so egoistisch und so stark mit tödlichen Waffen ausgestattet ist wie heute die USA; deshalb kann niemand, der sich um Veränderungen bemüht, wirklich sicher sein, daß sich die gegenwärtige Tendenz zur gesellschaftlichen Anarchie umkehren läßt. Gleichzeitig ist aber die Gefahr so furchtbar, daß es Wahnsinn wäre, nicht alles zu versuchen, solange es noch eine Aussicht auf Erfolg gibt.

Es hilft nicht weiter, wenn die führenden Persönlichkeiten der Gesellschaft selber eifrig darauf bedacht sind, nicht die Dummen zu sein, die sich für das Gemeinwohl einsetzen, während andere sich die Taschen füllen. 1991 wurde bekannt, daß Dutzende von US-Kongreßmitgliedern, darunter der Parlamentspräsident, der Fraktionsvorsitzende der Demokraten und der Fraktionsgeschäftsführer der Republikaner, ihre Konten bei der Hausbank oft um erhebliche Summen überzogen hatten, ohne Zinsen oder Strafgebühren bezahlen zu müssen. Die Kosten für diese zinslosen Kredite trugen die Steuerzahler. Eine Umfrage zeigte, daß 83 Prozent der erwachsenen amerikanischen Männer und Frauen glaubten, die Parlamentarier hätten ihre Konten nicht versehentlich überzogen, sondern »weil sie wußten, daß sie das machen konnten«.[7]

Diese Enthüllungen über den US-Kongreß erregten zwar Aufsehen, doch das waren Kleinigkeiten im Vergleich zur Einstellung und den Verhaltensweisen der Parlamentarier von Arizona, die durch eine Untersuchung aufgedeckt wurden. Protokolle von geheimen polizeilichen Videoaufnahmen zeigten, daß die Volksvertreter und -vertreterinnen ihre Lebenseinstellung und Ethik nicht verhehlten. Die Senatorin Carolyn Walker machte klar: »Ich mag das schöne Leben, und ich versuche, mich in die richtige Stellung zu bringen, damit ich es haben kann und zu Geld komme.« Als sie die Hand aufhielt, um eine Bestechungssumme von 25000 Dollar entgegenzunehmen, fügte sie hinzu: »Wir haben alle unseren Preis.« Parlamentsmitglied Bobby Raymond wurde noch deutlicher: »Es gibt keine Sache auf dieser Welt, um die ich mich auch nur einen – – schere. Mein liebster Grundsatz heißt: ›Was kommt dabei für mich heraus?‹«[8]

Es gibt noch mehr Leute, die nur danach fragen, was sie für sich selbst herausholen können, so die Chefs vieler der größten amerikanischen Firmen, die sich gewaltige Gehaltserhöhungen gewährten, während ihre Firmen Verluste machten und Mitarbeiter und Mitarbeiterinnen entließen. So fielen 1990 die ITT-Aktien um 18 Prozent, doch im gleichen Jahr erhöhte sich das Einkommen des ITT-Chefs Rand Araskog um 103 Prozent auf 11 Millionen Dollar jährlich. Joseph Nocera, ein Mitarbeiter des Magazins *GQ*, nahm an der Jahresversammlung von ITT teil, um Araskogs Stellungnahme zu Fragen über seine Bezahlung anzuhören. Nach Nocera wollte er »anscheinend sagen, solange er in der Lage sei, sich dieses Geld zu holen, werde er es sich holen, und was andere dazu meinen, kümmere ihn nicht besonders«.[9] Diese Einstellung scheint in den Firmenspitzen sehr verbreitet zu sein. In den sechs Jahren vor 1990 lag der Ertrag der IBM-Aktionäre, auf das Jahr umgerechnet, bei weniger als einem Prozent, doch im gleichen Zeitraum stieg das Gehalt des IBM-Chefs John Akers um 400 Prozent auf 8 Millionen Dollar jährlich. Doch auch diese Einkommen sind nichts gegen die von Steve Ross und N. J. Nicholas, den beiden Chefs von Time-Warner Inc., die 1990 zusammen 99,6 Millionen Dollar nach Hause brachten, obwohl die Firma in diesem Jahr einen Verlust auswies. Die amerikanischen Firmenchefs bekommen mindestens 85mal so viel wie der amerikanische Durchschnittsarbeiter – 1975 war das Verhältnis noch 35:1, und das überstieg bereits die Vergleichswerte von Japan mit 16:1 und Deutschland mit 21:1. Einige ganz neue Schätzungen gehen dahin, daß in den USA inzwischen bereits ein Verhältnis von 160:1 erreicht ist.[10]

Die Gewerkschaftsführer sind wohl die natürlichen Gegner der Firmenchefs, aber sie sind offensichtlich fähig, vom Gegner zu lernen. 1989 verdiente Gus Bevona, Chef der New Yorker Gebäudeservice-Gewerkschaft, 412000 Dollar, während die meisten seiner Gewerkschaftsmitglieder weniger als 25000 Dollar verdienten.[11] Im Februar 1992, als die Stadt New York Bedienstete entließ, wählte die Kommunalarbeiter-Gewerkschaft als Ort ihrer Haushaltsberatungen die Bahamas, sie belegte in einem Hotel mehr als 100 Zimmer und Luxussuiten und übernahm sämtliche Ausgaben für die teilnehmenden Gewerkschaftsfunktionäre.[12]

Selbst die Universitäten wurden habgierig. 1991 förderte eine Untersuchung durch einen Unterausschuß des Kongresses unter Vorsitz von John Dingell zutage, daß Stanford, Harvard, MIT, Rutgers und viele andere Universitäten den Bundes-Forschungsfonds – und damit dem Steuerzahler – Millionen Dollar für Güter in Rechnung gestellt hatten, die mit Forschung nichts zu tun hatten. Dingell fragte: »Ich möchte einmal wissen, was Kirschbaumkommoden, Chauffeure für die Gattin des Universitätspräsidenten, Wohnungen für verstorbene Universitätsbedienstete, Ferienhäuser am Tahoe-See und Blumenschmuck für das Haus des Präsidenten für die Forschung leisten.« Niemand äußerte sich dazu. Weitere Untersuchungen zeigten, daß die medizinische Fakultät von Harvard der Bundesregierung »Forschungskosten« von 1800 Dollar für einen Empfang für einen ausscheidenden Dekan in Rechnung gestellt hatte; das medizinische Zentrum der University of Texas in Dallas gab 2095 Dollar aus öffentlichen Mitteln für zehn geschliffene Karaffen aus; die Washington University in St. Louis ließ sich eine Plastik bezahlen, die schon aus privaten Spenden bezahlt war; und die University of Pittsburgh ließ sich die Kosten für Reisen der Ehefrau des Universitätspräsidenten nach Irland und Florida erstatten.[13]

Die Reagan-Bush-Ära endete mit einem endgültigen Beweis, daß der Zynismus im Hinblick auf Ethik und Gerechtigkeit bis an die Spitze vorgedrungen war. Weniger als einen Monat vor dem Ende seiner Amtszeit gewährte Präsident Bush sechs ehemaligen Bediensteten der Reagan-Regierung, die in die Iran-Contra-Affäre verwickelt waren, Amnestie. Zu ihnen gehörte der ehemalige Verteidigungsminister Caspar Weinberger. Die Amnestie bewahrte Bush davor, selbst in einem der Verfahren als Zeuge auftreten zu müssen; sie zeigte damit, daß der Präsident seine persönlichen Interessen höher stellte als die Gerechtigkeit und seine Mitwirkung an ihr.[14]

Die Habgier derer ganz oben ist die eine Seite einer Gesellschaft, die jeden Sinn für das Gemeinwohl zu verlieren scheint. Die andere Seite ist in jeder amerikanischen Großstadt unübersehbar. Eines Morgens traf ich in Washington, DC auf eine Gruppe von Menschen, die sich auf Stücken von Pappe auf ein Gitter gelegt hatten, um sich an der Luft aus dem U-Bahn-Schacht zu wärmen. Durch die Bäume konnte ich die bekannten Konturen des Weißen Hauses erkennen. Die Obdachlosen und der Präsident der Vereinigten Staaten waren Nachbarn. Und das war kein politischer Protest. Es ging einfach um irgendeinen Platz zum Schlafen. Die Obdachlosigkeit ist zu einem Bestandteil des amerikanischen Lebens geworden, und auch in Ländern wie England, die ein viel besseres soziales Netz haben, nimmt sie zu. Nachdem die italienische Fotografin Letizia Battaglia Obdachlose für das Buch *A Day in the Life of America* aufgenommen hatte, sagte sie: »Ich habe noch nie ein solches Elend erlebt. Oben die Wolkenkratzer von Manhattan und unten die Verzweiflung. So etwas habe ich nicht einmal in Palermo gesehen.«[15]

Auch Bettler waren einmal ein Gesprächsthema für Amerikaner, die von einer Indienreise zurückkamen. Heute ist es kaum möglich, eine New Yorker Straße entlangzugehen, ohne von einem Bettler angesprochen zu werden, freundlich oder auch leicht aggressiv. Die dramatische Zunahme der Obdachlosen und Bettler hat viele Ursachen: steigende Mieten, Arbeitslosigkeit, Drogen- und Alkoholmißbrauch, das Nachlassen der Familiensolidarität und die hartherzigen Änderungen der Sozialgesetze und Kürzungen der Wohnungsförderung durch die Reagan-Regierung. Doch wenn wir etwas über den wirklichen Charakter eines Gesellschaftssystems erfahren wollen, sagt uns die Behandlung der Obdachlosen mehr als die Erklärung der Ursachen. Als die Zahl der Menschen auf der Straße in den Reagan-Jahren dramatisch zu steigen begann, war man zunächst entsetzt und verlangte Abhilfe. Aber der Schock ließ bald nach. In *Time* stand zu lesen: »Nachdem die Stadtbewohner jahrelang auf den Bahnhöfen Hürdenläufe über menschliche Körper veranstalten mußten und auf der Straße angebettelt wurden, sind viele vom Mitleid zur Verachtung übergegangen und lassen sich von dem Elend vor ihren Augen nicht mehr erschüttern.«[16]

Die unübersehbare Präsenz der Obdachlosen ist heute einfach eine weitere Seite des amerikanischen Lebens. Es hat zwar viele örtliche Initiativen gegen die Obdachlosigkeit gegeben, aber auf nationaler Ebene wurde das Problem nicht wirklich angepackt. Am Ende der Regierungszeit Reagans gab die Bundesregierung jährlich 8 Milliarden Dollar für das Wohnungswesen aus; am Ende der Regierungszeit Carters, als es sehr viel weniger Obdachlosigkeit gab, waren es 32 Milliarden gewesen. Während der gleichen Jahre aber wurde die Einkommensteuer gesenkt, so daß auch die allerreichsten Mitglieder der Gesellschaft – mit mehr als 200000 Dollar steuerpflichtigem Jahreseinkommen – nur 24 Prozent Bundes-Einkommensteuer bezahlten. Nach dem Steuertarif von 1979 hätten sie zusammen 82 Milliarden Dollar mehr bezahlt – ein Vielfaches dessen, was durch die Kürzung der Wohnungsmittel eingespart wurde. Eine Gesellschaft, die lieber den ganz Reichen Steuern erläßt, als den Armen und Obdachlosen zu helfen, ist keine Gemeinschaft in irgendeinem vernünftigen Sinne mehr.

Der Verlust der Gemeinschaft

Ein wichtiger Faktor bei der Verengung der Perspektive des einzelnen ist der geschwächte Gemeinschaftssinn, der daraus resultiert, daß in Amerika sehr viele Menschen nur für eine begrenzte Zeit an einem Ort leben und dann wieder woanders hinziehen. Um der Wirtschaftlichkeit willen versetzen Firmen ihre leitenden Angestellten wie es gerade paßt, und wer nicht umziehen will, gerät leicht in den Verdacht, es mit der eigenen Karriere nicht ernst genug zu nehmen. Die Verfasser des Buches *Gewohnheiten des Herzens* stellten fest, daß die von ihnen Interviewten oft vergaßen, was sie von ihren Eltern erhalten hatten, und sich ebenso ungern mit ihren eigenen erwachsenen Kindern in Verbindung brachten. Sie verweisen darauf, daß in Japan nur in den seltenen Fällen, in denen sich jemand für das Leben im Kloster entscheidet und alle Brücken zu einer gewöhnlichen Existenz hinter sich abbricht, davon gesprochen wird, daß diese Menschen »das Elternhaus verlassen«, daß dies aber für die Amerikaner der Normalfall ist und die Kindheit nur die Vorbereitung darauf. Das scheint eine alte Tendenz der amerikanischen Gesellschaft zu sein, denn schon Tocqueville bemerkte, das amerikanische kulturelle Erbe sorge nicht nur dafür, »daß ein jeder seine Ahnen vergißt, sondern sie verbirgt ihm auch die Nachfolger und entfremdet ihn auch seinen Zeitgenossen«.[17]

Frances Fitzgerald interviewte Bewohner und Bewohnerinnen von Sun City, einer Rentnergemeinde in Florida, und fand, daß sie in der Abhängigkeit von den Kindern eine Schwäche sahen. Ein Zusammenleben mit den Kindern war, wie einer der Befragten sagte, nichts für sie: »Andere Leute – Neger und Kubaner – leben alle zusammen, aber wir sind so weit gekommen, daß wir es nicht tun müssen.« Ein anderer verglich die Vorteile eines Zusammenlebens mit den Kindern in einem nördlichen Staat mit dem Leben in Florida und sagte: »Würden Sie fünf Monate gutes Wetter für drei Tage opfern wollen – Erntedankfest, Weihnachten und Ostern?« Dies ist ein beredtes Zeugnis für die schwindende Bedeutung der familiären Bindungen in der amerikanischen Gesellschaft, in den Rentnergemeinden und draußen.[18]

Raoul Naroll, ein Pionier der vergleichenden Kulturanthropologie, der an der State University of New York in Buffalo lehrte, betont in einem bemerkenswerten Buch, das viele Gesellschaften auf der ganzen Welt vergleicht, die Bedeutung der, wie er es nennt, »Moralnetze«: der Familien- und Gemeindebeziehungen, die die Menschen aneinander binden und einen ethischen Hintergrund für die Handlungen des einzelnen bilden. Die Moralnetze stützen den einzelnen Menschen bei seinen ethischen Entscheidungen und erleichtern ihm die Wahl dessen, was das Moralnetz für das Richtige hält. Nach Naroll entstehen starke Moralnetze durch tiefe soziale Bindungen, Gefühlswärme zwischen den Mitgliedern der Gemeinschaft, soziale und wirtschaftliche Unterstützung oder »Versicherung« für die in Not Geratenen und verschiedene gemeinschaftliche Symbole, Zeremonien, Traditionen, Mythen und Ideologien, die die Gesellschaft zusammenhalten. Eine Vereinigung von Individuen, die nur durch das eigene Erwerbsinteresse zusammengehalten werden, weist gewöhnlich kein starkes Moralnetz auf. Natürlich kann mit einem starken Moralnetz jede Art von empörend unethischem Verhalten einhergehen, besonders gegenüber denen, die nicht zum Netz gehören. Ein starkes Moralnetz ist also keine Garantie für eine gute Gesellschaft. Doch wenn die Moralnetze schwach sind, dann gibt es, so Naroll, mehr Kriminalität, Drogen- und Alkoholmißbrauch, Selbsttötungen, Gewalt in der Familie und Geisteskrankheiten.[19] Es ist ein erschreckender Gedanke, daß wir heute in den Vereinigten Staaten vielleicht die erste Großgesellschaft vor uns haben, deren Moralnetze so schwach geworden sind, daß sie keine ethischen Lebensweisen mehr stützen können.

1887 veröffentlichte der Soziologe Ferdinand Tönnies sein Buch *Gemeinschaft und Gesellschaft*, in dem er zwei Gesellschaftsmodelle unterscheidet. Eine »Gemeinschaft« ist eine traditionelle Gruppe, die durch einen starken Gemeinschaftssinn zusammengehalten wird. Sie ist eine organische Gemeinschaft in dem Sinne, daß sich die Mitglieder mit dem größeren Ganzen identifizieren und sich kaum ein sinnvolles Leben außerhalb davon vorstellen können. Eine »Gesellschaft« ist hingegen eine Vereinigung einzelner Menschen, die sich als unabhängige Wesen sehen, die auch recht gut außerhalb der Vereinigung leben könnten. Die Gesellschaft gilt daher als vom Menschen geschaffen, vielleicht auf der Basis einer Art Gesellschaftsvertrag, und der einzelne Mensch kann sich anschließen oder austreten, wie es ihm beliebt.

Tönnies' Unterscheidung zwischen Gemeinschaft und Gesellschaft leitet sich zum Teil von einem der größten deutschen Philosophen ab, von Georg Wilhelm Friedrich Hegel. Er meinte, im alten Griechenland hätten die Menschen für sich keine Interessen außer denen ihrer Gemeinschaft gesehen. Sie konnten sich ihr eigenes Wohl nur als Teil des Gutes der Mitgliedschaft in einer erfolgreichen Gemeinschaft vorstellen. Diese gemeinschaftsorientierte Auffassung vom eigenen Interesse kam nach Hegel daher, daß die Griechen noch nicht die Möglichkeiten der individuellen Freiheit und des individuellen Selbstbewußtseins entdeckt hatten. Sokrates war nach Hegels Auffassung die Schlüsselfigur, die die Athener zum kritischen Nachdenken über das bis dahin Selbstverständliche brachte. Das betrachteten die Konservativen mit Recht als subversiv: waren die Sokratischen Fragen erst einmal gestellt, ließen sie sich im herkömmlichen Rahmen der antiken griechischen Gesellschaft nicht beantworten.

Sokrates steht für das seiner selbst bewußte Denken, das sich auf eine auf Brauchtum beruhende Gesellschaft nur zerstörerisch auswirken kann. Von diesem Punkt an führte der Weg der abendländischen Geschichte weg von der traditionellen Gesellschaft und hin zu einem ausgeprägteren individuellen Bewußtsein. Doch für Hegel brachte diese Bewegung, die nach der Reformation und dem Aufstieg der Marktwirtschaft richtig Früchte trug, auch das Problem mit sich, mit dem sich das vorliegende Buch beschäftigt: Wenn es keine Bindungen durch Brauch und Gemeinschaft gibt, welchen Grund hat dann der einzelne Mensch, ethisch zu handeln?

Die erste und in mancher Hinsicht immer noch frappierendste Antwort auf diese Frage gab Thomas Hobbes in seinem bedeutendsten Werk, dem *Leviathan*. Er erschien 1651, nach dem englischen Bürgerkrieg und dem Sturz der Stuartkönige, die ihre Herrschaft aus dem göttlichen Recht abgeleitet hatten. Angesichts des Zusammenbruchs der traditionellen Autorität ging Hobbes von der Annahme aus, alle Menschen hätten ein tiefverwurzeltes Bedürfnis, nämlich »ein fortwährendes und rastlose Verlangen nach immer neuer Macht«, das »nur mit dem Tode endet«.[20] Daher würden die Menschen im Naturzustand alle miteinander im Kampfe liegen, »wo jeder eines jeden Feind ist ... [ist] das menschliche Leben einsam, armselig, ekelhaft, tierisch und kurz.«[21] Daraus ergab sich sofort das Problem, wie sich aus derart ungehemmt egoistischen Wesen, die unter so widerwärtigen Verhältnissen lebten, jemals eine Gesellschaft bilden und erhalten konnte. Hobbes' Antwort war so derb wie seine Sicht der menschlichen Natur: die Gesellschaft kann nur von einer übergeordneten Gewalt geschaffen werden. Sie besteht, weil der Friede im Interesse aller liegt, und der Friede kann sich nur dann behaupten, wenn ein Herrscher mit unbeschränkter Autorität und ausreichender Macht eingesetzt wird, um alle zu bestrafen, die den Frieden brechen.

Vielleicht hat es nie eine so individualistische Gesellschaft gegeben wie die Hobbessche. Die meisten Gesellschaften waren und sind immer noch organische Gemeinschaften und keine Vereinigungen freier Individuen. Wenden wir Tönnies' Unterscheidung auf die moderne Welt an, so hat sich die organische Gemeinschaft in einem bedeutsamen Ausmaß noch in Asien, Afrika, dem Mittleren Osten und in Lateinamerika erhalten. Nach einer Schätzung leben vielleicht 70 Prozent der Weltbevölkerung in Gesellschaften, in denen die Familien- oder Stammesbindung wichtiger ist als persönliche Ziele.[22]

Demgegenüber geht in der westlichen Gesellschaft mindestens seit der Reformation die Tendenz weg von der Gemeinschaft hin zu einer eher lockeren Vereinigung von Individuen. Auf Hobbes' autoritäre Theorie der Gesellschaft als Ergebnis eines Gesellschaftsvertrags folgte die von John Locke, der die menschliche Natur optimistischer beurteilte als Hobbes und daher eine eingeschränktere Regierungsform befürwortete, in der der einzelne Bürger Rechte gegenüber der Staatsgewalt hatte; doch auch er sah in der Gesellschaft noch weitgehend eine lockere und vor allem freiwillige Vereinigung einzelner Menschen.

Lockes Vorstellung von der Gesellschaft beeinflußte stark die amerikanischen Revolutionäre und die Urheber der amerikanischen Verfassung. Tocqueville empfand in den 30er Jahren des 19. Jahrhunderts Amerika bereits als eine auffallend individualistische Nation, und obwohl er das Selbstvertrauen und die Unabhängigkeit seiner Bürger bewunderte, fragte er sich doch zugleich, wohin dies führen würde: Die Demokratie wirft den Menschen »ständig ... auf sich selbst zurück und droht, ihn gänzlich in die Einsamkeit seines eigenen Herzens einzusperren.«[23] Der Individualismus triumphierte über den herkömmlichen Gemeinschaftsgedanken in den protestantischen Ländern Nordeuropas einschließlich Englands und vieler ehemaliger Kolonialgebiete in Nordamerika, Australien und Neuseeland. Doch im Amerika des ausgehenden 20. Jahrhunderts hat der Individualismus ein bisher nicht gekanntes Ausmaß angenommen. Sozialwissenschaftler haben Meßskalen entwickelt, mit denen Gesellschaften auf einem Kontinuum zwischen Individualismus und Kollektivismus angeordnet werden können. Danach sind die Vereinigten Staaten die individualistischste Gesellschaft überhaupt.[24] Es ist eine Gesellschaft, in der jeder einzelne Mensch sich bloß »um seinen eigenen Kram kümmert« oder versucht, sich zu nehmen, was immer er will. Eine Gemeinschaft im Tönniesschen Sinne gibt es in vielen amerikanischen Großstädten einfach nicht.

Robert Bellah, Soziologe in Berkeley und Hauptverfasser von *Gewohnheiten des Herzens,* ist der Auffassung, daß die amerikanische Gesellschaft schon lange individualistisch ist, das moderne Amerika aber noch viel stärker in diese Richtung geht:

> »Früher hatte der Individualismus in Amerika auch etwas für die Gemeinschaftswerte übrig. Die heutige Ideologie des Individualismus fordert die Menschen einfach auf, ihren persönlichen Vorteil zu maximieren. Das führt zu einer Konsumhaltung, bei der nur noch gefragt wird: ›Was kommt für mich dabei heraus?‹, während Betrachtungen über das Gemeinwohl immer mehr in den Hintergrund treten.«[25]

Als die verachteten kommunistischen Regimes Osteuropas und der Sowjetunion zusammenbrachen und die Reformer eilig die Kräfte des freien Marktes herbeizitierten, da wandten sich ironischerweise westliche Soziologen und Philosophen wieder Theorien zu, die die Bedeutung der Gemeinschaft in der Politik und im ethischen Leben betonten. Die Kapitalismuskritik von Karl Marx hat sich viel besser gehalten als seine dürftigen Vorstellungen von einer besseren Gesellschaftsform. Das *Kommunistische Manifest* ist ein schlagkräftiger Angriff auf den Gedanken der Gesellschaft als einer freien Vereinigung von Individuen. Marx und sein Mitautor Friedrich Engels waren mit Sicherheit keine Freunde traditioneller oder feudaler Gesellschaftsformen; trotzdem äußerten sie sich mit einer Mischung aus Zorn und

Ehrfurcht darüber, wie diese Gesellschaften durch den Aufstieg einer auf Geld aufgebauten Gesellschaft zerstört wurden:

> »Die Bourgeoisie, wo sie zur Herrschaft gekommen, hat alle feudalen, patriarchalischen, idyllischen Verhältnisse zerstört. Sie hat die buntscheckigen Feudalbande, die den Menschen an seinen natürlichen Vorgesetzten knüpften, unbarmherzig zerrissen und kein anderes Band zwischen Mensch und Mensch übriggelassen als das nackte Interesse, die gefühllose ›bare Zahlung‹.«

Der Kapitalismus hatte rücksichtslos eine Gesellschaft freier Individuen geschaffen. Aber diese Gesellschaft war selbst nicht frei, sondern ganz im Gegenteil unkontrollierbar:

> »Die bürgerlichen Produktions- und Verkehrsverhältnisse, die bürgerlichen Eigentumsverhältnisse, die moderne bürgerliche Gesellschaft, die so gewaltige Produktions- und Verkehrsmittel hervorgezaubert hat, gleicht dem Hexenmeister, der die unterirdischen Gewalten nicht mehr zu beherrschen vermag, die er heraufbeschwor.«[26]

Zu diesen »unterirdischen Gewalten« gehörte für Marx das Proletariat, die große Klasse der besitzlosen Arbeiter, die für die Bourgeoisie auch nur eine Ware waren, die man kaufte, wenn Arbeitskraft benötigt wurde, und in Krisenzeiten auf den Abfallhaufen warf. Marx war davon überzeugt, daß das kapitalistische System mit der Schaffung des Proletariats den Keim zu seiner eigenen Zerstörung gelegt hatte.

Damit hatte Marx einfach unrecht. Die Widersprüche des Kapitalismus verschärften sich nicht unentwegt; der Kapitalismus verbesserte das Los seiner meisten Arbeiter und zog in den fortgeschrittensten kapitalistischen Ländern einen bedeutenden Teil der Arbeiterklasse auf seine Seite. Jene aber, denen Revolutionen in Marx' Namen gelungen waren, konnten keine Gesellschaft aufbauen, die die Bedürfnisse der Mehrheit befriedigte, und sie blieben nur so lange an der Macht, wie sie bereit waren, die Opposition gewaltsam zu unterdrücken. Der Kapitalismus überlebte also, und heute, am Ende des 20. Jahrhunderts, scheint er gesiegt zu haben. Doch Marx' Vision, der

Kapitalismus habe Kräfte geschaffen, die er nicht mehr beherrschen kann, ist nicht ganz falsch. Das zeigt sich wieder einmal an der Rezession, die auf die Hochkonjunktur der 1980er Jahre folgte. Das Vertrauen in die Wirtschaft schwindet aus Gründen, die niemand so recht versteht, die Warenpreise fallen, und Millionen von Menschen suchen Arbeit, doch das kapitalistische System hat keine Verwendung für ihre Tatkraft und ihre Fähigkeiten.

Marx hatte recht damit, daß die Gesellschaft des freien Marktes, die die traditionellen Bindungen auflöste, alles auf das Geld reduzierte und die Selbstsucht entfesselte, einen Geist beschworen hat, den sie nicht mehr beherrschen kann. Dieser Geist hat uns eine Gesellschaft beschert, in der die Politik von der Wirtschaft beherrscht wird. Bei jeder Wahl sind die großen aktuellen Fragen wirtschaftlicher Art. Man sagt uns, daß sich die umweltschädliche Entwicklung nicht aufhalten lasse, weil wir gegenüber dem Ausland wirtschaftlich konkurrenzfähig bleiben müßten. Gesundheits-, Sozial- oder Wohnungsprogramme scheitern an der Bevorzugung niedrigerer Steuern, die die Investitionsfreude fördern sollen. Dem immer weiter wachsenden materiellen Wohlstand abzusagen, ist undenkbar geworden. Unsere politischen Führer meinen, das würde bei der nächsten Wahl ihre sichere Niederlage bedeuten.

Das GATT – das »Allgemeine Zoll- und Handelsabkommen«, die Bibel des weltweiten wirtschaftlichen Rationalismus – dehnt heute seine Herrschaft auf die Wirtschaft der ganzen Welt aus. Die GATT-Fürsten erzählen den Ländern der Europäischen Gemeinschaft, sie müßten ihre Bauern der Konkurrenz der Riesenfarmen Nordamerikas und Australiens aussetzen – ein Wettbewerb, der sie dem sicheren Untergang preisgeben und die Landschaft Westeuropas in nicht wieder gutzumachender Weise verändern würde. Während sich das Europäische Patentamt über die ethische Frage den Kopf zerbricht, ob ein lebendes Tier patentiert werden kann, vertreten die USA bei den GATT-Verhandlungen den Standpunkt, der Patentfähigkeit von Tieren nicht zuzustimmen, wäre eine unzulässige Handelsbeschränkung, die die amerikanischen Erfinder um ihren verdienten Lohn brächte. (Die USA versuchten damit, den potentiellen Gewinn aus der Arbeit amerikanischer Wissenschaftler zu sichern, die US-Patente wie das auf die »Onko-Maus« angemeldet haben, ein unglückliches Geschöpf der Gentechnik, das Tumoren entwickelt, die dann wissenschaftlich untersucht werden sollen.)[27] Bei einem weiteren Triumph der Wirtschaft über die Ethik wurde jedoch ein entsprechendes Argument gegen die USA selbst gewendet. Die USA verboten die Einfuhr mexikanischen Thunfischs unter Berufung auf das Gesetz zum Schutz von Meeressäugern, weil die mexikanische Fischereiflotte mit ihren Fangmethoden, die in den USA nicht mehr angewandt werden, jedes Jahr 50000 Delphine unnötig tötete. Mexiko protestierte beim GATT wegen unfairer Handelsbeschränkung – und gewann![28]

Der Geist, den wir durch unsere Bestärkung des nackten Egoismus freigesetzt haben, hat unseren Gemeinschaftssinn ausgehöhlt. Jeder einzelne handelt nach dem Ethos, nur auf den eigenen Vorteil bedacht zu sein. Wir sehen in den anderen eine mögliche Profitquelle, und wir gehen davon aus, daß die anderen uns genauso sehen. Wir gehen davon aus, daß wir uns in acht nehmen müssen, weil die andere Seite uns übervorteilen wird, wo sie nur kann – und das wird zur sich selbst erfüllenden Prophezeiung, denn es hat ja keinen Sinn, sich gegenüber Leuten kooperativ zu zeigen, die nicht bereit sind, ihren kurzfristigen Vorteil einem langfristigen beiderseitigen Nutzen zu opfern. Doch eine Vereinigung einzelner Menschen kann keine gute Gesellschaft sein, wenn diese nicht von einem Gefühl der Heimatverbundenheit oder ausgedehnten Familienbeziehungen oder Loyalität gegenüber einem Arbeitgeber geleitet sind, sondern nur von den unbeständigen Gesichtspunkten des eigenen Interesses. Eine solche Gesellschaft muß versagen, auch wenn sie erklärt, ihre Aufgabe bestehe lediglich darin, jedem einzelnen Mitglied »Leben, Freiheit und das Streben nach Glück« zu ermöglichen. Sie wird das den Armen nicht mehr ermöglichen können, und auch nicht den Reichen. Robert Bellah und seine Mitarbeiter schreiben in *Gewohnheiten des Herzens*: »Man kann kein erfülltes Leben in einem Belagerungszustand führen, wo man jedem Fremden mißtrauen und sein Zuhause in ein bewaffnetes Lager verwandeln muß.«[29] Die Ethik und auch die Struktur einer Gemeinschaft können sich sowohl in eine positive wie in eine negative Richtung entwickeln; hat eine solche Entwicklung erst einmal begonnen, besteht die Wahrscheinlichkeit, daß verschiedene Faktoren zu einer gewissen Eigendynamik der Entwicklung beitragen und einen Richtungswechsel erschweren. Wenn Aristoteles damit recht hat, daß wir tugendhaft werden, indem wir Tugend üben, dann brauchen wir Gesellschaften, in denen die Menschen dazu ermutigt werden, tugendhaftes Verhalten zu wagen. In Großstädten, deren Bewohner und Bewohnerinnen vom individualistischen Ethos des materiellen Eigeninteresses beherrscht sind, muß jeder Keim von Vertrauen und Neigung zur Tugend um sein Überleben kämpfen, von Wachsen und Gedeihen ganz zu schweigen. Es mag unglaublich erscheinen, doch wir werden in Kapitel 6 sehen, daß feindliche Soldaten, die in den Schützengräben des Ersten Weltkriegs einander gegenüberstanden, bessere Voraussetzungen für ein Handeln auf Gegenseitigkeit hatten als die anonymen Bewohner der modernen Großstädte. Wir sind dabei, Gesellschaften zu erzeugen, die bloße Ansammlungen einander feindlich gesinnter Individuen sind, die ständig am Rande des Hobbesschen Kampfes aller gegen alle stehen. Sobald der Herrscher nicht mehr genug Macht entfalten kann, könnte der Kampf losbrechen, und die Beteiligten sind mit tödlicheren Waffen versehen, als Hobbes sich je vorstellen konnte. So sieht die Zukunft aus, wenn wir nicht jetzt die schwierige Aufgabe in Angriff nehmen, wieder eine Bindung an etwas anderes als das eigene Ich aufzubauen.

Diesen Absatz schrieb ich Anfang April 1992, und ich fragte mich, ob die Leser und Leserinnen das für übertrieben halten würden. Doch am Ende desselben Monats wurde das, was ich geschrieben hatte, durch die Unruhen von Los Angeles, die Fernsehzuschauer auf der ganzen Welt am Bildschirm mit verfolgten, nur allzu deutlich bestätigt. Der Funke ins Pulverfaß war der Freispruch für die Polizisten, die, wie Videoaufnahmen bewiesen, Rodney King zusammengeschlagen hatten. Die Empörung, die dieser Freispruch auslöste, war zweifellos berechtigt, doch die Unruhen gewannen rasch eine eigene Dynamik. Wesentlich dabei war, daß man sich Konsumgüter ohne Bezahlung aneignen konnte. Das machte jeder, und die Polizei konnte nicht überall gleichzeitig sein. Zu dieser Zeit gab es neben der Polizei in Los Angeles 3500 private Wachfirmen mit 50000 Wachmännern, doch selbst das genügte nicht.[30] Ein Journalist schilderte folgendes Bild:

»Die fünf Meilen von der Western Avenue bis zum Hollywood Boulevard waren eine einzige Plünderungszone von bizarrem modernem Zuschnitt. Wie alle anderen Pendler in Los Angeles kamen die Plünderer im Auto, parkten auf den Gehwegen, und durch die offenen Türen und Kofferraumdeckel flogen Schuhe, Kleider, Fernseh- und CD-Geräte und Flaschen ins Auto.

Die Parkplätze der großen Einkaufszentren sahen aus wie bei einem Zwangs-Ausverkauf. Die Plünderer packten die Einkaufswagen der Supermärkte mit ihrer Beute voll und fuhren sie an ihre Autos. Betten und Sofas wurden schwankend auf Lastwagen getürmt und triumphierend abgefahren. Bei der Plünderung des riesigen FedCo-Discountgeschäfts in der La-Cienaga-Straße gab es einen Verkehrsstau, und bei einer Sears-Filiale filmte ein Fernsehteam aus einem Hubschrauber Plünderer, die in einem gelben Taxi vorfuhren ... Auf dem Sunset Boulevard sah ich am Donnerstagabend Kinder, die mit Mobiltelefonen ihre Gangs dirigierten und die Plünderer vor anrückender Polizei und Feuerwehr warnten.«[31]

Richard Schickel stellte ganz richtig den Zusammenhang zwischen den Plünderungen und der Kaufleidenschaft der Nation her: »Der große Leitsatz des modernen Amerika: ›Shop till you drop‹ – Kauf, bis du umfällst – änderte sich etwas; jetzt hieß es eher: ›Steal till you kneel‹ – Klau, bis du in die Knie gehst.«[32] Doch Andrew Stephen vom Londoner *Observer* erkannte eine noch wichtigere Beziehung:

»Es ist kein Zufall ... daß das alles in einer Stadt geschah, die am typischsten ist für das Aufkeimen – unter der Präsidentschaft von Reagan und Bush – einer machtlosen Unterschicht; eine Polarisierung von Reich und Arm in einer Stadt, in der der schamloseste demonstrative Konsum der Welt so dicht neben Ghettos besteht, die an die Dritte Welt denken lassen.«[33]

Nichts hätte deutlicher zeigen können, wie in einer Gesellschaft, die die Habgier zu ihrer Haupttugend erhoben hat, der Hobbessche Kampf aller gegen alle ganz dicht unter der Oberfläche lauert.

3 Wir verbrauchen die Welt

Jean-Jacques Rousseau oder Adam Smith?

Nachdem Dennis Levine mitgeholfen hatte, die Übernahme der Firma Revlon unter Dach und Fach zu bringen, feierte er seinen Erfolg, indem er sich einen Ferrari Testarossa kaufte. Wahrscheinlich hat es ihm auch Spaß gemacht, ihn zu fahren, aber im Grunde genommen gab er 125000 Dollar für ein Erfolgssymbol aus. Donald Trump, der mehr Geld hatte, kaufte sich eine Jacht für 30 Millionen Dollar, die er selbst als »eine Trophäe« bezeichnete. Wer weniger Geld hat, muß sich anders behelfen. Die Autoindustrie lebt weitgehend von Leuten, die viel öfter ein neues Auto kaufen, als nötig wäre, wenn es allein darum ginge, sicher und zuverlässig von einem Ort an einen anderen zu gelangen. Als die Rezession von 1991 zuschlug und die Leute anfingen, ihre Autos etwas länger zu behalten, machte die amerikanische Autoindustrie Milliardenverluste.

Diese Haltung ist auf vielen Konsumgebieten unverkennbar. Auf einem bestimmten gesellschaftlichen Niveau kann man sich nicht ein zweites Mal in den Kleidern sehen lassen, die man bereits bei einem früheren Anlaß getragen hat; weiter unten auf der sozialen Leiter geht es darum, nichts mehr zu tragen, was vor zwei oder drei Jahren Mode war. Ohne das geringste Diskrepanzempfinden bringen Illustrierte neben Berichten über Hungersnöte in Afrika oder die Zerstörung der Regenwälder Werbung für neue Autos, die neueste Kleidermode, Luxusmöbel oder Kreuzfahrten. Zeitungen berichten von indischen Bauern, die eine Niere verkaufen mußten, um ihre Schulden zu bezahlen, und bringen gleichzeitig Beilagen über die Feinschmeckerküche und erlesene Getränke oder über die Verschönerung des Heims. Solche Beilagen lohnen sich für die Zeitungen, weil die Leserinnen und Leser eine interessante Zielgruppe für die Werbung sind. Wir sollten aber einmal innehalten und fragen, wo uns das – alle zusammen – hinführen wird.

Wenn irgendein einzelner die Richtung angegeben hat, in die sich die Wirtschaft des freien Unternehmertums bewegen würde, dann war es Adam Smith in seinem außerordentlich einflußreichen Werk *Der Wohlstand der Nationen* von 1776. Er argumentierte, in einer

Marktwirtschaft könne man nur dadurch reich werden, daß man Kundenwünsche effizienter als die Konkurrenz befriedigt – dieser Gedanke kommt in seinem berühmten Ausspruch zum Ausdruck: »Unser Essen erwarten wir uns nicht von der Menschenfreundlichkeit des Metzgers, sondern davon, daß er seine eigenen Interessen wahrnimmt.« Um den eigenen Interessen zu dienen, muß der Unternehmer versuchen, Güter zu erzeugen, die billiger oder besser sind als die vorhandenen. Gelingt es ihm, so belohnt ihn der Markt mit Wohlstand; mißlingt es, läßt ihn der Markt bankrott gehen. Auf diese Weise, so Smith, fließen die Bemühungen unzähliger einzelner Menschen um ihre privaten Interessen zusammen, als wäre eine unsichtbare Hand am Werke, die sie auf das allgemeine Interesse hinlenkt. Das Gesamtergebnis des individuellen Strebens nach Reichtum ist eine wohlhabende Nation, woran nicht nur die Reichen teilhaben, sondern »in einem zivilisierten Land« auch noch »der allereinfachste Mann«. Und an diesem Punkt wurde Smith lyrisch:

> »Doch sollte man bedenken, daß die Lebenshaltung eines Fürsten in Europa sich von der eines fleißigen und genügsamen Bauern vielleicht weniger unterscheidet, als die des letzteren von der manches Herrschers in Afrika, der uneingeschränkt über Leben und Freiheit von zehntausend nackten Wilden gebietet.«[1]

Das wurde zu einer gängigen Rechtfertigung der Ungleichheit, die sich in einem System des freien Unternehmertums aus dem Streben nach Reichtum ergibt. Auch die Ärmsten, heißt es, hätten keinen Grund zur Klage, denn es gehe ihnen immer noch besser, als wenn wir in einer vorindustriellen Gesellschaftsform verblieben wären. Es gehe ihnen sogar besser als einem König in Afrika![2]

Zwanzig Jahre vor dem Erscheinen von *Der Wohlstand der Nationen* schrieb Smith eine Kritik über ein neu herausgekommenen Werk, das damals bei den Intellektuellen des Kontinents so etwas wie eine Sensation war: Jean-Jacques Rousseaus *Diskurs über die Ungleichheit.* Dort wird der modernen Zivilisation das Leben des »edlen Wilden« entgegengehalten – ein Angriff auf alles, was Smith später vertreten sollte. In Rousseaus Sicht des Urzustands der Menschen war die Erde »ihrer natürlichen Fruchtbarkeit überlassen und von unermeßlichen Wäldern bedeckt, welche die Axt niemals verstümmelte«. So bot sie

»den Tieren jeglicher Art auf Schritt und Tritt Vorratslager und Schlupfwinkel«. Und was den edlen Wilden selber betrifft, über dieses Wesen sagt Rousseau:

> »Ich sehe es, wie es sich unter einer Eiche satt ißt, wie es am erstbesten Bach seinen Durst löscht, wie es sein Bett am Fuße desselben Baumes findet, der ihm sein Mahl geliefert hat, und damit sind seine Bedürfnisse befriedigt.«[3]

Daß wir uns nicht mehr in diesem idyllischen Zustand befinden, daran war nach Rousseau die Institution des Privateigentums schuld, die es ermöglicht, mehr anzuhäufen, als man braucht, so daß die Menschen das, was sie haben, mit anderen vergleichen und sie an Reichtum zu übertreffen trachten. In dieser Inflation der Bedürfnisse sah er nicht nur die Quelle der Ungleichheit, sondern auch des Hasses, des Haders, der Sklaverei, des Verbrechens, des Krieges, des Betruges und aller anderen Übel des modernen Lebens.

Adam Smith sah den Wunsch nach Anhäufung von Besitz allerdings ganz anders. Sowohl in seiner Kritik an Rousseau als auch in einem größeren Werk, *Theorie der ethischen Gefühle* (eine Vorlesung an der Universität Glasgow) verteidigte er die Zunahme der Bedürfnisse und den Wunsch nach Anhäufung von immer mehr Besitz. Denn er glaubte, gerade dieser Wunsch habe unsere Vorfahren zur Entwicklung der Künste und Wissenschaften in Formen geführt, die

> »das Antlitz des Erdballs durchaus verändert haben, die die rauhen Urwälder in angenehme und fruchtbare Ebenen verwandelt und das pfadlose, öde Weltmeer zu einer neuen Quelle von Einkommen ... gemacht haben ... Von einer unsichtbaren Hand werden [die Reichen] dahin geführt, beinahe die gleiche Verteilung der zum Leben notwendigen Güter zu verwirklichen, die zustandegekommen wäre, wenn die Erde zu gleichen Teilen unter alle ihre Bewohner verteilt worden wäre; und so fördern sie, ohne es zu beabsichtigen, ja ohne es zu wissen, das Interesse der Gesellschaft und gewähren die Mittel zur Vermehrung der Gattung.«

Bei modernen Lesern und Leserinnen dürfte die so ganz verschiedene Haltung Rousseaus und Smiths gegenüber den Wäldern und der Natur insgesamt Betroffenheit auslösen. Da die Welt Smith und nicht Rousseau nachgefolgt ist, ist die fortgesetzte Zerstörung unserer Wälder kein Wunder. Doch jetzt ist es an der Zeit, innezuhalten und zu fragen: warum folgen wir *immer noch* Smith und nicht Rousseau? Bemerkenswerterweise hat Smith den Wunsch nach Anhäufung von Besitz nicht damit begründet, daß dies der Weg zum Glück wäre. Diese Annahme hielt er vielmehr für eine »Täuschung«. Über die großen Häuser und Besitztümer, nach denen wir streben, sagt er:

> »Wenn wir die wirkliche Befriedigung, die alle diese Dinge zu gewähren imstande sind, an und für sich und abgesondert von der Schönheit der Anordnungen in Betracht ziehen, die zu dem Zwecke getroffen werden, diese Befriedigung zu fördern, so wird sie uns immer in höchstem Grade verächtlich und geringfügig erscheinen. Aber wir betrachten sie selten in diesem abstrakten und philosophischen Lichte.«

Vielmehr drängen sich uns »die Freuden, welche Wohlstand und hoher Rang bieten ... als etwas Großes und Schönes und Edles auf, dessen Erlangung wohl alle die Mühen und Ängste wert ist, die wir so gerne auf sie zu verwenden pflegen.« Und jetzt kommt die Pointe des Ganzen: Obwohl wir uns täuschen, wenn wir uns vorstellen, der Reichtum bringe uns wirkliche Befriedigung, ist das doch günstig, denn »diese Täuschung ist es, was den Fleiß der Menschen erweckt und in beständiger Bewegung erhält«.[4] Der Vater der modernen Ökonomie und der größte originäre Befürworter der Gesellschaft des freien Unternehmertums hat also zugegeben, daß diese Gesellschaftsform daraus entstanden ist, daß die Menschen nichtigen Bedürfnissen nachjagen, die ihnen, auch wenn sie befriedigt werden könnten, niemals wahre Befriedigung bringen würden!

Natürlich entspricht diese ganze wirtschaftliche Entwicklung der biblischen Vorstellung, es sei gut für die Menschheit, sich nach der Aufforderung zu richten: »Seid fruchtbar und mehret euch, und füllet die Erde, und machet sie euch untertan, und herrschet über die Fische im Meer und über die Vögel unter dem Himmel und über alles Getier, das auf Erden kriecht.«[5] Doch heute ist es höchst zweifelhaft, ob eine weitere Vermehrung der Menschheit wünschenswert ist, und nur wenige möchten noch mehr Wälder in »angenehme Ebenen« verwandelt sehen. Wir müssen die Sicht von der Natur, die hinter der Ökonomie Adam Smiths steht, kritisch hinterfragen.

Wir leben von unserem Erbe

Als Generation haben wir die angesammelten Ressourcen unseres Planeten geerbt: fruchtbare Böden, Wälder, Öl, Kohle und Mineralien wie Eisenerz und Bauxit. Anfang des 20. Jahrhunderts war auf der ganzen Erde die Umwelt ziemlich sauber und stabil. Darauf haben wir eine Wirtschaft aufgebaut, die für die Mittel- und Oberschicht der entwickelten Länder einen noch nie dagewesenen Luxus produziert, ergänzt um eine erstaunliche Fülle technischer Geräte. Die Weltwirtschaft produziert heute in 17 Tagen so viel wie um die Jahrhundertwende in einem Jahr.[6] Wir meinen, dieses Wachstum könne unbegrenzt weitergehen, doch die Wirtschaft, die wir aufgebaut haben, beruht darauf, daß unser Erbe aufgezehrt wird. Seit der Mitte unseres Jahrhunderts hat sich der Pro-Kopf-Verbrauch von Energie, Stahl, Kupfer und Holz verdoppelt. Der Fleischverbrauch hat sich in der gleichen Zeit verdoppelt und die Zahl der Autos vervierfacht. Dabei handelt es sich hierbei um Dinge, die schon 1950 in großen Mengen verwendet wurden; bei verhältnismäßig neuen Materialien wie Kunststoff und Aluminium ist die Zunahme noch stärker. Seit 1940 haben die Amerikaner ebensoviel von den Mineralienvorräten der Erde verbraucht wie vorher alle Menschen zusammen.[7]

Ich las einmal von einem Manager, dessen Zweigwerk das lahmste in der ganzen Firma war. Seine Produktivität war miserabel, und es schien, als könne es eigentlich nur mit Verlust arbeiten. Doch Jahr für Jahr wies die Bilanz einen ansehnlichen Gewinn aus. Das Geheimnis bestand darin, daß ein früherer Manager ein großes Grundstück für mögliche zukünftige Erweiterungen gekauft hatte. Durch das Vordringen der Vorstädte war das Grundstück im Wert stark gestiegen, und der jetzige Manager verkaufte jedes Jahr ein ordentliches Stück davon und machte so einen beträchtlichen Gewinn. Sein Vorgesetzter kannte den Trick, mit dem die schwarzen Zahlen erzeugt wurden, hatte aber kein Interesse daran, diesem Vorgehen ein Ende zu bereiten, weil die guten Zahlen sich im Ergebnis aller Zweigwerke, für die er verantwortlich war, positiv niederschlugen. Den gleichen Trick wenden wir in unserer ganzen volkswirtschaftlichen Gesamtrechnung an. Wir zehren Kapital auf, statt von dem zu leben, was wir produzieren. Je schneller wir unsere Wälder abholzen, unsere Mineralien verkaufen und die Fruchtbarkeit des Bodens aufbrauchen, desto stärker wächst das Bruttosozialprodukt. Wir sind dumm genug, das als Zeichen unseres Wohlstands zu nehmen und nicht als Zeichen dafür, wie rasch unser Kapital aufgebraucht wird. Von der Nahrungsmittelerzeugung bis zu den Autoabgasen, es läuft immer nach demselben Muster. Wir holen uns von der Erde, was wir brauchen, und hinterlassen giftige Chemieabfälle, verseuchte Flüsse, Ölteppiche auf den Meeren und Atomabfälle, die für Zehntausende von Jahren eine tödliche Gefahr bleiben. Die Wirtschaft ist ein Teilsystem der Biosphäre, und sie stößt rasch an die Grenzen des übergeordneten Systems.

Die Kosten des Wirtschaftswachstums sind zu einem großen Teil bekannt, seit die Fabriken der industriellen Revolution ihre Rauchschwaden über England auszustoßen begannen und ein einst grüner Landstrich im westlichen Mittelengland so ruiniert und mit Industrieruß überzogen wurde, daß er heute noch das »Schwarze Land« heißt. Doch erst heute erkennen wir, daß die wertvollste unserer endlichen Ressourcen die Atmosphäre selbst ist. Wir stellen uns das 19. Jahrhundert als eine Zeit vor, in der eine schmutzerzeugende Industrie die Atmosphäre belastete, aber tatsächlich ist seit 1950 die Kohlendioxidkonzentration in der Atmosphäre stärker gestiegen als in den vorhergehenden zwei Jahrhunderten. Das wird wahrscheinlich zum Ende der Klimastabilität führen, und als erstes wird es zu einer stärkeren Erwärmung der Erde kommen als je zuvor in der menschlichen Geschichte.[8] Der saure Regen, ein weiteres Ergebnis der Belastung der Atmosphäre, zerstört uralte Wälder in Europa und Nordamerika. Die Verwendung von Gasen, die die Ozonschicht zerstören, ist ein drittes Problem im Zusammenhang mit der Atmosphäre. Schon jetzt steht nach der United States Environmental Protection Authority, dem US-Umweltamt, fest, daß in den nächsten 50 Jahren allein in den Vereinigten Staaten 200000 zusätzliche Hautkrebs-Todesfälle darauf zurückzuführen sein werden.[9]

Betrachten wir die Nahrung, etwas wirklich Lebensnotwendiges, das wir normalerweise nicht mit Verschwendung in Zusammenhang bringen. Zu Beginn unseres Jahrhunderts gehörten die Ackerböden der Vereinigten Staaten zu den reichsten und tiefsten der Welt. Heute sind dort die Methoden der Landwirtschaft für den Verlust von jährlich rund sieben Milliarden Tonnen Ackerkrume verantwortlich – zum Beispiel ging in Iowa in weniger als hundert Jahren mehr als die Hälfte der Ackerkrume verloren. In Trockengebieten werden durch diese Methoden die unterirdischen Wasservorräte aufgebraucht, so auch das Ogallala-Bassin, das unter der Viehzuchtgegend zwischen West-Texas und Nebraska liegt – eine nicht erneuerbare Ressource, deren Bildung Jahrmillionen gedauert hat. Schließlich ist es ganz wichtig, daß diese landwirtschaftlichen Methoden auch noch energie-intensiv sind; für den Betrieb der Maschinen und die Erzeugung von Kunstdünger werden fossile Energieträger gebraucht. Eigentlich war die Landwirtschaft eine Möglichkeit, aus der Fruchtbarkeit des Bodens und dem Sonnenlicht zusätzliche Energie für die Menschen zu gewinnen. So liefert von mexikanischen Kleinbauern erzeugter Mais 83 Kalorien für jede verbrauchte Kalorie von fossilen Energieträgern. Rindfleisch von Tieren, die in den Vereinigten Staaten in Mastkoppeln gehalten werden, kehrt das Verhältnis nahezu um: es werden 33 Kalorien fossiler Energie für die Erzeugung einer Kalorie verbraucht. Wir haben eine Landwirtschaft entwickelt, die darauf angewiesen ist, Energievorräte aufzubrauchen, statt Sonnenenergie einzufangen.

Das alles geschieht nicht etwa als Maßnahme gegen Hunger oder Unterernährung, sondern liegt in erster Linie am Appetit auf große Fleischmengen, vor allem Rindfleisch. Zwar ist in den letzten Jahren der Verbrauch in den USA und einigen anderen Industrieländern ge-sunken, doch liegt er, historisch gesehen, immer noch weit über dem der meisten anderen menschlichen Kulturen. Die westliche Vorstel-lung vom guten Leben sieht so aus, daß ein großes Steak auf jedem Teller liegt und ein Huhn in jeder Alutüte steckt. Um das alles zu pro-duzieren, haben wir eine völlig neue Form der Landwirtschaft erfun-den, bei der Schweine, Kälber und Hühner nie die Sonne sehen oder draußen herumlaufen und Rinder einen großen Teil ihres Lebens in Ställe oder Mastkoppeln eingesperrt sind und Getreide fressen, statt Gras zu weiden, wofür ihr Magen eingerichtet ist. Wir betrachten die Tiere nicht mehr als empfindende Mit-Lebewesen, sondern behan-deln sie wie Maschinen zur Umwandlung billigen Getreides in teures Fleisch.[10] Doch zur Ethik unserer Behandlung der Tiere habe ich mich an anderer Stelle geäußert; hier geht es mir um die Ineffizienz der intensiven Tierzucht und -haltung.

Wir erzeugen auf unseren besten Böden Getreide und Soja als Futter für Tiere, deren Körper den Menschen, die sie essen, nur einen geringen Teil des Nährwerts zurückliefern. So dienen bei der Haltung von Rindern in Mastkoppeln nur 11 Prozent des Getreides zum Aufbau des Fleisches selbst, der Rest erzeugt Energie, wird ausgeschieden oder gelangt in Körperteile, die vom Menschen nicht gegessen werden. Aus über 790 Kilogramm pflanzlichem Eiweiß entstehen dabei nicht einmal 50 Kilogramm tierisches Eiweiß.[11] Der riesige Appetit auf Rindfleisch in den Industrieländern ist eine Form des demonstrativen Konsums, der zur Beanspruchung von immer mehr Land und Ressourcen antreibt. In den reichen Ländern ist jeder einzelne Mensch für den Verbrauch von fast einer Tonne Getreide pro Jahr verantwortlich, in Indien ist es nur eine Vierteltonne. Der Unterschied beruht natürlich nicht darauf, daß wir mehr Brot oder Teigwaren essen würden (so viel Getreide könnten wir in dieser Form gar nicht essen), sondern auf dem Berg Getreide hinter jedem Steak, Schinken und Hähnchenschenkel.

Weil für uns das gute Leben gleichbedeutend mit Fleisch auf dem Tisch ist, gibt es heute auf diesem Planeten dreimal so viele landwirtschaftliche Nutztiere wie Menschen. Die 1,28 Milliarden Rinder der Erde wiegen mehr als alle Menschen zusammen. In den letzten 30 Jahren wurden mehr als 25 Prozent der mittelamerikanischen Wälder abgeholzt und in Weideland verwandelt. In Brasilien sind immer noch Bulldozer dabei, den Regenwald im Amazonasgebiet zu roden, damit dort ein paar Jahre lang Rinder grasen können. Mehr als 40 Millionen Hektar sind schon vernichtet, ein Gebiet größer als ganz Japan.[12] Sobald der Boden seine Fruchtbarkeit verloren hat, ziehen die Viehzüchter weiter, aber der Wald bildet sich nicht wieder. Bei der Rodung der Wälder gelangen Milliarden von Tonnen Kohlendioxid in die Atmosphäre und verstärken den Treibhauseffekt.

Die Zerstörung der Regenwälder ist nicht die einzige Art, wie die riesigen Mengen von Tieren, die zur menschlichen Ernährung gezüchtet werden, zur Erwärmug der Erdatmosphäre beitragen. Rinder scheiden große Mengen Methan aus, und dieses Gas hat von allen die stärkste Treibhauswirkung. Die Rinder der Erde erzeugen vermutlich 20 Prozent des Methans, das in die Atmosphäre gelangt, und Methan hält 25mal soviel Wärme auf der Erde zurück wie Kohlendioxid. Kunstdünger zur Erzeugung von Futter für die Tiere, die wir essen, läßt Stickoxid entstehen, ein weiteres Gas mit Treibhauswirkung, und auch die starke Verwendung fossiler Brennstoffe trägt zum Treibhauseffekt bei. Indem wir so viele Tiere und Tierprodukte essen, tragen wir zur Aufheizung unseres Planeten bei. Die lokalen Auswirkungen sind schwer vorherzusehen, aber manche Gebiete, die heute dicht besiedelt sind, dürften von Dürre heimgesucht werden, während es in anderen mehr regnen wird. Vorauszusehen ist, daß der Meeresspiegel – der sich im letzten Jahrhundert bereits 10 bis 20 Zentimeter gehoben hat – durch das Schmelzen des Polareises weiter steigen wird. Das Intergovernmental Panel on Climate Change erwartet einen Anstieg von 44 Zentimetern bis zum Jahr 2070.[13] Das bedeutet, daß ganze Inselstaaten wie Tuvalu, Vanuatu, die Marschallinseln und die Malediven verschwinden könnten. Es heißt, daß die Regierung der Malediven bereits vier Inseln evakuieren mußte. Ein Bericht der United States National Oceanic and Atmospheric Administration über die Marschallinseln kommt zu dem Ergebnis, daß innerhalb einer Generation »das Leben auf vielen Teilen der Inseln unsicher werden könnte«.[14] Das ist schon ernst genug, doch in dichtbesiedelten flachen Deltagebieten wie dem Nil- und dem Gangesdelta könnten noch mehr Menschenleben gefährdet sein. Das letztere, das 80 Prozent von Bangladesch ausmacht, leidet bereits unter Sturmfluten. Allein in diesen beiden Gebieten setzt die Selbstsucht der Reichen durch ihre Auswirkungen auf den Meeresspiegel den Lebensraum und das Leben von 46 Millionen Menschen aufs Spiel.[15] Darüber hinaus ist mit dem Verlust ganzer Ökosysteme und der nur in ihnen vorkommenden Tier- und Pflanzenarten zu rechnen, weil sich solche Systeme oft nicht schnell genug an den künstlich hervorgerufenen Klimawechsel anpassen können.

Wie eine überlaufende Abfallgrube Adam Smith obsolet macht

Unsere Wirtschaft ist in ihrer jetzigen Form nicht aufrechtzuerhalten. Das gilt bereits, wenn wir uns nur auf die entwickelten Länder konzentrieren, doch wir müssen auch die anderen Länder in die Betrachtung einbeziehen. Jeremy Leggatt, der wissenschaftliche Leiter von Greenpeace in England, hat darauf aufmerksam gemacht, daß die Pläne Chinas, in den nächsten 40 Jahren die Verbrennung von Kohle um das Sechsfache zu steigern, dazu führen könnten, daß China dann dreimal so viel Treibhausgase erzeugen würde wie die Vereinigten Staaten heute. Solche Befürchtungen führten auf dem Weltgipfel von Rio de Janeiro 1992 zur Unterzeichnung der Klimakonvention. Doch diese empfiehlt lediglich – und verlangt nicht –, daß die Länder ihre Treibhausgasemissionen bis zum Jahr 2000 nicht über das Niveau von 1990 steigen lassen. Das Intergovernmental Panel on Climate Change hat erklärt, daß die Emissionen um 60 Prozent gesenkt werden müßten, wenn der Kohlendioxidgehalt der Atmosphäre nicht weiter steigen soll.[16]

Darüber hinaus birgt die Orientierung an den jetzigen Emissionsmengen einen grundlegenden ethischen Fehler, und zwar unabhängig davon, ob es um eine Stabilisierung oder eine Senkung der Emissionen geht. In Amerika ist jeder einzelne Mensch durchschnittlich für die Verbrennung von vier bis fünf Tonnen Kohlenstoff pro Jahr verantwortlich, in Indien und China beträgt die Menge nur etwa ein Zehntel davon. Wie können die Angehörigen der reichen Länder von China verlangen, seine Emissionen auf dem jetzigen Niveau einzufrieren, wo selbst beim Gelingen der ehrgeizigen Pläne jeder Chinese bzw. jede Chinesin noch für weniger Kohlendioxid in der Atmosphäre verantwortlich wäre als ein Mensch in den meisten reichen Ländern heute?

Kein Wunder, daß die Wirtschaftswissenschaftler der Dritten Welt in den Besorgnissen des Westens wegen der Umweltauswirkungen der wirtschaftlichen Entwicklung der Dritten Welt allmählich eine neue Form des Kolonialismus sehen. Anil Agarwal vom Centre for Science and the Environment in Neu-Delhi hat das eindrucksvoll formuliert:

»Indien und China machen heute mehr als ein Drittel der Weltbevölkerung aus. Fragen wir einmal, ob sie auch ein Drittel der Ressourcen der Welt verbrauchen oder ein Drittel zur Verschmutzung der Atmosphäre und der Meere beitragen. Wenn nicht, dann sind diese Länder gewiß zu loben, weil sie die Welt mit ihrem sparsamen Verbrauch im Gleichgewicht halten trotz der Plünderung der Ressourcen durch den Westen.«

Agarwal schlägt vor, die Erde hinsichtlich ihrer Belastbarkeit mit Abfällen als eine sehr große, aber begrenzte Abfallgrube zu betrachten.

Deren Benutzungsrecht sollte gleichmäßig auf die Völker der Welt verteilt werden. Jedem Menschen auf dem Planeten solle das Recht zukommen, eine bestimmte Menge, sagen wir eine halbe Tonne, Kohlenstoff abzuladen. So gesehen beanspruchen heute die Menschen in den Vereinigten Staaten mehr als das Sechsfache des gerechten Anteils, die meisten Menschen in Indien und China aber weniger als diesen. Die zügellosesten Benutzer der Grube sind die Völker der Vereinigten Staaten, Kanadas, Australiens, Deutschlands und der ehemaligen Sowjetunion.[17]

Adam Smith bestritt, daß die Reichen die Armen um ihren Anteil am Reichtum der Welt brächten. In einem anderen Teil der zu Beginn dieses Kapitels zitierten Passage schrieb er:

> »Nur daß die Reichen aus dem ganzen Haufen dasjenige auswählen, was das Kostbarste und ihnen Angenehmste ist. Sie verzehren wenig mehr als die Armen; trotz ihrer natürlichen Selbstsucht und Raubgier und obwohl sie nur ihre eigene Bequemlichkeit im Auge haben, obwohl der einzige Zweck, welchen sie durch die Arbeit all der Tausende, die sie beschäftigen, erreichen wollen, die Befriedigung ihrer eigenen eitlen und unersättlichen Begierden ist, trotzdem teilen sie doch mit den Armen den Ertrag aller Verbesserungen, die sie in ihrer Landwirtschaft einführen.«[18]

Smith spricht dann von der »unsichtbaren Hand«, die »beinahe die gleiche« Verteilung der lebensnotwendigen Güter herbeiführe, wie wenn die Welt unter allen ihren Bewohnern gleich aufgeteilt worden wäre. Ich bezweifle, daß das auch nur in Smiths Tagen richtig war; betrachten wir aber die Gegenwart und zählen zu den »Reichen« alle entwickelten Länder, dann ist es ganz offensichtlich, daß Smiths Argument nicht mehr gilt.

Smith dachte nicht im Traum daran, daß die Fähigkeit der Atmosphäre zur Aufnahme von Schadstoffen begrenzt sein könnte. Er sprach den Reichen zwar keineswegs Selbstsucht und Begehrlichkeit ab, aber daß sie das Sechsfache ihres gerechten Anteils an der atmosphärischen »Abfallgrube« in Anspruch nehmen würden, das konnte er sich nicht vorstellen. Die Reichen teilen keineswegs mit den Armen alle Früchte ihrer Vorteile; heute sind sie vielmehr auf dem besten Weg, Millionen von Menschen dem Ertrinken auszusetzen, die das

Pech haben, in flachen Küstengebieten zu wohnen, und ungezählte Millionen verhungern zu lassen, deren Land durch die klimatischen Veränderungen austrocknen könnte. Diese Folgen sind auch dann noch wahrscheinlich, wenn sich die Reichen an die Klimakonvention halten und die Emissionen nicht über das Niveau von 1990 steigen lassen. Und selbst wenn solche Katastrophen wie durch ein Wunder ausbleiben sollten, dann gilt immer noch, daß die Reichen, wenn sie nicht ihre Treibhausgasemissionen drastisch senken, faktisch den Armen die Möglichkeit nehmen, sich so zu entwickeln, wie es die Reichen selbst getan haben; denn wenn sich die Armen wie die Reichen verhalten würden, dann würden die Emissionen weltweit dramatisch steigen, und die globale »Abfallgrube« würde mit Sicherheit überlaufen.

Wann geht es uns gut?

Das Wirtschaftswachstum ist zu einem Fetisch der modernen Welt geworden. Die Umweltbewegung der späten 60er und frühen 70er Jahre hat sich nachdrücklich dagegen gewandt, daß ein ständiges Wirtschaftswachstum wünschenswert sei, doch die Kritik wurde von den Politikern, Wirtschafts- und Gewerkschaftsführern rasch abgetan, für die in der Wachstumsideologie die Lösung aller Probleme lag.[19] Die ersten Vertreter der Idee der Wachstumsgrenzen arbeiteten mit recht groben computerisierten Rechenmodellen. Sie waren zu leicht bereit, gegenwärtige Tendenzen in die Zukunft zu extrapolieren, und sagten deshalb voraus, daß uns bald die Ressourcen ausgehen würden. Durch bessere Ausnutzung von Energie und anderen Ressourcen ist es uns aber gelungen, den Zeitpunkt, zu dem einschneidendere Entscheidungen unvermeidbar sein werden, noch hinauszuschieben. Die Einschränkung des Bevölkerungswachstums ist eine weitere wichtige Möglichkeit, die Schädigungen des globalen Ökosystems zu begrenzen und so den Tag hinauszuschieben, an dem nicht mehr gutzumachende Schäden für alle offensichtlich werden; doch auch das genügt noch nicht. Sandra Postel und Christopher Flavin, die am Worldwatch Institute in Washington, DC in der Forschung tätig sind, haben das Wirtschaftswachstum im Auge, wenn sie schreiben:

»Setzt sich das Wachstum wie in den letzten Jahrzehnten fort, ist es nur noch eine Frage der Zeit, bis die globalen Systeme unter diesem Druck zusammenbrechen. Fortgesetztes Wachstum des materiellen Konsums – der Zahl der Autos oder Klimaanlagen, des Papierverbrauchs und anderes mehr – wird schließlich nicht mehr durch zunehmende Effizienz aufgefangen werden können, so daß der gesamte Ressourcenverbrauch (und die damit verbundene Umweltbelastung) steigen wird … Diese Seite des Übergangs vom Wachstum zu einem auf die Dauer haltbaren Zustand ist viel problematischer, denn hier geht es um die zentralen Konsumgewohnheiten der Menschen.«[20]

Lester Brown, der Präsident des Worldwatch Institute, schrieb:

»Der Übergang zu einer aufrechterhaltbaren Gesellschaft ist nur bei einer Änderung der Prioritäten und Werte des einzelnen möglich … Die Orientierung an materiellen Werten kann wegen der damit verbundenen Ressourcenbelastung einfach nicht in eine auf Dauer aufrechterhaltbare Welt hinübergerettet werden.«[21]

Nach einer brasilianischen Untersuchung könnte bei besserer Ausnutzung der fossilen Brennstoffe und stärkerer Verwendung erneuerbarer Ressourcen jeder Mensch auf der Welt über eine bescheidene, aber ausreichend ausgestattete Wohnung verfügen, über ein Kühlsystem für Lebensmittel, öffentliche Verkehrsmittel und gelegentlich ein Auto benutzen; es wird aber niemals möglich sein, allen Menschen zu dem verschwenderischen Lebensstil etwa der heutigen Amerikaner zu verhelfen. Alan Durning sagt es so: »Letzten Endes hängt die Frage, ob die Erde Milliarden von Menschen tragen kann, davon ab, ob wir weiterhin die Erfüllung im Konsum sehen.«[22]

Das Problem liegt darin, daß unsere Vorstellung vom guten Leben auf einem ständig steigenden Konsumniveau beruht. Als der berühmte Harvard-Wirtschaftswissenschaftler J. K. Galbraith 1958 sein Buch *The Affluent Society* (»Die Überflußgesellschaft«) veröffentlichte, bezweifelte niemand, daß der Titel oder das in dem Buch entworfene Bild eine zutreffende Beschreibung Amerikas sei, jenes Landes, das einen Überfluß erreicht hatte, von dem frühere Generationen nicht einmal hätten träumen können. Doch Amerika hat in den fünfundzwanzig Jahren danach in materieller Hinsicht noch erheblich an Überfluß gewonnen. Anfang der 80er Jahre gab es in Amerika fünfmal so viele Klimaanlagen pro Kopf, viermal so viele Wäschetrockner und siebenmal so viele Geschirrspülmaschinen wie damals.[23] 1960 gab es erst in einem Prozent aller amerikanischen Haushalte ein Farbfernsehgerät, 1987 in 93 Prozent. Mikrowellengeräte und Videorekorder zogen in den 70er und 80er Jahren in die amerikanischen Haushalte ein und fanden sich nach einem Jahrzehnt in fast zwei Dritteln aller Haushalte.[24] Trotz dieser dramatischen Zunahme der materiellen Güter fühlten sich die Menschen weder reicher noch glücklicher. Das National Opinion Research Center der University of Chicago befragt seit vielen Jahren die amerikanische Bevölkerung, wie glücklich sie sich fühlt. Der Anteil derer, die sich als »sehr glücklich« bezeichnen, liegt seit den 50er Jahren bei etwa einem Drittel.[25] Warum ist er nicht mit dem Niveau des materiellen Wohlstands gestiegen? Hauptsächlich deshalb, weil die Gesellschaft zwar immer noch reicher wurde, die Steigerung des Wohlstands sich aber verlangsamte:

> »Bei der Beurteilung, wie gut es uns wirtschaftlich geht … werden neue Eindrücke mit unserem ›Anpassungsniveau‹ verglichen. Für viele Amerikaner ist der Besitz mindestens eines Farbfernsehers, mindestens zweier Autos und einer Wohnung mit mehr Zimmern als Bewohnern … und andere Eigenschaften ihres Lebens der ›Nullpunkt‹, der nicht als aufregend empfunden wird. Erst eine *Abweichung* davon wird wirklich wahrgenommen. Das materielle Normalniveau vermittelt vielleicht eine gewisse Befriedigung, aber wenn wir uns nicht auf etwas anderes konzentrieren als die Anhäufung von Gütern als Hauptquelle eines angenehmen und interessanten Lebens, spannen wir uns in eine Tretmühle ein – die, wie wir zunehmend erkennen müssen, unsere Gesundheit beeinträchtigen und unser Leben verkürzen kann.«[26]

Die heutige psychologische Forschung hat dieses Merkmal der menschlichen Psyche untersucht und festgestellt, daß es allgemein nachweisbar ist.

> »Anpassung (oder Gewöhnung) an Dauerzustände ist eine biologische Grunderscheinung, die auf allen Funktionsebenen zu beob-

achten ist … Auf allen diesen Ebenen ist die anhaltende Dauer eines Zustands und die häufige Wiederholung eines Reizes mit einer Abschwächung der Reaktion darauf verbunden … Die Anpassung hat für das subjektive Erleben zwei Folgen. Einmal führt eine Reizwiederholung tendenziell zu einem subjektiven Neutral- oder Nullzustand … Zum anderen wird der Kontrast das Hauptkriterium des Erlebens.«[27]

Anpassung funktioniert auf einer ganz einfachen physiologischen Ebene ebenso wie auf psychologischer Ebene. Schauen wir eine Weile auf eine rot beleuchtete Bühne, so nehmen wir eine neutrale Mischung von Rot und Grün als grün wahr, während sie jemandem, der von draußen in das Theater kommt, als farblos erscheint. Ähnlich sind Menschen, die in der Lotterie gewonnen haben, nach einiger Zeit nicht mehr glücklicher als andere. Die Anpassung hat aber auch Grenzen. Menschen, die von einem Unfall eine Querschnittslähmung davontrugen, sind auch lange nach dem Unfall noch weniger glücklich als andere.[28] Allgemein läßt sich aber sagen, daß jedes neu erreichte Niveau von Bequemlichkeit, Luxus oder angenehmen Eindrücken gegenüber dem vorherigen Zustand sehr bald keine stärkere Befriedigung mehr gewährt.

Das bedeutet, daß es über die Befriedigung der Grundbedürfnisse hinaus kein Niveau materiellen Wohlstands mehr gibt, das uns mit einiger Wahrscheinlichkeit langfristig zu mehr Erfüllung verhilft als irgendein anderes. Eine Titelgeschichte von *Time* aus dem Jahr 1992 mit der Überschrift »Why the Gloom?« bestätigt, daß wir die Frage, wie gut es uns geht, in Abhängigkeit davon beantworten, woran wir uns gewöhnt haben. Von 1959 bis 1973 stieg das Realeinkommen in den Vereinigten Staaten jährlich um 2,7 Prozent, von 1973 bis 1991 nur um 0,3 Prozent. Das ist immer noch eine Steigerung, das Niveau der frühen 70er Jahre wurde nicht unterschritten, wenn auch kreditfinanzierte Investitionen und der Konsumrausch der 80er Jahre möglicherweise abgenommen haben. Doch als die Amerikaner und Amerikanerinnen gefragt wurden, ob sie den gleichen Lebensstandard hätten wie frühere Generationen, verneinten das zwei Drittel derer, die eine klare Antwort gaben. *Time* zitiert Allen Sinai, einen führenden Wirtschaftswissenschaftler: »Die Periode ab 1973 markierte den Beginn des Sinkens des amerikanischen Lebensstandards.« Sehen wir von der psychologischen Wahrnehmung einmal ab, bestätigen die Zahlen dieses Urteil ganz offensichtlich nicht, es sei denn, die amerikanischen Wirtschaftswissenschaftler wären so wachstumsfixiert geworden, daß schon der Rückgang der Wachstumsrate für sie ein Absinken bedeutet.[29]

Beurteilen wir unseren Erfolg wenigstens zum Teil nach der Geschwindigkeit, mit der unser Lebensstandard steigt, dann beurteilen wir ihn auch anhand des Vergleichs mit Nachbarn, Freunden und Kollegen. Auch hier führt der wachsende Reichtum der Gesellschaft als Ganzes im Durchschnitt nicht zu einem Gefühl des gestiegenen Wohlstands, weil mit unseren eigenen ja auch die materiellen Güter der Nachbarn zunehmen. Ob die Menschen sich nun mit ihrem eigenen Niveau vor einem Jahr oder mit dem der Nachbarn vergleichen, ist jedenfalls klar, daß das Streben nach materiellem Wohlstand den meisten Menschen während der meisten Zeit kein Glück bringen kann. Das könnte der Grund dafür sein, daß die enormen Reichtumsunterschiede zwischen Nigeria und Westdeutschland oder zwischen den Philippinen und Japan zu keinerlei Unterschied darin führen, für wie glücklich sich die Menschen dieser Länder halten. R. A. Easterlin von der University of Pennsylvania hat eine internationale Vergleichsstudie über den Zusammenhang zwischen Wohlstand und Glücksgefühl durchgeführt. Er kommt zu dem Ergebnis, daß diese kaum miteinander verknüpft sind: »Das Wirtschaftswachstum führt eine Gesellschaft nicht zu einem endgültigen Wohlstand. Vielmehr erzeugt es selbst ständig wachsende Bedürfnisse, die den Wachstumsprozeß unaufhörlich vorantreiben.«[30]

Jagt die Welt also weiter nach westlichem Vorbild dem materiellen Wohlstand nach, so riskiert sie die Umweltkatastrophe und wird doch die Menschen nicht glücklicher machen – selbst dann nicht, wenn ein Wirtschaftswachstum erzielt wird. Das ist keine Absage an das Wirtschaftswachstum schlechthin. Es gibt durchaus Möglichkeiten eines umweltverträglichen Wachstums. Oft sind umweltfreundlichere Verfahren auch arbeitsintensiver als andere, die mehr fossile Energieträger verbrauchen oder zu einer stärkeren Umweltbelastung führen. Nach einer Schätzung des Worldwatch Institute werden zur Erzeugung von jährlich 1000 Gigawattstunden elektrischer Energie in einem Atomkraftwerk 100 Arbeiter gebraucht, in einem Kohlekraftwerk 116, bei Nutzung der Solarenergie 248 und in einer Windkraftanlage 542.[31] Diese Zahlen erklären natürlich zum Teil, warum die Atom- und Kohlekraftwerke elektrische Energie billiger liefern können als die umweltfreundlicheren Verfahren; aber die Kosten für unser globales Ökosystem sind im Strompreis eben nicht enthalten. Dasselbe gilt beim Vergleich von Industrien, die natürliche Rohstoffe wie Wälder oder Bauxitlager ausbeuten, mit solchen, die Altpapier oder Aluminiumdosen wiederverwerten. Erstere sind vielleicht billiger, verbrauchen aber eine unersetzliche natürliche Ressource; die Wiederverwertung ist arbeitsintensiver und damit teurer, aber auf die Dauer möglich.

Der Übergang zu einer solchen langfristig aufrechterhaltbaren Wirtschaft würde in einigen Branchen Arbeitsplätze vernichten, aber insgesamt mehr Arbeitsplätze schaffen. Dennoch ist anzunehmen, daß es uns rein materiell gesehen vermutlich schlechter gehen würde. Der Verbrauch unersetzlicher Ressourcen ist ein rascher und leichter Weg zum Reichtum, und die Erde als globale Abfallgrube zu benutzen, ist billiger als ökologisch verträgliche und auf Dauer aufrechterhaltbare Alternativen. Machen wir von den Möglichkeiten, uns zu bereichern, weniger Gebrauch, muß die wirtschaftliche Einbuße irgendwo fühlbar werden. Erzeugnisse, deren Herstellung heute nicht erneuerbare Ressourcen verbraucht oder die Umwelt belastet, werden teurer, also können wir uns weniger davon leisten. Das kann gelten für Autos, Verbrauchsgüter, Energie für Klimatisierung, Heizung und Transport und selbst für Nahrungsmittel wie Fleisch aus der intensiven Tierhaltung, dessen Erzeugung enorme Mengen von Energie, Boden und Wasser verbraucht.

Halten wir an der verengten Auffassung unserer Interessen fest, wie sie vor allem seit dem Zweiten Weltkrieg durch den Konsumboom geprägt wurde, dann kann uns die Beschränkung des materiellen Wohlstands nur als ein Rückschlag erscheinen. Auch wenn wir erkennen, daß eine Beschränkung unvermeidbar ist und die heutige Wirtschaftsweise nicht dauerhaft aufrechterhalten werden kann, werden wir darin nur eine bedauerliche Notwendigkeit um der Welt als Ganzes willen sehen, die auf unser eigenes Leben nur schlechte Auswirkungen hat. Haben wir aber eine umfassendere Vorstellung von unseren Interessen, dann begrüßen wir diese Veränderung nicht nur um der Umwelt willen, sondern auch um unserer selbst willen. Zu Fuß gehen, Radfahren und die Benutzung öffentlicher Verkehrsmittel beanspruchen weniger Ressourcen als im eigenen klimatisierten Auto im Stau nur im Kriechtempo voranzukommen; aber bedeutet der geringere Ressourcenverbrauch auch weniger Befriedigung? Das ist nur eines von vielen Beispielen dafür, daß das Bruttosozialprodukt nicht unbedingt das Wohlergehen der Bevölkerung widerspiegelt.

Das ist ein Grund, warum wir unsere Vorstellung von unseren eigenen Interessen ändern müssen; es gibt aber noch einen anderen, tieferen. Jahrhundertelang hat die westliche Gesellschaft das Glück vom heiligen Gral des materiellen Überflusses erhofft. Das war ein interessantes Abenteuer, und wir haben viel Wertvolles entdeckt, aber soweit das Ziel je vernünftig war, haben wir es schon lange erreicht. Leider haben wir vergessen, daß es überhaupt noch andere Ziele geben könnte. Welches Lebensziel können wir noch haben außer reicher zu sein als die anderen und als wir selbst früher? Viele im materiellen Sinne äußerst erfolgreiche Menschen finden, daß die Belohnungen, für die sie so hart gearbeitet haben, ihre Anziehungskraft verlieren, wenn sie einmal erreicht sind. Adam Smith hätte das überhaupt nicht überrascht. Für ihn beruhte das Streben nach Glück durch materiellen Reichtum auf einer Täuschung. Gerade von unseren eigenen wirklichen Interessen her gesehen, gibt es starke Gründe für eine Änderung unserer Vorstellung vom guten Leben. Und jetzt können wir auch erkennen, daß diese Vorstellung noch aus ganz anderen Gründen geändert werden muß. Sie entstand und festigte sich in einer Zeit, als noch niemand an mögliche Grenzen des materiellen Wohlstands oder Konsums dachte. Mit der Idee des unbegrenzten Wachstums ist auch unsere Vorstellung vom guten Leben unhaltbar geworden. Was sollten also unsere Ziele sein? Die dringende ökologische Notwendigkeit zur Veränderung unserer Wirtschaft bietet uns die beste Gelegenheit seit Jahrhunderten, über diese Frage nachzudenken und herauszufinden, worin ein gutes Leben wirklich besteht.

4 Wie wir zu dieser Lebensweise kamen

Ein perverser Trieb

In den 80er Jahren erreichte in Amerika das Ethos des Geldverdienens einen neuen historischen Höhepunkt, und zwar sowohl hinsichtlich der Beträge, die in ganz kurzer Zeit verdient wurden, als auch hinsichtlich der Offenheit, in der die Jagd nach dem Geld sich abspielte. Eine solche Gesellschaft entsteht nicht innerhalb von zehn Jahren aus dem Nichts. Ihre Grundlagen wurden in Jahrhunderten sorgfältig aufgebaut. Wenn wir verstehen wollen, was in den 80er Jahren falsch lief und was uns dieses Jahrzehnt in einem umfassenderen Sinne über das gute Leben lehrt, dann müssen wir uns dieser Grundlagen bewußt sein. Die Ideen, die in den Vereinigten Staaten nach und nach die Herrschaft über das Leben gewannen, beeinflussen heute mehr oder weniger die ganze entwickelte Welt. Und sie weisen auch den sogenannten Entwicklungsländern den Weg.

Die berühmteste Arbeit über den Ursprung des kapitalistischen Denkens – und immer noch eine der lehrreichsten – ist Max Webers *Die protestantische Ethik und der Geist des Kapitalismus* von 1904. Dieser deutsche Soziologe besaß umfassende Kenntnisse des antiken und modernen religiösen, ethischen und wirtschaftlichen Lebens. Am Geist des Kapitalismus fand er etwas Besonderes. Nicht daß ihn eine besondere Habgier ausgezeichnet hätte – im Gegenteil, schrieb Weber, »die *Habgier* des chinesischen Mandarinen, des altrömischen Aristokraten, des modernen Agrariers hält jeden Vergleich aus«.[1] Das Besondere am Kapitalismus sei die Idee des Erwerbs um seiner selbst willen als einer *ethisch gerechtfertigten* Lebensweise. Vor der Neuzeit galten Geld und Besitz nur so viel, wie man damit anfangen konnte. Auf dem niedrigsten Niveau bedeuteten Geld und Besitz, daß man sich Nahrung, Wohnung und Kleidung beschaffen konnte; auf einem höheren Niveau bedeuteten sie: ein luxuriöses Anwesen, Diener, verschwenderische Unterhaltung, Reisen, vielleicht auch größere Chancen in Liebesbeziehungen und die Möglichkeit zum Erwerb politischer Macht. In der kapitalistischen Epoche wird das Geld an sich als wertvoll erachtet und nicht bloß wegen der Dinge, die mit ihm gekauft werden können. Im oberen Einkommensbereich kehrt sich die natürliche Ordnung der Dinge um: hier wird das Geld nicht mehr um der Dinge willen wertgeschätzt, die mit ihm gekauft werden können, sondern die Dinge werden wertgeschätzt, weil sie so viel Geld kosten. Van Goghs Iris-Bild wäre für den reichen Australier Alan Bond viel weniger interessant gewesen, wenn er es für eine halbe Million Dollar hätte kaufen können. Daß er fast hundertmal so viel bezahlen mußte, machte das Bild zum teuersten der Welt, und genau darum, das teuerste Bild der Welt zu besitzen, ging es Bond, der sehr wenig von Kunst versteht, auf der Höhe seines Erfolgs. (Heute ist er bankrott und würde sich möglicherweise mit weniger zufriedengeben.) Für den kapitalistischen Menschen ist, wie Weber sagt, der einzige Zweck der Lebensarbeit, »dereinst mit hohem materiellen Gewicht an Gut und Geld belastet ins Grab zu sinken«. Wir erwerben nicht Güter, um zu leben, sondern wir leben, um Güter zu erwerben. Ivan Boesky hatte ein T-Shirt mit dem Aufdruck: »Wer bei seinem Tode das meiste besitzt, hat gewonnen.« Das ist eine schöne Formel für die Haltung, die Weber im Sinne hat. In einer vorkapitalistischen Gesellschaft, sagt Weber, wäre Erwerb um seiner selbst willen ein unwürdiges und verachtenswertes Mißverständnis, ein »Produkt perverser Triebe«.[2]

Welche Veränderungen brachte die Entwicklung des Kapitalismus für unsere Werte und Ziele, für unsere Vorstellung vom Erfolg im Leben? Um diesen Unterschied für unsere Einstellung zum Erwerb und Geldverdienen richtig zu verstehen, müssen wir auf die Ursprünge des abendländischen Denkens zurückgehen.

Aristoteles über die Kunst des Geldverdienens

Die Ursprünge des abendländischen Denkens finden sich an zwei Stellen: im antiken Griechenland und in der jüdisch-christlichen Tradition. Wenden wir uns zunächst den Griechen zu. Sie führten eine lebhafte philosophische Diskussion über das wahre Wesen des guten Lebens, doch keiner der daran beteiligten führenden Philosophen verstand unter Erfolg den Erwerb von Geld oder materiellen Gütern. In seinem Werk *Der Staat* skizzierte Platon seine Vorstellung der idealen Gemeinschaft. Sie bestand aus drei Klassen, von denen nur die unterste – die der Bauern und Handwerker – um des Gewinns willen arbeitete und Eigentum ansammelte. Die Herrscher und Wächter sollten nicht einmal eigene Wohnungen besitzen, sondern in Gemeinschaft leben. Freigestellt von der verderblichen Wirkung des Geldes würden sie weiser und gerechter regieren können. Diese Utopie stand in keiner Beziehung zum Leben der Bürger Athens. Die Philosophie des Aristoteles entsprach mehr den Menschen seiner Zeit und auch unserer Gegenwart. Gegen Platons Idee des Gemeineigentums wandte Aristoteles ein, daß die Menschen unter solchen Bedingungen nicht die gleichen Teile an der notwendigen Arbeit auf sich nehmen würden. Die hart Arbeitenden würden es den anderen übelnehmen, daß sie »viel genießen (oder empfangen), aber wenig arbeiten«.[3] Er erkannte auch die Freuden des Besitzens und erklärte sie für berechtigt, denn »die Liebe zu sich selbst … ist von der Natur (selber) … eingepflanzt, und wenn die Selbstsucht mit Recht getadelt wird, so besteht diese auch nicht darin, daß man sich selbst, sondern daß man über die Gebühr sich selbst liebt, und ebenso tadelt man den Habsüchtigen …«[4]

Im Einklang mit dieser Unterscheidung zwischen berechtigter Selbstliebe und Selbstsucht unterschied Aristoteles »die natürliche Kunst des Erwerbs« von einem übermäßigen Drang nach Geld. Die natürliche Kunst des Erwerbs ist eine Form der »Haushaltungskunst«, die den Haushalt mit dem Lebensnotwendigen versorgt. Dieser setzt Aristoteles keine feste Grenze, meint aber, die Menschen könnten einen Sinn für das Angemessene entwickeln. Geldverdienen könne ein Mittel zur Versorgung des Haushalts mit dem Notwendigen sein, doch als bloßes Mittel zum Zweck sei es durch die Beschaffenheit des Zieles selbst beschränkt.

Dieser angemessenen Form des Gelderwerbs setzt Aristoteles ein anderes Verhalten entgegen:

»Und daher glauben denn manche, das sei die Aufgabe der Haushaltungskunst, und bleiben dabei, daß man das vorhandene bare Geld entweder mindestens zu erhalten oder richtiger noch bis ins Endlose zu vermehren suche … Jene Art von Leuten aber macht … alles zu Mitteln des Gelderwerbs, als wäre dies der Zweck (von allem) und als gälte es hier, daß doch auf seinen Zweck alles bezogen werden müsse.«[5]

Diese Leute haben nach Aristoteles das Mittel mit dem Zweck verwechselt. Sie halten Geld für Reichtum. Daß das nicht stimmen kann, zeigt Aristoteles an der Fabel von König Midas auf, der alles, was er berührte, in Gold verwandelt haben wollte, und schließlich verhungerte, weil sich das Essen in seinem Mund in Gold verwandelte. Wie kann etwas Reichtum sein, lautet denn auch des Aristoteles rhetorische Frage, wenn man es im Überfluß besitzen und dabei doch verhungern kann?

Für Aristoteles ist der Erwerb von Gütern zur Befriedigung von Bedürfnissen natürlich und damit auch stets »die Kunst, Früchte und Tiere zu Geld zu machen«; aber Geld um seiner selbst willen zu erwerben, ist unnatürlich und falsch. Der Handel als Mittel zum Geldverdienen ist für Aristoteles unnatürlich und wird »mit Recht getadelt«, weil er eine Art ist, wie »Menschen aneinander verdienen«. Man könnte auch sagen: Wenn wir Früchte anbauen oder Tiere züchten, gewinnen wir etwas von der Natur und vermehren die den Menschen verfügbaren Güter; wenn wir aber etwas kaufen und teurer weiterverkaufen, haben wir seinen Wert nicht vermehrt. Wir verdienen dann an anderen, die uns für die Güter mehr bezahlen, als wir bezahlt haben.

Aristoteles fügt hinzu, die verhaßteste Art des Handels sei das Geldverdienen durch Geldverleihen, denn das

> »zieht unmittelbar aus dem Gelde selbst den Erwerb und nicht aus dem, wofür das Geld doch allein erfunden ist. Denn nur zur Erleichterung des Tausches kam es auf, der Zins aber vermehrt es an sich selber … Und diese Art von Erwerbskunst ist denn hiernach die widernatürlichste von allen.«[6]

Dieser Gedanke wurde als die Aristotelische Lehre von der Unfruchtbarkeit des Geldes bekannt. Daß Tiere und Pflanzen sich vermehren, ist danach natürlich, und das auszunutzen ist ebenfalls natürlich. Geld aber ist unfruchtbar, und durch seine Vermehrung Geld zu verdienen, ist unnatürlich.

Kann ein Kaufmann Gott gefallen?

Wenden wir uns der anderen großen Quelle des abendländischen Denkens zu, der jüdischen und christlichen Tradition, so finden wir, daß die alten hebräischen Schriften es ebenfalls verurteilen, Geld für Zinsen zu verleihen. Dabei stellen sie jedoch hier – wie bei vielen anderen Aspekten auch – eine Art Stammesethik für eine kleine Menschengruppe auf, die inmitten anderer Gruppen lebt. So lesen wir im 5. Buch Mose:

> »Du sollst von deinem Bruder nicht Zinsen nehmen, weder für Geld, noch für Speise, noch für alles, wofür man Zinsen nehmen kann. Von dem Ausländer darfst du Zinsen nehmen, aber nicht von deinem Bruder.«[7]

Als viel später das Christentum bei den Juden aufkam, verkündete es eine universale Ethik. Jeder weiß, daß Jesus die Menschen aufforderte, ihre Feinde zu lieben; weniger bekannt ist heute, daß er auch gebot, von ihnen keinen Zins zu nehmen:

> »Vielmehr liebet eure Feinde; tut wohl und leihet, wo ihr nichts dafür hoffet, so wird euer Lohn groß sein, und ihr werdet Kinder des Allerhöchsten sein.«[8]

Dieses Gebot, von niemandem Zinsen zu verlangen, entspricht Jesu Haltung gegenüber dem Geldverdienen überhaupt, deren berühmtestes Beispiel die Austreibung nicht nur der Geldwechsler, sondern auch »alle[r] Verkäufer und Käufer« aus dem Tempel zu Jerusalem ist. Zu denen, die er vertrieb, sagte er, der Tempel solle ein Haus des Gebets sein, »ihr aber macht eine Räuberhöhle daraus«.[9] Hielt er Handelsgewinne für eine Form des Diebstahls?

Aus seiner Antwort an den Reichen, der ihn fragte, was er tun solle, um das ewige Leben zu gewinnen, ist Jesu Einstellung zu irdischen Reichtümern ebenfalls bekannt. Der Mann hatte von Jugend an alle Gebote eingehalten, doch Jesus sagte zu ihm, das sei nicht genug: »Eines fehlt dir. Gehe hin, verkaufe alles, was du hast, und gib's den Armen, so wirst du einen Schatz im Himmel haben.« Und als sich die Jünger darüber verwunderten, sagte er ihnen: »Liebe Kinder, wie schwer ist's für die, so ihr Vertrauen auf Reichtum setzen, ins Reich Gottes zu kommen! Es ist leichter, daß ein Kamel durch ein Nadelöhr gehe, als daß ein Reicher ins Reich Gottes komme.«[10]

Gemäß diesen Lehren scheint bei den frühchristlichen Gemeinden das wenige, das sie besaßen, Gemeineigentum gewesen zu sein. Die Lehren der Kirchenväter stimmten damit überein. Das Almosengeben war keine Frage der Barmherzigkeit, sondern der Gerechtigkeit, denn die Erde gehörte gemäß dieser Auffassung allen Menschen, und niemand hatte ein Recht auf mehr, als er oder sie brauchte.[11] In einer denkwürdigen Passage bemerkte Papst Gregor, der Apostel Matthäus, der Geldwechsler gewesen war, habe nach der Auferstehung Jesu sein Gewerbe nicht wieder aufgenommen, während Petrus wieder Fischer wurde; denn so wie es niedrige Arbeiten gebe, die den Körper beschmutzen wie etwa das Reinigen von Kloaken, so gebe es auch welche, die die Seele beflecken, und das Geldwechseln gehöre dazu.[12]

Es ist somit nicht überraschend, daß die christliche Tradition dem Geldverdienen nicht sehr freundlich gegenüberstand. Im fünften Jahrhundert schrieb Papst Leo der Große an den Bischof von Narbonne, es sei schwer, beim Kaufen und Verkaufen die Sünde zu meiden; das wurde wieder und wieder zitiert und ging in das Kirchenrecht ein, ebenso der oft zitierte Ausspruch, daß ein Kaufmann Gott kaum gefallen könne. Im frühen 12. Jahrhundert schrieb Honorius von Autun einen theologischen Dialog, in dem ein Schüler den Lehrer über die Heilsaussichten bei verschiedenen Lebensweisen befragt. Über die Kaufleute sagt der Lehrer, sie hätten nur geringe Aussicht auf Rettung, weil sie so gut wie alles, was sie hätten, durch Betrug, Lüge und Gewinnsucht erlangten. Jene, die den Boden bearbeiten, hätten viel bessere Aussicht auf Rettung, weil sie einfach lebten und das Volk Gottes im Schweiße ihres Angesichts ernährten.[13]

Als sich der Handel im christlichen Europa entwickelte, wurde die Sünde des Wuchers wiederholt verdammt. Zu Beginn seiner großen Untersuchung der Diskussion über den Wucher in der katholischen Kirche bemerkt John Noonan, heute

»können wir uns einfach nicht mehr vorstellen, daß der Wucher einmal als ›Gewinn aus Geldverleih‹ definiert wurde, daß das Laster des Wuchers einmal jeden Teil der westlichen Gesellschaft infizierte und jeder europäische Geschäftsmann und Landbesitzer sich deswegen schuldig fühlte.«[14]

Doch so war es, mindestens fünf Jahrhunderte lang. 1139 verdammte das Laterankonzil den Wucher – d.h. Zinsen auf geliehenes Geld, und waren sie noch so niedrig – als »schändlich«. Vierzig Jahre später beschloß ein anderes Laterankonzil, daß Wucherer exkommuniziert werden sollten, daß ihnen ein christliches Begräbnis zu verweigern sei und ihre Geschenke oder Spenden abzulehnen seien. Inzwischen war auch das Verlangen eines höheren Preises bei Kauf auf Kredit als bei Sofortbezahlung in die Definition des Wuchers einbezogen worden. Das Konzil von Vienne von 1311 dehnte die Exkommunikation auf jeden aus, der Wucher gestattete oder schützte, und schloß dabei auch die Fürsten ein (die oft bereit waren, Zinsen zu bezahlen, wenn sie Geld für einen Krieg brauchten, und dann die Geldverleiher beschützten). Das Wucherverbot verlieh auch dem Antisemitismus eine verhängnisvolle Stoßkraft: weil keine Christen Geldverleiher werden konnten, übernahmen die Juden diese Aufgabe, und so bestärkte der Haß gegen den Wucher die bereits vorhandenen Vorurteile gegen die verachteten »Mörder Christi«.

Einige der Gründe für die Verurteilung des Wuchers stehen in einem frappierenden Gegensatz zu unserer heutigen Denkweise. Der mittelalterliche Theologe Thomas von Chobham war gegen den Wucher, weil »der Wucherer ohne jede Arbeit, ja selbst im Schlafe einen Gewinn machen möchte, und das ist gegen die Lehre des Herrn: ›Du sollst dein Brot essen im Schweiße deines Angesichts.‹« Außerdem, fügt Thomas hinzu, verkaufe der Wucherer nicht einmal etwas, was ihm gehöre, er verkaufe nur Zeit, und die gehöre Gott. Damit galt er als Räuber, und in der Tat wurde der Wucher oft als eine Form des Raubes oder Diebstahls eingestuft. Oft wurde er aber auch mit der Prostitution verglichen, einem anderen Gewerbe, das ebenso bekannt war, wie es als schändlich galt. Diesen Vergleich fand Thomas gegenüber der Prostituierten aber ungerecht: sie leiste wenigstens Arbeit für ihr Geld, wenn auch eine schändliche. Als wäre das noch nicht genug, verweist ein anderer Text darauf, daß der Bauer sein Vieh am Sonntag ruhen lasse, nicht aber der Wucherer sein Geld, das sein Vieh sei.

Geschichten vom elenden Tod von Wucherern gehörten zu den beliebtesten Themen der Prediger dieser Zeit,[15] und ihr Schicksal nach dem Tod nicht weniger. Bernard von Siena beschrieb das Geschick des Wucherers beim Jüngsten Gericht folgendermaßen:

»Alle Heiligen und alle Engel des Paradieses verfluchen ihn: ›Zur Hölle, zur Hölle, zur Hölle.‹ Und die Himmel mit ihren Sternen verdammen ihn: ›Ins Feuer, ins Feuer, ins Feuer.‹ Auch die Planeten toben: ›In den Abgrund, in den Abgrund, in den Abgrund.‹«[16]

Wucher und Geiz wurden als zusammengehörig betrachtet. Im ersten christlichen Jahrtausend stand bei den meisten der unzähligen Gelegenheiten, bei denen es ein religiöser Lehrer für geraten hielt, die Gläubigen vor dem Laster zu warnen, der Hochmut, das Laster der Aristokratie, an der Spitze. Doch mit der Zunahme des Handels verlagerte sich der Schwerpunkt. Der Geiz, das Laster des Bürgertums, trat neben dem Hochmut an die Spitze der Liste. 1043 stellte Petrus Damianus unmißverständlich fest, daß der Geiz die Wurzel allen Übels sei, und ermahnte den Mönch, der nach einem christlichen Leben strebte: »Christus und das Geld passen nicht wohl zusammen.« Johannes von Salisbury schrieb, es gebe kein schlimmeres Laster als den Geiz, und Bernard sagte schlicht, ein Geiziger sei »wie die Hölle«.

Im Sinne dieses Zeitgeistes personifizierten Bildhauer und Maler in ihren Werken den Geiz und malten genüßlich seine Strafen aus. Der Geiz wurde oft dargestellt als eine kleine, Geldsäcke umklammernde geduckte Figur mit offenem Mund, oder auch als ein dickes Scheusal mit einem Geldsack um den Hals, unter dessen Gewicht es sich nach unten beugt. Auf einem Relief an einer Kirche bei Parma wird die Bestrafung einer solchen Gestalt gezeigt. Außer dem Geldsack um den Hals drückt dem Geizigen ein Teufel eine Schatztruhe auf den Rücken, und um das Maß voll zu machen, reißt ihm ein Teufel mit einer Zange die Zähne aus. Das Portal der Klosterkirche von Moissac zeigt die Geschichte von Lazarus und dem Reichen aus dem Lukasevangelium. Oben hält der Reiche ein üppiges Mahl, während der arme und geschundene Lazarus draußen am Boden liegt und die Hunde des reichen Mannes seine Wunden lecken. Später aber schmiegt sich Lazarus in den Schoß Abrahams, während der verstorbene Reiche von Dämonen gequält wird.[17]

Nicht nur Wucher und Geiz, sondern das Geld selber kam in schlechten Geruch – im wörtlichen Sinne. Einem Priester in Brittany wurde vorgeworfen, er habe nicht nur Münzen aus seiner Kollekte gestohlen, sondern auch ein Kreuz mit Kot beschmiert. Der groteske zweite Vorwurf kann nur aus einer symbolischen Verknüpfung von Geld und Kot entsprungen sein; sie wird durch die gegen Ende des 13. Jahrhunderts in den Manuskripten verbreiteten Randillustrationen bestätigt, auf denen Menschen (und auch Affen) Münzen ausscheiden.[18]

Im 13. Jahrhundert, als die mittelalterlichen Scholastiker Aristoteles wiederentdeckten, gelangten neue Ideen in die jüdisch-christliche Tradition. Viele Jahrhunderte lang waren in Europa nur die Schriften des Aristoteles zur Logik bekannt gewesen; jetzt wurden seine »Ethik« und seine »Politik«, die von arabischen Gelehrten überliefert worden waren, gelesen, diskutiert und in Abhandlungen über alle möglichen ethischen und gesellschaftlichen Fragen einbezogen. Thomas von Aquin machte es sich zur Lebensaufgabe, die Ansichten des Aristoteles – den er einfach »der Philosoph« nannte, als wäre er der einzige diskussionswürdige – mit der christlichen Lehre zu verschmelzen. Auf dem Gebiet der Wirtschaft war das nicht schwierig. Denn als die Scholastiker Aristoteles lasen, stellten sie fest, daß seine Ansicht über die wichtige Frage des Geldverleihens für Zinsen völlig mit der herrschenden Kirchenlehre über den Wucher übereinstimmte. Thomas war auch ohne weiteres mit der Auffassung des Aristoteles von den Grenzen des natürlichen, vernünftigen und gerechtfertigten Erwerbs einverstanden. Das führte ihn zu einem Standpunkt, der in überraschendem Gegensatz zu dem vorherrschenden Bild von Thomas als einem Eckpfeiler der bestehenden Ordnung in einer höchst konservativen Kirche steht. Er meinte nämlich, es gebe Dinge, die wir zur Befriedigung unserer Bedürfnisse erwerben dürfen, und andere, die darüber hinausgehen. Bei der Behandlung der Almosenpflicht erklärt er seine Auffassung folgendermaßen:

»Von seiten des Gebenden ist zu beachten, daß das, was als Almosen aufgewandt wird, zu seinem Überfluß gehört; nach Luk. 11:14: ›Von dem, was euch übrig ist, gebt Almosen.‹ … Weil es aber nicht möglich ist, daß ein einziger allen Notleidenden hilft, so verpflichtet auch nicht jede Not im Sinne des Gebotes, sondern nur jene, ohne deren Behebung der Notleidende nicht erhalten werden kann. In diesem Falle nämlich gilt, was Ambrosius sagt: ›Speise den, der vor Hunger stirbt. Tust du es nicht, so hast du ihn getötet.««[19]

Das ist schon eine radikale Theorie; aber damit ist es noch nicht genug. Thomas fragt auch: »Ist es erlaubt, aus Not zu stehlen?« Als Antwort zieht er aus der naturrechtlichen Auffassung des Eigentums eine geradezu revolutionäre Folgerung:

>»Daher ist der Überfluß, den einige haben, auf Grund des Naturrechtes dem Unterhalt der Armen geschuldet. So sagt Ambrosius – und das Wort ist auch in den Dekreten zu finden –: ›Es ist das Brot der Hungrigen, das du festhältst; das Kleid der Nackten, das du verschließest; der Loskauf der Elenden und ihre Befreiung ist das Geld, das du in der Erde vergräbst.‹ Weil es aber viele sind, die Not leiden, und mit derselben Sache nicht allen geholfen werden kann, ist es dem Ermessen eines jeden überlassen, seine Güter so zu verwalten, daß er damit den Notleidenden helfen kann. Wenn aber so dringende und offenbare Not herrscht, daß man der gegenwärtigen Notlage mit den vorhandenen Mitteln zu Hilfe kommen muß, zum Beispiel, wenn Lebensgefahr im Verzug ist und anders nicht geholfen werden kann, dann ist es erlaubt, aus fremdem Gut seiner eigenen Not aufzuhelfen, ob man nun die Sache offen oder heimlich wegnimmt. Auch hat das nicht eigentlich die Bewandtnis des Diebstahles oder Raubes … Im Falle ähnlicher Notlage kann man heimlich auch fremdes Gut an sich nehmen, um dem Nächsten, der seiner bedarf, zu Hilfe zu kommen.«[20]

Das heißt also, das Eigentum hat seine Grenzen. Die Institution des Privateigentums hat einen Zweck, und wenn manche so viel besitzen, daß dieser Zweck überschritten wird, dann haben diejenigen einen Anspruch darauf, die nicht genug haben.[21] Es gibt keine Berechtigung, überschüssigen Reichtum für sich zu behalten, wenn andere bittere Not leiden. Menschen, die zu verhungern drohen, oder Leute, die ihnen helfen wollen, sind berechtigt, vom Überfluß der anderen zu nehmen. Da der christliche Begriff des Nächsten keine geographischen Grenzen kennt, dürfen wir den Reichen etwas nehmen, um den Hungernden irgendwo in der Welt zu helfen. Das ist kein Diebstahl oder Raub, denn ich nehme etwas, das gemäß dem Naturrecht den Bedürftigen gehört und nicht denen, die bereits mehr als genug haben.

So war also vom antiken Griechenland über das Frühchristentum bis ans Ende des Mittelalters – und damit während mehr als drei Vierteln der Geschichte des Abendlandes – das Geldverdienen oft stigmatisiert, und die Verwendung von Geld, um noch mehr Geld zu verdienen, wurde besonders streng verurteilt. Gerade das ist aber wesentlich für den Kapitalismus und somit für die Wirtschaftsform, die die westliche Welt zumindest in den beiden letzten Jahrhunderten beherrscht hat und heute in der ganzen Welt keine ernsthafte Konkurrenz mehr hat. Mit der Entwicklung und dem schließlichen Triumph des Kapitalismus kam es zu einer völlig veränderten Einstellung zu Geld und Erwerb.

Luthers Berufung und Calvins Gnade

Durch den wachsenden Einfluß der Kaufleute im mittelalterlichen Europa geriet die herkömmliche christliche Sicht des Geldverdienens zunehmend unter Druck; doch erst der Protestantismus fegte sie hinweg. In den Augen Martin Luthers war der Klerus korrupt, selbstsüchtig und ein Hindernis zwischen dem Gläubigen und Gott. Deshalb lehnte er die Aufteilung der christlichen Gemeinde in den geistlichen Stand (womit jeder im heiligen Stande vom Papst bis herunter zu den geringsten Mönchen und Nonnen gemeint ist) und den Stand der Laien ab. Die Stütze dieser Unterscheidung im Katholizismus war der Glaube an eine »Berufung« der ersteren, während die anderen dank Adams Sünde zu arbeiten hatten. Demgegenüber schrieb Luther jedem einzelnen Menschen seine »Berufung« zu, Kaufleuten und Bauern nicht weniger als den religiösen Führern, und ihr erfolgreich nachzugehen, hielt er für eine religiöse Pflicht. Damit mußte der alte Gedanke, daß der Kaufmannsstand grundsätzlich etwas Schimpfliches und dem Heil abträglich sei, völlig aufgegeben werden. Das war natürlich auch den protestantischen Rebellen sehr nützlich. Um der etablierten Kirche zu widerstehen, brauchtes sie die Unterstützung der aufsteigenden Mittelschicht, deren Reichtum und wirtschaftliche Macht damals im umgekehrten Verhältnis zu ihrer Wertschätzung durch die Kirche stand.

Von allen Reformatoren ging Calvin bei der Revision der herkömmlichen religiösen Einstellungen gegenüber den Kaufleuten am weitesten. Ein charakteristischer (und anstößiger) Bestandteil seiner Theologie ist die Prädestinationslehre, wonach das Heil nicht durch gute Taten und nicht einmal durch ein moralisch makelloses Leben erlangt werden kann, sondern ein Geschenk göttlicher Gnade ist – die wundersame Gnade des Chorals »Amazing Grace«, der in amerikanischen Gemeinden so beliebt ist. Jeder Mensch, der das Höllenfeuer ernstnahm, wurde durch die Frage, ob er der Gnade teilhaftig sei oder nicht, in ständige tiefe Besorgnis gestürzt. Die Prädestinationslehre ist der Hintergrund für die auffälligste Seite von Calvins Sicht des Reichtums: er sah im weltlichen Erfolg ein Gnadenzeichen. So kehrten die Calvinisten die frühere christliche Auffassung um: Reichtum bedeutete keineswegs eine Gefahr für das Heil, sondern war ein Zeichen des Heils, und je reicher jemand war, um so deutlicher war das Zeichen.

Die Calvinisten brauchten nicht einmal zu befürchten, daß sie beim Einsatz von Geld zum Geldverdienen das Naturrecht verletzten. Calvin wischte die Schriften unzähliger Heiliger, Päpste und Scholastiker beiseite und machte sich über die Aristotelische Lehre lustig, daß das Geld nur ein Tauschmittel sei, und daß es deshalb unnatürlich sei, es zu benutzen, um noch mehr Geld zu verdienen. Jedes Kind sieht ein, sagte Calvin, daß weggeschlossenes Geld unnütz ist. Wer sich aber Geld leiht, der tut das nicht, um es ruhen zu lassen. Kauft er damit etwa einen Acker, dann erbringt das Geld mehr Geld. Der Kaufmann borgt, um seinen Warenvorrat zu erhöhen, daher kann für ihn das Geld sinnvollerweise genau so fruchtbar sein wie irgendein anderes Gut. Und damit hatte Calvin natürlich völlig recht. Der Niedergang der Feudalwirtschaft, der Aufstieg der Städte, die größere Freiheit der Handwerker und Kaufleute, an den Orten zu kaufen und zu verkaufen, wo sie wollten, das alles trug zu einer komplexeren Wirtschaft bei, in der Geld in Form von Kapital ein wesentliches Mittel zum Verdienen des Lebensunterhalts war. Es war also völlig vernünftig, das Wucherverbot abzuändern, um der wachsenden Kapitalfunktion des Geldes Rechnung zu tragen.

Ebenso überzeugend war Calvins verächtliche Zurückweisung der scholastischen Kasuistik, die bis dahin viele Ausnahmen zum Wucherverbot entwickelt hatte. Der Scharfsinn dieser kommerziellen

Kunstgriffe wurde erst wieder von den modernen steuerminimierenden Buchführungsmethoden erreicht. Die Ausnahmen zum Wucherverbot gestatteten es den Bankiers faktisch, aus dem Geldverleih Gewinn zu ziehen, während sie vorgaben, etwas ganz anderes zu tun. Aber durch solche Tricks, meinte Calvin, lasse Gott sich nicht täuschen. Ist es nun wirklich eine Sünde, Zinsen zu nehmen? Calvin ging auf die Goldene Regel zurück: Zinsen zu nehmen ist nur dann eine Sünde, wenn es den Nächsten schädigt. Und wann tut es das? Dazu sagte Calvin nur, man solle von einem Geistlichen keine allzu genauen Kenntnisse des Geschäftslebens verlangen. Jeder Gläubige solle sich da von seinem Gewissen leiten lassen.[22] Vielleicht war Calvin ein wenig naiv im Hinblick auf das Wesen des Geschäftslebens und die Wirksamkeit eines Gewissens, das ohne Anleitung durch irgendwelche fest umrissene Grundsätze dem Gewinnstreben gegenübersteht; vielleicht ging es ihm aber auch in erster Linie darum, die Geschäftsleute für seine Lehre zu gewinnen. Für die Praxis des Zinsennehmens bedeutete die Orientierung am Gewissen, daß alles erlaubt war.

Luthers Vorstellung einer irdischen Berufung und Calvins Sicht des irdischen Reichtums verbreiteten sich rasch in den protestantischen Ländern, und nirgends stärker als in England unter Königin Elisabeth I. und ihren Nachfolgern. Im späten 16. und in der ersten Hälfte des 17. Jahrhunderts veröffentlichten viele englische Geistliche Werke, in denen sie ihren Lesern versicherten, daß man »Gott dient durch unermüdliche Arbeit im Rahmen einer irdischen Berufung«.[23] Als in dieser Zeit der geistigen und religiösen Unruhe die Pilgerväter und andere puritanische Siedler aus England in die Neue Welt gingen, nahmen sie protestantische und besonders calvinistische Lehren mit.

André Siegfried, ein französischer Beobachter des amerikanischen Lebens, hat sich über den auffälligen Gegensatz zwischen der katholischen und der calvinistischen Denkweise über den irdischen Reichtum und die praktische Auswirkung der letzteren folgendermaßen geäußert:

> »Bei Calvin vereinigen sich religiöses und praktisches Leben zum erstenmal wieder seit dem Städte-Staat der Antike. In der gewissenhaften Ausübung seines irdischen Berufes arbeitet der Gläubige für Gott, und zwar um so besser, je größer der Erfolg ist. Man hat

zu allen Zeiten gesehen, wie die katholische Kirche Reichtümer gesammelt hat; doch sie werden von ihr nie als eine besondere Ehrung gepriesen. Der Arme, der vielleicht gerade um seiner Armut willen näher bei Gott ist, behält in ihren Augen immer seine volle Menschenwürde. Der Puritaner tut sich im Gegenteil etwas darauf zugut, reich zu sein; wenn er Gewinne einstreicht, so sagt er gerne, daß sie ihm von der Vorsehung geschickt wurden. Sein Wohlstand wird in seinen, wie in den Augen seiner Glaubensgenossen zum sichtbaren Zeichen göttlicher Huld. Es kommt so weit, daß er nicht mehr weiß, wann er aus Pflicht und wann aus Interesse handelt; er will es zuletzt auch gar nicht mehr wissen, denn er gewöhnt sich daran, selbst diejenigen Handlungen, die für ihn am vorteilhaftesten sind, aus seinem Pflichtgefühl heraus zu erklären. Es ist ein Mangel an psychologischer Einsicht, den man deswegen vom intellektuellen Standpunkt aus nicht einmal als Heuchelei bezeichnen kann.«[24]

Religiöses und Weltliches nähern sich einander an

Die Puritaner mußten in Amerika eine neue Gemeinschaft aufbauen, und so nahmen sie den Gedanken mit großer Begeisterung auf, daß Arbeit eine göttliche Berufung sei und Reichtum ein Gnadenzeichen. Cotton Mather, der einflußreichste der Prediger Neuenglands, sagte seiner Gemeinde, der Christ solle »Gott verherrlichen, indem er anderen Gutes tut und selbst Gutes gewinnt«.[25] William Penn, der Gründer des vom Quäkertum geprägten Pennsylvania, lehrte, Reichtum sei ein sichtbares Zeichen dafür, daß man »im Lichte« lebe.[26] Natürlich war für Mather wie für Penn diese weltliche Berufung nur eine Seite des Lebens; sie mußte durch das richtige geistliche Leben ergänzt werden, wenn man Gott gefallen wollte. Die dauerhaftesten Spuren in der amerikanischen Gesellschaft hinterließ jedoch die Segnung des Erwerbs. Auch Benjamin Franklin dürfte dazu einiges beigetragen haben.

Franklin unterschrieb gewohnheitsmäßig mit »Benjamin Franklin, Drucker«, doch heute denkt man an ihn auch als Schriftsteller, Philosophen, Naturwissenschaftler, Revolutionär, Staatsmann und Mitglied der amerikanischen verfassunggebenden Versammlung. Für viele seiner Zeitgenossen im 18. Jahrhundert war Franklin jedoch in erster Linie ein Selfmademan, »das beste Symbol für den armen Jungen, der es zu etwas gebracht hat«, und der Herausgeber eines Almanachs, der angeblich von einem Bauern in bescheidenen Verhältnissen namens Poor Richard, »Armer Richard«, stammte.[27] In seiner Autobiographie berichtet Franklin, um den Almanach unterhaltender und nützlicher zu gestalten, habe er »die ganzen kleinen Zwischenräume zwischen den denkwürdigen Tagen im Kalender mit Sprichwörtern ausgefüllt, die hauptsächlich zu Fleiß und Genügsamkeit anhielten«. Der Almanach wurde zum jährlichen Bestseller und trug dem jungen Franklin Ruhm und ein Vermögen ein. Zum 25jährigen Jubiläum des Almanachs im Jahr 1757 verflocht Franklin viele der Sinnsprüche miteinander und veröffentlichte sie als die Rede eines »Vater Abraham« unter dem Titel *The Way to Wealth* (»Der Weg zum Wohlstand«). Der Almanach hatte sich schon gut verkauft, doch die Rede wurde selbst im Vergleich dazu noch ein Riesenerfolg, bis zum Ende des 18. Jahrhunderts wurde sie mindestens 145mal in sieben Sprachen gedruckt. Und sie blieb auch weiterhin sehr beliebt; im 19. Jahrhundert nannte Nathaniel Hawthorne den verstorbenen Franklin den »Berater und Hausfreund fast jeder amerikanischen Familie«, und gegen Ende des 19. Jahrhunderts rechnete ein Wissenschaftler nach, daß *The Way to Wealth* öfter gedruckt und übersetzt worden war als irgendein anderes Werk eines Amerikaners.[28] In diesem Buch gab es Aphorismen wie diese:

»Pflüge tief, während der Faulpelz noch schläft.

Eine fette Küche schafft einen mageren Willen.

Die Narren veranstalten Feste, und die Klugen
werden satt davon.

Erwirb, was du kannst, und halte es fest;
das ist der Stein der Weisen, der all dein Blei zu
Gold werden läßt.«

Diese Einstellung gegenüber Strebsamkeit, harter Arbeit und dem Erwerben und Zusammenhalten von Reichtum drückt sich auch in einer anderen Schrift Franklins, *Advice to a Young Tradesman*, aus. Max Weber zitiert ausführlich daraus, er hielt sie für einen Ausdruck des

Geistes des Kapitalismus »in fast klassischer Reinheit«. Hier nur ein Teil der Passage, der aber schon für sich spricht:

»Bedenke, daß *Zeit Geld* ist; wer täglich zehn Schillinge durch seine Arbeit erwerben könnte und den halben Tag spazieren geht, oder auf seinem Zimmer faulenzt, der darf, auch wenn er nur sechs Pence für sein Vergnügen ausgibt, nicht dies allein berechnen, er hat nebendem noch fünf Schillinge ausgegeben oder vielmehr weggeworfen.«

»Kurz, der Weg zum Reichtum, wenn du ihn dir wünschst, ist so einfach wie der Weg zum Markt. Er hängt im wesentlichen von zwei Worten ab, *Fleiß* und *Sparsamkeit*; will sagen: verschwende weder Zeit noch Geld, sondern mache von beiden den besten Gebrauch. Wer alles erwirbt, was er ehrlich erwerben kann, und alles Erworbene (abgesehen von den notwendigen Ausgaben) spart, der wird bestimmt *reich*.«

Weber meinte, daß eine Einstellung wie die Franklins sowohl in der Antike wie im Mittelalter als »Ausdruck des schmutzigsten Geizes« gegolten hätte.[29] Er kreidet Franklin die Auffassung an, daß es Lebenszweck sei, immer mehr zu verdienen. Das entspricht zwar genau der von Weber zitierten Passage, aber es ist Franklin gegenüber ungerecht, der weder Vater Abraham noch der Arme Richard war. Der wirkliche Franklin war Gründer oder jedenfalls Mitbegründer des ersten College und des ersten Krankenhauses in Philadelphia sowie der American Philosophical Society und vieler anderer öffentlicher Einrichtungen.[30] Er zog sich mit 42 Jahren aus dem Geschäftsleben zurück, weil er meinte, sein »ausreichendes, wenn auch bescheidenes Vermögen« erlaube ihm für sein »restliches Leben Muße für philosophische Studien und Vergnügungen«. Er zeigte also so deutlich wie nur möglich, daß er nicht am Erwerb um seiner selbst willen interessiert war. (Er zeigte sich auch weit klüger als Leute wie Boesky, Trump und Milken in den 1980er Jahren, die mehr als »ausreichende« Vermögen erwarben, aber sich nichts anderes vorstellen konnten, als noch mehr Geld zu verdienen.) Franklin beteiligte sich in theoretischer wie praktischer Form aktiv am politischen Leben und am Geistesleben seiner Zeit. Aber das prägte nicht das Bild, das die große

Mehrzahl seiner Zeitgenossen von ihm hatte. Franklins Bedeutung für die Entwicklung der modernen amerikanischen Einstellung zum Geldverdienen liegt in der Dynamik, die er einer weltlichen Form des puritanischen Berufungsgedankens verlieh. In seinen populären Schriften pries er Fleiß und Sparsamkeit nicht als eine Möglichkeit, Gott zu ehren und seinen Willen zu tun, sondern als einen Weg, reich zu werden.

Sowohl aus religiösen wie aus weltlichen Gründen fühlte sich das Amerika des 19. Jahrhunderts zu der Auffassung berechtigt, Reichtum zu erwerben sei das richtige Lebensziel. Peter Baida, Verfasser eines Buches mit dem schönen Titel *Poor Richard's Legacy* (»Das Vermächtnis des Armen Richard«), bringt die frühe Fixierung Amerikas auf den Reichtum mit der Abwendung von der starren europäischen Klassenstruktur in Zusammenhang: »Der Gedanke, daß alle Menschen gleich geschaffen und dazu frei seien, so hoch aufzusteigen, wie ihre Anstrengungen sie bringen konnten, brachte jeden in Bewegung, den er in dem jungen Staat erreichte. Für Weiße männlichen Geschlechts jedenfalls bot kein anderes Land der Welt weniger Hindernisse auf dem Weg zum Erfolg und eine größere Nähe zur Verwirklichung des Ideals der Chancengleichheit.«[31]

Das von Franklin populär gemachte weltliche Ziel des Erwerbs von Reichtum erfuhr, wie wir im vorigen Kapitel sahen, eine ökonomische Rechtfertigung durch Adam Smith. Die amerikanischen religiösen Führer ließen es auch weiterhin nicht an Beweisen fehlen, daß sie der Geldethik nicht weniger aufgeschlossen gegenüberstanden als alle anderen auch. 1836 veröffentlichte Reverend Thomas P. Hunt ein Buch mit dem Titel *The Book of Wealth; in Which It Is Proved from the Bible that It Is the Duty of Every Man to Become Rich* (»Das Buch vom Reichtum; in welchem aus der Bibel bewiesen wird, daß jeder die Pflicht hat, reich zu werden«). In *Hunt's Merchants' Magazine* von 1854 meinte ein Autor, der Sündenfall habe darin bestanden, daß versäumt wurde, einer Arbeit nachzugehen: »Adam wurde geschaffen und in den Garten Eden versetzt, um fleißig zu sein; es wäre für die Menschheit besser gewesen, wenn er sich genau an die Beschäftigung gehalten hätte, für die er geschaffen war.« Und Thomas Parker, ein unitarischer Pfarrer aus Boston, wollte den Geschäftsmann heilig gesprochen wissen als »einen moralischen Erzieher, eine Kirche Christi, die sich ans Werk macht ... Man baue ihm Altäre in Banken und Kirchen, auf dem Markt und in der Börse … Kein Heiliger steht höher als dieser heilige Geschäftsmann.« Und die McGuffey's Readers, die während des größten Teils des 19. Jahrhunderts wahrscheinlich von mindestens jedem zweiten amerikanischen Schulkind gelesen wurden, »versicherten ihnen, daß Geldverdienen eine durch göttliches Gebot geheiligte moralische Pflicht sei«.[32]

Zu Beginn des 20. Jahrhunderts rechtfertigte John D. Rockefeller, Jr. die Größe der Firma, die er von seinem Vater erben würde, mit Worten, die schon besser in das moderne wissenschaftliche Zeitalter paßten:

> »Die Entwicklung einer großen Firma ist nichts als das Überleben der Tüchtigsten … Die amerikanische Edelrose mit ihrer Schönheit und ihrem Duft, die den Betrachter erfreuen, entsteht nur, indem die Knospen um sie herum geopfert werden. Das ist keine falsche Tendenz im Geschäftsleben. Es ist einfach nur die Verwirklichung eines Gesetzes der Natur und Gottes.«[33]

Hinter diesen Gedanken steht der Sozialdarwinismus, die Weltsicht des englischen Philosophen und Sozialwissenschaftlers Herbert Spencer. Darwin selbst lehnte konsequent jeden Versuch ab, der Evolution eine moralische Richtung zuzuschreiben, doch Spencer entwickelte eine Sozialethik, die auf der Evolution aufbaute. Der Kampf ums Überleben war für ihn die Hauptursache des sozialen Fortschritts. Daher war ihm Raum zu geben, und Eingriffe des Staates waren auf ein absolutes Minimum zu beschränken. Großer Reichtum war eine Belohnung für große Risiken oder große Mühen, und ohne das würde die Gesellschaft stagnieren.

Spencers Philosophie war in Amerika außerordentlich populär. Für einen seiner Bewunderer, F. A. P. Barnard, war Spencer »nicht nur der tiefste Denker unserer Zeit, sondern der universalste und größte Geist aller Zeiten«.[34] Diese Lobrede steht in einem so absurden Mißverhältnis zu Spencers Verdiensten als Philosoph, daß sie sich nur durch die eindrucksvolle Übereinstimmung seiner Entwicklungsideen mit der amerikanischen Geisteshaltung erklären läßt. Damals unterband das Oberste Gericht der Vereinigten Staaten anhand der 14. Verfassungsergänzung – die es den Bundesstaaten verbietet, »jemandem ohne ordentliches Verfahren Leben, Freiheit oder Eigentum zu nehmen« – Versuche, für die Industrie Vorschriften zu erlassen. Spencer schien eine philosophische Rechtfertigung für die Ablehnung von staatlichen Eingriffen in das freie Unternehmertum, die Kräfte des Marktes und den evolutionären Kampf ums Überleben zu bieten. Er wurde in diesem Zusammenhang so oft herangezogen, daß sich Richter Holmes, der eines der bedeutendsten Mitglieder des Obersten Gerichts und selbst ein Verehrer Spencers war, schließlich in einer Urteilsbegründung zu dem berühmten Ausspruch veranlaßt sah: »Die 14. Verfassungsergänzung macht nicht Mr. Herbert Spencers *Social Statics* zum Gesetz.«[35]

Spencer erfreute sich auch der begeisterten Unterstützung eines der größten Industriekapitäne Amerikas: Andrew Carnegie. Dieser war eine ungewöhnliche Persönlichkeit: Sohn eines armen schottischen Einwanderers, gründete er Carnegie Steel und wurde zu einem der reichsten Männer der Welt. Er hielt es für seine Pflicht, schon zu Lebzeiten einen großen Teil seines Verdienstes dem öffentlichen Wohl zu widmen, und er befürwortete eine stark progressive Erbschaftssteuer für die Reichen, die sich nicht ebenso verhielten. Trotzdem bezeichnete er sich in seiner Autobiographie als einen Schüler Spencers, und unter dessen Einfluß schrieb er einen Essay, der als sein »Evangelium des Reichtums« bekannt wurde und den freien Wettbewerb rühmte: »Dieses Gesetz ist wohl zuweilen hart für den einzelnen, aber es ist das Beste für die Rasse, weil es das Überleben der Tüchtigsten auf jedem Gebiet gewährleistet.« Wie Adam Smith – allerdings mit mehr Zwischenschritten – behauptete er, daß die Existenz der Reichen für die Armen gut sei:

»Heute haben die Armen, was sich die Reichen früher nicht leisten konnten … Der Arbeiter genießt heute mehr Bequemlichkeiten als der Bauer vor ein paar Generationen. Und der Bauer hat heute mehr Luxus als früher der Grundbesitzer, er hat bessere Kleidung und eine bessere Wohnung. Der Grundbesitzer hat heute seltenere Bücher und Bilder und eine geschmackvollere Einrichtung um sich als früher der König … Wir müssen deshalb … die Konzentration von Industrie und Handel in den Händen der wenigen anerkennen und begrüßen … Sie müssen Reichtum ansammeln … Individualismus, Privateigentum, das Gesetz der Ansammlung von Reichtum und das Gesetz der Konkurrenz [sind] die höchsten

Früchte der menschlichen Erfahrung ... das Beste und Wertvollste von allem, was die Menschheit bisher geleistet hat.«[36]

Amerikabeobachter bemerkten schon lange die wichtige Rolle des Geldverdienens als Charakteristikum der amerikanischen Kultur. Sie war schon 1835 deutlich, als Alexis de Tocqueville sein Buch *Über die Demokratie in Amerika* veröffentlichte, in dem er bemerkt: »Ja, ich kenne kein Land, in dem die Liebe zum Geld einen so großen Platz im Herzen der Menschen einnimmt«, und an anderer Stelle im gleichen Werk sagt er: »Die Liebe zum Reichtum ist also gewöhnlich der Haupt- oder Nebenantrieb im Handeln der Amerikaner.«[37] In einem Buch von 1855 über die amerikanische Kultur verspottet der deutsche Autor Ferdinand Kürnberger Benjamin Franklins populäre Moralpredigten. Seiner Meinung nach standen sie für eine Philosophie, die »aus Rindern Talg, aus Menschen Geld« macht.[38] 1864 schrieb Thomas Nicholls: »Nirgends jagt man dem Gelde so eifrig nach, nirgends wird es so hoch geschätzt ... Die eigentliche Arbeit Amerikas ist Geldverdienen um des Geldverdienens willen. Es ist ein Zweck und kein Mittel.«[39] Nach ausgedehnten Reisen in den Vereinigten Staaten im ersten Viertel des 20. Jahrhunderts sah der Franzose André Siegfried in Amerika »eine auf den Nutzerfolg eingestellte Gesellschaftsordnung, fast könnte man von einer Theokratie des Nutzerfolgs reden, deren letztes Ziel mehr die Schaffung von Dingen als von Menschen ist ... Ziehen [Europäer] den Vergleich mit Amerika, so sehen sie, daß in der Wertordnung Europas nicht einzig die Verfolgung materiellen Wohlstandes geachtet wird«.[40] Später meinte der englische Politikwissenschaftler Harold Laski: »In keiner früheren Kultur genoß der Geschäftsmann so viel Macht oder Ansehen wie in den Vereinigten Staaten ... Der große Industrielle in den Vereinigten Staaten hat einen aristokratischen Status, der dem des Grundbesitzers oder des Soldaten oder des Priesters im vorkapitalistischen Europa vergleichbar ist.«[41] Der englische Historiker R. H. Tawney gab dem Gesellschaftstypus, für den Amerika das Musterbeispiel geworden war, einen Namen:

»Man könnte solche Gesellschaften als Erwerbsgesellschaften bezeichnen, denn ihr ganzes Interesse und Streben ist auf den Erwerb von Reichtum gerichtet. Diese Vorstellung muß eine starke Anziehungskraft besitzen, denn sie hat die gesamte moderne Welt in ihren Bann gezogen … Das Geheimnis ihres Triumphes liegt auf der Hand. Es ist die Aufforderung an die Menschen, die Kräfte anzuwenden, mit denen sie die Natur oder die Gesellschaft, ihre Geschicklichkeit oder ihr Glück ausgestattet hat, ohne zu fragen, ob es irgendein Prinzip gibt, das diese Anwendung beschränken sollte … Sie bietet unbeschränkten Raum für den Erwerb von Reichtümern und damit für einen der stärksten menschlichen Triebe.«

Amerika sah zu Beginn des 20. Jahrhunderts zweifellos so aus. Nirgends sonst auf der Welt triumphierte der freie Markt so eindeutig. Nirgends sonst hatten sozialistische oder andere linke Ideen so wenig Wirkung. In Europa, aber auch in angelsächsisch beeinflußten Ländern wie Australien bildeten linke Parteien entweder zum erstenmal Regierungen oder waren zumindest so stark, daß sie für die regierenden Konservativen eine ernste Bedrohung darstellten; doch in den Vereinigten Staaten blieb das Wort »Sozialist« ein Schimpfwort und, wenn es ernstgenommen wurde, ein Weg in den politischen Selbstmord. Als Friedrich Engels 1887 die amerikanische Arbeiterbewegung untersuchte, fand er nur eine einzige politische Partei, die er als wirklich sozialistisch ansah. Sie war eine Gründung deutscher Einwanderer und nannte sich »Sozialistische Arbeiterpartei«; welchen Anteil sie am amerikanischen Leben hatte, läßt sich am besten daran erkennen, daß Engels es für nötig hielt, ihren Mitgliedern zu empfehlen, wenn sie mehr Anhänger und Einfluß gewinnen wollten, dann müßten sie »vor allen Dingen Englisch lernen«.[42]

Die Konsumgesellschaft

Diese Kombination religiöser und weltlicher Ideen über die Bedeutung des Reichtums bildete die Grundlage unserer modernen Vorstellung vom guten Leben, die in den Vereinigten Staaten in den 1950er Jahren ihre heutige Gestalt annahm. Die Produktionskapazität der US-Industrie war als Reaktion auf die Anforderungen des schließlich siegreichen Kampfes gegen den Nationalsozialismus und den japanischen Imperialismus erweitert worden, und ein Teil dieser Kapazitä-

ten wurde anschließend zur Erzeugung von Konsumgütern eingesetzt. Konsumgüter zu erzeugen ist aber nur dann sinnvoll, wenn sie
auch gekauft werden, und so mußten die Menschen davon überzeugt
werden, daß sie diese Dinge wirklich brauchten. Vance Packard beschrieb in seinem Buch *Die geheimen Verführer* die Situation so:

>»Um die Mitte der 50er Jahre erreichte die amerikanische Kon-
>sumgüterproduktion einen märchenhaften Ausstoß, und mit Hil-
>fe der Automation verspricht er immer märchenhafter zu werden.
>Seit 1940 hat sich das Bruttosozialprodukt um mehr als 400 Pro-
>zent erhöht, und die Produktivität je Arbeitsstunde verdoppelte
>sich etwa alle 25 Jahre.
>
>Einmal konnte man dieses reiche, üppige Leben, zu dem die
>Menschen gelangten, mit begeisterten Augen betrachten, weil jeder
>sich eines ständig steigenden Lebensstandards erfreuen konnte.
>Diese Ansicht wurde propagandistisch weidlich ausgeschlachtet.
>Man konnte es aber auch anders sehen: daß wir nämlich zum Be-
>sten unserer Wirtschaft, ob wir wollen oder nicht, mehr und mehr
>verbrauchen müssen.«[43]

Echtes Aufsehen erregten die Teile von Packards Buch, in denen er die
damals aufblühende Werbebranche beschrieb, die damit begonnen
hatte, von Psychologen die unterschwelligen Kaufmotive der Konsumenten untersuchen zu lassen. Waren diese einmal gefunden, wurde
das Produktdesign ihnen entsprechend ausgerichtet. So begann die
Werbung, die Statusbedürfnisse der Menschen, ihre Angst, hinter den
Nachbarn zurückzubleiben, und ihre Besorgnisse wegen ihres Kör-
pergeruchs auszuschlachten.

Betrachten wir die amerikanische Autoindustrie in den 50er Jahren. Jedes Jahr brachte neue, größere Modelle. Während der ganzen
50er und bis weit in die 60er Jahre hinein waren die amerikanischen
Autos unsinnig groß und gefährlich. Sie brauchten Unmengen Ben-
zin, verschmutzten die Luft, waren unzuverlässig und bedienungsun-
freundlich; aber sie verkauften sich hervorragend. Eine geschickte
Werbung förderte die Vorstellung, es sei beschämend, ein Auto zu
fahren, das älter als zwei oder drei Jahre war. Jedes neue Modell war
länger oder niedriger oder hatte noch größere Flossen. Die Auto-
käufer kauften Status und keine verbesserte Transportmöglichkeit.

Erst der unermüdliche juristische Kampf des jungen Anwalts Ralph Nader gegen General Motors und den unseligen Corvair mit seinem gefährlichen Kurvenverhalten machte Sicherheit zum Thema. (Doch auch Nader hätte vielleicht gar nichts erreicht, wenn General Motors nicht den entscheidenden Fehler begangen hätte, eine attraktive junge Frau auf ihn anzusetzen, um ihm etwas anhängen zu können. Die Sache flog aber auf und schadete dem Ansehen der Firma sehr.) Sparsamer Benzinverbrauch wurde erst zum Thema, als die ölerzeugenden Länder 1973 Amerika die Lieferungen sperrten. Erst als die Japaner große Zahlen zuverlässigerer und bedienungsfreundlicherer Autos zu verkaufen begannen, wandten sich die amerikanischen Hersteller diesen Eigenschaften zu. Doch auch dann war das Statusdenken natürlich immer noch ein Faktor beim Kauf eines Autos; nur äußerte es sich jetzt etwas subtiler.

Ein verblaßtes Grünen

In den 60er Jahren brachte zunächst die Bürgerrechtsbewegung, dann die Opposition gegen den Vietnamkrieg und schließlich die gesamte Gegenkulturbewegung viele junge Leute in Amerika zum Nachdenken über die Gesellschaft, in der sie lebten. Bald stellten sie auch Fragen darüber, welches Leben die amerikanische Gesellschaft in der Zukunft für sie vorsah – und sie fanden radikal neue Antworten. Charles Reich, ein Juraprofessor an der Yale University, schrieb Ende der 60er Jahre ein Buch mit dem Titel *The Greening of America*. Es begann mit einer Voraussage:

»Es steht eine Revolution bevor ... Um erfolgreich zu sein, wird sie keiner Gewalt bedürfen, und sie kann nicht mit Gewalt aufgehalten werden. Sie verbreitet sich jetzt mit erstaunlicher Schnelligkeit und verändert bereits unser Recht, unsere Institutionen und unsere Gesellschaftsstruktur ... Es ist die Revolution der neuen Generation. Ihr Protest und ihre Rebellion, ihre Kultur, Kleidung, Musik, Drogen, Denkweisen und ihr befreiter Lebensstil sind keine kurzlebige Mode oder eine Form des Neinsagens und der Verweigerung, und sie sind in keinem Sinne irrational. Der ganze sich herausbildende Komplex, von den Idealen über die Hochschuldemonstrationen und die Glasperlen und weitgeschnittenen Hosen bis zum Woodstock-Festival ist etwas Sinnvolles und Teil einer konsequenten Philosophie. Er ist notwendig und unvermeidlich zugleich, und in einiger Zeit wird nicht nur die Jugend dazugehören, sondern alle Menschen in Amerika.«[44]

Reich hat allerdings nicht erklärt, inwiefern weitgeschnittene Hosen zu einer konsequenten Philosophie gehören. Er war auch kein guter Prophet. Er schrieb sein Buch gerade auf dem Höhepunkt der Gegenkultur der 60er Jahre. Ein paar Monate lang war das Buch ein Bestseller und wurde mehr als eine Million mal verkauft. Alle sprachen davon. Dann brach sich die Welle an der Wirklichkeit. Als das Buch in den Buchhandlungen auftauchte, hatten sich der Friede und die Liebe von Woodstock nämlich schon in die mörderische Gewalt des Rockfestivals von Altamont verwandelt. Als Richard Nixon die Präsidentenwahl von 1972 mit einem Erdrutschsieg über den Friedenskandidaten George McGovern gewann, wirkte die einleitende Passage von *The Greening of America* schon fast wie ein schlechter Scherz. Die enttäuschten Radikalen, die die Welt nicht ändern konnten, kamen zu dem Schluß, daß sie zuerst sich selbst ändern müßten.

Das war in gewissem Sinne eine ganz logische Entwicklung. Das mit viel Beifall bedachte Stück (und der spätere Film) über Marat/de Sade von Peter Weiss hatte die entsprechende Logik dem Marquis de Sade in den Mund gelegt, der dem französischen Revolutionsführer Jean-Paul Marat klarmachte, worin er sich geirrt hatte:

»Marat
diese Gefängnisse des Innern
sind schlimmer als die tiefsten steinernen Verliese
und solange sie nicht geöffnet werden
bleibt all euer Aufruhr
nur eine Gefängnisrevolte
die niedergeschlagen wird
von bestochenen Mitgefangenen.«[45]

Die Revolutionäre wandten sich also nach innen. 1972 schrieb Michael Rossman, der seit der Redefreiheits-Bewegung an der University of California in Berkeley bei »der Bewegung« gewesen war:

»Voraussage für die nächsten fünf Jahre: Die Bewußtseinsindustrie wird die stärkste Wachstumsbranche des Landes sein. Eine bunte Folge von Blumenvariationen wird auf jedem Notizblock erscheinen. Zu viele Leute werden sich in die bequeme Kontemplation flüchten und nicht mehr an der Integration dessen arbeiten, was wir begonnen haben.«[46]

Einige Monate später zeigte eine der allerdramatischsten Bekehrungen, daß Rossman nicht übertrieben hatte. Rennie Davis war ein führender, fast legendärer Kriegsgegner und Organisator »der Bewegung«. Er war einer der »Chicagoer Acht«, einer Gruppe, die wegen ihrer Proteste gegen den Krieg auf dem Parteikonvent der Demokraten von 1968 vor Gericht gestellt wurde. 1973 erklärte Davis, er habe Erleuchtung von dem 15jährigen Guru Maharaj Ji erlangt, dem »Vollkommenen Meister«, dessen pausbäckiges, lächelndes Konterfei plötzlich überall zu sehen war und dessen Jünger sich in ständiger Verzückung zu befinden schienen. Zwei Monate nach seiner Bekehrung sprach Davis in Berkeley im Pauley-Saal, wo im Jahrzehnt zuvor so viele Diskussionen über die brennenden Fragen der Redefreiheit auf dem Universitätsgelände, über den Vietnamkrieg und Strategien einer radikalen Politik stattgefunden hatten. Er sagte seinen Zuhörern und Zuhörerinnen, der Vollkommene Meister werde der Erde unverzüglich – innerhalb von drei Jahren – die Vollkommenheit bringen: Amerika noch in diesem Jahr, im nächsten Jahr China (wo der Vorsitzende Mao, so hieß es, schon Erleuchtung von Maharaj Ji empfangen haben könnte) und dann der ganzen Welt.[47] Rossman erklärt das als eine Flucht vor der schmerzlichen Wirklichkeit der Auflösung »der Bewegung« nach dem Schock der Tötung protestierender Studenten an der Kent State University:

»Zur Zeit der Ereignisse von Kent State war jede feste Organisation, die die Bewegung gehabt haben mag, zerfallen, und der vage gemeinsame Mythos, der unsere Kräfte auf einen politischen Wandel hingelenkt hatte, löste sich auf … Yoga, Begegnungsgruppen, Landleben, Dianetik, freie Schulen, McGovernismus, Jesus – eine Vielzahl von Ideologien der Hingabe schien die politischen Energien aufzusaugen, die müden Aktivisten einzulullen und die Jugend mit wonnevollen Wundermitteln zu hypnotisieren – weg vom Umgang mit einer immer problematischer werdenden sozialen Wirklichkeit.«[48]

Jerry Rubin, ein früherer Führer der klamaukhaft radikalen Gruppe der »Yippies«, trieb diese Tendenzen auf die Spitze:

> »In den fünf Jahren von 1971 bis 1975 ... habe ich Est, Gestalttherapie, Bioenergetik, Rolfing, Massage, Jogging, biologisch reine Nahrungsmittel, Tai Chi, Esalen, Hypnotismus, modernen Tanz, Meditation, *Silva Mind Control*, Arica, Akupunktur, Sexualtherapie, Reichsche Therapie und *More House* ausprobiert – ein Selbstbedienungskurs im Neuen Bewußtsein.«[49]

»Die Bewegung« hatte sich jetzt den »menschlichen Potenzen« verschrieben. Die Flut der Menschen, die eine bessere Gesellschaft hatten schaffen wollen, versickerte im Sande der Millionen einzelner Versuche, ein besseres Ich zu schaffen.

Am Ende wurde sogar Rubin der Sache müde. Anfang der 80er Jahre begann er zur Freude aller, die sich von Anfang an nicht so wie er engagiert hatten, an der Wall Street zu arbeiten. Damit schien sich der Kreis geschlossen zu haben, der vor mehr als zwei Jahrzehnten begonnen hatte: »From Freedom Train to Gravy Train«, hieß die Überschrift eines Artikels, »From ›J'accuse‹ to Jacuzzi« nannte es ein anderer Autor.[50] Daß Rubin gerade an die Wall Street ging, bewies erneut seine Empfänglichkeit für die Umschwünge der Mode. Denn die Wall Street war im Begriff, zum Symbol der 80er Jahre zu werden. Die Habgier kam wieder zur Geltung und wurde wieder zu etwas Gutem.

Die Reagan-Jahre: »Bereichere dich«

Kitty Kelley beschrieb die Feiern zur Amtseinführung Ronald Reagans mit den Worten:

> »Ronald Reagans kapitalkräftige Gefolgschaft stürmte in Scharen in die Hauptstadt ... und stellten zur Schau, was das Kennzeichen der Reagan-Ära werden sollte: Glitzernden Luxus und unermeß-

lichen Reichtum in Form von überdimensionalen Limousinen, erlesenen Pelzen, üppig verzierten Roben und handtellergroßen Edelsteinen. Die Festlichkeiten dauerten vier Tage und 103 Partys lang.«[51]

Nach den Parties kam das Porzellan. Im Weißen Haus gab es schon 10000 Teile Porzellan, als die Reagans einzogen, doch Nancy Reagan bestellte 220 Gedecke mit sieben verschiedenen Tellerarten, dazu Fingerschalen, Auflaufförmchen und ähnliches, mit einem 24karätigen Goldwappen in der Mitte jedes Tellers. Diese Anschaffungen im Wert von 209508 Dollar hätten vielleicht nicht viel Beachtung gefunden, wären sie nicht von der First Lady gerade an dem Tag bekanntgegeben worden, an dem ihr Gatte die Entscheidung seiner Regierung mitteilte, daß zur Kosteneinsparung im staatlich unterstützten Schulspeisungsprogramm Ketchup künftig zum Gemüse gezählt werden solle.[52]

Time, normalerweise nicht gerade ein Feind der Reichen, sagte von der Reagan-Regierung: »Ihr Schlachtruf heißt: ›Bereichere dich!‹«, und stellte fest, Reagan habe deutlich gemacht, daß er das Geld als den Maßstab der Leistung betrachte. Dementsprechend bevorzugte er die Gesellschaft reicher Leute. Zu ihnen gehörte der Geschäftsmann und Multimillionär Justin Dart, ein Mitglied von Reagans »Küchenkabinett«. Genaugenommen war es Darts und nicht Boeskys Verdienst, das Schlagwort von der guten Habgier in die Welt gesetzt zu haben, das so typisch für die 80er Jahre war. Sagte er doch 1982 in einem Interview der *Los Angeles Times*: »Habgier ist bei allem im Spiel, was wir tun. Daran finde ich nichts Schlechtes.«[53]

Dieses Jahrzehnt war auch die Zeit, in der das Christentum seinen langen Weg vollendete von einer Religion, die den materiellen Reichtum verachtete, zu einer, die ihn hochschätzte. L. Ron Hubbard, der Gründer von Scientology, schrieb einmal, daß man in Amerika am schnellsten eine Million verdienen könne, wenn man eine neue Religion gründe.[54] Eine alte aufzupolieren, scheint aber ebensogut funktioniert zu haben. Jerry Falwell, damals Pastor der Thomas Road Baptist Church in Lynchburg, Virginia, und Präsident der Reaganfreundlichen »Moral Majority«, schrieb eine Streitschrift über die christlichen Grundlagen des Kapitalismus, in der er den calvinistischen Gedanken wiederholte, Geld sei ein Zeichen der Gnade Gottes.

Vielleicht gewährte sich Falwell aus diesem Grund ein Jahresgehalt von 100000 Dollar neben seinen Einnahmen aus jährlich etwa einem Dutzend Vortragsverpflichtungen von je 5000 Dollar.[55] Im Vergleich mit einigen seiner Konkurrenten war Fallwell allerdings noch äußerst bescheiden. 1987 untersuchte *Time* die finanziellen Verhältnisse der erfolgreichsten amerikanischen Fernseh-Evangelisatoren des Jahrzehnts.[56] Man stellte fest, daß der Prediger Jimmy Swaggart aus Louisiana sein Pfarramt wie einen Familienbetrieb führte und 17 Familienmitglieder angestellt hatte. Jimmy und seine Frau liehen sich von der Gemeinde zwei Millionen Dollar, um drei luxuriöse Eigenheime zu bauen und fuhren zwei große Autos. Robert Schuller, dessen »Hour of Power« wöchentlich aus der für 20 Millionen Dollar gebauten Crystal Cathedral in Garden Grove, California gesendet wurde, erhielt 86000 Dollar und ein steuerfreies Wohngeld von 43500 Dollar; acht Mitglieder seiner Familie waren bei seinen Pfarreien angestellt. Oral Roberts, ein anderer bekannter »Fernseh-Evangelisator«, hatte das Nutzungsrecht für zwei Häuser im Wert von 2,9 Millionen Dollar und besaß ein weiteres im Wert von über einer halben Million. Doch falls Geld ein Zeichen göttlicher Gnade ist, war Jim Bakker der am reichsten Gesegnete von allen – bis ein Ehebruch mit einer Sekretärin zu seinem Sturz führte. Im Jahr 1983 verdiente er nach Steuerunterlagen 638112 Dollar; er besaß sechs luxuriöse Häuser mit vergoldeten Wasserhähnen im Bad.

Das Erstaunliche an alledem ist, daß diese angeblich christlichen Evangelisatoren um so mehr amerikanische Männer und Frauen um sich scharten, je mehr sie ihren Reichtum zur Schau stellten. Das zeigt deutlicher als alles andere, wie weit die amerikanische Romanze mit dem Reichtum und berühmten reichen Leuten gegangen war. Diese positive Einstellung gegenüber reichen religiösen Führern war nicht auf Christen beschränkt. Bhagwan Shree Rajneesh, der indische Guru, dessen Anhänger und Anhängerinnen an ihren in Rottönen gehaltenen Gewändern erkennbar waren, bewies, daß religiöse Führer, die sich auf die Traditionen des Ostens stützten, sich leicht an das Amerika der 80er Jahre anpassen konnten. Rajneesh sammelte Rolls-Royce-Wagen wie Kinder Spielzeugautos. 1983 besaß er 21; im Dezember 1985, nachdem er ausgewiesen worden war und sein Eigentum zur Begleichung seiner Schulden verkauft wurde, waren es 93 Wagen.[57]

Der Lobgesang auf das Streben nach Reichtum kam aus allen kulturellen Bereichen. Madonna sang, sie sei ein »material girl«, und Cyndi Lauper gelang ein Hit mit »Money Changes Everything«. Sollte einer dieser Popsongs irgendeine satirische Absicht gehabt haben, so entging diese gewiß vielen von denen, die dazu tanzten. Selbst das New Yorker Metropolitan Museum of Art beschritt neue Wege der Geldbeschaffung und verschickte einen Brief an Firmen, in dem darauf hingewiesen wurde, daß Kunst sich rentieren könne:

> »Lernen Sie, wie Sie kreative und kostengünstige Lösungen für Ihre Marketingaufgaben finden können, indem Sie Ihren Firmennamen mit Vincent van Gogh, … Canaletto, … Fragonard, Rembrandt oder Goya … verknüpfen.«[58]

Im gleichen Jahr teilte das Museum mit, daß man es mieten könne. Für 30000 Dollar konnte man eine Gesellschaft im Großen Saal geben oder sogar in dem hohen Raum um den Tempel von Dendur, den die ägyptische Regierung als Dank für die Hilfe des amerikanischen Volkes bei der Rettung von Abu Simbel vor den Fluten des Assuan-Staudamms nach Amerika geschickt hatte. Feierlichkeiten im Museum wurden so üblich, daß ein Klatschjournalist das Museum nur noch als den »Club Met« bezeichnete. Die Hochzeit von Laura Steinberg, der Tochter des Finanziers Saul Steinberg, und Jonathan Tisch, dem Sohn von CBS-Chef Laurence Tisch, wurde in dem Museum gefeiert, das mit 50000 französischen Rosen, vergoldeten Magnolienblättern, einer handbemalten Tanzfläche und einer drei Meter hohen Torte geschmückt worden war. Der Festabend kostete drei Millionen Dollar.[59] Für Leute, die angesichts der Kürzung der Sozialprogramme ethische Bedenken gegen solche Ausgaben hatten, hielten die reichen Reagan-Anhänger ihre Antwort in Form von George Gilders vielgelobtem Buch *Wealth and Poverty* bereit. Es rühmt die Reichen und behauptet, Unterstützung schade den Armen. »Um Erfolg zu haben«, schreibt Gilder, »brauchen die Armen am allermeisten den Stachel ihrer Armut.«[60] In seinem Vorwort dankt Gilder David und Peggy Rockefeller für ihre Großzügigkeit und ihren Glauben an seine Arbeit. Im Buch selbst revanchiert er sich für ihre Großzügigkeit, indem er die Reichen als die »größten Wohltäter« der Gesellschaft verherrlicht. Mit einer aktualisierten Version von Adam Smiths Argumentation, der ärmste Bauer lebe besser als ein afrikanischer König, versicherten Gilder und andere Verfechter der »Reaganomics«, der von den Superreichen in den 80er Jahren erworbene Reichtum komme zwangsläufig der ganzen Gesellschaft zugute und sickere sogar bis zu den Armen durch. Erst nach Reagans Abgang und dem Ende des Jahrzehnts wurde diese Behauptung durch genaue Wirtschaftsstatistiken als völlig falsch entlarvt. Anhand von Zahlen des Haushaltsamtes des Kongresses berechnete Paul Krugman, ein Wirtschaftswissenschaftler vom Massachusetts Institute of Technology, daß 60 Prozent des Zuwachses des Nettoeinkommens aller amerikanischen Familien zwischen 1977 und 1989 einem Prozent, nämlich den reichsten aller Familien, zugefallen waren. (Diese Familien hatten für vier Personen ein durchschnittliches Jahreseinkommen von mindestens 310000 Dollar.) Weitere 34 Prozent des Zuwachses entfielen auf die 20 Prozent der Familien im zweithöchsten Einkommensbereich, so daß nur sechs Prozent des gesamten Einkommenszuwachses für die übrigen 80 Prozent der Bevölkerung übrig blieben. Krugmans Berechnungen wurden angegriffen. Kritiker verwiesen darauf, daß die Steuersätze unter Reagan gesenkt wurden, und daß die Reichen deshalb vielleicht bei der Angabe ihres Einkommens ehrlicher geworden seien. Das ist natürlich möglich, doch es dürfte kaum mehr als einen kleinen Teil der Zunahme erklären, denn die Zahlen zeigen, daß die von den Firmen an ihre Direktoren gezahlten Gehälter – über die der Finanzverwaltung keine falschen Angaben gemacht werden können und konnten – in dem Jahrzehnt raketenartig in die Höhe gingen. Selbst die Kritiker stimmen darin überein, daß das obere eine Prozent der Bevölkerung in den 80er Jahren mehr profitierte als alle anderen, und daß am Ende des Jahrzehnts die 2,5 Millionen Amerikaner am oberen Ende der Einkommensskala ebensoviel einnahmen wie die 100 Millionen Amerikaner am unteren Ende. Das war am Anfang des Jahrzehnts noch nicht so gewesen.[61]

Die 80er Jahre sollten zu dem Jahrzehnt werden, in dem die Habgier ihren schlechten Geruch verlor und offen als bürgerliche Tugend rehabilitiert wurde, die jeden einzelnen Menschen besser stelle. Aber so kam es nicht. Anfang der 90er Jahre saßen Wall-Street-Giganten wie Ivan Boesky und Michael Milken im Gefängnis. Donald Trump verkaufte sein gesamtes Vermögen und verhandelte mit seinen Gläubigern, um den Bankrott zu vermeiden. Alan Bond war bankrott, das Iris-Bild schon lange verkauft. Und es wurde klar, daß der Reichtum eben doch nur den Reichen zugute gekommen war. Auf einmal sah die Habgier nicht mehr so gut aus. Doch andere Ideale, wie die des Aristoteles oder der vorreformatorischen Kirche, waren jetzt tief verschüttet unter den Lehren von Jahrhunderten, die das gute Leben so eng mit Reichtum und Bereicherung verknüpft hatten. Woher konnte ein neues Ideal des guten Lebens kommen?

5 Liegt der Egoismus in unseren Genen?

Das Argument der biologischen Verankerung des Egoismus

Vor einigen Jahren ereignete sich in den Vereinigten Staaten folgende Geschichte. Ein keineswegs wohlhabender Mann fand einen Sack voll Geld, der von einem Transportwagen der Firma Brinks gefallen war. Er brachte das Geld der Firma, die den Verlust noch gar nicht bemerkt hatte. Die Medien feierten ihn als Helden – aber er erhielt unzählige Briefe und Anrufe, in denen es hieß, er sei ein Narr und solle in Zukunft besser für sich selbst sorgen.[1]

Diese Geschichte zeigt, wie weit in unserer Gesellschaft die Vorstellung verbreitet ist, erst einmal für sich selbst zu sorgen sei das einzig Vernünftige, und zu mehr Geld zu kommen sei der Weg dahin. Wenn wir uns dieser Auffassung anschließen, dann treffen wir keine grundlegende Entscheidung darüber, wie wir leben sollen. Unsere Kultur trifft sie für uns. Sie schränkt das Spektrum der Lebensweisen ein, die uns wert erscheinen, ernstgenommen zu werden.

Die Geschichte verweist auch auf einen Grund, warum manche Menschen zögern, das zu tun, was sie als das Rechte erkennen, wenn sie durch unrechtes Handeln zu mehr Geld kommen oder etwas anderes bekommen können, das sie sich wünschen. So absurd es vielleicht klingt, sie wollen das Rechte deshalb nicht tun, weil sie glauben, dann vor ihren Freunden schlecht dazustehen – natürlich nicht moralisch schlecht, aber dumm. Hinter diesem Verhalten steht der Gedanke, die Ethik sei eine Art Betrug. Da nach dieser Denkweise jeder einzelne Mensch – oder fast jeder – doch zuerst an sich selbst denkt, auch diejenigen, die uns ständig Ethik und Selbstlosigkeit predigen, wären wir dumm, wenn wir es nicht genauso machen würden.

In meinen Buch *The Expanding Circle* habe ich die Auffassung erörtert, niemand handle jemals ethisch. Ich sagte dort, daß jeder Mensch, der für fremde Menschen ohne jede Belohnung außer einer Tasse Tee und einem Keks Blut spendet, die Ehre der Menschheit vor der Verunglimpfung durch ihre zynischen Kritiker rettet. Wegen dieser einfachen Behauptung wurde ich von Richard Alexander, Professor der Evolutionsbiologie an der University of Michigan und einer der führenden Biologen, die über Moral schreiben, streng gerügt. Ich hätte mich von der der Annahme des »gesunden Menschenverstands« irreführen lassen, daß Menschen, die Blut spenden, anderen helfen möchten. Diese Berufung auf den »gesunden Menschenverstand« übersehe, wie Alexander seinen Lesern und Leserinnen mit ernster Miene mitteilt, »gesicherte biologische Tatsachen und Theorien« und beachte nicht »die große Wahrscheinlichkeit, daß das, was man für den Grund seiner Handlung hält, nicht deren wirkliche Bedeutung wiedergibt«.[2]

Zwingt uns wirklich etwas in unserer biologischen Natur zum Egoismus? Ist dies das biologische Gegenstück zur Erbsünde? Haben hervorragende Biologen recht, wenn sie sagen, die gesicherten biologischen Tatsachen zeigten, daß wirklicher Altruismus unmöglich sei? Wie stark bedrohen gesicherte biologische Theorien unsere vom gesunden Menschenverstand getragene Vorstellung, daß wir selbstlos leben können? Dieses und die nächsten beiden Kapitel des vorliegenden Buches untersuchen, welche Einschränkungen unsere biologische Natur uns bei unserer grundlegenden Entscheidung wirklich auferlegt – und welche nicht.

In vereinfachter Form lautet die wesentliche Aussage des biologischen Arguments, das viele denken läßt, der Egoismus sei unausweichlich, so:

Der moderne Mensch ist das Ergebnis eines langen und unaufhörlichen Kampfes ums Dasein, in dessen Verlauf es einigen Individuen gelingt, sich zu ernähren und bis zur Fortpflanzung am Leben zu erhalten, und anderen nicht. Diejenigen, denen dies gelingt, geben ihre Gene an die nächste Generation weiter; die Gene der anderen sterben aus. Egoisten, die sich in erster Linie entsprechend ihren eigenen Interessen verhalten, haben mehr Aussicht auf Erfolg als Altruisten, die lieber anderen zum Gewinnen verhelfen, als ihre eigenen Gewinnaussichten zu maximieren. Da Eigenschaften wie der Egoismus mindestens zum Teil genetisch festgelegt sind, wird die Zahl der Egoisten zunehmen und die der Altruisten abnehmen. Auf lange Sicht – und die Evolution dauert jetzt wirklich schon recht lange an – wird es überhaupt keine Altruisten mehr geben.

Das ist kein Zitat, sondern die Kurzfassung einer Betrachtungsweise, die sich in vielen Büchern und populärwissenschaftlichen Artikeln ebenso findet wie in Alltagsgesprächen und Leserbriefen an die Zeitung. Auch Wissenschaftler wie Richard Alexander vertreten sie. Edward O. Wilson, der Begründer der Soziobiologie (die die biologischen Grundlagen des Sozialverhaltens bei Menschen und anderen Tieren untersucht), hat ebenfalls die Möglichkeit eines reinen Altruismus bestritten. Konfrontiert mit dem Beispiel von Mutter Teresas lebenslanger Hingabe für die Kranken und Sterbenden auf den Straßen Kalkuttas, wies er darauf hin, daß sie Christin sei und daher vermutlich glaube, ihren Lohn im Himmel zu empfangen.[3] Ein anderer Soziobiologe, Pierre van den Berghe, sagte rundheraus: »Wir sind darauf programmiert, nur für uns und unsere Verwandten zu sorgen.«[4] Garrett Hardin, ein amerikanischer Professor mit biowissenschaftlichem Hintergrund, ging noch weiter und schlug vor, die sozialen Institutionen und die Politik auf »einem unerschütterlichen Festhalten an der Grundregel aufzubauen: *Verlange nie von jemandem, gegen sein eigenes Interesse zu handeln*«.[5]

Es ist selbstverständlich richtig, daß sich die Menschen aus anderen Tieren entwickelt haben. Wir sind Affen. Wir haben 98,6 Prozent unserer Gene mit den Schimpansen gemeinsam. Genetisch stehen wir den Schimpansen näher als diese den Orang-Utans. Menschen und Schimpansen entwickelten sich aus gemeinsamen Vorfahren durch einen Prozeß der natürlichen Selektion, der manchmal als das »Überleben der Tüchtigsten« bezeichnet wird. Doch wer dabei an Zähne und Klauen und Blut denkt, sollte von dieser Vorstellung Abstand nehmen. Mit den »Tüchtigsten« sind in der Evolutionstheorie einfach diejenigen gemeint, denen es am besten gelingt, Nachkommen zu erzeugen, die sich ihrerseits erhalten und fortpflanzen. Wie andere Affen und allgemeiner Primaten sind Menschen soziale Säugetiere, die in Gruppen leben und für ihre Jungen sorgen. So gelingt es ihnen – nicht immer, aber oft –, bei ihrem Tod Nachkommen zu hinterlassen.

Es ist ziemlich leicht, bei sozialen Säugetieren Beispiele eines Verhaltens zu finden, das alles andere als egoistisch ist. Vielleicht das berühmteste – weil es manchmal auch schon Menschen widerfahren ist, – ist die Art und Weise, wie Delphine verletzten Gruppenmitgliedern zu überleben helfen. Delphine müssen zum Atmen an die Wasseroberfläche kommen. Ist ein Delphin so schwer verletzt, daß er nicht aus eigener Kraft an die Wasseroberfläche schwimmen kann, dann gruppieren sich andere Delphine um ihren verletzten Gefährten und tragen ihn hinauf. Wenn nötig, stützen sie ihn so viele Stunden lang. Soziale Tiere teilen auch untereinander. Wölfe und Wildhunde bringen den Rudelmitgliedern Fleisch, die nicht mit auf der Jagd waren. Schimpansen führen einander zu Bäumen mit reifen Früchten. Wenn eine Schimpansengruppe einen guten Baum gefunden hat, macht sie einen dröhnenden Lärm, der andere Schimpansen noch aus einem Kilometer Entfernung anzieht.[6] Soziale Tiere warnen einander vor Gefahren. Wenn ein Habicht zu sehen ist, geben Amseln und Drosseln einen Warnruf von sich und verhelfen damit den anderen Vögeln der Gruppe zur Flucht, riskieren aber möglicherweise zugleich, daß der Habicht auf sie selbst aufmerksam wird. Noch bemerkenswerter sind die Thomson-Gazellen, eine kleine Antilopenart, die von Rudeln afrikanischer Wildhunde gejagt wird. Nimmt eine Gazelle ein Wildhundrudel wahr, so springt sie auffällig steifbeinig davon. Das ist offensichtlich ein Warnsignal, alle anderen Gazellen flüchten sofort. Dieses steifbeinige Springen ist aber eine langsamere Gangart als normales Rennen, und damit gibt die sich so fortbewegende Gazelle ein wertvolles Stück Vorsprung preis, um die anderen vor der Gefahr zu warnen.

Wenn Tiere wirklich einmal mit Artgenossen kämpfen, scheint es oft, als beachteten sie Regeln, ganz ähnlich den Kampfregeln der mittelalterlichen Ritter. Wenn ein Wolf einen anderen besiegt hat, dann macht dieser eine Unterwerfungsgeste, indem er dem Sieger die Kehle darbietet. Statt die Gelegenheit wahrzunehmen und seinem Gegner die Halsschlagader durchzubeißen, trottet der überlegene Wolf davon und ist mit dem symbolischen Sieg zufrieden.[7] Aus rein egoistischer Sicht erscheint ein solches nobles Verhalten als dumm. Warum den geschlagenen Gegner leben lassen, damit er ein anderes Mal erneut zu kämpfen beginnt? Könnte die Antwort in etwas Größerem liegen als dem Interesse des siegreichen Wolfes?

Kurz gesagt, es ist ein Fehler, die Natur als einen Kampf auf Leben und Tod aufzufassen, in dem diejenigen, die sich nur um ihre eigene Nahrung, Sicherheit und sexuelle Befriedigung kümmern, dazu vorherbestimmt sind, die anderen auszurotten. Das ist nicht die Lehre aus Biologie und Evolutionstheorie. Die Landschaft, die wir durchqueren müssen, um am Leben zu bleiben und unsere Gene weiterzugeben, ist viel komplexer als die obige grobe Skizze. Oder, um es anders zu sagen, es gehört mehr zum Leben und zur Weitergabe unserer

Gene als Essen und Kopulieren. In diesem Kapitel werde ich drei Gründe nennen, warum wir biologisch nicht darauf festgelegt sind, in so engem Sinne egoistisch zu denken und zu handeln, wie die verbreitete Auffassung es nahelegt; ein vierter, komplexerer Grund wird in Kapitel 7 gesondert behandelt und ein mehr spekulativer fünfter im Schlußkapitel.

Die Sorge für unsere Kinder

Dimity Reed ist eine Architektin und Schriftstellerin und lebt in Melbourne, nicht weit weg von mir. Sie ist auch die Mutter von Josh. Mit 19 wurde Josh schwer krank. Die Diagnose: Nierenversagen. Er ging zur Dialyse, doch in den folgenden drei Jahren verschlechterte sich sein Zustand allmählich. Er stand auf der Warteliste für eine Transplantation, aber auf der Liste standen noch viele andere, denen es ebenso schlecht oder noch schlechter ging. Nachdem Josh die Universität absolviert hatte, entging ihm wegen seines instabilen Gesundheitszustands ein Job, den er sich gewünscht hatte. Dimity hatte irgendwo gelesen, daß Eltern unter Umständen ihren Kindern eine Niere spenden können. Sie schlug Joshs Arzt diese Möglichkeit vor. Er sagte ihr, daß sie mit einer Niere ohne weiteres leben könne, daß sie aber sterben könne, wenn mit dieser Niere etwas passieren sollte. Sie antwortete: »In unserer Familie sind alle Optimisten.« Das war vor drei Jahren. Dimity und Josh haben jetzt beide eine gesunde Niere.[8]

Renuka Natarajan lebt in dem Dorf Villivakam bei Madras in Indien. Sie ist eine Mutter, die wie Dimity Reed eine Niere geopfert hat, um ihrem Kind zu helfen. Aber dieses Kind hatte keine Nierenkrankheit. Renuka und ihr Mann hatten keine Arbeit. Sie hatten Schulden, und sie machten sich Sorgen, daß ihre Tochter ohne Aussteuer nicht würde heiraten können. Renukas Mann las eine Anzeige in der Lokalzeitung, in der etwa 1500 Dollar für eine Niere geboten wurden. Das entsprach dem Lohn von etwa acht Jahren für einen indischen Dorfbewohner. Renuka verkaufte ihre Niere, bezahlte einen Teil der Schulden und legte etwas für die Aussteuer ihrer Tochter beiseite. Doch ihre Operation verlief nicht gut. Sie hatte danach Schmerzen und mußte einen Teil des Geldes für eine weitere ärztliche Behandlung ausgeben.[9]

Diese beiden Geschichten stammen aus Welten, die kulturell, wirtschaftlich und geographisch weit auseinander liegen; doch sie offenbaren beide die Bereitschaft einer Mutter, für ihr Kind ein großes Opfer zu bringen. Solche Geschichten enthalten nichts, worüber sich ein Evolutionsbiologe wundern müßte. Wir geben unsere Gene nicht einfach dadurch weiter, daß wir unsere Keimzellen weitergeben und es den entstehenden Nachkommen selbst überlassen, sich durchs Leben zu schlagen, so gut sie eben können. Kinder zu bekommen ist nur der erste Schritt. Wenn unsere Gene überleben sollen, dann müssen unsere Kinder selbst so lange leben, daß sie wieder Kinder haben, die ebenfalls wieder Kinder haben usw. Es ist also unmittelbar einsichtig, daß wir für eine ganz bedeutende Gruppe anderer Lebewesen sorgen müssen, nämlich für unsere Kinder. Nicht alle Eltern würden sich für ihr Kind eine Niere herausoperieren lassen, aber daß einige es tun zeigt, in welchem Maße uns die Sorge für unsere Kinder zu einem selbstlosen Verhalten zugunsten eines anderen Menschen bringen kann.

Daß Menschen die Interessen ihrer Kinder oft über ihre eigenen stellen, fassen wir als Selbstverständlichkeit auf. Wir beachten es nur in Extremfällen wie dem von Dimity oder Renuka, oder im umgekehrten Fall, wenn Eltern ihre Kinder im Stich lassen oder vernachlässigen. Die Elternliebe ist in der menschlichen Natur so tief verwurzelt, daß wir in Fällen, wo Eltern ihre Kinder vernachlässigen oder kein Interesse für sie zeigen, einfach nicht verstehen können, wie einer Mutter oder einem Vater etwas so Natürliches fehlen kann. Wir sind erst dann zufrieden, wenn wir eine Erklärung finden, warum diesen Eltern etwas fehlt, das für alle anderen selbstverständlich ist, und oft liegt diese Erklärung in einer vernachlässigten Kindheit und bestätigt damit wieder einmal die Wichtigkeit des Familienlebens für Eltern wie Kinder. Wir sind (und das war sogar in sittenstrengeren Zeiten so) eher bereit, einer Mutter zu verzeihen, die sich zur Ernährung ihrer Kinder der Prostitution zuwendet, als einer Mutter, die ihre Kinder vernachlässigt oder verläßt.

Um die Jahrhundertwende sammelte Edward Westermarck alle ihm erreichbaren Informationen über die ethischen Systeme verschiedener Gesellschaften in einem voluminösen zweibändigen Werk mit dem Titel *The Origin and Development of the Moral Ideas*. Darin führt er aus, daß die Pflicht einer Mutter, für ihre Kinder zu sorgen, für so selbstverständlich gehalten werde, daß sie in den meisten anthropologischen Darstellungen kaum je erwähnt werde. Wie steht es um die Pflicht des Vaters, sich um seine Kinder zu kümmern? Westermarck sagt zwar, daß die Pflicht des verheirateten Mannes zum Unterhalt und Schutz seiner Familie ebenso verbreitet sei wie die Pflicht der Mutter, für ihre Kinder zu sorgen, aber er sagt nicht, daß sie als ebenso selbstverständlich angesehen würde. Die Evolutionstheorie liefert Gründe für die Annahme, daß Mütter im allgemeinen eher zu Opfern für ihre Kinder bereit sein könnten als Väter. Erstens können Mütter sicher sein, daß die Kinder, für die sie sorgen, tatsächlich auch genetisch ihre Kinder sind, Väter aber oft nicht. Zweitens kann eine Frau – wenn wir von Mehrlingsgeburten und modernen Reproduktionstechniken absehen, wie sie heute bei preisgekrönten Zuchtkühen angewandt werden – im Alter zwischen etwa 13 und 45 Jahren höchstens alle neun Monate ein Kind bekommen (berücksichtigen wir auch Zwillings- oder andere Mehrlingsgeburten, können es dennoch nur einige wenige Kinder mehr sein). Für die Zahl der Kinder, die ein Mann haben kann, gibt es keine feste physische Grenze. Männer könnten also mehr Nachkommen haben, wenn sie viele Kinder zeugen würden, ohne dann für sie zu sorgen. Denn einigen der Mütter könnte es gelingen, die Kinder allein oder mit Hilfe anderer Männer großzuziehen. (Ich will damit natürlich nicht sagen, daß Männer sich bewußt so verhalten, damit sie mehr Kinder haben können, sondern nur, daß eine solche Verhaltensweise von Männern an männliche Nachkommen weitergegeben werden könnte.)

Demgegenüber wäre es viel unwahrscheinlicher, daß eine Frau, die ihre Kinder verläßt und nicht für sie sorgt, Nachkommen mit einem ähnlichen Verhaltensmuster haben würde. Sie ist nicht nur nicht in der Lage, so viele Nachkommen zu erzeugen wie ein Mann, sondern es kommt hinzu, daß viele ihrer Kinder sterben würden, weil bis vor gar nicht langer Zeit Säuglinge nur überleben konnten, wenn sie gestillt wurden. Die biologischen Tatsachen der Schwangerschaft bedeuten, daß eine Frau in jedes Kind mehr Zeit und Kraft investiert, als es der Vater notwendigerweise tun muß.

Und doch ist unbestreitbar, daß Väter für ihre Kinder sorgen. David Gilmore, ein Vertreter der vergleichenden Anthropologie, untersuchte viele verschiedene Gesellschaften, um herauszufinden, ob irgendwelche Eigenschaften allgemein als männlich gelten. Er stellte fest, daß Männer überall dafür geachtet werden, Kinder zu haben und für ihre Familie zu sorgen und sie zu schützen.[10] Wir können also ganz allgemein von der elterlichen und nicht nur der mütterlichen Fürsorge sprechen.

Die Bereitschaft von Eltern, die Interessen ihrer Kinder über ihre eigenen zu stellen, ist ein schlagendes Gegenbeispiel zu der allgemeinen Behauptung, die Menschen seien egoistisch. Wenn Eltern ein weinendes Baby trösten, dann tun sie es nicht im Gedanken an die Zeit in 20 oder 30 Jahren, wenn das Kind sie im Alter unterstützen könnte. Sie reagieren unmittelbar aus ihrer Liebe zu dem Kind heraus und ihrem Mitgefühl mit dem Bild des Jammers, das ein weinendes Baby bietet – vor allem, wenn es das eigene ist. Für das Wohlbefinden ihrer Kinder verzichten Eltern auch auf Dinge, die sie brauchen. Sie verzichten auf Urlaub oder ein neues Auto, wenn das nötig ist, um die Kinder gut zu ernähren und zu kleiden und ihnen eine gute Ausbildung zu ermöglichen. »Ich habe immer dein Bestes gewollt«, sagen sie ihren Kindern als Erklärung, und gewöhnlich stimmt das auch. In vielen Ländern schließen umsichtige Menschen Lebensversicherungen ab, damit ihre Familie im Falle ihres Todes etwas Geld hat. Die laufenden Beiträge gehen von ihrem Einkommen ab, und sie haben somit weniger Geld, das sie ausgeben können. Daran ist nichts Merkwürdiges – außer daß diese Umsicht überhaupt nicht ihnen selbst zugute kommt. Diese weit verbreitete Vorsorgemaßnahme ist nur dann sinnvoll, wenn wir davon ausgehen, daß wir uns um das Wohl mindestens eines anderen Lebewesens sorgen.

Gute Eltern müssen wissen, was ihre Kinder brauchen, und sie müssen bereit sein, ihnen zu geben, was sie brauchen. Vielleicht liegt gerade eine reichhaltige Mahlzeit hinter mir, und beim Gedanken, noch mehr zu essen, wird mir übel; stelle ich aber fest, daß mein Kind hungrig ist, versuche ich, mehr Essen zu bekommen. Das ist der erste Schritt über den Egoismus hinaus. Der englische Philosoph John Stuart Mill, der im 19. Jahrhundert lebte, nannte die Familie »eine Schule der Sympathie, der Zärtlichkeit, des liebevollsten Selbstvergessens«.[11] Die volle Wahrheit ist nicht ganz so einfach, aber die Wichtigkeit von Sympathie, Zärtlichkeit und liebevollem Selbstvergessen in der Familie stimmt in gewissem Sinne genau mit dem überein, was biologische Theorien uns erwarten lassen. Biologen betrachten eine Handlung jedoch nur dann als altruistisch oder selbstlos, wenn sie die »Fortpflanzungstüchtigkeit«, also die Aussichten auf Hinterlassung von Nachkommen, mindert. Daher erkennen sie oft nicht an, daß das, was sich zwischen Eltern und Kindern abspielt, überhaupt ein Schritt über den Egoismus hinaus ist.

Die Sorge für unsere Verwandtschaft

Es ist leicht zu verstehen, daß es (a) bei der Evolution um die Weitergabe der Gene an die nächste Generation geht, und daß (b) eine Möglichkeit dazu darin besteht, Kinder zu bekommen und möglichst gut für ihr Überleben zu sorgen.

Weniger offensichtlich ist, daß es andere Verhaltensweisen gibt, die ebenfalls zur Weitergabe unserer Gene an die nächste Generation beitragen – insbesondere, daß (c) wir die Zahl unserer eigenen Gene in der nächsten Generation erhöhen können, indem wir nach Möglichkeit versuchen, zum Überleben von Brüdern, Schwestern, Nichten, Neffen und anderen Verwandten beizutragen, die viele Gene mit uns gemeinsam haben.

Ein Grund, warum das viele Leute nicht erkennen, ist der, daß unsere Verwandten Gene weitergeben, die unseren *ähnlich* sind, aber eben nicht *die unseren*. Doch die Gene, die wir selbst mit unseren Keimzellen weitergeben, sind auch nur ähnlich denen, aus denen wir selbst entstanden sind. Denken wir uns Gene als eine Reihe von Anweisungen, etwa so wie Computerprogramme, und weniger als die physischen Formen, die diese Informationen enthalten, dann sollten wir einsehen können, daß es für das Überleben der eigenen Gene keinen Unterschied macht, ob sie durch den eigenen Körper übertragen werden oder durch den eines anderen Menschen, der ähnliche Gene besitzt.

Natürlich ist die Weitergabe von Genen nicht dasselbe wie das Kopieren eines Programms am Computer, denn Computer fertigen exakte Kopien an, während die heterosexuelle Fortpflanzung Gene neu einmischt und andere wegläßt. So kommt es, daß wir alle verschieden sind. Die Bedeutung dieser Tatsache geht sehr schön aus einer Geschichte über den 1964 verstorbenen bekannten englischen Biologen J. B. S. Haldane hervor. In einer zwanglosen Unterhaltung bei einem Drink fragte ihn jemand, ob er – als Evolutionsbiologe –

wohl sein Leben für seinen Bruder opfern könnte. Haldane rechnete kurz und erklärte dann, er würde sein Leben für zwei Geschwister, vier Neffen oder Nichten oder acht Cousins oder Cousinen hergeben.

Die Grundlage für dieses merkwürdig abgemessene Heldentum ist der Verwandtschaftsgrad oder genauer der Anteil der Gene, den wir mit unseren Verwandten gemeinsam haben. Meine Geschwister haben durchschnittlich die Hälfte meiner Gene, denn sie haben wie ich die Hälfte der Gene unseres Vaters und die Hälfte der Gene unserer Mutter. (Ich sagte »durchschnittlich«, weil Geschwister je nach der zufälligen Zusammensetzung der Erbanlagen auch alle oder keines der Gene gemeinsam haben können – wegen der großen Zahl der Gene sind diese Extremfälle jedoch äußerst unwahrscheinlich.) Mit meinen Nichten und Neffen habe ich durchschnittlich 25 Prozent der Gene gemeinsam und mit meinen Cousins und Cousinen 12,5 Prozent. Haldanes amüsante Antwort spiegelt diese Anteile wider: wenn an seiner Stelle acht seiner Cousins oder Cousinen am Leben blieben, dann würden wegen der Zufallsverteilung der Erbanlagen zwar nicht alle, aber doch die meisten seiner Gene nicht verloren gehen. Die Erhaltung des Lebens von Verwandten erhöht also, steigend mit dem Verwandtschaftsgrad, die Aussicht auf die Erhaltung von Genen, die den eigenen gleichen.

Hier findet sich somit eine genetische Grundlage für eine Ausdehnung des Altruismus über die eigenen Kinder hinaus. Im Kampf ums »Überleben der Tüchtigsten« macht ein Gen oder eine Gengruppe, die mich zur Erhaltung des Lebens meiner engen Verwandten disponiert, meinen Genotyp (die Gesamtheit meiner Gene) »überlebenstüchtiger«. Daher ist es wahrscheinlich, daß sich eine genetische Tendenz zur Unterstützung von Verwandten in der Population ausbreitet. Natürlich sind wir – was Haldane sehr gut wußte – nicht eigentlich an der Ausbreitung unserer Gene als solcher interessiert. Deshalb ist seine Berechnung so amüsant. Das widerlegt aber in keiner Weise die Aussage, daß die Stärke unserer Motivation, unsere Verwandten zu schützen und ihnen zu helfen, in einem mehr oder weniger ausgeprägten Zusammenhang mit dem Verwandtschaftsgrad steht. Wir sollten uns grundsätzlich vor dem Trugschluß hüten, daß eine biologische Erklärung unseres Verhaltens nur dann gültig sein könne, wenn wir uns der biologischen Bedeutung dieses Verhaltens bewußt und von ihr geleitet sind. Auch unser sexuelles Begehren entsteht ja unmittelbar aus der Liebe für unseren Sexualpartner bzw. unsere Sexualpartnerin oder seiner bzw. ihrer sexuellen Anziehungskraft auf uns und nicht aus dem Wunsch, mit diesem Menschen Kinder zu haben. Ebenso helfen wir unseren Verwandten, weil wir sie lieben und uns um sie sorgen und nicht, weil wir möchten, daß sich unsere Gene ausbreiten. Doch in beiden Fällen haben sich die Gefühle, die unsere Handlungen motivieren, deshalb verbreitet, weil sich ähnliche Gene wie die, die uns so handeln lassen, in der nächsten Generation eher wiederfinden als Gene, die uns nicht so handeln lassen.

Die menschlichen ethischen Systeme bilden die Biologie der Verwandtschaft erstaunlich genau ab. Henry Sidgwick zeichnete in seinem Buch *The Methods of Ethics* die Wohltätigkeitspflichten nach, wie sie im viktorianischen England allgemein aufgefaßt wurden. Seine Aufzählung beginnt so:

>»Wir sollten alle anerkennen, daß jeder von uns zur Güte gegenüber Eltern, Gatten und Kindern verpflichtet ist und gegenüber anderen Verwandten in geringerem Maße; auch gegenüber denen, die ihm Dienste erwiesen haben, und allen anderen, die er womöglich in seinen engeren Kreis gezogen und Freunde genannt hat; auch gegenüber Nachbarn und Landsleuten mehr als gegenüber anderen ...«

Daß die erste Wohltätigkeitspflicht der Verwandtschaft gilt, ist nicht auf Sidgwicks Kultur beschränkt. In seinem Buch *The Origin and Development of the Moral Ideas* stellt Westermarck die Pflichten dar, die in jeder oder so gut wie jeder Gesellschaft gelten. Sie entsprechen weitgehend Sidgwicks abgestufter Pflichtenliste. An erster Stelle stehen die Pflichten gegenüber Eltern, Kindern und Gatten, dann folgen die Pflichten gegenüber den Geschwistern. Die Pflichten gegenüber entfernteren Verwandten sind in den Gesellschaften verschieden stark ausgeprägt, sie spielen aber immer noch eine wichtige Rolle. Neuere anthropologische Analysen stimmen darin überein, daß die Verwandtschaft im ethischen, sozialen und politischen Leben absolut im Mittelpunkt steht. Marshall Sahlins, ein führender Anthropologe und kein Freund der soziobiologischen Sicht der Gesellschaft, sagte: »Die Verwandtschaft ist die beherrschende Struktur bei vielen der von Anthropologen untersuchten Völker, sie ist maßgeblich nicht nur im Bereich der Familie, sondern auch ganz allgemein bei wirtschaftlichen, politischen und rituellen Handlungen.«

Es gibt verschiedene Familienformen, doch die Familie scheint ein unvermeidbarer Bestandteil unseres Lebens zu sein. Sie befriedigt Bedürfnisse nach Nähe und Vertrautheit, die auf keine andere Weise befriedigt werden können. Ein Familien- und Verwandtschaftsnetz kann auch eine große Überlebenshilfe sein. Donald Grayson, ein Anthropologe von der University of Washington in Seattle, untersuchte das Überleben der Beteiligten an einer der berühmtesten Tragödien der Pioniere des amerikanischen Westens im 19. Jahrhundert, des unglücklichen Donner-Trecks. 1847 führten George und Jakob Donner eine Gruppe von 87 Menschen mit dem Ziel Kalifornien auf einem wenig bekannten Weg durch die Berge Utahs und Nevadas. Nachdem sich der Aufbruch wegen trivialer Probleme verzögert hatte, wurde die Gruppe im Oktober durch heftige Schneefälle inmitten der Berge der Sierra Nevada eingeschlossen. Die meisten Mitglieder der Gruppe verbrachten den Winter in den Bergen; sie aßen den ganzen Proviant auf, dann die Zugtiere, dann die Haustiere und zuletzt ihre Toten. (Bei einigen derer, die aufgegessen wurden, bestehen bezüglich der Todesursache Zweifel.) Als mit der Schneeschmelze im April Hilfe kam, gab es noch 47 Überlebende. Grayson fand heraus, daß die meisten Überlebenden großen Verwandtschaftsgruppen angehörten. Alle Frauen des Trecks waren Mitglieder solcher Gruppen, und 70 Prozent der Frauen überlebten. Von den Männern überlebten nur 43 Prozent, und diese hatten durchschnittlich 4,6 Verwandte in der Gruppe, die Verstorbenen dagegen nur 2,1. Von den 15 Männern ohne Verwandte überlebten nur zwei. Unter diesen extremen Verhältnissen teilten die Angehörigen einer Verwandtschaftsgruppe Nahrung und Wasser und nahmen sich der Schwächeren an; sie erfuhren auch emotionale Stützung und, wie Grayson annimmt, eine Stärkung des Lebenswillens.[12]

So gut wie alle menschlichen Gesellschaften stellen die ethische Verpflichtung, für eigene Kinder zu sorgen, über die Verpflichtungen gegenüber fremden Menschen; doch einige Philosophen und Sozialreformer haben die ethische Berechtigung der Bindung an die Familie in Frage gestellt. Sie sehen in der Familie ein Mittel zur Weitergabe ererbter Vorteile und eine Hochburg aller möglichen konservativen Ideen. Die Familie erscheint somit als ein Hindernis für die Schaffung einer egalitäreren Gesellschaft. Platon war einer der frühesten Kritiker der Familie; im *Staat* schlägt er für die Regierenden, die »Wächter«, anstelle einer Familie die Gemeinschaftsehe vor. So wären alle Wächter einer Meinung darüber, was ihnen nahe stehe und teuer sei, und würden sich gemeinsam für das Gemeinwohl einsetzen.[13]

Platon konnte seine Vorstellungen nicht in die Wirklichkeit übertragen. Die jüdische Form des Sozialismus, die zur Gründung von Kollektivsiedlungen, der heute in Israel bestehenden »Kibbuzim«, führte, hatte Gelegenheit, die Ablehnung der Familie in die Praxis umzusetzen. Man glaubte, eine enge Bindung an Ehepartner bzw. Ehepartnerin und Kinder würde die Treue gegenüber dem ganzen Kibbuz beeinträchtigen, und so gab es in der Pionierzeit der Kibbuzim für alle Kinder eine Gemeinschaftserziehung im Kinderhaus außerhalb der Wohnung der Eltern. Essen und Spielen waren Gemeinschaftsveranstaltungen. Die Eltern sollten gegenüber ihren eigenen Kindern keine größere Zuneigung zeigen oder mehr Zeit mit ihnen verbringen als mit anderen Kindern aus dem Kibbuz. Die Kinder sollten ihre Eltern beim Vornamen nennen und nicht »Vater« oder »Mutter«. Eine Zeitlang wurden diese Formen des Gemeinschaftslebens als vorbildhaft im Sinne des freiwilligen Sozialismus angesehen, und in gewissem Maße werden sie es heute noch. Doch was die Familie betrifft, hat der Kibbuz lediglich die Stärke und Widerstandsfähigkeit der Familienbande demonstriert. Nach und nach mußte man dem Verlangen der Eltern Raum geben, mehr Zeit mit ihren Kindern zu verbringen. In den modernen israelischen Kibbuzim können die Kinder von Zeit zu Zeit in der Wohnung ihrer Eltern statt im Kinderhaus essen und schlafen, und sie nennen ihre Eltern wieder »Vater« und »Mutter«.[14]

Das Thema vom Versuch der Abschaffung der Familie und ihrem Wiederaufleben ist schon oft durchgespielt worden: in idealistischen religiösen Gemeinschaften im 19. Jahrhundert in Amerika, nach der russischen Revolution von 1917, in den Hippie-Kommunen und »intentionalen Gesellschaften«, die aus der alternativen Bewegung der 60er und 70er Jahre erwuchsen. Daß die Familie immer überlebt hat, beweist für sich allein noch nicht, daß sie eine ethisch wünschenswerte Institution ist, doch es veranlaßt zur Skepsis gegenüber allen sozialreformerischen Plänen, die der Stärke der Familie nicht Rechnung tragen. Überdies hat, auch wenn die Bevorzugung der eigenen Kinder durch Eltern unbestreitbar Unterschiede im Wohlstand und Bildungsvorteile unterstützt, der Gedanke, daß Eltern die Pflicht haben, für die Bedürfnisse ihrer Kinder zu sorgen, eine feste ethische Grundlage. Denn wer soll sich um die Kinder kümmern, wenn es die Eltern nicht tun? Ein moderner Staat könnte die Kinder berufsmäßigen Erziehern und Erzieherinnen zuweisen, aber finanzielle Anreize sind kein Ersatz für elterliche Fürsorge und Liebe. Da es kein anderes Modell gibt, das Aussicht hätte, sich besser zu bewähren, spricht sehr viel dafür, daß die Eltern die Verantwortung für das Wohl ihrer Kinder übernehmen sollten.

Ethik und Biologie stimmen also, was die elterliche Sorge für die Kinder betrifft, zumindest in gewissem Maße überein. Aber nur in gewissem Maße. Wie fast jedes Bedürfnis kann der elterliche Wunsch, daß es dem Kind gut gehen soll, auch über das Ziel hinausschießen. Wanda Holloway, eine Mutter aus einer kleinen Stadt in Texas, wünschte sich, daß ihre 13jährige Tochter Shanna als Vertreterin der 7. Klasse in die örtliche Football-Cheerleader-Gruppe gewählt würde. Aber ein anderes Mädchen, Amber Heath, gewann die Wahl. Im Jahr darauf konkurrierten Shanna und Amber wieder um die begehrte Position. Diesmal beschloß Wanda Holloway, ihrer Tochter einen Vorteil zu verschaffen. Sie setzte sich mit einem Mann in Verbindung, der, wie sie wußte, eine kriminelle Vergangenheit hatte, und fragte ihn, wieviel sie ihm bezahlen müsse, damit er Amber Heath und ihre Mutter umbringe. Zum Glück war dieser Vorbestrafte noch fähig, schockiert zu sein. Er ging zur Polizei, niemand wurde ermordet, und Wanda Holloway wurde zu 15 Jahren Gefängnis verurteilt. In einem Interview machte der Polizeibeamte, dem der Plan angezeigt worden war, eine interessante Bemerkung. Er sagte, in 17 Jahren Dienst als geheimer Ermittler sei ihm noch nie ein Mordauftrag aus einem so nichtigen Motiv begegnet, und er fügte hinzu: »Was hätte es in zehn Jahren für einen Unterschied gemacht, ob sie bei den Cheerleadern war? Es ging ja nicht um ein Rhodes-Stipendium.« Wollte er damit sagen, er hätte es schon verstehen können, wenn eine Mutter einen Mord bestellt hätte, um sicherzugehen, daß ihre Tochter ein Rhodes-Stipendium erhalten würde?[15]

Wie sieht es mit anderen verwandtschaftlichen Verpflichtungen aus, etwa von Kindern gegenüber ihren Eltern, oder zwischen Geschwistern oder Cousins bzw. Cousinen? Die Verpflichtung erwachsener Kinder, ihre Eltern zu unterstützen, ist vielleicht ein Sonderfall. Er paßt nicht so gut in die Evolutionstheorie, da Eltern erwachsener Kinder gewöhnlich über das fortpflanzungsfähige Alter hinaus sind. Vielleicht ist aus diesem Grund jene Pflicht auch weniger allgemein anerkannt, vor allem, wenn die Familien nicht mehr zusammenleben. Soweit diese Verpflichtung anerkannt wird, erscheint sie teils als Verwandtschafts-, teils als Dankespflicht. Zweifellos spielen die Gründe für die Dankbarkeit, die ich in Kapitel 6 behandle, auch in unsere Auffassungen über die Verpflichtung von Kindern zur Unterstützung ihrer Eltern hinein. Dagegen scheinen die Verpflichtungen, Geschwistern und noch entfernteren Verwandten beizustehen, eine entsprechend schwächere Form der elterlichen Verpflichtung gegenüber den Kindern zu sein. Sie beruhen auf ähnlichen natürlichen Zuneigungen und lassen sich aus einer allgemeinen sozialen Perspektive heraus als ein System der Versicherung gegen Notfälle rechtfertigen, das eher durch natürliche Bindungen als durch eine unpersönliche Bürokratie garantiert wird.

Die Sorge für unsere Gruppe

Eine populäre Betrachtungsweise der Evolution besagt, sie begünstige die Entwicklung von Eigenschaften, die »der Art nützen«. Da diese Sichtweise eine ganz einfache Erklärung dafür zu bieten scheint, warum wir nicht lauter Egoisten sind, fragen sich die Leserinnen und Leser vielleicht, warum ich mir so große Mühe mit etwas gegeben habe, das viel leichter erklärbar sei. Es ist aber wichtig einzusehen, warum diese Erklärung nicht trägt.

Der Fehler dieser Erklärung für die Entwicklung der Moral hat nichts mit der Moral als solcher zu tun. Er haftet allen Erklärungsversuchen an, die sich auf den »Nutzen für die Art« berufen. Hier ein Beispiel. Im Rahmen einer BBC-Serie über gefährdete Tierarten reiste Douglas Adams, der Verfasser des Buches *Per Anhalter durch die Galaxis*, mit dem Zoologen Mark Carwardine nach Neuseeland, um eine der seltensten Tierarten des Planeten zu suchen, einen am Boden lebenden Papagei namens Kakapo. Diese Vögel hatten ursprünglich keine Feinde, doch seit eingeführte Tiere wie Wiesel und Katzen verwildert sind, gilt der Kakapo auf den Hauptinseln als ausgerottet. Das

New Zealand Department of Conservation hat auf zwei kleinen Inseln Kolonien eingerichtet und hofft, daß sich die Kakapos hier vermehren werden. Doch einer der Naturschutzbeauftragten sagte zu Adams und Carwardine:

»Es ist so schwierig, diese Mistkerle zur Fortpflanzung zu bewegen. Früher haben sie sich so langsam vermehrt, weil es der einzige Weg war, den Bestand auf dem gleichen Niveau zu halten. Wenn ein Tierbestand so schnell zunimmt, daß die Ernährungs- und Versorgungskapazitäten des Lebensraumes überstiegen werden, stürzt der Bestand wieder in sich zusammen, nimmt dann wieder zu, wieder ab und so weiter. Wenn eine Population zu heftig schwankt, ist nicht mal eine besondere Katastrophe nötig, um die Art zu gefährden. Die eigentümlichen Paarungsgewohnheiten des Kakapo sind, wie so vieles andere, Überlebenstechniken.«[16]

Der Naturschutzbeauftragte bot eine »altruistische« Erklärung für das seltene Brüten der Kakapos an. Wahrscheinlich meint er nicht, die einzelnen Kakapos brüteten selten, weil sie wüßten, daß das für die Art nützlich sei, aber er möchte doch das seltene Brüten damit erklären, daß es sich mangels Feinden günstig für die Art als ganze ausgewirkt habe. Das klingt plausibel, aber mit der Plausibilität ist es schnell vorbei, wenn wir uns überlegen, wie sich diese Eigenschaft des seltenen Brütens in einer Population erhalten könnte. Stellen wir uns vor, in einer Population selten brütender Kakapos führe eine Zufallsmutation dazu, daß ein Kakapo etwas häufiger brütet und diese Eigenschaft an seine Nachkommen weitergibt. Werden seine Nachkommen nun in der gesamten Population häufiger oder seltener? Offenbar, falls nicht das häufigere Brüten für die betreffenden Vögel mit Nachteilen verbunden ist, werden sie häufiger und ersetzen nach und nach ganz die seltener brütenden Vögel. Wie der Naturschutzbeauftragte sagt, vermehrt sich also jetzt die Population rascher, sie übersteigt die Kapazitäten ihres Lebensraums und bricht zusammen. Was geschieht nun? Überleben nur Vögel, die selten brüten? Wie käme es dazu? Es gibt keinen Selektionsmechanismus, der zu diesem Ergebnis führen könnte, also fängt alles wieder von vorne an. Es ist schwer zu sehen, wie sich das seltene Brüten in der Population ausbreiten und diesem Verlauf der Dinge ein Ende machen könnte, denn die selten brütenden Vögel sind gegenüber den oft brütenden stets im Nachteil. Der Evolutionstheoretiker J. Maynard Smith führte den Begriff der »evolutionär stabilen Strategie« für ein erbliches Verhalten ein, das, wenn es von den meisten Mitgliedern einer Population übernommen wird, durch kein anderes erbliches Verhalten übertroffen werden kann. Das heißt also, daß Mitglieder der Population, die von dieser evolutionär stabilen Strategie abweichen, durch den Evolutionsdruck bestraft werden. In der von dem Naturschutzbeauftragten beschriebenen Situation ist das seltene Brüten der Kakapos offenbar keine evolutionär stabile Strategie, die selten brütenden Vögel werden von den häufiger brütenden überflügelt. Das kann bedeuten, daß die Population auf lange Sicht ein heftiges Auf und Ab erlebt und schließlich in einem dieser Kreisläufe so weit zusammenbricht, daß sie ausgelöscht wird. Aber wenn es so kommt, dann wird es einfach geschehen, und kein Evolutionsmechanismus und kein geheimnisvoller Beschützer bedrohter Arten kann daran etwas ändern.[17]

Es ist also leider unwahrscheinlich, daß viele von uns mit einer ererbten Neigung geboren wurden, ihre eigenen Interessen oder die ihrer Verwandten dem Wohl der ganzen Menschheit zu opfern. Zwar gibt es viele Ausnahmen, aber David Hume hatte nicht ganz unrecht, als er bemerkte: »Im allgemeinen kann behauptet werden, daß sich im Menschengeist der Affekt der Nächstenliebe als solcher, abgesehen von persönlichen Eigenschaften, von Diensten, die uns geleistet wurden, oder von Beziehungen zu uns selber, nicht findet.«[18] Das heißt also, die meisten von uns haben kein allgemeines freundliches Empfinden für fremde Menschen, denen wir auf der Straße begegnen. Der Grund dafür könnte darin liegen, daß die Gruppe – die ganze Art – zu groß ist. Die Arten entstehen und vergehen so langsam, daß die Selektion *zwischen* verschiedenen Arten in der Evolution keine große Rolle spielt. Demgegenüber ist die Selektion *innerhalb* der Art, zwischen sich isoliert fortpflanzenden Teilgruppen, viel häufiger. Diese kleineren Gruppen konkurrieren durchaus miteinander und sind im Vergleich zur Art relativ kurzlebig. Der entgegengerichtete Selektionsdruck auf der Ebene des Individuums oder der Gene ist auch wirksam, aber weniger stark. Unter bestimmten Bedingungen könnte eine Selektion von Eigenschaften stattfinden, die der Gruppe nützen.

Und hier können wir, wenn wir um uns schauen, leicht einen »Affekt im Menschengeist« wie Liebe oder Hingabe an die Gruppe entdecken. In (verhältnismäßig) harmloser Form tritt sie uns bei jedem Fußballspiel entgegen. Die Australier sind ebenso begeisterte Fußballfreunde wie Angehörige anderer Nationen, und fast jedes australische Kind wächst als Anhänger einer Fußballmannschaft auf. Dagegen bin auch ich nicht immun, und ich konnte es auch nicht abschütteln, als ich älter und vielleicht klüger wurde. Ich weiß, daß es für die Welt im großen überhaupt keinen Unterschied macht, ob Hawthorn – meine Mannschaft seit meiner Kindheit – gewinnt oder verliert. Da Hawthorn im letzten Jahrzehnt sehr erfolgreich war, finde ich sogar, daß es einfach gut wäre, wenn es einmal von Mannschaften geschlagen würde, die sich jahrelang am unteren Ende der Tabelle dahinschleppten. Das würde sicherlich die Anhänger dieser Mannschaften stärker erfreuen als die von Hawthorn enttäuschen, die der vielen Siege schon überdrüssig sein müssen. Wenn ich allerdings bei einem Endspiel mitten unter den Hawthorn-Fans sitze, dann schwinge ich mich zu dieser höheren Einsicht nicht auf.

In seinem Buch *The Evolution of Love* spricht Sydney Mellon von den außerordentlich starken Gefühlen der Solidarität und »Gruppenliebe«, die wir bei bestimmten Arten des Zusammenseins empfinden können. Als Beispiel erwähnt er das Singen von Weihnachtsliedern. Auch diese Erfahrung ist mir nicht fremd. Obwohl ich absolut unreligiös bin und nicht einmal aus einer christlichen Familie stamme, wenn ich zusammen mit anderen Eltern in der Schule meiner Kinder beim Weihnachtsliederabend bin (in Australien gibt es das auch in den staatlichen Schulen), dann kann das gemeinsame Singen zu einer starken emotionalen Reaktion führen, mit der ich mich als Teil dieser Gemeinschaft empfinde. Die gleiche Wirkung kann bei Schulliedern und sogar bei der Nationalhymne auftreten. Mellon meint, daß die Art und Weise, in der diese Gefühle gefördert und verstärkt werden, wenn wir sie mit vielen anderen Menschen teilen, nahelegt, daß es sich dabei um eine genetische Disposition in unserer Natur handele, die sich im Laufe der Evolution der sozialen Primaten gebildet habe.[19]

Hat die Elternliebe in den seltenen Fällen der Übersteigerung ihre Gefahren, so sind diese Gefühle der Hingabe an eine Gruppe viel tödlicher, und ihre Folgen haben Bedeutung für die ganze Welt. In Form des ungezügelten Patriotismus und Nationalismus sind sie für die größten Verbrechen verantwortlich, die Menschen je begangen haben. Diktatoren wie Hitler haben sich diese psychischen Kräfte geschickt zunutze gemacht und den Haß gegen Außenstehende geschürt, um die einzelnen fest an die Gruppe zu binden. Wenn Sie die Macht dieser Methoden bezweifeln, sollten Sie sich den Film Leni Riefenstahls vom Reichsparteitag 1934 in Nürnberg ansehen. Selbst heute, mit dem Wissen, daß wir auf den Aufstieg einer Bewegung zurückblicken, die das ungeheure Blutvergießen des Zweiten Weltkriegs und die Zerstörung eines großen Teils Europas herbeigeführt hat, können wir uns nur schwer diesen mächtigen Symbolen entziehen, dem Gepränge, der mitreißenden Musik und dem Gefühl der Gemeinschaft und eines großen Zieles, das diese begeistert marschierenden Nationalsozialisten ausstrahlten. Die Gefühle, deren sich Hitler bediente, sind so stark, daß sie uns heute noch für Augenblicke vergessen lassen können, was wir da eigentlich vor uns sehen. Kein Wunder, daß sie, unmittelbar und ohne Kenntnis des Späteren erlebt, die Menschen bereit machten, ihr eigenes Leben und das unzähliger anderer dem »Volk« zu opfern.

Jede Schätzung, in welchem Maße diese Gefühle der nationalen und Gruppenloyalität genetisch bedingt sind, wäre reine Spekulation. Da dieselben Völker unter verschiedenen kulturellen Bedingungen erhebliche Unterschiede in ihrem Eifer für den Nationalismus aufweisen – vergleichen wir etwa irgendeine westeuropäische Nation in den 30er Jahren mit derselben Nation heute –, spielt der kulturelle Druck offenbar eine sehr große Rolle bei der Äußerung und wohl auch bei der tatsächlichen Empfindung dieser Gefühle. Auch wenn, was die meisten Evolutionstheoretiker glauben, die Konkurrenz zwischen großen Gruppen einander nicht verbundener Individuen für die genetische Entwicklung kaum eine größere Rolle spielen dürfte, könnte dies doch ein Faktor bei der kulturellen Entwicklung sein. Wenn wir den Begriff der Evolution so gebrauchen, daß er auch die »kulturelle Evolution« umfaßt, dann denken wir nicht nur an die Entwicklung bestimmter physischer Organismen und ihrer Gene, sondern auch an die Entwicklung kultureller Varianten – also Lebensweisen. Wenn sich verschiedene Gesellschaften verschiedene Lebensweisen zu eigen machen, setzt ein Entwicklungsprozeß ein, der dazu führt, daß einige davon überleben und sich ausbreiten, während andere aussterben.

Die kulturelle Entwicklung unterscheidet sich von der genetischen in zwei wichtigen Beziehungen. Erstens können sich kulturelle Veränderungen in einer Gruppe sehr rasch ausbreiten. Das bedeutet, daß sich ein Kulturwandel innerhalb einer einzigen Generation auf das Verhalten der ganzen Gruppe auswirken und damit ihre Überlebenschancen innerhalb dieses Zeitrahmens verbessern kann. Genetische Veränderungen brauchen hingegen viele Generationen, um sich in einer Gruppe auszubreiten, und ehe sie sich auf das Verhalten der ganzen Gruppe auswirken können, sind sie wahrscheinlich in den Trägerindividuen schon ausgelöscht, weil diese in der Konkurrenz mit anderen Mitgliedern in der Gruppe benachteiligt sind.

Zweitens sind genetische Veränderungen zufällig und somit blind, während kulturelle Veränderungen bewußt und gerichtet sein können. Deswegen kann nur die Kultur den individuellen Konkurrenznachteil der Hingabe an die Gruppe mildern oder sogar umkehren. Wer für sein Land in den Krieg zieht, riskiert sein Leben – in jeder Beziehung ein schwerer Nachteil –, doch eine kriegerische Kultur macht diejenigen, die das Risiko auf sich nehmen und überleben, zu Helden und gewährt ihnen besondere Privilegien. Wer sich weigert, sein Leben um der Gruppe willen aufs Spiel zu setzen, wird als Feigling ausgegrenzt. Im Ersten Weltkrieg, als das britische Militär noch aus Freiwilligen bestand, standen Mädchen auf den Londoner Straßen und teilten weiße Federn an wehrfähige Männer aus, die nicht in Uniform waren. Der Fortpflanzungsvorteil der Freiwilligen war damit klar. Andere Kulturen wurden noch deutlicher. Wenn die Indianer der Great Plains wie die Cheyenne und Arapaho Krieg führten, schworen manche Krieger feierlich, bis zum Tode zu kämpfen. Daraufhin galten die Vorschriften für das Verhalten gegenüber dem anderen Geschlecht (die sonst sehr streng waren) für sie nicht mehr. In den Tagen vor der Schlacht konnten diese »Selbstmord-Krieger« mit so vielen bereitwilligen Frauen schlafen, wie sie wollten.[20] Möglicherweise zeugten sie in dieser kurzen Zeit so viele Kinder wie sonst in einem ganzen Leben. Auf jeden Fall muß der Brauch in gewissem Maße dazu gedient haben, die Weitergabe der Gene dieser Heldenkrieger an künftige Generationen zu begünstigen.

Die kulturelle Evolution kann auf verschiedene Weise arbeiten. Wie wir sahen, erklärte Edward O. Wilson die Selbstlosigkeit Mutter Teresas damit, daß sie als Christin himmlischen Lohn erwarte. Woher er wissen will, daß es für Mutter Teresa nicht seinen Lohn in sich selbst trägt, anderen Menschen Trost und Linderung zu gewähren, ist mir unerfindlich. Aber wie die Wahrheit über Mutter Teresa auch immer aussehen mag, wir sollten nicht verkennen, daß der Glaube an eine unsterbliche Seele und Lohn und Strafe im Jenseits von der kulturellen Evolution gerade deshalb begünstigt werden könnte, weil er den Altruismus in dieser Welt fördert. (Warum sonst, könnten wir uns fragen, ist ein so wenig einleuchtender Glaube so verbreitet?) Von der Evolution her gesehen, entscheidet die Wahrheit oder Falschheit eines Glaubens für sich alleine nicht darüber, ob er sich ausbreitet. Wichtiger ist, ob er den Gläubigen nützt oder schadet. Unter den Gläubigen verstehen wir normalerweise Einzelpersonen – doch wie wir sahen, kann das Subjekt der kulturellen Evolution auch die Gruppe sein. Im allgemeinen ist ein falscher Glaube ein Nachteil. Wer glaubt, von einer Klippe fliegen oder Löwen mit bloßen Händen erwürgen zu können, wird wenig Nachkommen hinterlassen und auch seiner Gesellschaft kaum nützlich sein. Doch wenn die meisten Mitglieder einer Gruppe glauben, der Tod in der Schlacht um des Überlebens der Gruppe willen führe geradewegs ins Paradies, dann ist die Gruppe im Krieg mehr zu fürchten als andere, die ihren Soldaten keine solche Motivation zur Selbstaufopferung bieten können. Paradoxerweise haben die Soldaten mit diesem falschen Glauben möglicherweise sogar die bessere Aussicht, in der Schlacht nicht zu sterben, als Soldaten anderer Gesellschaften, denen dieser Glaube fehlt; denn Armeen mit Soldaten, die ohne Angst vor dem Tod kämpfen, sind mit größerer Wahrscheinlichkeit siegreich, und siegreiche Armeen erleiden weniger Verluste als die von ihnen geschlagenen.[21]

Ich habe mich auf heroische Opferhaltungen wie die Bereitschaft zum Tod im Krieg nur deshalb konzentriert, weil sie besonders dramatische Beispiele für die Hingabe an die Gruppe sind. Das ethische Alltagsleben kennt unzählige kleinere Opfer für die Gemeinschaft, angefangen damit, daß wir den Abfall in den richtigen Behälter tun, bis zur Teilnahme an einer Arbeitsgruppe in der Schule unserer Kinder. Der Lohn ist immateriell: manchmal ist es das Gefühl der Kameradschaft bei gemeinsamer Arbeit für eine gute Sache, oft ist es nicht mehr als die Vermeidung sozialer Mißbilligung. Auf welche Weise diese Handlungen auch bestärkt werden, sie zeigen Interesse für andere. Im nächsten Kapitel werden wir sehen, wie in Japan viele dieser immateriellen Belohnungen dazu dienen, die Gruppenloyalität zu stärken, und so ein wesentlich stärkeres Engagement jedes einzelnen erzielen, als im Westen erwartet werden könnte. Vielleicht hat Japan in dieser Beziehung eine Kultur entwickelt, die dem internationalen wirtschaftlichen Wettbewerb besser gewachsen ist.

Solche immateriellen Belohnungen sollten aber nicht als Verneinung der altruistischen Motivation des einzelnen Menschen verstanden werden. Richard Alexander, dem wir zu Beginn dieses Kapitels begegnet sind, bezeichnet soziale Anerkennung als »indirekte Gegenseitigkeit« und benutzt dann diese Bezeichnung als Grundlage, um die Behauptung zurückzuweisen, daß Blutspender und Blutspenderinnen altruistisch handeln. Weil sie möglicherweise eine Verpflichtung empfinden, der Gemeinschaft zu dienen, oder sich der sozialen Anerkennung ihres Handelns bewußt sein könnten, meint Alexander, sie spendeten ihr Blut wegen der indirekten Vorteile, die ihnen zufließen. Offenbar ist Alexander davon überzeugt, daß sie nur dann wirklich altruistisch handeln würden, wenn sie ihre Blutspende geheimhielten. Wir können uns fragen, was er über jene Deutschen sagen würde, die heimlich jüdischen Opfern der nationalsozialistischen Verfolgung halfen und mit Sicherheit keine soziale Anerkennung erwarten konnten (Einzelheiten über diese heroischen Taten finden sich in Kapitel 8). Doch wir müssen uns den Kopf nicht weiter zerbrechen, denn Alexander schließt sich sodann der Meinung eines seiner Kollegen an, daß auch geheime Handlungen »noch überprüft werden müssen, weil heimliche Spender, indem sie sich selbst von ihrer Selbstlosigkeit überzeugen, besser in der Lage sein könnten, sich anderen gegenüber als selbstlos darzustellen«.[22]

Damit erzählt Alexander jedoch nichts Neues. Thomas Hobbes, der im 17. Jahrhundert lebende Autor des *Leviathan*, war bei seinen Zeitgenossen wegen seiner zynischen Sicht der menschlichen Natur berüchtigt. Wie Alexander, doch ohne sich auf die Evolutionstheorie stützen zu können, war Hobbes der Meinung, daß wir immer aus Selbstsucht handeln. Einmal beobachtete ein Freund, wie er einem Bettler Geld gab, und fragte ihn, ob das nicht seine eigene Theorie der menschlichen Motivation widerlege. Hobbes antwortete, er habe dem Bettler nicht Geld gegeben, um ihm zu helfen, sondern weil es ihn, Hobbes, froh mache, die Freude des Bettlers über die Spende zu sehen. Diese Antwort, wie auch Alexanders Sicht selbstloser Handlungen, weist einen scheinbar interessanten neuen Gedanken als nichtfalsifizierbares und somit uninteressantes Dogma aus. Sowohl

Hobbes' wie Alexanders Auffassung von der menschlichen Motivation sind letztlich vollkommen vereinbar mit der Existenz eines jeden Altruismus (im üblichen Sinne), für den jemand argumentieren möchte. Wen kümmert es denn, was die »wirkliche Bedeutung« dieser Art Altruismus sein könnte, wenn es darum geht zu verstehen, wie Menschen dazu motiviert werden können, ethisch zu handeln. Wenn Menschen, die Blut spenden, von einem Gefühl der Verpflichtung gegenüber der Gemeinschaft oder dem Gedanken an soziale Anerkennung motiviert sind, dann bedeutet das nicht, daß ihr Handeln nicht ethisch oder auch nur nicht altruistisch wäre. Ethisch und altruistisch handeln in einem moralisch bedeutsamen Sinn dieser Worte heißt unter anderem, von einem Gefühl der Verpflichtung gegenüber der Gemeinschaft geleitet zu sein, oder von dem Wunsch, das zu tun, was die Zustimmung derer findet, deren Meinung man respektiert. Es wäre absurd, eine Handlung nicht als ethisch anzuerkennen, weil sie den Handelnden nützt, ohne daß diese durch die Aussicht auf die Nützlichkeit motiviert sind – und es wäre noch absurder, wenn den Handelnden diese Aussicht nicht einmal bewußt ist. Wenn Alexander *wirklich* meint, daß eine mögliche biologische Erklärung für eine Handlung immer dazu führen muß, die Bedeutsamkeit der bewußten Motivation zu bestreiten, dann können wir uns nur fragen, ob er seiner Liebespartnerin vorher erklärt, daß die »wirkliche Bedeutung« seines sexuellen Verlangens darin liege, daß die Gene, die Leute dazu bringen, ein solches Verlangen zu spüren, mit größerer Wahrscheinlichkeit in späteren Generationen erhalten bleiben. Das Vorhandensein einer biologischen Erklärung für unser Tun ist durchaus vereinbar mit dem Vorhandensein eines ganz anderen Motivs in unserem eigenen Bewußtsein. Bewußte Motive und biologische Erklärungen beziehen sich auf verschiedene Ebenen.

Menschen sind oft egoistisch, aber unsere Biologie zwingt uns dazu nicht. Sie bringt uns im Gegenteil dazu, uns um unsere Nachkommen, unsere entfernteren Verwandten und unter bestimmten Bedingungen auch größere Gruppen zu kümmern. Wie wir in nachfolgenden Kapiteln sehen werden, ist das nur der Anfang.

6 Wie die Menschen in Japan leben

Japan: ein erfolgreiches soziales Experiment?

In Kapitel 4 habe ich die Entwicklung der vorherrschenden Vorstellungen vom guten Leben in der westlichen und dann besonders in der amerikanischen Gesellschaft verfolgt. Die moderne Konsumethik unterscheidet sich zwar wesentlich von der älteren, mehr protestantischen Ethik des Ansammelns von Reichtum, doch sie setzt die Konzentration dieser Ethik auf die eigene Person oder höchstens noch die nächste Familie fort. Das eigene Interesse bleibt etwas, wonach man in Konkurrenz mit anderen streben muß, und das Ziel bleibt eng egoistisch beschränkt. Es ist also wichtig, daß wir uns fragen: Können wir auch anders leben? Könnten wir wahrhaftig eine radikale Wende in eine weniger individualistische und konkurrenzbestimmte Richtung vollziehen? Die alten Griechen hatten eine andere Vorstellung vom eigenen Interesse als wir, ebenso das europäische Mittelalter. Nomadenstämme wie die Aboriginals, die australischen Ureinwohner, oder die Kung der Kalahari haben ganz andere Vorstellungen vom guten Leben – da sie alles, was sie besitzen, mit sich tragen müssen, kann der Erwerb materieller Güter in ihrem Leben keine große Rolle spielen. Doch die modernen Verteidiger Adam Smiths werden sagen, diese Beispiele aus der Geschichte oder aus Kulturen, die an den Rand unserer Länder gedrängt wurden, widersprächen keineswegs der Behauptung, daß eine moderne kapitalistische Gesellschaft nur gedeihen kann, wenn die einzelnen aggressiv und konkurrenzbetont ihren eigenen Interessen nachgehen.

Deshalb ist Japan ein so faszinierender Testfall. Denn wenn über das Japan der Nachkriegszeit etwas klar ist, dann dies, daß seine Wirtschaft ungeheuer erfolgreich war. Ein paar dichtbesiedelte Inseln sind zum gefürchteten Rivalen der größeren und ressourcenreicheren Wirtschaften der Vereinigten Staaten und der Europäischen Union geworden. In diesem Kapitel stelle ich die Frage, ob Japan eine mögliche Alternative dazu darstellt, wie die meisten Menschen im Westen über ihre grundlegenden Entscheidungen denken. Es sind nicht viele andere Alternativmodelle übrig. Der Staatssozialismus in Rußland und Osteuropa konnte dem Kapitalismus amerikanischen Stils keine lebensfähige Alternative entgegensetzen. Sobald die eiserne Faust des Militärs und des KGB-Terrors gelockert wurde, wollten nur noch wenige bei dieser Gesellschaftsform bleiben. Auch haben sich in den letzten Jahren die Unterschiede zwischen dem amerikanischen Modell und den kapitalistischen Wirtschaftsformen Westeuropas stark verwischt, selbst hinsichtlich Ländern mit einer langjährigen sozialdemokratischen Regierung wie Schweden. Trotz der »Asienkrise« der späten 90er Jahre ist Japan dank seiner jahrelangen bemerkenswerten Leistung der führende Kandidat für die Rolle eines erfolgreichen anderen Wirtschaftsmodells in der modernen Welt.

Ist Japan aber wirklich anders? Wenn jemand aus dem Westen Japan besucht, findet er oder sie bekannte japanische Autos, Kameras und Elektrogeräte; zugleich ist da aber oft dieses ungute Gefühl, nicht recht zu verstehen, was eigentlich vor sich geht. Die japanischen Erwartungen an soziales Verhalten und persönliche Beziehungen, ästhetischen Stil, Musik, Theater – alle sind deutlich anders, oder es ist unklar, wie weit sie ähnlichen Gepflogenheiten im Westen entsprechen. Das Gefühl, in einem fremden Land zu sein, ist viel stärker, als wenn etwa ein Australier nach Frankreich oder ein Deutscher in die Vereinigten Staaten kommt. Auch wer das Japanische fließend beherrscht, stößt bei Übersetzungsversuchen, die über den unmittelbaren Bereich des Praktischen hinausgehen, bald auf Schwierigkeiten, weil in den beiden Sprachen verschiedene Grundvorstellungen beschlossen liegen. Auch im Geschäftsleben scheinen die Japaner anders zu sein. Unzählige Bücher haben versucht, den wirtschaftlichen Erfolg Japans zu erklären. So ist zum Beispiel allgemein bekannt, daß Japaner viel stärker ihrem Arbeitgeber verbunden sind, daß sie viel länger arbeiten und für ihre Firma größere persönliche und familiäre Opfer bringen.

Aber sind das nun bloß äußerliche Unterschiede über einer im Grunde ähnlichen menschlichen Natur? Oder verweisen sie wirklich auf andere Vorstellungen vom eigenen Interesse und andere Hoffnungen, was das Leben bringen kann? In diesem Kapitel möchte ich eine Betrachtung der japanischen Kultur vorlegen, die einige Besonderheiten hervorhebt, wie in dieser Gesellschaft individuelle und Gruppeninteressen gesehen werden. Ich erhebe nicht den Anspruch, daß das so entstehende Bild alle Seiten der japanischen Gesellschaft abdeckt, und ich bestreite auch nicht, daß es gegenläufige Tendenzen gibt, die eine andere Betrachtungsweise stützen können. Thema dieses Buches ist weder die westliche noch die japanische Kultur, sondern es handelt von Konzepten des persönlichen Interesses und ihren Beziehungen zu den Ideen der Ethik. Dieses Kapitel erfüllt daher seinen Zweck, wenn es eine Auffassung wiedergibt, die Menschen in Japan vom persönlichen Interesse haben, auch wenn es nicht die einzige ist.[1]

Die Firma als ethische Gemeinschaft

Der japanische Angestellte fängt wie sein europäischer oder amerikanischer Kollege um 8.30 oder 9 Uhr an, arbeitet aber wesentlich länger und kommt abends oft erst um 22 Uhr nach Hause.[2] 1985 stellte eine Befragung durch das Arbeitsministerium fest, daß die Arbeitnehmer nur etwa die Hälfte ihres Urlaubs in Anspruch nahmen und die meisten an einem Teil der Wochenenden arbeiteten. Vier ganze Wochenenden im Monat zu Hause zu bleiben galt als skandalös.[3] Man könnte also versucht sein, den Erfolg der Japaner einfach darauf zurückzuführen, daß sie eine extremere Form der protestantischen Arbeitsethik haben als die Nachkommen der Puritaner Neuenglands. Doch der Unterschied zwischen den beiden Gesellschaften geht tiefer.

Betrachten wir den historischen Hintergrund der japanischen Ideen, so besteht der auffallendste Unterschied zwischen der japanischen und der westlichen Gesellschaft darin, daß für uns das Feudalzeitalter zur fernen Vergangenheit gehört, während es in Japan erst relativ kurz zurückliegt. In Europa erlebte der Feudalismus seine Blüte vom 11. bis zum 14. Jahrhundert. In diesem System waren Herr und Leibeigener eng aneinander gebunden. Der Leibeigene war nicht frei, sondern an das Land gebunden, das dem Grundherrn gehörte. Er hatte das Recht, dieses Land zu bearbeiten, mußte dem Grundherrn aber einen Teil der Ernte abgeben. Die Burg des Grundherrn war in Kriegszeiten ein Zufluchtsort für den Leibeigenen und seine Familie, doch der Leibeigene mußte seinem Herrn Kriegsdienst leisten. Unter einem solchen System hatte jeder Mensch seinen Platz im Leben mit den entsprechenden Pflichten, Lasten und Rechten. Das Zugehörigkeitsgefühl zu einer Gemeinschaft war stark, doch Freiheit und Autonomie im modernen Sinne waren unbekannt. Die Haupttugend war die Treue; die Treue der Leibeigenen und Ritter zu ihrem Herrn und dessen Treue zum König, dem ersten der Feudalherren im Lande. Es ist leicht nachzuvollziehen, daß eine solche Gesellschaft ganz andere Charakterzüge und Ideale entstehen ließ, als sie im heutigen System der freien Wirtschaft gelten. Doch in ganz Westeuropa verschwand die Leibeigenschaft bis zum Ende des 14. Jahrhunderts nach und nach und wurde durch ein System der freien Pächter und landlosen Arbeiter ersetzt. Für uns im Westen liegt der Feudalismus also unter 500 Jahren ständigen politischen, wirtschaftlichen und religiösen Wandels begraben. Individuelle Freiheit und Rechte waren im 17. und 18. Jahrhundert aufregende neue Herausforderungen; heute gehören sie zum rhetorischen Normalrepertoire des westlichen politischen Systems. Das gilt für die wirtschaftliche ebenso wie für die politische Freiheit: wir können uns kaum eine Welt vorstellen, in der wir uns nicht frei bewegen können, eine Zeitlang bei einem Arbeitgeber sind und zu einem anderen Arbeitgeber wechseln, wenn dieser uns eine bessere Bezahlung oder bessere Arbeit bietet.

In Japan entwickelte sich das Feudalsystem im 13. Jahrhundert und bestand ungebrochen fort, bis 1853 Kommodore Perry ungebeten in der Bucht von Edo landete. Mit seinen gepanzerten Kriegsschiffen im Rücken zwang er den Shogun oder obersten Feudalherrn, das Land für den Handel mit der übrigen Welt zu öffnen. Diese Demütigung führte 1868 zum Sturz des Shogun und zur Wiedereinsetzung des Tenno. (Obwohl üblicherweise mit »Kaiser« übersetzt, ist die Position des Tenno zwischen der eines westlichen Monarchen und der eines obersten Priesters angesiedelt, in gewisser Beziehung ähnlich dem Papst oder vielleicht besser dem Dalai Lama.) Die Kaiser waren zwar nie abgesetzt worden, doch seit mehr als tausend Jahren hatten sie keine wirkliche Regierungsgewalt mehr ausgeübt. Unter den Shoguns waren sie praktisch zu Gefangenen geworden, sie durften den Hof in Kyoto nicht verlassen und hatten nur noch rein rituelle Aufgaben. Die »Meiji-Restauration«, wie der dramatische Vorgang von 1868 nach dem wiedereingesetzten Kaiser genannt wurde, fand im Namen traditioneller japanischer Werte statt und sollte »die Barbaren vertreiben«. Ironischerweise steht sie für den Beginn des modernen Japans. Die neue Regierung erkannte, daß Japan sich der Modernisierung stellen mußte, wenn es dem Schicksal des benachbarten China entgehen wollte (China war gerade im infamen Opiumkrieg von den westlichen Mächten besiegt worden). Nachdem diese gewichtige

Entscheidung einmal gefallen war, wurde sie von Anfang an mit außerordentlicher Konsequenz in die Tat umgesetzt. Die Regierung schickte in die fortgeschrittensten Länder Abgesandte, die nicht nur die westliche Technik studieren und mitbringen sollten, sondern auch westliche Regierungsformen, soziale Institutionen und Kleidung. Japan lernte vom Westen so rasch und erfolgreich, daß es nach vierzig Jahren mit modernen Waffen Krieg führen konnte und Rußland, eine der westlichen Großmächte, besiegte.

Die Geschwindigkeit, mit der sich dieser Wandel vollzog, bedeutet, daß in Japan heute noch Menschen leben, die sich an Großeltern erinnern können, die noch im Feudalismus aufgewachsen waren. Ein britischer Zeuge dieser Vorgänge schrieb 1908:

> »Wer die Wandlungsperiode des modernen Japan erlebt hat, fühlt sich unnatürlich alt; denn hier lebt er in der modernen Zeit und hört ständig von Fahrrädern und Bazillen und ›Einflußsphären‹ reden, und doch kann er selbst sich ganz deutlich an das Mittelalter erinnern.«[4]

So rasche Veränderungen gehen nicht tief; sie können nur gedeihen, wenn sie dem Bestehenden aufgepfropft werden. Die dramatischen Veränderungen, die in Japan in den letzten 125 Jahren stattgefunden haben, sind zwar nicht zu leugnen, aber es wäre ebenso falsch, das Fortbestehen feudaler Vorstellungen und Traditionen zu bestreiten.

Treue ist in jedem Feudalsystem die höchste Tugend, doch von den japanischen Samurai, der Kriegerkaste, wurde das Ideal der Hingabe an den Herrn auf die Spitze getrieben. Die bekannteste Geschichte in Japan, die »Geschichte von den 47 Roshi«, ist ein Beispiel für die Verwirklichung dieser Ideale. Die Roshi waren Samurai im Dienste Asanos, dem Feudalherrn einer Provinz. Dieser wurde von Kira, einem anderen Feudalherrn, beleidigt, woraufhin Asano in einem Zornesausbruch auf Kira einstach und ihn leicht verletzte. Dafür wurde ihm vom Shogun, dem regierenden Herrscher, die rituelle Selbsttötung auferlegt, die er gehorsam ausführte. Seine Roshi oder Ronin (das sind Samurai, die ihren Herrn verloren haben) waren darüber empört, daß Kira nicht für seinen Anteil an dem Streit bestraft worden war, wie es das Gewohnheitsrecht verlangte. Sie beschlossen, ihren Herrn durch den Tod Kiras zu rächen. Um Kiras naheliegenden Verdacht zu zerstreuen, trennten sie sich für ein Jahr und hielten Zechgelage ab, so daß sie als treulose Gefolgsleute der allgemeinen Verachtung anheimfielen. Dann versammelten sie sich heimlich, eroberten Kiras Burg, schlugen ihm den Kopf ab und legten diesen auf das Grab ihres Herrn Asano. Dafür mußten sie den erwarteten Preis zahlen: auf Befehl des Shogun begingen sie alle rituelle Selbsttötung. Diese Geschichte, die wieder und wieder in unzähligen Abwandlungen erzählt wird, spielt im Jahr 1703. Das edle Beispiel der Ronin wurde als die Zierde des Jahrhunderts gepriesen. Die Geschichte, die noch immer häufig im Kino und im Fernsehen gezeigt wird, ist allen Japanern von Kindheit an vertraut. Sie wird im modernen Japan ständig zitiert als ein Beispiel bedingungsloser Treue zur Gruppe und Hingabe ohne Rücksicht auf die Folgen für die eigene Person.

Die Feudalherren und Samurai gehören der Vergangenheit an, nicht aber die aus jener Zeit stammende kollektive Denkungsart. Das ist kein reiner Zufall. Eiichi Shibusawa, der an der Gründung vieler japanischer Firmen beteiligt war, darunter die heute größte japanische Bank, war vor der Abschaffung des Feudalismus Samurai gewesen. Er übertrug die Philosophie des Feudalismus in einen Verhaltenskodex für Geschäftsleute, bei dem die Firma als ein langfristiges Unternehmen angesehen wurde, das von Normen der Ehre, Gerechtigkeit und Treue geleitet sein sollte, die den Regeln der Samurai nicht ganz unähnlich waren.[5] Heute berichten alle, die über die japanische Wirtschaftspraxis schreiben, über die Treue der Mitarbeiter zu ihrer Firma. Mit dem Ausdruck »uchi«, wörtlich »innen«, wurde in der Zeit des Feudalismus das Hauswesen bezeichnet, dem man die höchste Treue schuldete; heute wird das Wort auch für die Organisation gebraucht, zu der man gehört – dies ist in Japan ein besserer Ausdruck als »für die man arbeitet«. Gleiches gilt für den Ausdruck »daikazoku«, »die eine große Familie«, der in der Zeit des Feudalismus große Verwandtschaftsgruppen bezeichnete – die westlichen »Clans« kommen dem vielleicht am nächsten. In den Anfangsjahren des japanischen Kapitalismus waren große Firmen wie Mitsui wirklich feudale daikazoku – das Haupt der »großen Familie« war der Firmenchef, und die mehreren tausend Arbeiter kamen alle aus dem Clan.[6] Wie Thomas Rohlen in seiner anthropologischen Untersuchung einer japanischen Bank feststellt, der er den fiktiven Namen »Uedagin« gab, wurden später Firmen als daikazoku bezeichnet, um damit zu sagen, daß in der Firma genau wie in der idealen japanischen Familie »die Interessen der Mitglieder denen der ganzen Familie untergeordnet« seien.

Diese Vorstellung von der Firma als Haushalt oder Familie würde uns im Westen entweder als bloß rhetorisch oder als ungebührlich paternalistisch und autoritär erscheinen. Die Japaner hingegen schätzen sie als eine Möglichkeit, die traditionellen japanischen Werte der Sympathie und menschlichen Teilnahme in die Firma einzubringen. Sie stellt für die persönlichen Beziehungen in der Firma ein Ideal auf: sie sollten warm, verständnisvoll und kooperativ sein. Die Vorgesetzten interessieren sich wie Eltern nicht nur dafür, wie gut jemand bei der Arbeit ist, sondern auch für sein persönliches Wohlergehen. Die jüngeren Mitarbeiter respektieren die ältere Generation und wissen, daß sie mit der Zeit selbst Verantwortung für die Jüngeren übernehmen werden. Im Falle von Uedagin ist der Gedanke von der Firma als einer großen Familie ganz deutlich bei der jährlichen Einstellungszeremonie für neue Mitarbeiter, d.h. neue Familienmitglieder. Die Reden bei dieser Feier sprechen von einem Wendepunkt im Leben der Auszubildenden und davon, daß die Verantwortung der Eltern für das Wohl ihrer Kinder jetzt auf die Firma übergehe. Die Eltern der in die Bank Aufgenommenen (alle haben Abitur oder einen Hochschulabschluß) nehmen an der Zeremonie teil, und jemand aus ihrem Kreise dankt in einer Rede der Bank dafür, daß ihre Kinder aufgenommen wurden, und bittet sie, die jungen Menschen weiterhin zu leiten. Ein Vertreter der Auszubildenden dankt den Eltern für ihre bisherige Fürsorge und Erziehung und der Bank für die Aufnahme und die künftige Fürsorge und weitere Ausbildung. Im Namen der Auszubildenden bittet er um Leitung und Erziehung durch die Vorgesetzten. Die Auszubildenden versprechen dann der Bank, in der die meisten von ihnen bis zu ihrer Pensionierung arbeiten werden, die Treue.[7]

Das den neuen Firmenangehörigen auf diese Weise vermittelte Familiengefühl wird bei vielen anderen Zeremonien und Versammlungen sorgfältig gepflegt. Japanische Firmen beginnen den Tag oft mit einer morgendlichen Begrüßungszeremonie, bei der der Abteilungsleiter die Mitarbeiter mit einer Verbeugung begrüßt, die diese erwidern. Gelegentlich gibt es eine kleine Moralpredigt oder aufmunternde Worte. Auch wöchentliche Betriebs- oder in größeren Firmen Abteilungsversammlungen können vorgesehen sein. Vielleicht einmal im Monat veranstaltet jede Abteilung oder kleinere Arbeitsgruppe ein sonntägliches Picknick und zweimal im Jahr einen Betriebsausflug mit Übernachtung an einem nahen Erholungsort. Während dieser Zeit bleibt die ganze Gruppe zusammen, ißt, trinkt, singt, badet und schläft gemeinsam (allerdings baden und schlafen Männer und Frauen getrennt). Selbst die Busse, mit denen die Gruppe fährt, sind mit einem beweglichen Mikrofon ausgestattet, so daß Karaoke-Singen unterwegs möglich ist.

Japanische Firmen haben ihre eigenen inspirierenden Lieder mit mitreißenden Themen, die bei formellen Zeremonien und Ausflügen gesungen werden. Hier als Beispiel ein Vers aus dem Uedagin-Lied:

»Ein Falke schießt durch die Wolken,
ein heller neuer Tag bricht an.
Die kostbare Blume unserer Einheit
blüht hier.
Uedagin, Uedagin,
unser Stolz auf diesen Namen wächst weiter und weiter.«[8]

Im Westen wäre ein solches Lied entweder ein Lacherfolg oder mit der Langeweile eines leeren Rituals behaftet. Zweifellos empfinden das auch manche Japaner so, aber meist werden die Lieder begeistert und allem Anschein nach mit echter Hingabe gesungen. Mark Zimmerman, ein anderer Amerikaner, der in Japan gearbeitet hat, beschreibt eine Versammlung von Mitarbeitern einer Baufirma, bei der das Firmenlied viermal gesungen wurde, unterbrochen von Hochrufen und vielem gegenseitigen Schulterklopfen junger Männer mit stolz leuchtenden Augen. Es war, so Zimmerman, »eine sehr eindrückliche Demonstration der Hingabe der Mitarbeiter an ihre Firma«.[9]

Wenn also Japaner bereit sind, länger zu arbeiten und weniger Urlaub zu nehmen als die meisten Leute im Westen, dann lautet eine einleuchtende Erklärung nicht, sie seien eine Rasse mit genetischer Tendenz zum Arbeitsfanatismus, oder sie seien noch mehr als die Menschen im Westen aufs Vorankommen bedacht, sondern daß sie durch eine viel stärkere Loyalität an ihre Firma gebunden sind. Jack Seward, Mitverfasser eines Buches über die japanische Wirtschaftsethik mit dem Titel *Japan: The Hungry Guest*, nennt dafür ein schönes Beispiel. Nachdem er von einem mehrjährigen Japanaufenthalt nach Amerika zurückgekehrt war, sah ein japanischer Besucher in seinem Hause zufällig eine Bierwerbung im Fernsehen. Sie zeigte Männer bei der Arbeit; dann, als es fünf Uhr schlug, ließen sie ihre Werkzeuge fallen und rannten los, um sich aus ihrem Proviant ein Bier zu holen. Der japanische Besucher war schockiert: »Empfinden die amerikanischen Arbeiter überhaupt keine Verpflichtung gegenüber ihrer Firma? Sie benehmen sich ja, als könnten sie gar nicht schnell genug von der Arbeit wegkommen … Ich würde mich schämen, die Arbeit so plötzlich fallen zu lassen. Wenn ich es oft täte, würden mir meine Kollegen bald die kalte Schulter zeigen. Im übrigen meine ich, daß ich mein Leben dem Chef meiner Firma anvertraut habe.« Der japanische Zuschauer war nicht über die Faulheit der amerikanischen Arbeiter oder ihr ungezügeltes Verlangen nach Bier schockiert, sondern über ihr mangelndes Engagement für ihre Firma und ihre Kollegen. Eine solche Werbung wäre in Japan unmöglich.[10]

Ein Zyniker könnte denken, das zeige nur, daß japanische Firmen geschickter darin sind, ihre Mitarbeiter auszubeuten, als westliche Firmen. Doch das trifft die Sache nicht. Wie im Feudalsystem gilt auch hier, daß Adel verpflichtet. Gehören japanische Mitarbeiter einmal zur Firma, haben sie praktisch eine lebenslange Anstellungsgarantie. Einige Firmen, zum Beispiel die Mazda-Niederlassung in Hiroshima, sollen noch nie einen Mitarbeiter entlassen haben.[11] Rückstufungen sind ebenfalls selten. Wer aufgrund falscher Einschätzung seiner Fähigkeiten so weit befördert wird, daß er der Verantwortung, die ihm übertragen wurde, nicht gewachsen ist, wird normalerweise auf einen Posten mit einem schönen Titel versetzt, wo er keinen Schaden anrichten kann, zum Beispiel »wissenschaftlicher Mitarbeiter«.[12] Diese Bereitschaft, solange irgend möglich zu den Mitarbeitern zu halten, entspricht dem Ideal der Firma als Familie.

Die Ähnlichkeit der Firma mit einer Familie drückt sich auch in dem Dokument aus, das die Mitarbeiter beim Eintritt in die Firma unterschreiben. Anders als in einem westlichen Arbeitsvertrag werden keine Rechte und Pflichten des Mitarbeiters erwähnt, weder die Höhe der Bezahlung, die Verfahren für Beschwerden, Verwarnungen oder Kündigung festgelegt. Das Dokument besagt lediglich, daß zum Beispiel die Bank die genannte Person als Mitarbeiter anerkennt, und dieser verspricht seinerseits, den Regeln der Firma Folge zu leisten.

Mehr ist nicht nötig. Verträge sind für Fremde, die einander nicht vertrauen können. Das wirklich Wichtige ist in den ganzen Zeremonien und Traditionen der Firma mit inbegriffen: das gegenseitige Vertrauen, daß die Firma und jedes einzelne Mitglied der Firma zum Wohle aller arbeiten werden.

Die angestrebte Gegenseitigkeit der Beziehungen wird durch das japanische Wort »wa« ausgedrückt, das normalerweise, wenn auch möglicherweise nicht ganz zutreffend, mit »Harmonie« oder »Eintracht« übersetzt wird. Rohlen schreibt, wa sei »zweifellos der am weitesten verbreitete Bestandteil in den Wahlsprüchen und Namen der Firmen in ganz Japan«, und er selbst betitelte sein Buch nach dem Wahlspruch von Uedagin: »Für Harmonie und Stärke«. Er beschreibt wa als »Zusammenarbeit, Vertrauen, Teilhabe, Wärme, Moral und harte Arbeit im Rahmen einer effizienten, angenehmen und zweckvollen Kollegialität«. Wa gilt als eine grundsätzlich wünschenswerte Eigenschaft menschlicher Beziehungen und zugleich als Mittel zum sozialen Fortschritt.[13] In großen Betrieben betont das Firmencredo zwar auch einen alle umfassenden Harmoniegedanken, doch das eigentliche Gefühl der Zugehörigkeit und der harmonischen Zusammenarbeit mit den Kollegen kommt von der kleinen Arbeitsgruppe her, wo die Mitarbeiter, die täglich miteinander zu tun haben, dazu angehalten werden, einander als Partner bei einem gemeinsamen Unternehmen zu respektieren. Das erkärt am besten, warum eine Sicht der Arbeit wie die amerikanische, die ganz nach der Uhr ausgerichtet ist, in Japan undenkbar wäre. Bei Uedagin zum Beispiel beginnt die Büroarbeit um 8.30 Uhr und endet »offiziell« um 17 Uhr, tatsächlich aber gegen 18.15 Uhr. Die Zeit zum Heimgehen ist damit aber oft noch nicht gekommen. Stattdessen gibt es möglicherweise noch eine Mitarbeiterkonferenz über eine neue Verkaufskampagne oder andere Vorschläge oder Probleme. Die Konferenz endet vielleicht um 19.30 Uhr, dann wird Essen und Bier hereingebracht. Mit abnehmenden Hemmungen wird die Unterhaltung angeregter, vielleicht wird gesungen, oder man erzählt sich lustige Geschichten und gewagte Witze. Ein solcher Abend könnte dann etwa um 21 Uhr mit einem letzten Toast auf den Erfolg der Bank und der Branche schließen. Einige der Männer gehen noch in eine nahe Bar, um noch etwas zu trinken und Vertrauliches über ihr Leben und ihre Gedanken auszutauschen. Rohlen bemerkt:

»Dem amerikanischen Beobachter, der gewohnt ist, daß bei Geschäftsschluß alles nach Hause eilt, kommen diese Konferenzen und Parties bis spät in die Nacht zunächst höchst fremdartig und unerklärlich vor. In den Büros von Uedagin gibt es keinen festen Arbeitsschluß und keine Stechuhr, und man geht nicht gerne vor den anderen. Daß man lange bleibt, ist eine ganz übliche Eigenschaft der Büroarbeit. In einigen Fällen bleibt die ganze Belegschaft da, bis der letzte fertig ist.«[14]

So überrascht es nicht, daß vergleichende Untersuchungen immer wieder gezeigt haben, daß für Angestellte und Arbeiter in Japan die Arbeit ein wichtigerer Teil ihres Lebens ist als für ihre amerikanischen Kollegen.[15] Das alles bedeutet, wie ein Beobachter der Beziehungen zwischen Arbeitnehmern und Management in Japan sagte: »Die einzelnen gehören dazu, und sie haben Ziele, die ihrem Leben eine klare Richtung geben.«[16] Das ist nicht wenig.

Für westliche Erwachsene findet sich die engste Parallele zu den Einstellungen und Verhaltensweisen gegenüber Firmen in Japan im Mannschaftssport. Die Vereinslieder, die Kameradschaft, die Anstrengungen für ein gemeinsames Ziel, das wärmend umfangende Gefühl dazu zu gehören – wer je diese Empfindungen geteilt hat, kann die Gefühle vieler Japaner gegenüber ihrer Firma vielleicht verstehen. Die Analogie gilt auch in der Hinsicht, daß die andere Seite der Harmonie innerhalb der eigenen Mannschaft ein starker Konkurrenzgeist gegenüber anderen Mannschaften ist – in der japanischen Wirtschaft also gegenüber Konkurrenzfirmen. Die Betonung der Harmonie *innerhalb* der Firma oder einer sonstigen Eigengruppe in Japan sollte uns nicht zu der falschen Vorstellung verleiten, daß in der japanischen Gesellschaft Konflikte oder Konkurrenz fehlen. Offene Konkurrenz besteht aber zwischen Firmen oder ähnlichen Institutionen und weniger innerhalb derselben.

Im japanischen Sport geht der Mannschaftsgeist viel weiter als im westlichen. Vor ein paar Jahren beschrieb *Sports Illustrated* unter dem Titel »*You've Gotta Have ›Wa‹*« die Probleme amerikanischer Baseballspieler, die in einer japanischen Mannschaft spielen. Trotz des allgemein höheren Niveaus des amerikanischen Baseballs waren amerikanische Spieler in japanischen Vereinen wegen ihrer beeinträchtigenden Wirkung auf das wa der Mannschaft nicht immer willkommen.

Dieser Begriff wurde amerikanischen Sportfreunden erklärt als »das japanische Ideal der Einheit, des Mannschaftsspiels und des Fehlens einzelner Helden – ein Konzept, das ehemalige amerikanische Oberligaspieler, die in Japan spielten, nur sehr schwer begreifen konnten«. In Amerika werden Starspieler höher bezahlt und glauben vielleicht, nicht so hart trainieren zu müssen wie die anderen Spieler. In Japan macht jeder das gleiche Training, und mehr Geld zu verlangen hieße, seine eigenen Interessen über die der Mannschaft zu stellen. Wenn in Amerika der Trainer einen Spieler aus dem Spiel nimmt, gelten Unmutsbezeugungen als normal; in Japan wäre es eine nahezu unverzeihliche Disziplinverletzung. Als ein amerikanischer Werfer, der für die Yomiuri Giants spielte, herausgenommen wurde und daraufhin Mülleimer umwarf und seinen Dreß zerriß, erließ der Verein Verhaltensregeln für ausländische Spieler, darunter Gebote wie: »Achte gut auf deinen Dreß«, und zum Schluß hieß es: »Störe nicht die Harmonie der Mannschaft«.[17]

Es ist unwahrscheinlich, daß die Harmonie der Mannschaft überlebt, wenn der Eindruck besteht, daß der Gewinn aus den gemeinsamen Anstrengungen in unverhältnismäßigem Umfang einem oder zwei Leuten zufällt. Der Grund dafür, daß hochbezahlte einzelne Stars schlecht in eine japanische Baseballmannschaft passen, ist auch der Grund, warum es in der japanischen Wirtschaft keine Donald Trumps gibt. Mit dem eigenen Vermögen laut zu prahlen, wäre in Japan absolut geschmacklos. Es könnte sogar Schwierigkeiten hervorrufen. Eines der beliebtesten Sprichwörter in Japan lautet: »Der Nagel, der heraussteht, soll hineingeklopft werden.« In einer klugen Analyse des japanischen Lebens bemerkt John Morley, für die Japaner sei »der häufigste Grund für Verlegenheit ... nicht, daß der Betreffende einen Fauxpas begangen oder sich blamiert hat, sondern lediglich die Tatsache, daß er einen Augenblick lang *auffällig* war«.[18]

Der Sinn dafür, daß man als einzelner nicht herausragen sollte, wird schon früh entwickelt. Jeder Besucher Japans wird die großen Gruppen von Schulkindern bemerken, die alle gleich angezogen sind und üblicherweise den gleichen Haarschnitt haben. (Westliche Besucher und Besucherinnen, deren Kinder gerade in der Teenager-Phase sind, empfinden dies als besonders erstaunlich.) Eine Untersuchung des Verhaltens japanischer und amerikanischer Kinder im Grundschulunterricht zeigte, daß japanische Kinder stärker dazu angehalten werden, sich als Gruppe zu verstehen. Die japanischen Lehrer richteten ihre Äußerungen häufiger an alle Schüler und Schülerinnen und lehrten die ganze Klasse, die amerikanischen beschäftigten sich öfter mit einzelnen Kindern. Die amerikanischen Kinder wandten sich von sich aus neunmal so oft an den Lehrer wie die japanischen.[19]

Die so in der Jugend angelegten Denkgewohnheiten bestehen im späteren Leben fort. Japanische Manager halten die Gruppe für wichtiger als den einzelnen und belohnen ihre Arbeitskräfte so, daß sie zur Interaktion mit ihrer Gruppe angehalten werden; amerikanische Manager belohnen die Arbeitskräfte eher als einzelne.[20] Im Unterschied zu westlichen Menschen wollen japanische Erwachsene nicht mit ihrer Kleidung Eindruck machen. Wie Morley bemerkt, ist es unmöglich, mit dem ersten Blick auf einen Passagier im Zug zu sagen, ob er der Direktor einer Firma oder der Lagerverwalter ist.[21] Das bedeutet nicht, daß der Rang in Japan keine wichtige Rolle spielte; das tut er ohne jeden Zweifel, und der Austausch der Visitenkarten mit der Angabe der Position in der Firma ist eine wichtige Information für so grundlegende Dinge wie die japanischen Höflichkeitsformen, die im Gespräch benutzt werden. Der Rang ist also wichtig, aber er wird nicht zur Schau gestellt.

Demgemäß ist in Japan Bescheidenheit nicht bloß eine Tugend, sondern ein soziales Muß in jedem Lebensbereich, einschließlich des Geschäftslebens. Seward und van Zandt schreiben in ihrer Untersuchung der japanischen Wirtschaftsethik:

»Die Bescheidenheit zeigt sich in der Einfachheit des öffentlichen Auftretens der Japaner und in den ausgesuchten Höflichkeitsformeln in fast jedem Satz. Der Geschäftsmann, der nicht zu einem bescheidenen Auftreten bereit ist, sich verneigt und niederkniet und die sprachlichen Bescheidenheitsformeln ständig wiederholt, wird im japanischen Geschäftsleben nicht sehr erfolgreich sein.«[22]

Eine solche Kultur ist das genaue Gegenteil der Wall-Street-Kultur der 80er Jahre. Höhere Gehälter und Prämien zu fordern, wie es die Manager in Amerika in den Jahren der Hochkonjunktur taten, würde in Japan als völlig unvereinbar mit dem Gedanken der Zusammenarbeit an einer gemeinsamen und wertvollen Sache gelten. Die Konzentration darauf, die eigene Vergütung hochzutreiben, wäre abgesehen von dem Egoismus, den es erkennen ließe, ein Zeichen der Mißachtung des Wohls der Firma und der Kollegen. Eine gewisse Unaufrichtigkeit ist bei dieser demonstrativen japanischen Zurückstellung der eigenen Person und gegenseitigen Rücksichtnahme allerdings nicht zu leugnen. Viele, die sich tief verbeugen und bescheiden reden, fühlen sich vielleicht in Wirklichkeit hoch erhaben über ihre Gesprächspartner. Das Äußere spielt eben doch eine Rolle, vor allem für die Japaner, und daß niemand mit seinen Fähigkeiten, seinem Rang oder Reichtum prahlen kann, trägt viel dazu bei, daß sich jeder einzelne als wertvolles Mitglied des Teams fühlt.

Auf jeden Fall trügt der Schein nicht völlig. Die typische japanische Firma konzentriert sich nicht in erster Linie aufs Geldverdienen, sei es für sich selbst oder die einzelnen Mitarbeiter. In der Tradition Shosan Suzukis geht sie vielmehr von dem Gedanken aus, daß man nicht Reichtum anstreben, sondern fleißig und gut arbeiten soll; der Wohlstand folgt dann schon. Rohlen meint: »Für jemanden aus dem Westen ist es erstaunlich, welcher geringe Stellenwert Gehältern, Gewinnen und materiellem Wohlstand in der Ideologie der Bank beigemessen wird.« An ihrer Stelle stehen Ideale nicht nur der »Harmonie und Stärke« oder die Bank größer und besser zu machen, sondern auch eines stärkeren und wohlhabenderen Japans und der Verbesserung des allgemeinen gesellschaftlichen Wohls. Selbst die fernen Ziele des Weltfriedens und der Förderung der Entwicklungsländer werden als Uedagin-Ziele häufig erwähnt. Das läßt sich vielleicht nur schwer konkret umsetzen, aber es bestärkt doch das Gefühl der Bankangestellten, etwas Sinnvolles zu tun.[23] Indem japanische Firmen von solchen weitgespannten Zielen sprechen, machen sie die Arbeit und damit das Leben ihrer Mitarbeiter sinnvoller – und das fehlt, wie wir im Schlußkapitel dieses Buches sehen werden, im Leben vieler Menschen in den westlichen Ländern.

Hinsichtlich derer ganz oben trifft es gewiß zu, daß die Einnahmen japanischer Firmenchefs nicht mager sind, aber wie wir in Kapitel 3 sahen, ist in Japan der Unterschied zwischen dem Einkommen eines gewöhnlichen Arbeiters und eines Geschäftsführers kleiner als in fast jedem anderen Land der Welt und sehr viel kleiner als in den Vereinigten Staaten.[24] Als Präsident Bush 1992 Japan besuchte, kamen die Firmenleiter von Chrysler, Ford und General Motors mit, um seiner Forderung nach besseren Bedingungen für den amerikanischen Export nach Japan Nachdruck zu verleihen. Die Japaner konnten darauf verweisen, daß diese drei im Jahr 1990 Gehälter und Nebeneinnahmen von mehr als 7,3 Millionen Dollar hatten, während die Chefs von Toyota, Honda und Nissan kaum ein Viertel davon, nämlich 1,8 Millionen Dollar, verdienten. Wer nichts vom Welt-Automarkt wüßte und sich nur an die Einnahmen der Chefs halten könnte, müßte in der Tat den Eindruck gewinnen, die Amerikaner und nicht die Japaner bauten die erfolgreicheren Autos. Doch in dem Jahr vor dem Bush-Besuch waren die Verkaufszahlen amerikanischer Autos rapide gesunken, und mehr als 40000 Arbeiter hatten ihre Stelle verloren. Ein Wissenschaftler japanischer Abstammung, der am Baruch College in New York internationale Wirtschaft lehrte, wies darauf hin, daß man in Japan keinen Respekt dafür ernten könne, Leute zu entlassen und sich selbst zugleich saftige Prämien zu gewähren.

Das Ich und die Gruppe

Sind also die Japaner wirklich anders? Jede Verallgemeinerung über eine ganze Nation ist riskant, und individuelle Ausnahmen gibt es gewiß genug. Glücklicherweise brauche ich für die Zwecke dieses Buches keine so allgemeine Frage zu beantworten. Für diese Untersuchung ist von Bedeutung, ob sich in Japan Elemente einer anderen Vorstellung vom eigenen Interesse und der Beziehung zwischen eigenen und fremden Interessen finden lassen. Hier weist das Datenmaterial stark in Richtung auf ein Ja. Im Vergleich mit ihren Kollegen in westlichen Kulturen haben japanische Angestellte, wohl eher stillschweigend als ausdrücklich, eine andere grundlegende Entscheidung getroffen. Obwohl sie es durchaus genießen, alle möglichen modernen Geräte zu besitzen, ist es bei ihnen unwahrscheinlicher als bei Menschen im Westen, daß sie den Sinn ihres Lebens im Erwerb materieller Besitztümer sehen. Sie haben auch ein viel stärkeres Gruppenbewußtsein. Daher sind sie weniger geneigt, nur oder vorwiegend von ihren eigenen Interessen auszugehen, und viel eher bereit, die Interessen der Gruppe über ihre eigenen zu stellen. Oder, falls es ihnen dennoch ausschließlich oder vorwiegend um ihre persönlichen Interessen gehen sollte – die inneren Motive von Menschen sind ja sehr schwer auszumachen –, besitzen sie zumindest soviel Selbstdisziplin, um nicht zuzulassen, daß sich dies in ihrem Benehmen oder Verhalten zeigt. (Das alles kann durchaus auch für Arbeiter und die übrige japanische Bevölkerung gelten, doch wirklich gut begründet ist die Folgerung nur für die Gruppe, aus der die Daten stammen, und das sind im wesentlichen die Angestellten in japanischen Firmen.)

Daß dieser Unterschied tief in der japanischen Kultur und Denkweise verankert ist, wird dadurch nahegelegt, daß er sich in der Organisation des traditionellen japanischen Hauses und in der japanischen Sprache wiederfindet. In der normalen japanischen Wohnung gab es keine Räume, die einzelnen Personen zugeordnet waren. Würde ich in einer solchen Wohnung leben, könnte ich den Raum, in dem ich schlafe, nicht als »mein Schlafzimmer« betrachten. Es wäre einfach ein Zimmer, in dem ich am Abend eine Matte ausrolle und mich schlafen lege. Morgens räume ich das Bettzeug weg, und ein kleiner Tisch wird vielleicht in die Mitte gestellt, so daß ein Wohnraum für die ganze Familie entsteht. Wandschirme erhöhen die Wandelbarkeit des Raumes. In keinem Zimmer gibt es unbewegliche Möbel, die ihm eine bestimmte Funktion verleihen oder es einer bestimmten Person als ihr eigenes Zimmer zuordnen. Gebadet wird oft gemeinsam. Kein Wunder, daß sich die Menschen in einem solchen Haushalt stärker als Einheit fühlten als jene, bei denen ein Kind zu einem Elternteil oder Geschwister sagen kann: »Geh aus *meinem* Zimmer!«

Dieses Fehlen einer klar umrissenen Auffassung des Ich drückt sich auf verschiedene Weise in der Sprache aus. Morley stellt eine Analogie fest zwischen dem Ausdruck für das Heim, den Haushalt oder die eigene Gruppe, »uchi«, und dem japanischen Ichbegriff:

»Der Japaner führte sein Haus mit sich im Munde und holte es bei jedem Gespräch hervor, indem er das Wort »uchi« im Sinne von »ich« gebrauchte, also für den Vertreter des eigenen Hauses in der Außenwelt. Sein Ichbewußtsein drückte sich ganz natürlich als Gemeinschafts-Individualität aus, wobei nicht ganz klar war, was dazugehörte, und ganz deutlich, was nicht dazugehörte.«[25]

Robert Smith verdeutlicht einen anderen Aspekt der japanischen Wörter für »ich«:

»Die Vielzahl der Bezüge von Ausdrücken und ihrer Verwendungsweise zeigt, daß selbst die Frage: ›Wer ist Ich und wer ist der Andere?‹ zu Beginn der Interaktion nicht eindeutig geklärt wird. So gibt es zum Beispiel Ausdrücke, die für die erste, aber auch für die zweite und dritte Person gebraucht werden können. Das heißt, einige gebräuchliche Ausdrücke wie *boku* oder *temae* können ›ich‹ oder ›du‹ bedeuten – in der gesprochenen Sprache sind sie austauschbar. Im Englischen dagegen steht der Sprecher oder die Sprecherin im Mittelpunkt der von ihm oder ihr hergestellten Bezüge. Bedeutet dieser Umstand also, daß in Japan alle Interaktionen zwischen Personen in einem Nebel von Zweideutigkeit und Konfusion stattfinden? Manchmal ist das wirklich der Fall, aber eine sicherere Schlußfolgerung besteht darin, daß die Identifikation des Ich und des Anderen stets in dem Sinne unbestimmt ist, daß es keinen festen Mittelpunkt gibt, von dem aus das Individuum faktisch eine unabhängige Existenz geltend macht.«[26]

In einer Fußnote erwähnt Smith eine auffällige Ausnahme: »Als einziger Japaner gebraucht der Kaiser das Pronomen der ersten Person ›chin‹.« Im Unterschied zu den meisten Ausnahmen bestätigt diese nun wirklich die Regel, denn der Kaiser steht für das Ganze, und indem er sich selbst behauptet, versichert er zugleich die Gruppe ihrer Wichtigkeit, die unendlich über die jeder Einzelperson hinausgeht.

Professor Tomosaburo Yamauchi von der Pädagogischen Universität in Osaka hat sich über diese Besonderheit des japanischen Sprachgebrauchs in einem Buch geäußert, dessen Titel übersetzt werden könnte mit »Sich in einen anderen hineinversetzen – die Moralphilosophie Hares«[27]. Er verweist darauf, daß »boku« (wie auch »jibun«, das ebenfalls ursprünglich »ich« bedeutete) dann im Sinne von »du« gebraucht wird, wenn man etwas vom Standpunkt des Hörers aus sagt. Diese Besonderheit der japanischen Sprache vergleicht Yamauchi dann mit der Auffassung des englischen Moralphilosophen R. M. Hare, es sei ein Wesenszug des moralischen Denkens, daß wir bereit sind, uns in die Lage anderer hineinzuversetzen, ehe wir ein moralisches Urteil fällen. Wenn Yamauchi recht hat, dann scheint dieser entscheidende Aspekt des moralischen Denkens (über den ich mehr in den Kapiteln 8 und 9 sagen werde) in gewissem Umfang in den japanischen Sprachgebrauch eingebaut zu sein. Doch diese Verwen dungsweise wird manchmal auf die Menschen aus der Gruppe des Sprechers oder der Sprecherin beschränkt, so daß die Einstellung gegenüber Menschen, die nicht zur Gruppe gehören, immer noch eine ablehnende oder feindliche sein kann.

Sehen wir in der Gesellschaft die Bühne eines unvermeidlichen Interessenkonflikts zwischen dem einzelnen und der Gruppe, dann werden wir zu der Auffassung neigen, die Betonung der Gruppe bedeute, die Interessen des einzelnen zu opfern. Doch das entspricht nicht der japanischen Sicht der Dinge. In einem großen Teil des östlichen Denkens, des konfuzianischen wie des buddhistischen – und beide Traditionen waren in Japan einflußreich –, gilt der Konflikt zwischen Individuum und Gruppe als ein grundsätzlich falsches Dilemma. Die Befriedigung des einzelnen findet sich nur in der Hingabe an die Gruppe. Es entspricht dem Zen, Japans eigenem Beitrag zum buddhistischen Denken, daß der einzelne seine persönliche Erfüllung in Pflichtergebenheit und einer so weitgehenden Entwicklung der Selbstdisziplin findet, daß der Konflikt seiner Wünsche mit dem Wohl des Größeren, für das er sich einsetzt, überwunden wird. (Der Ausdruck »Erfüllung« ist nicht stark genug, um diesen Gedanken wiederzugeben. Manche würden sagen, was ich beschrieben habe, sei im Zen nicht nur der Weg zur Erfüllung, sondern auch zur Erlösung; doch da Zen weder Erbsünde noch Hölle kennt, ist der christliche Erlösungsbegriff eigenartig unangemessen. Lassen wir es bei dem Wort »Erfüllung«, auch wenn wir es in einem Sinne verstehen müssen, der ganz tiefe Schichten unseres Wesens berührt.)

Erscheint das als viel zu philosophisch, um irgend etwas mit der Auffassung von Angestellten über ihre Arbeit für die Firma zu tun zu haben, dann empfiehlt sich die Betrachtung des Aufsatzes des Präsidenten von Uedagin, der jedem neuen Mitarbeiter bei seinem Eintritt in die Bank überreicht wird. Er hat den Titel »Meine Gedanken« und legt eine buddhistische Lebensauffassung dar. Hier ein Abschnitt, der nicht nur ein Schlüssel zu den Gedanken des Präsidenten ist, sondern auch zu der japanischen Vorstellung von dem ganzen Problem des eigenen Interesses und des Wesens des guten Lebens:

»Buddha lehrte, daß die Handlungen des Körpers Ausflüsse des Geistes sind; deshalb müssen wir zuerst den Geist veredeln. Ein Philosoph der Ming-Dynastie sagte: ›Wenn der Geist Frieden hat, dann empfindet man keine Sorge. Ist der Geist stark, dann liegt einem nichts mehr am materiellen Wohlergehen.‹ Diese Lehren stellen den Geist über alles andere …

Buddha sagte auch: ›Alle Menschen leben für etwas, das ist das Wesentliche; doch manche leben für das Falsche und manche für das Richtige.‹ Die Irrenden denken an sich selbst und bemühen sich ständig, ihr Leben von Leiden, Unzufriedenheit, Unglück und ähnlichen Dingen zu befreien; doch in Wahrheit suchen sie diese Dinge und ziehen sie in ihr Leben hinein.«[28]

Niemand weiß, wie ernst die neuen Mitarbeiter von Uedagin diesen Ratschlag über die richtige Lebensweise nehmen; doch welcher Präsident einer westlichen Firma würde ihn auch nur anbieten?

Ob die Eigentümlichkeiten des japanischen Denkens über den einzelnen und seine Gruppe angesichts des wachsenden Bewußtseins für andere Möglichkeiten, mit den Dingen umzugehen, weiterbestehen werden, läßt sich unmöglich sagen. Es gibt Anzeichen dafür, daß die Gewichtung von Individualismus und Geltungsbedürfnis des einzelnen im letzten Jahrzehnt zugenommen hat.[29] Dennoch, wie immer die japanische Zukunft aussehen wird, wissen wir, daß es diese andere Gesellschaft, wie sie im vorliegenden Kapitel beschrieben wurde, gegeben hat, und daß sie sehr erfolgreich dabei war, das Wohlergehen ihrer Mitglieder zu erhöhen.

Die Feststellung, daß japanische Angestellte eher als westliche die Interessen der Gruppe über ihre eigenen stellen, bedeutet nicht, daß ihre Kultur besser als die westliche wäre. Vielleicht ist sie es, vielleicht nicht. Wie ließe sich eine solche Bilanz ziehen? Positiv anzurechnen ist offensichtlich, daß die Japaner wirtschaftlich ungeheuer erfolgreich waren. Ein Land mit 124 Millionen Einwohnern, das weder Öl noch andere Mineralien und eine sehr begrenzte Ackerfläche besitzt, ist zu einer wirtschaftlichen Großmacht mit einem jährlichen Exportüberschuß von mehr als 100 Milliarden US-Dollar geworden. Es ist noch zu früh, um sagen zu können, ob die aktuellen Probleme Japans vorübergehend sind oder das dauerhafte Ende seines wirtschaftlichen Erfolgs ankündigen. Auch hat Japan eine zwar steigende, aber verglichen mit anderen Industrieländern immer noch sehr niedrige Kriminalitätsrate; Tokio wird oft als die sicherste Großstadt der Welt bezeichnet. Wie wir gesehen haben, ist der Reichtum verhältnismäßig gleichmäßig verteilt, und es gibt in Japan nur wenig wirklich Arme; und auch diejenigen, die niedrige Tätigkeiten verrichten, werden in der Gruppe, in der sie arbeiten, geachtet.

Es bleibt abzuwarten, in welchem Ausmaß diese Einstellungen die Globalisierung und die Probleme der japanischen Wirtschaft überstehen werden, die in den letzten Jahren japanische Firmen zunehmend gezwungen haben, ihre Angestellten ebenso schlecht zu behandeln wie typische westliche Firmen. Die negative Seite der Bilanz könnte vielleicht mit den starken Zwängen des japanischen Lebens beginnen. Das beginnt schon früh: Kinder sollen bei der Aufnahmeprüfung in die Grundschule gut abschneiden, um in eine gute Grundschule zu kommen, die die Weichen für den weiteren Bildungsweg stellt. Selbst Kindergartenkinder haben oft nach dem Kindergarten noch Privatstunden in Lesen und Schreiben, und japanische Grund- und Mittelschüler verbringen gewöhnlich jeden Tag nach Schulschluß noch mehrere Stunden in einer Einrichtung, in der sie den Unterrichtsstoff »einpauken«, damit sie bei den Prüfungen gut abschneiden.

Wir sahen bereits, wie wenig Freizeit und Urlaub sich Japaner noch gönnen dürfen, wenn sie erst einmal im Berufsleben stehen. Die offizielle Statistik für 1990 zeigt, daß japanische Arbeiter durchschnittlich 400 Stunden im Jahr mehr arbeiteten als europäische – das sind wöchentlich etwa acht Stunden mehr. Der wirkliche Wert dürfte noch höher liegen, denn in Japan gibt es keine Stechuhren und die Bezahlung von Überstunden wird von japanischen Arbeitnehmern seltener gefordert. 1991 veröffentlichte Akio Koiso, der 34 Jahre lang Angestellter der Fuji-Bank gewesen war, ein Buch mit dem Titel »Chronik eines Angestellten der Fuji-Bank«, in dem er davon berichtet, daß Filialleiter ihre Untergebenen unter Druck setzten, auf ihren Urlaub zu verzichten und unbezahlte Überstunden zu leisten. Koiso sagt: »Man bekommt ein sicheres Gehalt und kann sich unter dem Namen einer führenden Bank wohl fühlen. Aber der Preis dafür ist lange Arbeitszeit, anstrengende Arbeit, Gesundheitsschäden und die Zerstörung des Familienlebens.«[30]

Im Japanischen gibt es einen besonderen Ausdruck – »karoshi« – für den Tod durch Überarbeitung. Anwälte, Gewerkschaften und andere, die sich mit karoshi beschäftigen, schätzen, daß jährlich mindestens 10000 Japaner infolge von Überarbeitung sterben. Der Tod ist natürlich eine extreme Reaktion auf Überarbeitung; die von Koiso erwähnten schädlichen Folgen für das Familienleben sind hingegen unausweichlich. Für viele japanische kleine Kinder von Angestellten ist es ein seltenes Vergnügen, daß ihr Vater früh genug heimkommt, um sie vor dem Schlafengehen noch zu sehen. Nur am Sonntag können diese Kinder erwarten, daß ihr Vater da ist, in der übrigen Zeit führt die Mutter den Haushalt faktisch als Alleinerziehende.[31] Nach Umfrageergebnissen, die *Time* 1992 veröffentlichte, waren 88 Prozent der japanischen Befragten von der vielen Freizeit amerikanischer Arbeiter beeindruckt, und ziemlich genau ebensoviele bewunderten Amerika für seine Achtung des Familienlebens.[32] Das Leben des japanischen Angestellten setzt die strenge Einhaltung der Geschlechterrollen voraus, denn würden die Frauen ebenso lange arbeiten wie die Männer, wer würde sich dann um die Kinder und die Hausarbeit kümmern? Nach der *Time*-Umfrage waren 68 Prozent der Japaner von der Behandlung der Frauen in Amerika positiv beeindruckt.

Ebenfalls zur negativen Seite der Bilanz gehört die nachteilige Auswirkung der starken Gruppenidentifikation auf alle und alles, was nicht zur Gruppe gehört, und zwar auf individueller wie auf allgemeinerer Ebene. Die Gruppe übt auf den einzelnen einen Konformitätsdruck aus, denn die wenigen, die sich den Zorn ihrer Gruppe zuziehen, fühlen sich von der wichtigsten Seite ihres Lebens abgeschnitten. Nach der von *Time* veröffentlichten Umfrage bewundern die Japaner die amerikanische Meinungsfreiheit und die Vielzahl der Lebensstile ebenso wie die Freizeit und das Familienleben.

Kurz, wenn die Firma die Rolle des Feudalherrn übernommen hat, dann sind die Arbeitnehmer die Leibeigenen: natürlich wirtschaftlich gut gestellte, gut behandelte, hochbewertete und geachtete Leibeigene, aber an die Firma fast so fest gebunden wie Leibeigene an ihren Grundherrn. So bereitwillig und begeistert die Angestellten auch das Firmenlied singen und an den Betriebsausflügen teilnehmen, wir müssen doch fragen, ob sie sich unter den bestehenden Zwängen anders verhalten könnten. Am bedeutsamsten für Japans Einfluß auf die Welt ist, daß die Hingabe an die Gruppe und ihre Mitglieder eine gleiche Berücksichtigung von Außenstehenden und des umfassenderen Ganzen von vornherein weitgehend auszuschließen scheint. Morley weist darauf hin, daß es in der japanischen Ethik keine Parallele zu dem zentralen christlichen Gebot »Du sollst deinen Nächsten lieben wie dich selbst« gibt. In japanischen Bibelübersetzungen wird »Nächster« mit einem selten gebrauchten Wort wiedergegeben, das »Nachbar« bedeutet, so daß das Gebot »sehr wie eine Übertragung aus einer ganz fremden Sprache« wirkt. Um die Bedeutung des christlichen Gebots angemessen wiederzugeben, hätte »Nächster« mit dem japanischen Wort für »Außenstehender« übersetzt werden müssen – und dann, so Morley, »hätte sich ohne Übertreibung eine erstaunliche, ja revolutionäre Vorstellung für die japanische Ethik ergeben«.[33]

Dieser Mangel an Interesse für den Außenstehenden wird dramatisch in der Samuraitradition des »tsujigiri« oder »sein neues Schwert ausprobieren« veranschaulicht. Wörtlich bedeutet der japanische Ausdruck »Kreuzungs-Hieb«. Wenn ein Schwert für einen Samurai brauchbar sein sollte, mußte man damit einen Gegner mit einem einzigen Hieb von der Schulter bis zur anderen Seite zerteilen können. Mit einem schlechteren Schwert in die Schlacht zu ziehen, konnte zur Schande gereichen. Manche Samurai probierten deshalb ein neues Schwert mit einem »Kreuzungs-Hieb« aus: sie warteten an einer Wegkreuzung auf einen unvorsichtigen Bauern oder einen Reisenden, der kein Samurai war, und versuchten, den Unglücklichen mit einem einzigen Hieb zweizuteilen. Das war unerlaubt und mit strenger Strafe bedroht, galt aber nicht als unehrenhaft.[34] Eine so atemberaubende Mißachtung des Außenstehenden gehört zwar einer fernen Vergangenheit an, doch die japanische Ethik ist immer noch von dem Gedanken durchdrungen, daß die Verpflichtungen gegenüber der eigenen Gruppe über denen gegenüber Fremden und dem ganzen Volk stehen. Morley berichtet von einem japanischen Soziologen, der sagte:

»Historisch gesehen wurde nie der Grund zu irgendeiner Sozialstruktur außer dem uchi [Hauswesen, Gruppe] gelegt. Nichts, was irgendwie mit einer öffentlichen Moral zu tun haben könnte, ja nicht einmal der Begriff der Öffentlichkeit selbst, hat in diesem Lande konkrete Gestalt angenommen; doch wir hätten es bitter nötig.«

Als Beweis dafür führt der Soziologe an, wie schwierig es in Japan sei, etwa für Quecksilberverseuchung oder Thalidomidschäden Beachtung zu erwirken:

»Etwas hart ausgedrückt, interessierten diese Fragen die Öffentlichkeit nicht, weil sich nur schwer Unterstützung für eine Sache gewinnen läßt, wenn die, die sie unterstützen sollen, nicht identifizierbar sind, und das ist zwangsläufig der Fall, solange es kein gebräuchliches Wort gibt, um die allgemeine Öffentlichkeit anzusprechen oder sich auf sie zu beziehen.«[35]

Diese Passage half mir bei der Erklärung eines Aspekts Japans, den ich als erschreckend und verwirrend zugleich empfunden hatte. Auf drei Japanreisen war ich mit Umweltfragen und Fragen des Tierrechts befaßt. Bei meinem ersten Besuch war ich ein Zeuge der Verteidigung für Dexter Cate, einen amerikanischen Umweltaktivisten, der Delphine befreit hatte, die japanische Fischer auf der Insel Iki in einem Netz gefangen hatten. Die Fischer hatten geplant, die Delphine zu schlachten, wie sie es bereits in vorhergehenden Jahren getan hatten. Cate wurde vorgeworfen, das Netz der Fischer beschädigt zu haben, und sein japanisch-hawaiischer Anwalt hielt es für nützlich, wenn dem japanischen Gericht erklärt werden könnte, daß Cate aus einer stimmigen ethischen Auffassung heraus gehandelt hatte, die auch respektable Philosophieprofessoren wie ich teilten. Das Gericht hörte mich nicht nur höflich, sondern interessiert und achtungsvoll an. Cate wurde trotzdem verurteilt. (Da er bereits einige Monate in Untersuchungshaft verbracht hatte, erhielt er keine weitere Strafe und wurde ausgewiesen.)[36] Auf meiner nächsten Reise untersuchte ich die Einstellungen der Japaner zu Tieren im allgemeinen und zu Walen und Delphinen im besonderen; ich befragte Leute aus der Wal- und Fischindustrie sowie Zen-Priester und einen oder zwei Japaner – die einzigen, die ich finden konnte –, die die westliche Opposition gegen den japanischen Walfang und die Tötung von Delphinen unterstützt hatten. Bei meinem dritten Japanbesuch traf ich mit Mitgliedern der japanischen Anti-Vivisektionsgesellschaft zusammen, die sich für die Interessen der Tiere einsetzten, die praktisch ohne irgendwelche Schutzvorschriften in japanischen Laboratorien verwendet wurden. Ich traf auch mit einer Gruppe von Japanern zusammen, die sich gegen die Absicht der Stadt Nagoya wandten, Müll in einem der wenigen in Japan noch vorhandenen großen Wattgebiete abzulagern, das für Tausende von Zugvögeln lebenswichtig ist. Obwohl in Japan nur sehr wenige Ausländer leben, spielten in allen diesen Fällen Ausländer oder Japaner, die längere Zeit im Ausland verbracht hatten, eine führende Rolle. Die wenigen mutigen Japaner und Japanerinnen, die etwas zu tun versuchten, waren deutlich stärker isoliert als ähnliche Gruppen in westlichen Ländern, und ihr Bruch mit der Konformität trug ihnen wesentlich schwerere Nachteile ein. Einige sagten mir, ihr Verhalten habe zu einem ernsten Zerwürfnis mit ihren Familien geführt, die ungehalten und auch bestürzt darüber waren, daß ihre Tochter oder ihr Sohn (viel häufiger die Tochter – konzentrierten sich die Söhne zu sehr auf ihre Karriere?) öffentlich etwas kritisierte, was andere Leute taten. Denen, die sich für etwas Größeres als die Interessen der Gruppe einsetzen, gibt die japanische Gesellschaft keinen Rückhalt.

Die japanische Gesellschaft zeigt, daß die im Westen vorherrschenden individualistischen Vorstellungen vom eigenen Interesse aus der westlichen Geschichte und Kultur entspringen und nicht von der menschlichen Natur diktiert sind. Doch das Gegenstück zu dieser starken japanischen Gruppenorientierung könnte leicht das verhältnismäßig schwach ausgeprägte Verantwortungsgefühl für das öffentliche Interesse oder die globale Umwelt sein. Oft können Menschen nicht miteinander auskommen, bis ein gemeinsamer Feind auftaucht; dann wird aus dem sich zankenden Haufen von Individuen plötzlich eine fest zusammenhaltende Einheit, die zum gemeinsamen Kampf gegen die feindliche und bedrohliche Außenwelt bereit ist. Japanische Firmen befinden sich zwar nicht gerade mit der Konkurrenz im Krieg, aber dieses Gefühl des »Wir gegen sie« ist doch ein wichtiger Bestandteil der Gruppenloyalität in einer japanischen Firma. Obwohl also die japanische Alternative zu unserer Vorstellung vom eigenen Interesse wichtige Vorteile gegenüber dem westlichen Individualismus bietet, ist ihr doch die umfassendere ethische Sichtweise mehr oder weniger fremd, die erforderlich ist, um internationale Gerechtigkeit zu schaffen und die Biosphäre unseres Planeten zu retten. Aus dem gleichen Grund löst sie die Spannung zwischen dem Interesse des einzelnen und einer wirklich ethischen Lebensweise nicht auf. Letzten Endes ist es ethisch nicht besser zu rechtfertigen, ohne Berücksichtigung von Außenstehenden kollektive Interessen der Gruppe zu verfolgen, der man zufällig angehört, als nur enger egoistisch verstandene persönliche Interessen wahrzunehmen. Es gibt genug geschichtliche Beispiele dafür, wie leicht eine starke Gruppenidentifikation in barbarisches Verhalten gegenüber Außenstehenden umschlägt; die neuesten sind die »ethnischen Säuberungen« in Bosnien und Ruanda.

7 Wie du mir, so ich dir

Die Sorge für die, die für uns sorgen

Im Ersten Weltkrieg standen die alliierten französischen und englischen Truppen den Deutschen an einer langen Front in Nordfrankreich gegenüber. Beide Seiten gruben sich ein und hielten die andere Seite von den Gräben aus unter Beschuß. Bei den Kämpfen auf offenem Feld gab es ungeheure Verluste. Das alliierte Oberkommando war bereit, schwere Verluste hinzunehmen; da es zusammen mehr Franzosen und Engländer als Deutsche gab, sagte man sich, solange für jeden getöteten alliierten Soldaten mindestens ein deutscher Soldat getötet würde, werde man den Krieg gewinnen. Nationalgefühl und Kriegspropaganda schürten den Haß auf die Gegenseite. Die Kommandeure versuchten, die Feindseligkeit auf dem Siedepunkt zu halten, um die Kampfmoral der Truppen aufrechtzuerhalten, die schon so viele ihrer Kameraden hatten sterben sehen. Doch mitten in Haß, Tod und Schlamm bildete sich zwischen den alliierten und deutschen Soldaten unter dem Motto »Leben und leben lassen« ein außergewöhnliches System der Kooperation heraus. Es besagte im wesentlichen: ich versuche nicht, dich umzubringen, solange du nicht versuchst, mich umzubringen. Über erhebliche Zeitspannen und an verschiedenen Frontabschnitten richtete die englische und französische Infanterie ihre Schüsse dahin, wo sie keinen Schaden anrichten konnten, und sie konnte sich darauf verlassen, daß die Deutschen dasselbe taten. Die Soldaten konnten aufatmen und sich sogar offen im Schußfeld feindlicher Maschinengewehre bewegen – mit dem sicheren Wissen, daß die Person am Visier des Gewehrs nicht versuchen würde, sie zu töten. Wenn etwas schiefging – vielleicht weil eine Einheit abgelöst wurde und die Neuen das System noch nicht kannten, oder weil ein fanatischer Offizier beschloß, der Truppe zu zeigen, was Sache ist –, gab es sofort Vergeltung.[1]

Das ungewöhnliche, aber gut dokumentierte System des »Leben und leben lassen« im Ersten Weltkrieg ist ein beredtes Zeugnis für die Möglichkeiten der Zusammenarbeit unter Bedingungen, die wir für denkbar ungünstig halten könnten. Wir haben schon gesehen, daß unsere Biologie uns nicht zwingt, eine eng egoistische grundlegende

Entscheidung zu treffen. Ganz im Gegenteil hat der Verlauf unserer Entwicklung Lebewesen hervorgebracht, die unmittelbar für ihre Kinder, andere Verwandte und in gewissem Umfang für größere Gruppen sorgen. Das Beispiel Japans zeigt, wie stark eine Kultur die Orientierung an der Gruppe fördern kann. In diesem Kapitel möchte ich zeigen, wie sich in unserer Entwicklungsgeschichte die Disposition zu einer anderen Art des Sorgens für andere herausgebildet hat und wie die menschlichen Kulturen überall diese Seite unserer Natur fortentwickelt haben.

In einer großen, anonymen Gesellschaft, die oft nach der Regel zu leben scheint, daß jeder erst einmal für sich selbst sorgen sollte, vergessen wir leicht, daß es in anderen Kulturen zum Alltag gehört, anderen zu helfen und von anderen geholfen zu bekommen. Ganz besonders wurde der Gegensatz den Bewohnern und Bewohnerinnen von Tristan da Cunha deutlich, einer winzigen und einsamen Insel im Südatlantik. 1961 lebten dort 264 Menschen, meist Nachkommen europäischer Seeleute, die Englisch sprachen und der anglikanischen Kirche angehörten. Ihr ruhiges Bauernleben war im September 1961 plötzlich zu Ende, als ihre Insel – die Spitze eines vom Meeresboden aufragenden Vulkans – erbebte und es heiße Asche regnete. Die britische Marine evakuierte die gesamte Bevölkerung und brachte sie nach England, wo alle moderne Wohnungen und Hilfe bei der Arbeitssuche erhielten. Innerhalb von zwei Jahren kehrten die meisten von ihnen auf die Insel zurück, trotz der ausgebrannten Häuser und der schweren Bedingungen, denen sie dort gegenüberstanden. Einige fanden aber die Bedingungen auf der Insel so schwierig, daß sie wieder nach England gingen. Dort besuchte sie der Anthropologe Peter Munch, der ihr Leben sowohl auf der Insel als auch in England untersucht hatte. Er fand, daß diejenigen, die ein zweites Mal nach England gegangen waren, mit dem dortigen Leben sogar noch unzufriedener waren als bei ihrem ersten, erzwungenen Aufenthalt. Damals war die ganze Inselgemeinde verpflanzt worden; jetzt lebten die wenigen, die wieder nach England gekommen waren, unter Fremden. Einer sagte:

»Also, die Leute auf Tristan sind ganz wie ’ne Familie, leben glücklich und helfen einander, und wenn ich draußen auf meinem Kartoffelacker bin, und jemand ist mit seinem fertig, dann kommt er rüber und hilft mir, und wenn er morgen was zu tun hat, dann geh ich hin und helf *ihm*, und so helfen wir uns alle gegenseitig. Auf Tristan sind alle wie Brüder und Schwestern.«[2]

Zur Verdeutlichung, wie diese Hilfebeziehungen funktionieren, ein fiktives Beispiel:

Max ist ein kleiner Bauer, die Ernte ist reif. Regenwolken ziehen auf. Ohne Hilfe kann er seine Ernte nicht trocken einbringen. Das Getreide, das er nicht geerntet hat, wird verderben. So fragt er seine Nachbarin Lyn, deren Ernte noch nicht reif ist, ob sie ihm hilft, sein Getreide zu ernten. Dafür verspricht er ihr Hilfe, wenn ihre Ernte reif ist. Max ist besser daran, wenn Lyn bereit ist, ihm zu helfen. Ist das aber auch für Lyn besser? Ja, wenn Max ihr hilft, denn sie hat auch schon oft Schwierigkeiten gehabt, ihre Ernte trocken heimzubringen. Kann sie sich aber auf die Zusage von Max verlassen? Woher weiß sie, daß er, nachdem sie ihm bei der Ernte geholfen hat, nicht einfach nur grinst, wenn sie ihn dann um Hilfe bittet? Wenn sie nicht wenigstens einigermaßen darauf vertrauen kann, daß Max ihr helfen wird, liegt es nicht in ihrem Interesse, ihm zu helfen. Sie würde dann ihre Zeit besser darauf verwenden, auf ihrem Acker Unkraut zu jäten, das das Wachstum ihres Getreides beeinträchtigt. Max hat also das Problem, Lyn irgendwie davon zu überzeugen, daß er ihr helfen wird, wenn sie ihm hilft.

In manchen Gesellschaften könnten Max und Lyn einen formellen Vertrag schließen, und wenn Max ihn brechen würde, hätte Lyn ein Recht auf Entschädigung. Doch wenn die beiden in einer Gesellschaft leben, in der es solche Mittel zum Abschluß eines verbindlichen Vertrages nicht gibt, dann ist es für Max am besten, wenn er Lyns Vertrauen gewinnen kann. Wenn er als vertrauenswürdig bekannt ist, dürfte es nicht schwierig sein. Wie kommt er zu einem solchen Ruf? In einer kleinen Gemeinschaft wie Tristan da Cunha, wo jeder jeden kennt, besteht der beste Weg darin, daß er sich tatsächlich entsprechend verhält, also seinen Verpflichtungen gegenüber anderen Folge leistet und sich überhaupt mit den anderen gut stellt.

Max könnte auch versuchen, auf andere Weise zu einem guten Ruf zu kommen; er könnte versuchen, den anderen vorzutäuschen, daß er vertrauenswürdig sei, obwohl er es in Wirklichkeit nicht ist. Aber in kleinen Gemeinschaften mit wenig Fluktuation der Mitglieder wird das wahrscheinlich nicht funktionieren. Unter solchen Bedingungen – und das sind die Bedingungen, die während des größten Teils der Zeit gegeben waren, seit der Menschen und andere soziale Primaten existieren – währt Ehrlichkeit in der Tat am längsten.

In den frühen 80er Jahren machte der amerikanische Gesellschaftstheoretiker Robert Axelrod eine bemerkenswerte Entdeckung über das Wesen der Zusammenarbeit, deren ganze Bedeutung außerhalb enger Fachkreise noch gar nicht richtig erkannt wird. Sie enthält die Möglichkeit, nicht nur unser persönliches Leben, sondern auch die Welt der internationalen Politik zu verändern.

Um zu verstehen, was Axelrod herausfand, müssen wir zunächst einiges über das Problem wissen, für das Axelrod sich interessierte. Es ist eine bekannte Fragestellung im Zusammenhang mit der Kooperation, die nach ihrer üblichen Darstellungsform »Häftlings-Dilemma« heißt. Es gibt viele Versionen dieses Dilemmas, hier ist meine:

Du und ein anderer Gefangener schmachten in getrennten Zellen des Polizeigefängnisses von Ruritanien. Die Polizei möchte euch beide zum Geständnis einer Verschwörung gegen den Staat bringen. Ein Vernehmungsbeamter kommt in deine Zelle, gießt dir ein Glas ruritanischen Wein ein, gibt dir eine Zigarette und bietet dir im Ton verführerischer Freundlichkeit einen Handel an.

»Gestehe«, sagt er, »und wenn dein Freund in der anderen Zelle ...«

Du protestierst, du hättest den anderen noch nie gesehen, aber der Beamte wischt deinen Einwand beiseite und macht einfach weiter:

»Um so besser, wenn er nicht dein Freund ist; ich wollte nämlich sagen, wenn du gestehst und er nicht, dann benutzen wir dein Geständnis, damit er zehn Jahre kriegt. Dich lassen wir zur Belohnung frei. Wenn du aber so dumm bist, nicht zu gestehen, und dein ›Freund‹ in der anderen Zelle tut es, dann gehst du für zehn Jahre ins Gefängnis, und er kommt frei.«

Du denkst darüber eine Weile nach und bemerkst, daß du noch nicht genug weißt, um dich zu entscheiden; du fragst also:

»Und wenn wir beide gestehen?«

»Dann wirst du, weil wir dein Geständnis nicht wirklich gebraucht haben, nicht freigelassen. Aber als Anerkennung dafür, daß ihr uns zu helfen versucht habt, bekommt jeder von euch nur acht Jahre.«

»Und wenn keiner von uns gesteht?«

Der Vernehmungsbeamte setzt plötzlich einen finsteren Blick auf, und du hast Angst, daß er dich schlagen könnte. Aber er beherrscht sich und murmelt, dann würde man euch, da keine für eine Verurteilung ausreichenden Beweise vorlägen, nicht sehr lange behalten können. Doch dann fügt er hinzu:

»So leicht geben wir nicht auf. Wir können euch noch ein halbes Jahr hier behalten und verhören, ehe diese mitleidigen Leute von Amnesty International unsere Regierung genügend unter Druck setzen können, um euch raus zu bekommen. Also, denk mal nach: ob dein Freund gesteht oder nicht, du bist immer besser dran, wenn du gestehst. Und mein Kollege erzählt jetzt im Moment dem Kerl in der anderen Zelle genau dasselbe.«

Du denkst über das nach, was der Beamte gesagt hat, und kommst zu dem Schluß, daß er recht hat. Wie sich der Fremde in der anderen Zelle auch verhält, du bist besser daran, wenn du gestehst. Denn wenn er gesteht, dann bekommst du acht Jahre, wenn du auch gestehst, und zehn Jahre, wenn du nicht gestehst. Gesteht er nicht, dann kommst du frei, wenn du gestehst, oder bleibst noch ein halbes Jahr in Haft, wenn du nicht gestehst. Es sieht also ganz danach aus, daß du gestehen solltest. Aber dann kommt dir ein anderer Gedanke. Der andere Gefangene ist in genau der gleichen Lage wie du. Wenn es für dich vernünftig ist zu gestehen, dann ist es das auch für ihn. Und dann bekommt ihr beide acht Jahre. Wenn ihr aber beide nicht gesteht, dann kommt ihr beide in einem halben Jahr frei. Wie ist es möglich, daß die Entscheidung, die für jeden von euch für sich genommen vernünftig erscheint – nämlich zu gestehen –, euch beide schlechter stellt, als wenn ihr nicht gesteht? Wie sollst du dich verhalten?

Es gibt keine Lösung des Häftlings-Dilemmas. Von einem rein am eigenen Interesse orientierten Standpunkt aus gesehen (der keine Rücksicht auf die Interessen des anderen nimmt) ist es für jeden Gefangenen vernünftig zu gestehen – und wenn jeder tut, was vom Standpunkt des eigenen Interesses aus vernünftig ist, dann sind beide schlechter daran, als wenn sie sich anders entschieden hätten. Das Dilemma beweist also: Wenn jeder individuell das wählt, was in seinem eigenen Interesse liegt, dann kann es dahin kommen, daß jeder schlechter dasteht, als wenn beide im Sinne ihres gemeinsamen Interesses entschieden hätten.

Wahrscheinlich kommen Sie nie in die Lage der beiden Häftlinge in Ruritanien, aber es gibt viele alltägliche Beispiele, in denen die allgemeine Regel des Häftlings-Dilemmas sich bestätigt. Jeder, der schon einmal im Berufsverkehr im Stau gesteckt hat, weiß: in meinem individuellen Interesse liegt es zwar, mit dem eigenen Auto in die Stadt zu fahren (die Busse kommen bei viel Verkehr auch nicht schnell voran, und sie fahren ohnehin nicht besonders oft), aber es läge im Interesse aller, wenn wir alle zusammen beschließen würden, mit dem Bus zu fahren, denn dann könnten die Betreiber es sich leisten, die Busse in viel kürzerem Takt fahren zu lassen, und ohne das hohe Verkehrsaufkommen kämen wir in der halben Zeit zur Arbeit.

Die Situation von Max und Lyn im vorigen Beispiel ähnelt in mancher Hinsicht dem Häftlings-Dilemma, unterscheidet sich davon aber in anderen Aspekten. Für beide ist es von Vorteil, wenn sie zusammenarbeiten, denn sonst verlieren beide das Getreide, das sie nicht ernten können, bevor es zu regnen beginnt. Ist es aber für jeden bzw. jede einzeln vernünftig, sich kooperativ zu verhalten? Wenn Lyn Max bei seiner Ernte hilft und sich dann um Hilfe an ihn wendet, wenn sie ihre Ernte einbringen muß, könnte er versucht sein zu denken, daß es nicht in seinem Interesse liege, ihr zu helfen. Er hat ja schon von Lyns Hilfe profitiert, und jetzt könnte er seine Zeit besser damit verbringen, etwas Unkraut zu jäten, bevor er wieder pflanzt. Versetzen wir uns nun aber in Lyns Lage. Angenommen, sie überlegt sich, ob sie Max bei der Ernte helfen soll. Wenn sie sich vor Augen führt, daß seine Ernte zuerst eingebracht wird, und es deshalb nicht in seinem Interesse liegt, ihr bei ihrer Ernte zu helfen, und er es aus diesem Grund möglicherweise auch nicht tun wird, dann hilft sie ihm gar nicht erst. Wie für die beiden Häftlinge ist es also für Max und

Lyn besser, wenn sie zusammenarbeiten, aber es ist fragwürdig, ob es auch für jeden von ihnen unabhängig vom anderen vernünftig ist.

Betrachten wir die Entscheidung des Gefangenen, nicht zu gestehen, als eine Form der Kooperation mit dem anderen Häftling – also als die Übernahme einer Strategie, die bedeutet, eher zusammen als gegeneinander zu arbeiten – dann ist die Parallele zum, sagen wir, Bauern-Dilemma leicht zu erkennen. Beide sind Versionen eines allgemeinen Problems, des Kooperations-Dilemmas. Es gibt aber auch einen wichtigen Unterschied zwischen beiden Versionen. Das Häftlings-Dilemma ereignet sich in einer Lebenssituation, die einmalig ist. Dieses eine Mal muß sich jeder der beiden Gefangenen entscheiden, ob er sich kooperativ verhalten soll oder nicht. Beide Häftlinge werden wahrscheinlich nie wieder in diese Situation kommen. Die Antwort, die jeder Häftling dem Vernehmungsbeamten in seiner Zelle gibt, hat so gesehen keine weiteren Auswirkungen auf sein Leben, abgesehen natürlich von denen, die der Vernehmungsbeamte schon angekündigt hat. Max und Lyn dagegen sind Nachbar und Nachbarin und bleiben es wahrscheinlich ihr Leben lang. Daß sie nicht nur in diesem Jahr, sondern noch viele Jahre lang Hilfe brauchen werden, um ihre Ernte einzubringen, ist so vorhersehbar wie das Kommen und Gehen der Jahreszeiten. Das ist ein entscheidender weiterer Gesichtspunkt, den beide bei ihrer Überlegung, was in ihrem jeweils eigenen Interesse liegt, berücksichtigen müssen. Max weiß, daß Lyn ihm bestimmt nächstes Jahr nicht helfen wird, und womöglich noch viele Jahre lang nicht, wenn sie ihm jetzt hilft und er sich dann nicht revanchiert. Wenn er jetzt Unkraut jätet, statt Lyn zu helfen, hat er einen kurzfristigen Vorteil, aber langfristig kommt er damit viel schlechter weg. Es liegt also in seinem Interesse, Lyn zu helfen, und weil Lyn das weiß, weiß sie auch, daß es in ihrem Interesse liegt, Max zu helfen. Die Logik des Kooperations-Dilemmas ändert sich also gewaltig, wenn es sich nicht um eine einmalige, sondern um eine sich unbegrenzt wiederholende Situation handelt.

Jetzt haben wir die Voraussetzungen, um zu verstehen, was Axelrod getan hat. Er faßte das Häftlings-Dilemma als Spiel auf, bei dem das Ziel darin besteht, möglichst wenig Zeit im Gefängnis zu verbringen. Dazu arrangierte er ein Dauerturnier mit vielen Spielern, das folgendermaßen aussah: Jeder Spieler muß 200mal mit demselben Partner spielen, d. h. entscheiden, ob er sich kooperativ verhalten und schweigen oder ob er den anderen im Stich lassen und gestehen soll. Das Ergebnis, die Anzahl der Haftjahre, hängt in der aus Ruritanien bekannten Weise vom Verhalten des Partners ab; nur muß man sich jetzt nicht nur einmal, sondern wieder und wieder entscheiden. Dabei ist die Situation jedesmal eine andere, weil man die vorhergegangenen Entscheidungen des Partners kennt. Nach 200 Durchgängen mit dem einen Partner bekommt man einen anderen, usw., bis jeder mit jedem 200mal gespielt hat. Am Ende wird für jeden Spieler die Summe seiner Gefängnisjahre gebildet.

Es lassen sich verschiedene Strategien denken, um das Turnier zu gewinnen. Eine könnte lauten, stets zu schweigen. Dieses Vorgehen könnten wir als die Kooperiere-immer-Strategie bezeichnen. Oder man könnte die extrem egoistische Kooperiere-nie-Strategie übernehmen. Man könnte auch eine etwas kompliziertere Strategie versuchen, etwa in den ersten Durchgängen kooperativ spielen und dann nicht mehr. Man könnte seine Strategie auch nach dem anderen Spieler richten; etwa nur dann kooperieren, wenn das der andere im vorigen Spiel getan hat. Axelrod wollte wissen, ob eine Strategie allen anderen überlegen sei. Gäbe es eine solche, dann wäre sie vielleicht auch im wirklichen Leben nützlich, wenn wir oder unsere Regierung entscheiden müssen, ob man mit anderen kooperieren soll, die ihrerseits vor der gleichen Entscheidung stehen. Er veranstaltete also das beschriebene Häftlings-Dilemma-Turnier. Es wurden Einladungen an Leute verschickt, die auf dem Gebiet der Entscheidungsstrategien forschten. Die Einladungen enthielten die Spielregeln, und die Teilnehmer wurden gebeten, eine Gewinnstrategie in computerisierbarer Form anzugeben.

Es gingen 14 Strategien ein, einige recht kompliziert. Sie wurden im Rechner alle gegeneinander angesetzt. Gewonnen hat die kürzeste und einfachste Strategie von allen. Sie lautete:

a) Beim ersten Zug spiele kooperativ.

b) Bei jedem folgenden Zug tue das, was der Partner beim vorhergehenden Zug getan hat.

Diese Strategie erhielt den Namen »Wie du mir, so ich dir«, denn sie revanchierte sich beim anderen Spieler für sein jeweiliges Verhalten. Wenn er freundlich war und kooperativ spielte, folgte eine kooperative Reaktion. War er egoistisch und kooperierte nicht, war die Reaktion beim nächsten Zug ebenfalls unkooperativ und egoistisch.

Daß eine so primitive Strategie gewann, muß den vielen Experten ziemlich unangenehm gewesen sein, die viel Zeit darauf verwendet hatten, sich viel differenziertere und kompliziertere Strategien auszudenken. Axelrod beschloß, ein zweites, größeres Turnier zu veranstalten, um zu sehen, ob ein Teilnehmer im Wissen, daß die erfolgreiche »Wie du mir, so ich dir«-Strategie wieder dabei sein würde, etwas Besseres aufstellen könne. Diesmal gingen 62 Lösungsvorschläge ein. »Wie du mir, so ich dir« gewann wieder.[3]

Warum? Ein Grund besteht darin, daß es eine, wie Axelrod es nennt, »freundliche« Strategie ist, d.h., sie versucht nie, als erste unkooperativ zu sein. Dennoch erzielt sie bessere Ergebnisse als »gemeine« Strategien, die von sich aus egoistisch agieren. Das gilt nicht nur für »Wie du mir, so ich dir«, sondern ganz allgemein schnitten freundliche Strategien in Axelrods Turnier besser ab.

Das führt zu einer wichtigen Erkenntnis über die Rolle, die nichtegoistisches Verhalten bei der Verbesserung der Überlebens- und Fortpflanzungschancen spielen kann. Axelrod zeigt genau auf, warum Lebewesen, die sich uneigennützig verhalten, ebenso erfolgreich oder sogar noch erfolgreicher sein können als andere, die sich absolut egoistisch verhalten. Die drei Hauptergebnisse lauten:

1. Indem »Wie du mir, so ich dir« selbst besser abschneidet, verhilft es auch allen anderen freundlichen Strategien zu einem besseren Ergebnis. Mit anderen Worten, die Summe der Gefängnisjahre für »Wie du mir, so ich dir« *und* die anderen freundlichen Strategien, gegen die »Wie du mir, so ich dir« eingesetzt wird, ist die geringstmögliche, weil diese Strategien ebenfalls kooperativ anfangen und dann dabei bleiben können. Allgemein gesprochen, unterstützen sich freundliche Strategien gegenseitig.

2. Ganz im Gegensatz dazu verderben sich gemeine Strategien gegenseitig ihre Erfolgsaussichten. Werden gemeine Strategien gegeneinander eingesetzt, erzielen sie alle ein ganz schlechtes Ergebnis.

3. Wenn freundliche und gemeine Strategien gegeneinander antreten, halten sich die freundlichen gut, sofern sie auf die erste nichtkooperative Handlung mit Vergeltung antworten.

Um die Bedeutung dieser Ergebnisse für die Evolution nichtegoistischen Verhaltens zu verstehen, sollten wir sie uns nicht länger als Computerprogramme oder Spielstrategien vorstellen, sondern als mögliche Verhaltensweisen von Tieren. Diese müßten soziale Tiere sein, die in einer stabilen Gruppe leben und die Fähigkeit besitzen, andere Gruppenmitglieder zu erkennen und sich deren kooperatives oder unkooperatives Verhalten zu merken. Solche sozialen Tiere waren die Menschen in ihrer ganzen Entwicklungsgeschichte. Auch Schimpansen und Gorillas, viele andere Affenarten, Elefanten, Wölfe und verschiedene andere soziale Säugetiere erfüllen diese Bedingungen. Die Frage lautet jetzt: wenn so etwas wie das Häftlings-Dilemma häufig im wirklichen Leben vorkommt, würden dann Tiere eher überleben und sich fortpflanzen, wenn sie stets auf ihren eigenen augenblicklichen Vorteil aus sind? Oder wäre es günstiger für sie, sich freundlich zu verhalten und gewisse kurzfristige Vorteile zugunsten der Kooperation mit einem anderen Tier aufzugeben?

Die Antwort kann aus den drei obengenannten Hauptergebnissen abgeleitet werden. Erstens: Wenn sich in einer Gruppe alle freundlich verhalten, geht es jedem einzelnen gut. Zweitens: In einer Gruppe von gemeinen Tieren ergeht es jedem einzelnen von ihnen schlecht. Drittens, und am wichtigsten: Wenn einige Tiere einer Gruppe freundlich und andere gemein sind, geht es den freundlichen immer noch gut, sofern sie sofort unkooperativ werden, wenn sie bemerken, daß ein anderes Tier sich gemein verhält.

Der Grund für diese dritte Folgerung muß noch deutlicher gemacht werden. Wenn gemeine Tiere mit freundlichen interagieren, haben die gemeinen beim ersten Zusammentreffen einen Vorteil, weil die freundlichen ihren kurzfristigen Vorteil zugunsten der Kooperation aufgeben, die gemeinen aber nicht. Langfristig tritt dieses eine Zusammentreffen aber in stabilen Gruppen in den Hintergrund. Es wird durch den Umstand ausgeglichen, daß freundliche Tiere, solange es eine gewisse Zahl von ihnen in der Gruppe gibt, bei ihren zweiten und folgenden Interaktionen mit anderen freundlichen Tieren besser wegkommen als gemeine Tiere bei einer zweiten und den folgenden Begegnungen, weil die freundlichen Tiere von den Vorteilen der Kooperation profitieren, die gemeinen aber nicht.

So weit, so gut. Nein, zu gut. Irgendwo in diesem Garten Eden der Evolution muß doch die Schlange lauern. Und wie in der Bibel öffnet ihr die Unschuld die Tür. Wenn freundliche Tiere in einer Gruppe mit gemeinen Tieren zusammenleben und sich immer freundlich verhalten, ohne Rücksicht darauf, ob die anderen ihre Freundlichkeit honorieren oder nicht, dann haben die gemeinen Tiere einen Vorteil.

Sie profitieren von der Kooperation, ohne dafür ihrerseits etwas geben zu müssen. Es kommt zu einem circulus vitiosus. Zunächst gibt es vielleicht nur wenige gemeine Tiere, aber sie vermehren sich jetzt rascher als die freundlichen. Diese finden allmählich immer weniger andere freundliche und haben deshalb weniger Möglichkeiten, von der Kooperation zu profitieren. Am Ende gibt es in der Gruppe keine freundlichen Tiere mehr.

Das läßt sich noch einfacher sagen. Wer freundlich zu jemandem ist, der die Freundlichkeit nicht erwidert, ist schließlich der Betrogene. Wo Individuen dumm genug sind, sich ausnutzen zu lassen, geht es Betrügern gut.[4] Umgekehrt gilt aber auch, daß es Betrügern schlecht geht, wo niemand sich betrügen läßt. Wenn alle freundlichen Tiere unkooperativ werden, sobald sie merken, daß die andere Seite es an Kooperation fehlen läßt – daß sie es also mit einem »Betrüger« zu tun haben –, haben gemeine Tiere wenig Gelegenheit, gutmütige auszunutzen. Der Gedanke, dem wir in Kapitel 2 begegneten – »Ich möchte nicht allein der Dumme sein« –, ist also durchaus vernünftig. Der Dumme oder Betrogene zu sein ist schlecht, nicht nur für einen selbst, sondern für alle. Zum Glück bedeutet das nicht, daß wir Betrüger sein müssen, damit es uns gut geht: Das rettende Element in dieser Situation besteht darin, daß sich in einer Gruppe bereits eine Teilpopulation von Tieren, die sich freundlich verhalten, von Betrügern freihalten kann. Eine solche Gesellschaft ist vielleicht kein Paradies mehr, denn Liebe und Freundlichkeit können nicht mehr uneingeschränkt gespendet werden; aber eine solche Gesellschaft ist für alle immer noch wesentlich besser als das Leben in einer Gruppe, die von gemeinen Tieren beherrscht wird.

Dieses Ergebnis bedeutet nichts weniger als die experimentelle Widerlegung der berühmten Lehre Jesu, die andere Wange hinzuhalten. Die meisten von uns halten das für ein hohes Ideal, allerdings zu idealistisch für diese Welt. Wir bewundern deshalb jene, die bereit sind, danach zu handeln. Wir glauben, daß diejenigen, die sich auf beide Wangen schlagen lassen, die *einzigen* sind, denen es wahrscheinlich schlecht ergeht. Doch jetzt wissen wir, daß dies nicht der Fall ist. Die andere Wange hinzuhalten heißt, mögliche Betrüger zu lehren, daß sich Betrügen auszahlt. Eine Ethik, die gebietet, die andere Wange hinzuhalten, ist wenig attraktiv, wenn der entstehende Nachteil nicht nur die trifft, die sich schlagen lassen, sondern auch alle anderen.

Was geschieht, wenn sich in einer Gruppe von Anfang an viele gemeine Mitglieder befinden? Kann dennoch ein sich selbst verstärkender Prozeß in eine positive Richtung einsetzen? Ja, sofern es wenigstens eine kleine Zahl von freundlichen Tieren gibt, die vorrangig miteinander interagieren, kann eine solche Entwicklung stattfinden. Sie können dann von der Kooperation profitieren, ohne sich ausnutzen zu lassen. Den gemeinen Tieren bleibt nichts anderes übrig, als vorwiegend mit anderen gemeinen zu interagieren, und dabei kommen sie schlecht weg. Wie beginnt die Gruppe von Individuen ihre Kooperation? Wie wir gesehen haben, kann der Altruismus gegenüber Verwandten von Vorteil sein, und Gene, die zum Altruismus gegenüber Verwandten disponieren, sind in der Evolution begünstigt. Beginnen könnte es also damit, daß alle Mitglieder einer Gruppe miteinander verwandt sind und es deshalb zur Kooperation kommt. Dementsprechend kann Kooperation sogar in einer Welt enstehen, in der fast jeder im Sinne seines kurzfristigen eigenen Vorteils handelt – so war es ja auch bei den Soldaten in den Schützengräben im Ersten Weltkrieg. Und die Kooperation breitet sich aus, solange es eine stabile Gruppe von Leuten gibt, die sich durch Kooperation besser stellen als andere, die nicht zusammenarbeiten.

Das ist ein erstaunliches Ergebnis. Mit »Wie du mir, so ich dir« kann es nur zu einer positiven Entwicklung kommen. Unter geeigneten Bedingungen kann »Wie du mir, so ich dir« gemeines Verhalten ausschalten, während es für dieses schwierig ist, »Wie du mir, so ich dir«-Verhalten auszuschalten. Axelrod sagt: »Die Zahnräder der sozialen Evolution haben eine Sperre.«[5]

Es mag noch immer so aussehen, als wären wir nur wenig vom eng verstandenen eigenen Interesse weggekommen. Es ist möglich, daß »freundliches« Verhalten Vorteile hat, aber sind die Freundlichen nicht bloß aufgeklärtere Egoisten? Dieser Einwand macht einen Fehler, der dem Mißverständnis im Zusammenhang mit dem Altruismus gegenüber Verwandten gleicht, das ich in Kapitel 5 erwähnt habe. Unser Gefühl der Liebe für Brüder und Schwestern ist nicht weniger echt, weil wir erklären können, wie sich dieses Gefühl entwickelt hat; es ist immer noch wahr, daß wir unseren Geschwistern helfen, weil uns etwas an ihnen liegt, und nicht wegen der genetischen Ähnlichkeit. Ebenso bedeutet die Tatsache, daß Kooperation die beste Strategie ist, nicht, daß diejenigen, die sich kooperativ verhalten, dies notwendig deshalb tun, *weil* sie einen Vorteil erlangen wollen. Manchmal ist das so. Wahrscheinlich war es so im System des »Leben und leben lassen«. Doch in anderen Fällen trifft es nicht zu. Manche von uns sind einfach so geartet, daß sie freundliche Gefühle für andere entwickeln, die sich ihnen gegenüber freundlich zeigen.

Nehmen wir die Freundschaft. Typisch ist, daß befreundete Menschen einander helfen. Vermutlich bedeutet das normalerweise, daß es jeder bzw. jedem von beiden besser ergeht als ohne die Hilfe eines Freundes bzw. einer Freundin. Ist also Freundschaft mit den ganzen Gefühlen, die dazugehören – Liebe, Loyalität, Solidarität, Dankbarkeit usw. – bloß eine Maskerade, ein Deckmantel, unter dem wir die nackte Selbstsucht verbergen? Natürlich nicht. Einige betrachten ihre Freunde berechnend egoistisch, die meisten von uns aber nicht. Die meisten von uns mögen die Menschen, mit denen sie befreundet sind, und freuen sich, mit ihnen zusammen zu sein. Und das ist eine wirkungsvolle Art, Kooperation entstehen zu lassen. Viele andere Tiere sind ebenfalls kooperativ und stellen Verbindungen zu anderen in der Gruppe her, die noch in keiner Beziehung stehen. Zwischen diesen Freunden findet kooperatives Verhalten statt. Manche Tiere teilen das Futter miteinander. Andere verteidigen ihre Freunde gegen Angriffe. Schimpansen und viele andere Primaten verbringen viel Zeit mit gegenseitiger Fellpflege, bei der Parasiten und Schmutz an Stellen entfernt werden, die das Tier selbst nicht erreichen kann. Die Freude, die wir über die Nähe zu unseren Freunden empfinden, könnte sich aufgrund der mit ihr verbundenen Vorteile für uns entwickelt haben, doch freundschaftliche Gefühle sind deshalb nicht weniger echt.

Noch etwas zum Thema Freundschaft und Zusammenarbeit. In einer kleinen, stabilen Gesellschaft, in der alle einander kennen, haben Betrüger schlechte Aussichten. Doch je weniger gut wir die Menschen kennen, mit denen wir zusammenleben, arbeiten und zu tun haben, desto größer sind die Chancen, daß einige von ihnen aus Betrug Nutzen ziehen. Richard Christie, ein Psychologe von der Columbia University in New York, entwickelte ein Meßverfahren für einen Charakterzug, den er »Machiavellismus« nennt und zu dem die Fähigkeit gehört, andere zu manipulieren und zu täuschen. Seine Arbeit geht dem Interesse an evolutionstheoretischen Erklärungen des sozialen Verhaltens voran, bestätigt aber die Voraussage dieser Evolutionsmodelle, daß einige Individuen Manipulation und Betrug zu ihrem eigenen

Vorteil nutzen, während andere dieses Vorgehen nicht übernehmen. Eine Untersuchung an mehreren hundert spanischen Studenten zeigte, daß diejenigen, die einen hohen Grad von Machiavellismus aufwiesen, eher aus den industrialisierteren und besser entwickelten Teilen des Landes kamen. Eine amerikanische Untersuchung fand einen ausgeprägteren Machiavellismus bei denen, die in einer Großstadt aufgewachsen waren.[6] In der Terminologie der Ökologie könnten wir sagen, daß Interaktionen mit Fremden eine Nische für jene schaffen, die kooperative Instinkte anderer ausnutzen können, indem sie von deren Hilfe profitieren, selbst jedoch nicht helfen, wenn es ihnen nicht mehr nützlich ist. Diese Nische gibt es aber nur, weil viele Kooperationsangebote aufrichtig gemeint sind. Wie ein parasitäres Gewächs, das eigentlich einen gesunden Baum braucht, von dem es seine Nährstoffe bezieht, schwächen Betrüger die Kooperationsbereitschaft, von der ihre Art, sich den Lebensunterhalt zu verdienen, abhängig ist. Die zynische Auffassung, jeder sei in gewissem Sinne ein Betrüger, verdreht die Logik der Beziehung. Wenn alle Betrüger wären, würde nämlich niemand mehr einem anderen trauen, und es gäbe keine Möglichkeit zum Betrug mehr.

Mit »Wie du mir, so ich dir« geht es uns besser

In fast jedem Bereich unseres Lebens stehen wir vor Entscheidungen, die strukturell dem sich wiederholenden Häftlings-Dilemma entsprechen. In persönlichen, geschäftlichen, politischen und zwischenstaatlichen Beziehungen müssen wir entscheiden, ob wir mit einem anderen Menschen, potentiellen Geschäftspartner oder Klienten, politischen Bundesgenossen oder ausländischen Staat zusammenarbeiten wollen. Beide Seiten könnten versucht sein, die Früchte der Zusammenarbeit ohne Gegenleistung ernten zu wollen; doch wenn sich beide so verhalten, sind sie schlechter daran, als wenn sie sich beide kooperativ verhalten hätten. Axelrods Ergebnisse lassen sich auf eine Art und Weise anwenden, die es allen Parteien ermöglicht, bessere Ergebnisse zu erzielen, als es sonst der Fall gewesen wäre. Im vorhergehenden Abschnitt sahen wir, welche einzelnen Elemente von »Wie du mir, so ich dir« dazu beitrugen, den Erfolg dieser Strategie in den Turnieren zu sichern. Jetzt möchte ich diese Elemente zu Regeln umformulieren, die jeder in einer Vielzahl von Alltagssituationen anwenden kann.

1. Beginnen Sie mit der Bereitschaft zur Kooperation. Grüßen Sie die Welt mit einem freundlichen Gesicht, denken Sie das Beste von fremden Menschen und seien Sie freundlich zu ihnen, wenn Sie keine Gründe für das Gegenteil haben. »Wie du mir, so ich dir« läßt erwarten, daß sich das für Sie und für die anderen auszahlt.

Gewiß gibt es Grenzen dafür, wieviel man bei der ersten Begegnung riskieren kann. Ich verleihe oft Bücher an Leute, die ich nicht gut kenne; gewöhnlich bekomme ich sie wieder. Da ältere Jahrgänge wissenschaftlicher Zeitschriften oft nicht zu ersetzen sind, verleihe ich sie nicht, außer an Leute, die ich gut kenne. Ebenso klar ist, daß man beim Anknüpfen einer neuen Geschäftsbeziehung das Risiko niedrig halten sollte. Doch worum es auch gehen mag, man sollte die Möglichkeit wirklich ernstnehmen, daß die andere Partei sich ebenso verhält.

Weil »Wie du mir, so ich dir« nur bei einer wahrscheinlich fortdauernden Beziehung zwischen den Beteiligten funktioniert, nützt es beiden Seiten, einen Weg zu finden, über den der langfristige Fortbestand der Beziehung gewährleistet wird. Solange Scheidung noch unmöglich, sozial nicht akzeptabel oder sehr schwierig war, diente die Eheschließung genau diesem Zweck, eine Grundlage für eine lebenslange rückhaltlose Kooperation zu schaffen. Die leichte Akzeptanz eines Lebens mit mehreren Scheidungen und Eheschließungen im Stile Hollywoods hat diese wichtige Funktion der Heiratszeremonie untergraben. Die Hochzeitszeremonie zu absolvieren, ohne wenigstens die Absicht zu einer langfristigen Bindung zu haben, ist völlig sinnlos, das bloße Relikt einer Zeit, in der sexuelle Beziehungen ohne den Segen der Kirche als sündig galten und uneheliche Kinder benachteiligt waren. In Gesellschaften, die nicht von konservativen Religionsformen beherrscht sind, gehen diese Anschauungen immer weiter zurück, und wir sind ohne sie besser daran. Sollte die Institution der Ehe mit ihnen verschwinden? Es gibt Anzeichen, daß sie auf dem Weg dazu ist; immer mehr Paare leben unverheiratet zusammen.

Natürlich gibt es neben der religiösen oder juristischen Eheschließung viele Möglichkeiten, dem Partner oder der Partnerin die Ernsthaftigkeit einer Bindung deutlich zu machen. Das Zusammenlegen der finanziellen Mittel sowie der Aufwand an Zeit und Energie für das gemeinsame Heim ist eine davon; sie bedeutet, daß im Falle einer Auflösung der Beziehung die gemeinsame Investition verloren ist. In meiner eigenen Ehe schuf nach meinem Empfinden die Entscheidung, zusammen ein Kind zu bekommen, und nicht der Entschluß zur Heirat die stärkste Bindung. Damit meine ich nicht, daß meine Frau und ich ein Kind hatten oder auch nur haben wollten, bevor wir heirateten. So unkonventionell waren wir nicht; es vergingen nach unserer Heirat vier Jahre, bis wir uns zu unserem ersten Kind entschlossen. Trotz der guten Beziehung, die wir in dieser Zeit aufgebaut hatten, und der gegenseitigen Verpflichtung, die wir eingegangen waren, erschien uns, solange kein Kind da war, das Zusammenbleiben als freigestellt. Da wir die Scheidung nicht als unvereinbar mit einem göttlichen oder moralischen Gesetz ansahen, konnten wir, wenn sich unsere Gefühle füreinander änderten, beide unserer Wege gehen. Unser Entschluß zu einem Kind verschloß uns diese Möglichkeit; sie konnte zwar immer noch wieder geöffnet werden, aber nur unter viel größeren Schwierigkeiten. (Ich betone, daß ich damit etwas über die Möglichkeiten sagen möchte, eine feste Bindung einzugehen, und nicht über die Art unserer Beziehung.) Unser Kind verknüpfte unser beider Zukunft viel fester, als es jeder anderen Form der Bindung möglich wäre, denn wenn sich einmal ein Band der Liebe zwischen Eltern und Kind entwickelt hat, dann kann die Verbindung zwischen den Eltern nicht mehr sauber und vollständig aufgelöst werden. So sehr Mann oder Frau einseitig oder auch beide wünschen mögen, die Beziehung zu beenden und neu anzufangen, das gemeinsame Kind macht es ihnen unmöglich.

2. **Tun Sie denen Gutes, die Ihnen Gutes tun, und schaden Sie denen, die Ihnen Schaden zufügen.** Wenn wir die Regeln von »Wie du mir, so ich dir« befolgen wollen, müssen wir zwischen zwei großen Gefahren hindurchsteuern: zwischen der Gefahr einer unendlichen Folge wechselseitiger – und wechselseitig zerstörerischer – Vergeltungen und der Gefahr, ausgenutzt zu werden. Wir fangen freundlich und kooperativ an. Wenn aber klar ist, daß die andere Seite nicht ebenso kooperativ ist, dann müssen wir unser eigenes Vorgehen ändern. Wie schnell muß das geschehen? Bei den Turnieren, die Axelrod durchführte, gab es ein Programm, das einmaliges unkooperatives Verhalten verzieh und erst bei dessen Wiederholung Vergeltung übte. Beim ersten Turnier schnitt es sehr gut ab, aber nicht beim zweiten,

bei dem es mehr Programme gab, die diese Nachsichtigkeit ausnutzen konnten.

Das schwerwiegendste geschichtliche Beispiel eines Versagens dieser Strategie ist die Beschwichtigungspolitik Englands und Frankreichs, als Hitler Stück für Stück den Versailler Vertrag zerriß. Zunächst baute er das deutsche Militär wieder auf. Hätten die Alliierten die Strategie »Wie du mir, so ich dir« befolgt, hätten sie etwas dagegen unternehmen müssen, aber sie taten nichts. 1936 besetzte Hitler das Rheinland, das der Vertrag zur entmilitarisierten Zone gemacht hatte. Jetzt hätte sogar ein Vertreter der Strategie handeln müssen, bei der nur auf eine Wiederholung nichtkooperativen Verhaltens reagiert wird, aber die Alliierten unternahmen wieder nichts. In gleicher Weise blieb die Reaktion nach dem Anschluß Österreichs 1938 aus. Noch bevor das Jahr vorüber war, erhob Hitler Ansprüche auf das Sudetenland, die deutschsprachigen Gebiete der damaligen Tschechoslowakei. Eine Zeitlang schien es, als hätten die Alliierten jetzt genug, doch in München gestanden sie dem deutschen Diktator wieder alles zu, was er gefordert hatte. Diese Nachgiebigkeit gegenüber einseitiger Gewalt bestärkte Hitler nur in dem Glauben, er könne alles erreichen, was er wollte, und sie trug auch dazu bei, daß er in seinem Volk immer mehr als genialer Führer angesehen wurde. Hätten sich die Alliierten zum Beispiel der Remilitarisierung des Rheinlands widersetzt, so hätten sie einen leichten Sieg über einen verhältnismäßig schwach gerüsteten Gegner erzielen können. Als sie sich schließlich zur Verteidigung Polens entschlossen, stand ihnen ein viel schlimmerer Krieg bevor. Indem sie zu nachgiebig waren und, wie sich herausstellte, gewissermaßen eine Strategie verfolgten, die erst bei etwa fünf Verstößen zurückschlug, sorgten die englische und die französische Regierung nur dafür, daß der Krieg, als er kam, zu einer viel größeren Katastrophe wurde, als es bei einem früheren Kriegsausbruch der Fall gewesen wäre. Hier spielten mehrere Dinge eine Rolle, vor allem das Schuldgefühl vieler Engländer und Franzosen wegen der Härte des Versailler Vertrages und die – nach der Schlächterei des Ersten Weltkriegs nur zu verständliche – Entschlossenheit, einen Krieg um jeden Preis zu vermeiden. Dennoch ist rückblickend klar, welche tragische Fehleinschätzung es bedeutete, jemandem, der zu einseitiger Gewaltanwendung bereit war, alles, was er wollte, ohne weiteres zuzugestehen.

In anderen Situationen ist es vielleicht schwierig, »Wie du mir, so ich dir« überhaupt anzuwenden. Das Engagement Amerikas und seiner Verbündeten im Vietnamkrieg wurde oft damit begründet, daß man gegenüber dem Kommunismus keinesfalls wieder den Fehler einer Beschwichtigungspolitik wie gegenüber den Nationalsozialisten begehen dürfe. Hinter diesem Gedanken stand die Vorstellung, daß der internationale Kommunismus etwas Einheitliches sei, das in Asien China, Nordkorea und Nordvietnam erobert habe und jetzt Südvietnam, Thailand und Malaysia bedrohe. Doch das war falsch; der Krieg in Vietnam war mehr ein lokaler Konflikt als ein Testfeld für die Stärke des internationalen Kommunismus, und der kommunistische Sieg in Vietnam führte nicht, wie die »Falken« vorausgesagt hatten, dazu, daß die »Dominosteine« Thailand, Malaysia und Indonesien auch fielen.

Das Beispiel Vietnams zeigt, daß »Wie du mir, so ich dir« kein Ersatz für ein eingehendes und genaues Verständnis der besonderen Umstände einer Situation ist. Und auch dann führt es nicht die Utopie einer gewaltfreien Welt herbei, sondern es macht, richtig verstanden und klug angewandt, Kriege selten, weil es bedeutet, daß Kriege sich nicht lohnen. Auch bei einer skeptischen Haltung gegenüber Präsident Bushs Lobpreis des Widerstands der Vereinten Nationen gegen die irakische Aggression als Beginn einer »neuen Weltordnung« ist es nicht abwegig, in einer kollektiven Entschlossenheit, klaren Aggressionen entgegenzutreten, die Grundlage einer neuen Weltordnung zu sehen, die im wesentlichen auf dem einfachen, aber wirkungsvollen Grundsatz »Wie du mir, so ich dir« beruht. Diese Aussicht birgt aber noch eine große Gefahr. »Wie du mir, so ich dir« bewährt sich in einer Situation fortdauernder Beziehungen. Wenn das Übel, das der anderen Seite auferlegt werden kann, so groß ist, daß sie überhaupt nicht mehr zurückschlagen kann, dann ist »Wie du mir, so ich dir« unanwendbar. Ebenso gilt, daß Vergeltung, auch wenn die Möglichkeit dazu besteht, dann sinnlos ist, wenn sie nur die Vernichtung beider Seiten bedeuten würde. Die Existenz von Atomwaffen macht beides zu realen Möglichkeiten. Neben allem anderen bedrohen Atomwaffen damit auch die beste Grundlage, die uns für die Regelung der internationalen Beziehungen zur Verfügung steht.

3. Machen Sie es nicht zu kompliziert. »Wie du mir, so ich dir« ist eine sehr einfache Regel. Es hat Vorteile, das eigene Verhalten einfach zu gestalten; es macht es der anderen Seite leichter zu sehen, was vor sich geht. In der Spieltheorie wird ein Spiel, bei dem allen Gewinnen entsprechende Verluste anderer Spieler gegenüberstehen, als Nullsummenspiel bezeichnet. Um Geld Poker zu spielen ist in finanzieller Hinsicht ein Nullsummenspiel. Am Ende eines Pokerabends muß die Summe der Gewinne abzüglich der Summe der Verluste gleich null sein. Wäre das Leben ein Nullsummenspiel, dann wäre das Spielen nach einer einfachen Regel ein Nachteil, da man selbst nur besser abschneiden könnte, indem der andere schlechter abschneidet. (Beim Poker versucht man zu gewinnen, indem man die anderen hinsichtlich der eigenen Absichten irreführt.) In vielen Situationen des wirklichen Lebens gewinnen jedoch beide Seiten durch Zusammenarbeit und fahren besser, wenn sie einander von Anfang an verstehen. Sie wissen dann, wie sie zur Zusammenarbeit gelangen können. Jedem und jeder einzelnen ergeht es auch besser, wenn die anderen wissen, daß er oder sie sich nicht ausnutzen läßt. Offenheit und Deutlichkeit im Hinblick auf die eigene Strategie kann so im eigenen Interesse liegen, denn es läßt die anderen besser erkennen, was man eigentlich tut, und erleichtert es, zum beiderseitigen Nutzen zusammenzuarbeiten.

Sollte »Wie du mir, so ich dir« auch in engeren persönlichen Beziehungen angewandt werden? Wer das vorschlägt, könnte als kleinlich und kalt berechnend erscheinen. Liebende haben gewiß keine Häftlings-Dilemmas durchzuspielen, und enge Freunde oder Freundinnen auch nicht. Oder nehmen wir die Kindererziehung: sollten Eltern ihren Kindern nicht vielmehr in Liebe und Hingabe gegenübertreten als so berechnend wie bei »Wie du mir, so ich dir«?

Es ist richtig, daß zwischen Liebenden, in einer Familie oder zwischen engen persönlichen Freunden, wo es jedem wirklich um das Wohl des anderen zu tun ist, die Frage der Gegenseitigkeit kaum auftritt. Anders gesagt: Wenn einem Spieler beim Häftlings-Dilemma am Wohl des anderen Spielers liegt, dann verändert sich seine Betrachtungsweise der Ergebnisse. Wenn jeder der Gefangenen in Ruritanien ebenso um das Los des anderen besorgt ist wie um sein eigenes, dann entscheidet er sich so, daß nicht die kürzeste Haftzeit für ihn selbst, sondern die geringste Gesamthaftzeit für beide erreichbar ist. Die Verweigerung des Geständnisses führt zu einer niedrigeren Gesamthaftzeit, gleichgültig, was der andere tut (gesteht er, ergeben sich zusammen 10 Jahre statt 16, wenn beide gestehen; gesteht er nicht, ergibt sich 1 Jahr statt 10 Jahren, wenn beide gestehen). Der altruistische Häftling gesteht also nicht, und wenn beide altruistisch sind, kommen sie besser weg, als wenn es sie beide nicht interessiert hätte, wie lange der andere im Gefängnis verbringt. Darum kommen Liebende, Familien und enge persönliche Freunde und Freundinnen, denen es ebenso um das Wohl der anderen wie um das eigene geht, untereinander nicht in die Situation des Häftlings-Dilemmas.

Echtes Interesse für andere ist also die vollständige Lösung des Häftlings-Dilemmas; es hebt das Dilemma auf. Es ist gut, wenn wir versuchen, dieses echte Interesse über die Familie und den engen persönlichen Freundeskreis hinaus auszudehnen, wo immer es möglich ist. Wir fordern Kinder oft dazu auf, sich in andere hineinzuversetzen. »Wie fändest du es, wenn sie das mit dir machen würde?« heißt es etwa oft als Begründung, warum die Tochter einem anderen Mädchen nicht sein Spielzeug wegnehmen soll. Das verhilft zur Erkenntnis eines wichtigen moralischen Gesichtspunkts: daß andere sich genau wie wir verletzt oder traurig fühlen. Wenn das Mitgefühl stark genug ist, dann ist kein »Wie du mir, so ich dir« nötig; andernfalls hat dieses Prinzip aber eine Funktion, auch in engen persönlichen oder familiären Beziehungen. Insbesondere bei Kindern ist es entscheidend, daß sie zumindest verstehen lernen, daß Gegenseitigkeit beiden Seiten zugute kommt. Wenn sich etwa meine Teenager-Tochter davonschleicht, um fernzusehen, statt ihren Anteil bei der Hausarbeit zu erledigen, ist liebevolle väterliche Nachgiebigkeit vielleicht für sie und für alle anderen in der Familie nicht das Beste. Vielmehr könnte es eher in ihrem und auch in meinem Interesse liegen, ihr klarzumachen, daß ich, wenn sie das nächste Mal zu ihrer Freundin gefahren werden will, möglicherweise gerade anderweitig beschäftigt bin. Es kann durchaus sein, daß ich mich dabei gar nicht wohl fühle, aber es hilft ihr einzusehen, daß andere Menschen nicht nur für sie da sind.

In der ganzen Gesellschaft, außerhalb von Familie und persönlichen Beziehungen, spielt »Wie du mir, so ich dir« eine entscheidende Rolle bei der Regelung unserer Interaktionen mit anderen. Das moderne Großstadtleben ist aber eine viel schwierigere Umgebung für die Anwendung von »Wie du mir, so ich dir« als die Computerwelt bei Axelrods Turnieren. Wir können die Strategie nur anwenden, wenn wir wissen, wer sich uns gegenüber kooperativ verhält und wer nicht. Der Computer hat keine Schwierigkeiten, zu erkennen, wer der andere Spieler ist oder was er tut, weil das Programm es ihm sagt. Auch Max und Lyn in ihrer stabilen Beziehung und mit einer Aufgabe befaßt, über die so gut wie keine Täuschung möglich ist, haben damit kaum ein Problem. Doch auch in einer kleinen Gesellschaft gibt es subtile Möglichkeiten des Betrügens. Beim gemeinsamen Beerensammeln kann jemand schnell die schönsten Beeren essen, die er findet, wenn gerade niemand hinschaut. Mit solchen geringfügigen Täuschungen umzugehen, ist jedoch eine Kleinigkeit im Vergleich mit den alltäglichen Problemen in einer Großstadt. Die Stadt zwingt uns, ständig mit Menschen umzugehen, die wir nie zuvor gesehen haben und wahrscheinlich nie wieder sehen werden; es ist kaum eine Überraschung, daß ihr die behagliche Sicherheit des Dorflebens fehlt, wo niemand seine Tür abschließt. Und wenn wir uns in schützende Blechkisten setzen und auf den Straßen auf eine Weise herumrasen, die zwangsläufig Leben und Gesundheit anderer gefährdet, dann sollten wir uns auch nicht wundern, daß sich einige Menschen weniger kooperativ verhalten, als wenn sie jemandem von Angesicht zu Angesicht gegenüberstehen.

Das Steuersystem läßt sich als ein riesiges, jährlich wiederholtes Häftlings-Dilemma auffassen. Wir alle möchten (jedenfalls einige der) aus Steuermitteln finanzierten staatlichen Dienstleistungen, aber jeder bzw. jede von uns würde es vorziehen, den eigenen Beitrag dazu nicht zu zahlen. Die Schwierigkeit bei der Anwendung von »Wie du mir, so ich dir« besteht darin, daß diejenigen, die sich nicht kooperativ verhalten, nicht leicht zu ermitteln sind. Es kann somit für jedes Individuum eine lohnende Gewinnstrategie sein, den eigenen gerechten Steueranteil nicht zu zahlen. Damit sich das ändert, müssen die Strafen (unter Berücksichtigung der Chancen, nicht entdeckt zu werden) so hoch sein, daß Steuerhinterziehung kein lohnendes Spiel mehr ist. Dazu müssen die Strafen oder die Aufklärungsraten erhöht werden oder beides zugleich. Wenn das gelingt, kann das Häftlings-Dilemma völlig ausgeschaltet werden. Die Veränderung der Gewinnverhältnisse braucht sich nicht auf rein finanzieller Ebene abzuspielen. Kommt zu den Geldstrafen eine öffentliche Mißbilligung hinzu, so können sie noch wirksamer sein. In anderen Fällen kann öffentliche Mißbilligung schon genügen. Eine Änderung der Gewinnverhältnisse verhindert die Steuerhinterziehung nicht völlig; Menschen begehen alle möglichen Verbrechen, deren Folgen voraussehbar ihren eigenen Interessen schaden. Doch wenn Steuerhinterziehung nur noch von Menschen begangen würde, die nicht beurteilen können was in ihrem eigenen Interesse liegt, wäre das ein erheblicher Fortschritt gegenüber der jetzigen Situation in vielen Ländern.

Unser Gerechtigkeitssinn läßt sich weitgehend auf die gleiche Weise erklären. Die Gerechtigkeit ist nicht, wie häufig angenommen, ein unantastbares Moralprinzip, das uns von einem göttlichen Wesen auferlegt ist, und sie ist auch nicht irgendwie in die Fundamente des Universums eingemeiselt. Die Gerechtigkeit ist nicht mehr und nicht weniger als eine Sammlung von begrifflichen Werkzeugen, um »Wie du mir, so ich dir« in der wirklichen Welt zum Tragen zu bringen. Insofern muß sie mit Besonnenheit eingesetzt werden. »Gerechtigkeit muß sein, und wenn die Welt zugrunde geht« ist ein altes Sprichwort, das allerdings der Gerechtigkeit ein bißchen zuviel Gewicht beimißt. Es hängt von den Umständen ab, wie absolut wir die Gerechtigkeit auffassen sollten. Sollte – was in seltenen Fällen möglich ist – die Gerechtigkeit niemandem nutzen, weder auf kurze noch auf lange Sicht, dann hat es keinen Sinn, sich daran zu klammern.

In seiner Sammlung der Kenntnisse über die Moralvorschriften verschiedener Gesellschaften kommt Edward Westermarck zu dem Ergebnis: »Eine Wohltat zu vergelten oder sich dem gegenüber dankbar zu zeigen, der sie erwiesen hat, gilt wohl überall, zumindest unter bestimmten Bedingungen, als Pflicht.«[7] Diese Dankbarkeitspflicht bringt uns dazu, Gutes mit Gutem zu vergelten; die entsprechenden Begriffe des moralischen Vorwurfs, der moralischen Empörung, der Vergeltung und Rache zeigen, wie wir reagieren sollten, wenn uns jemand schadet. Alle diese Begriffe stehen für Aspekte der Gegenseitigkeit. Diese ist Ciceros »erste Pflicht«,[8] der »eine Leitfaden« des konfuzianischen Weges,[9] und nach dem amerikanischen Soziologen Alvin Gouldner eine der wenigen moralischen Vorstellungen, die in praktisch jeder uns bekannten Gesellschaft allgemein anerkannt sind.[10] (Pflichten gegenüber Verwandten, vor allem von Eltern gegenüber ihren Kindern, gelten, wie wir in Kapitel 5 sahen, ebenfalls in jeder uns bekannten Gesellschaft; Verwandtschaft und Gegenseitigkeit sind die beiden stärksten und vielleicht die einzigen Anwärter auf den Status eines allgemein anerkannten moralischen Grundsatzes.)

In dieser Hinsicht ist die Beständigkeit der menschlichen Verhältnisse eindrucksvoller als Abweichungen, auf die oft von moralischen Relativisten hingewiesen wird. Der griechische Historiker Polybios schrieb vor mehr als 2000 Jahren:

> »Wenn ferner der eine beim anderen in Gefahren Hilfe und Beistand findet, aber dem Retter keinen Dank abstattet, sondern ihm wohl gar zu schaden versucht, dann müssen selbstverständlich alle, die davon wissen, Mißfallen empfinden und Anstoß nehmen, die Empörung ihres Nächsten teilen und für sich selbst ein Gleiches befürchten. Hieraus entwickelt sich bei jedem eine Vorstellung von dem Begriff der Pflicht und ihrer Bedeutung, und dies ist Anfang und Ende, das A und O der Gerechtigkeit.«[11]

Nach dem berühmten babylonischen Kodex Hammurabi bestand Gerechtigkeit, ganz im eigentlichen Sinne des »Wie du mir, so ich dir«, in der Forderung »Auge um Auge und Zahn um Zahn«. (Die Regel galt nur zwischen Mitgliedern der Aristokratie; Körperverletzungen an Bürgern oder Sklaven wurden nur mit Geldstrafen belegt.)[12] Ist aber das Auge des Täters ein sinnvoller Ausgleich für den Verlust des eigenen Auges? Hier fängt die Diskussion darüber an, was fair oder gerecht ist. Vielleicht möchte ich dem Täter gar nicht das Auge ausstechen, sondern hätte lieber eine nützlichere Entschädigung für die Verletzung, die mir zugefügt wurde. Wie ist es, wenn jemand nicht einem anderen das Auge aussticht, sondern ein Feuer legt und dessen Ernte verbrennt, dabei aber selbst ein unfähiger Mensch ist, der nicht einmal eine eigene Ernte hat, die man ihm verbrennen könnte? Auch wenn uns ein anerkannter Begriff der Fairness zur Verfügung steht, ist er nur schwer anwendbar, weil wir nicht unparteiisch sind. Das Gefühl, übervorteilt worden zu sein, kann zur Vergeltung führen, die dann wiederum stärkere Vergeltung hervorruft, bis es wie bei den berühmten Hatfields und McCoys zu einer regelrechten Fehde kommt, die über Jahre oder sogar Generationen ausgetragen wird.[13] Um das zu vermeiden, brauchen wir einen Begriff der Unparteilichkeit und ein System, das unparteiische Entscheidungen darüber liefert, was faires Verhalten ausmacht. Von da ist es nur noch ein kleiner Schritt bis zu einer Gesellschaft, die sich als Ganzes einige Aspekte der Gerechtigkeit zu eigen macht und nachdrücklich geltend macht, wozu auch gehört, daß ernste Verstöße angemessen bestraft werden.

4. Seien Sie bereit zu vergeben. »Wie du mir, so ich dir« bedeutet, stets bereit zu sein, zu vergessen und das Vergangene zu vergeben. Wie dunkel die Vergangenheit der anderen Seite auch sein mag, es bedarf nur einer einzigen kooperativen Handlung, damit die Strategie »Wie du mir, so ich dir« kooperativ reagiert. Das erleichtert es, aus dem Verhaltensmuster gegenseitiger Beschuldigungen auszubrechen, die beiden nur schaden. Es vermeidet auch Komplikationen und erleichtert es der anderen Seite, genau zu erkennen, woran sie ist. Im wirklichen Leben vergessen wir die Vergangenheit nicht gern, weil sie uns als Richtschnur für die Zukunft dient. Bietet uns die andere Seite Zusammenarbeit an, so müssen wir uns ein Urteil darüber bilden, ob das Angebot ernst gemeint ist. Sind in der Vergangenheit auf solche Angebote Versuche gefolgt, uns auszunutzen, dann zögern wir wahrscheinlich stärker, eine Verpflichtung einzugehen, als wenn sie aufrichtig gemeint waren. Unter diesem Vorbehalt zeigt der Erfolg von »Wie du mir, so ich dir« jedoch, daß es sich lohnt, stets zur Aufnahme oder Wiederaufnahme einer Zusammenarbeit und für beide Seiten nützlichen Beziehung auch mit denen bereit zu sein, die in der Vergangenheit unkooperativ waren.

5. Seien Sie nicht neidisch. Als letzter Faktor trägt zum Erfolg von »Wie du mir, so ich dir« noch bei, daß diese Strategie es anderen nicht übelnimmt, wenn sie ebensogut oder sogar besser abschneiden. »Wie du mir, so ich dir« war insgesamt am erfolgreichsten, weil es häufiger als jede andere Strategie kooperative Situationen herbeiführte. Wäre »Wie du mir, so ich dir« eine neidische Strategie, so hätte sie versucht, den Gewinn wettzumachen, den der andere Spieler bei einzelnen Zügen verbucht hat, als er ein Kooperationsangebot mit egoistischem Verhalten beantwortete. Doch das hätte »Wie du mir, so ich dir« nur gekonnt, indem es sich egoistisch verhalten hätte, und dies hätte wiederum zu wechselseitigen Vergeltungen und weniger kooperativen Interaktionen geführt.

In einem Nullsummenspiel ist Neid sinnvoll. Doch selbst Poker ist nur theoretisch ein Nullsummenspiel, im wirklichen Leben aber nicht immer. Wenn uns mehr an einem unterhaltsamen Abend liegt als an ein paar Mark Gewinn oder Verlust, dann können wir alle in dem Spiel gewinnen, gleichgültig, wie wir abschneiden. Das Leben ist kein

Nullsummenspiel. Wir fahren besser, wenn wir nicht neidisch sind. Das gilt sowohl psychologisch wie im Sinne von »Wie du mir, so ich dir«. Strategisch gesehen sind die besten Kooperationspartner solche, die sich über unsere Erfolge ebenso freuen wie über ihre eigenen. Zutiefst neidische Menschen versäumen daher viele Gelegenheiten zu einer für beide Seiten nützlichen Zusammenarbeit. Sie können versuchen, ihr neidisches Wesen zu verbergen, aber das ist nicht einfach. Und selbst wenn es ihnen gelingt, bezahlen sie dafür psychologisch. Neid ist kein angenehmes Gefühl. Er steht seinem Wesen nach im Gegensatz zur Zufriedenheit und besteht vor allem in einer Fixierung auf unerfüllte Wünsche und führt somit kaum zum Glück. Wenn wir jemanden als sehr neidisch beschreiben, beschwören wir das Bild eines Menschen herauf, dem es elend geht, der unfähig ist zu genießen, was er besitzt, und nur besessen von dem, was er nicht hat. Manchmal nimmt das extreme Formen an und treibt Menschen dazu, sich selbst zu ruinieren. Der Wall-Street-Bankier Dennis Levine scheint von Neid getrieben gewesen zu sein. Ein ehemaliger Kollege bei Drexel Burnham Lambert berichtet: Levine »schimpfte unaufhörlich darüber, daß er sechsstellige Summen verdiente, seine Kunden aber neunstellige. ›Neben denen‹, pflegte Dennis zu sagen, ›komme ich mir wie ein Stück Dreck vor‹.« Levines Art, sein schon reichliches Einkommen auf die nächste Stufe zu heben, endete für ihn selbst und für diejenigen, mit denen er interne Informationen ausgetauscht hatte, im Gefängnis.

Zweifellos kann Neid eine stark motivierende Kraft sein. Er kann Menschen dazu bringen, nach hohen Positionen oder materiellem Reichtum zu streben. So erhält er sich trotz der offensichtlichen Nachteile für den neidischen Menschen wie für die anderen von einer Generation zur nächsten. Und weil er ein so starkes Motiv ist, sprechen unglücklicherweise diejenigen, die uns ihre Produkte verkaufen wollen, oft versteckt oder offen die neidische Ader an, die in vielen von uns steckt. Sie schüren ein Klima des Neides und eine Vorstellung vom eigenen Interesse, die darauf beruht, wie wir uns im Vergleich mit anderen einstufen. Und das wiederum untergräbt unsere Bereitschaft, zum gegenseitigen Nutzen zusammenzuarbeiten.

Eigenes Interesse und Ethik: ein Zwischenergebnis

Gesellschaften entwickeln ethische Regeln, um Zusammenarbeit verläßlicher und dauerhafter zu machen. Die Ergebnisse nützen allen Mitgliedern der Gemeinschaft, sowohl kollektiv wie auch individuell. Eine freundliche und kooperative Haltung einnehmen, langfristige Beziehungen eingehen, sich aber nicht ausnutzen lassen, klar und offen und nicht neidisch sein – das sind keine Dekrete fremder Hand, die uns befehlen, unsere Neigungen zu unterdrücken und uns von der Verfolgung unserer wohlverstandenen Interessen abzuwenden. Es sind vernünftige Empfehlungen für jeden, der nach einem glücklichen und erfüllenden Leben als soziales Wesen strebt.

Verbinden wir damit die Gesichtspunkte aus Kapitel 5 über die ethische Bedeutung von Familie und Verwandtschaft, so können wir erkennen, daß ein großer Teil der Ethik sehr gut mit einer evolutionstheoretischen Analyse unserer sozialen Natur zusammenpaßt. Auf einigen der wichtigsten Gebiete des ethischen Verhaltens harmonieren unsere Bedürfnisse und unsere Ethik miteinander. In unserem Zusammenleben mit Familie und Verwandtschaft, Liebespartnern und Liebespartnerinnen, Freunden und Freundinnen, Geschäftspartnern und Geschäftspartnerinnen, Kollegen und Kolleginnen weisen eigenes Interesse und Ethik sehr oft in die gleiche Richtung. Damit läßt sich der Konflikt zwischen Ethik und eigenem Interesse mindestens zum Teil ausräumen. Und in diesem Maße wird unsere grundlegende Entscheidung, wie wir leben wollen, weniger schwierig. Wir können uns dazu entscheiden, ethisch zu leben, und gleichzeitig so leben, daß viele unserer wichtigsten menschlichen Bedürfnisse befriedigt werden. Doch die Gebiete der Ethik, die wir in diesem und im 5. Kapitel behandelt haben, machen noch keineswegs die ganze Ethik aus. Die restlichen Kapitel dieses Buches wenden sich einer speziellen und sehr viel anspruchsvolleren Seite der Ethik zu, und auch einigen tieferliegenden Fragen zum wahren Wesen des eigenen Interesses.

8 Ethisch leben

Helden

Yad Vashem liegt auf einem Hügel außerhalb Jerusalems. Der israelische Staat errichtete es zum Gedenken der Opfer des Holocaust und derer, die ihnen halfen; es ist geheiligte Stätte, Museum und Forschungszentrum zugleich. Der Zugangsweg ist eine lange, von Bäumen gesäumte Allee, die »Allee des Justes«, die »Allee der Gerechten«. Jeder Baum erinnert an einen nichtjüdischen Menschen, der sein Leben riskierte, um einen jüdischen Menschen in der NS-Zeit zu retten. Nur wer ohne Aussicht auf Belohnung oder Nutzen half, wird für wert befunden, unter die Gerechten aufgenommen zu werden. Ehe ein Baum gepflanzt wird, prüft ein Ausschuß unter Vorsitz eines Richters alles verfügbare Material über die vorgeschlagene Person. Trotz dieser strengen Prüfung ist die Allee nicht lang genug, um alle Bäume aufzunehmen, die gepflanzt werden müssen. Sie ziehen sich bis auf einen nahen Hügel hin; es sind jetzt mehr als 6000. Doch es muß noch viel mehr Menschen gegeben haben, die Juden vor den Nationalsozialisten gerettet haben, ohne daß es je bekannt wurde. Schätzungen liegen zwischen 50000 und 500000; genau werden wir es nie wissen. Harold Schulweis, der eine Stiftung zur Ehrung und Unterstützung solcher Menschen gegründet hat, sagte, es gebe keine Simon Wiesenthals, die jene ausfindig machen, die die Gejagten versteckten, ernährten und retteten. Yad Vashem kann mit seinem beschränkten Budget nur passiv tätig werden, indem es das Beweismaterial zu den von Überlebenden vorgeschlagenen Personen prüft. Viele, denen geholfen wurde, haben am Ende doch nicht überlebt; andere möchten keine schmerzlichen Erinnerungen wachrufen und haben sich nicht gemeldet, oder sie konnten ihre Retter nicht identifizieren.

Vielleicht der berühmteste der Menschen, derer in Yad Vashem gedacht wird, ist Raoul Wallenberg. In den ersten Jahren des Zweiten Weltkriegs, als die Nationalsozialisten ihre Herrschaft über Europa ausdehnten, führte er ein komfortables Leben als schwedischer Geschäftsmann. Da Schweden neutral war, konnte Wallenberg in Deutschland und dem verbündeten Ungarn herumreisen und die kulinarischen Spezialitäten seiner Firma verkaufen. Doch er war beunruhigt durch das, was er von der Judenverfolgung sah und hörte. Jemand aus seinem Freundeskreis sagte, er sei deprimiert gewesen, und fügte hinzu: »Ich hatte das Gefühl, daß er mit seinem Leben etwas Wichtigeres anfangen wollte.« 1944 verdichteten sich die kaum glaublichen Nachrichten über die systematische Vernichtung der Juden derart, daß man nicht mehr darüber hinweggehen konnte. Die amerikanische Regierung fragte bei der schwedischen Regierung an, ob sie als neutrale Nation die Belegschaft ihrer diplomatischen Vertretung in Ungarn vergrößern könne, wo noch 750000 Juden lebten. Man dachte, daß eine starke diplomatische Vertretung einen gewissen Druck auf die nominell unabhängige ungarische Regierung ausüben könne, sich der Deportation der ungarischen Juden nach Auschwitz zu widersetzen. Die schwedische Regierung war einverstanden, und Wallenberg wurde hingeschickt. In Budapest stellte er fest, daß Adolf Eichmann, der von Himmler mit der Durchführung der »Endlösung« betraut worden war, entschlossen war, seinen Vorgesetzten zu demonstrieren, wie rücksichtslos und wirksam er bei der Auslöschung der ungarischen Juden vorgehen konnte. Wallenberg gelang es, die ungarische Regierung dazu zu bringen, sich dem Druck der Nationalsozialisten zu weiterer Judendeportationen zu verweigern, und eine kurze Zeit sah es aus, als könne er nach erfülltem Auftrag nach Schweden zurückkehren. Doch dann stürzten die Nationalsozialisten die ungarische Regierung und setzten ein Marionettenregime ein, das von der ungarischen nationalsozialistischen Partei, den »Pfeilkreuzlern«, geführt wurde. Die Deportationen setzten wieder ein. Wallenberg gab »schwedische Schutzpässe« an Tausende von Juden aus, die ihnen Verbindungen mit Schweden und den Schutz der schwedischen Regierung attestierten. Manchmal stellte er sich zwischen die Nationalsozialisten und ihre auserkorenen Opfer, pochte auf den Schutz durch die schwedische Regierung und erklärte, wenn man diese Juden wegbringen wolle, müsse man zuerst ihn erschießen. Als sich die Rote Armee Budapest näherte, wurde die Situation unüberschaubar. Andere neutrale Diplomaten verließen die Stadt, doch es bestand weiterhin die Gefahr, daß die Nationalsozialisten und ihre Marionetten aus den Reihen der Pfeilkreuzler im jüdischen Ghetto noch ein letztes Massaker veranstalten würden. Wallenberg blieb in Budapest und nahm das Risiko auf sich, das Bombenangriffe und der Haß von

176

deutschen SS- und Pfeilkreuzler-Offizieren bedeuteten, die ihren Finger locker am Abzug hatten. Er bemühte sich, Juden in sichere Verstecke zu bringen, und erklärte den NS-Führern, daß er persönlich dafür sorgen würde, daß sie als Kriegsverbrecher gehängt würden, wenn es zu einem Massaker kommen sollte. Bei Kriegsende waren in Budapest noch 120000 Juden am Leben; direkt oder indirekt verdankten die meisten von ihnen Wallenberg ihr Leben. Tragischerweise verschwand Wallenberg nach dem Ende der Kämpfe in Ungarn; es wird angenommen, daß er ermordet wurde, doch nicht von den Deutschen oder den Pfeilkreuzlern, sondern von der sowjetischen Geheimpolizei.[1]

Oskar Schindler war wie Wallenberg ein Geschäftsmann, aber von ganz anderer Herkunft und anderem Charakter. Er war Volksdeutscher und stammte aus Mähren in der Tschechoslowakei. Zunächst unterstützte er begeistert die Nationalsozialisten und den Anschluß der tschechischen Randgebiete an Deutschland; nach der Invasion deutscher Truppen in Polen ging er nach Krakau und übernahm dort eine ehemals jüdische Fabrik für Emaillewaren. Als die Nationalsozialisten begannen, die Krakauer Juden in die Vernichtungslager zu schicken, schützte Schindler seine jüdischen Arbeitskräfte, indem er sich darauf berief, daß seine Fabrik kriegswichtige Güter herstellte. Wenn die Juden auf den Bahnsteigen zusammengetrieben wurden, um in Güterwagen in die Vernichtungslager transportiert zu werden, bestach oder bedrohte er SS-Offiziere, damit sie einige entließen, von denen er behauptete, daß sie zu seiner Fabrik gehörten oder dort wegen ihrer Fähigkeiten gebraucht würden. Mit seinem Geld kaufte er auf dem Schwarzmarkt Lebensmittel, um die ungenügenden Rationen seiner Arbeiter und Arbeiterinnen aufzubessern. Er fuhr sogar heimlich nach Budapest, um sich mit Untergrundleuten zu treffen, die Nachrichten über den Völkermord der Nationalsozialisten an die Außenwelt gelangen lassen konnten. Gegen Ende des Krieges, als die russische Armee durch Polen vorrückte, zog er mit seiner Fabrik und der ganzen Belegschaft in ein neues »Arbeitslager« um, das er in Brinnlitz in Mähren errichtete. Es war das einzige Arbeitslager im nationalsozialistischen Europa, wo Juden nicht geschlagen oder erschossen wurden, sich zu Tode arbeiteten oder verhungerten. Das alles war sehr riskant; zweimal wurde Schindler von der Gestapo verhaftet, bahnte sich aber mit Täuschungsmanövern den Weg aus der Zelle.

Am Ende des Krieges hatten mindestens 1200 seiner jüdischen Arbeitskräfte überlebt; ohne Schindler wären sie ziemlich sicher umgekommen.

Schindler ist ein Beispiel dafür, wie Menschen, die sich sonst durch nichts besonders auszeichnen, unter entsprechenden Bedingungen zu einem heroischen Altruismus fähig sein können. Schindler war ein Trinker und Spieler. (Einmal setzte er beim Kartenspiel mit dem brutalen Kommandanten eines Zwangsarbeitslagers den ganzen Gewinn des Abends gegen dessen jüdische Hausgehilfin, weil er, wie er sagte, ein geschicktes Mädchen brauche. Er gewann und rettete ihr so das Leben.) Nach dem Krieg verlief Schindlers Leben wenig glanzvoll, er scheiterte bei einer Reihe geschäftlicher Unternehmungen, von der Pelztierzucht bis zur Zementfabrikation.[2]

Die Geschichten von Wallenberg und Schindler sind heute allgemein bekannt, aber es gibt noch tausende Fälle, in denen Menschen Risiken eingingen und Opfer brachten, um fremden Menschen zu helfen. In Yad Vashem sind zum Beispiel dokumentiert: ein Berliner Ehepaar mit drei Kindern, die eines der beiden Zimmer ihrer Wohnung räumten, damit eine jüdische Familie dort wohnen konnte; ein reicher Deutscher, der bei seinen Bemühungen, Juden zu helfen, den größten Teil seines Vermögens verlor; eine holländische Mutter von acht Kindern, die im Winter 1944, als Nahrungsmittel knapp waren, oft hungerte und auch die Rationen ihrer Kinder kürzte, damit ihre jüdischen Gäste überlebten. Samuel Oliner war ein zwölfjähriger Junge, als die Nationalsozialisten beschlossen, das Ghetto seiner polnischen Heimatstadt Bobowa zu liquidieren. Seine Mutter sagte ihm, er solle weglaufen; er entkam und wurde von einer polnischen Bäuerin aufgenommen, die einmal geschäftlich mit seinem Vater zu tun gehabt hatte. Sie verhalf ihm zu einer polnischen Identität und vermittelte ihm eine Arbeit als Landarbeiter. 45 Jahre später war Oliner Professor an der Humboldt State University in Kalifornien und arbeitete als Mitverfasser an dem Buch *The Altruistic Personality*, einer Untersuchung der Lebensumstände und Charaktereigenschaften von Menschen, die Juden gerettet hatten.[3]

Ich weiß von meinen eigenen Eltern – Juden, die bis 1938 in Wien lebten –, daß auf jede dieser heroischen Geschichten noch viele kommen, die weniger dramatische, aber doch wesentliche Beispiele von Altruismus zeigen. Bei der Flucht meiner Eltern aus dem nationalsozialistischen Europa spielte der Altruismus eines nahezu Fremden eine größere Rolle als Verwandtschaftsbande. Als Hitler in Wien einrückte, versuchten meine jungverheirateten Eltern auszuwandern; aber wohin konnten sie gehen? Für ein Einreisevisum verlangten Länder wie die Vereinigten Staaten und Australien die Bürgschaft eines Einheimischen für das Wohlverhalten und den Unterhalt der Einwanderer. Mein Vater hatte einen Onkel, der ein paar Jahre früher in die USA ausgewandert war. Er schrieb ihm wegen einer Bürgschaft. Der Onkel antwortete, er sei gern bereit, für meinen Vater zu bürgen, aber da er seine Frau nicht kenne, könne er sie nicht einbeziehen! In ihrer Verzweiflung wandte sich meine Mutter an einen Australier, dem sie nur einmal durch einen gemeinsamen Bekannten begegnet war, als er sich als Tourist in Wien aufgehalten hatte. Meinen Vater kannte er überhaupt nicht, doch er ging sofort auf die Bitte meiner Mutter ein, besorgte die nötigen Papiere, empfing meine Eltern am Kai, als das Schiff ankam, und tat alles, was er konnte, damit sie sich in ihrer neuen Heimat willkommen fühlten.

Unglücklicherweise wurden die Versuche meiner Eltern, ihre Eltern zum Weggehen aus Wien zu bewegen, nicht rasch genug beachtet. Der Vater meiner Mutter zum Beispiel war Lehrer an der führenden Hochschule Wiens, bis diese alle jüdischen Lehrer entlassen mußte. Trotz des Verlusts seiner Arbeitsstelle glaubte er, daß er als im Ersten Weltkrieg verwundeter Frontkämpfer mit Tapferkeitsauszeichnungen für sich und seine Frau nichts befürchten müsse. Bis 1943 lebten meine Großeltern unter immer schwierigeren Bedingungen weiter in Wien, bis sie in die Konzentrationslager geschickt wurden, die nur meine Großmutter mütterlicherseits überlebte. Doch wie wir aus Briefen an meine Eltern wissen, wurden meine Großeltern selbst in den schwierigen Kriegsjahren bis 1943 noch von einigen Nichtjuden besucht, die ihnen Neuigkeiten brachten und sie trösteten. Als mein Großvater wegen seines Ehrendegens nervös wurde (Juden war es einige Zeit zuvor verboten worden, Waffen zu besitzen), versteckte ihn eine Freundin meiner Mutter unter ihrem Mantel und warf ihn in einen Kanal. Diese Frau war ebenfalls Lehrerin; ihre Weigerung, in die NSDAP einzutreten, nahm ihr jede Aussicht auf Beförderung. Nichtjüdische ehemalige Schüler meines Großvaters besuchten ihn weiter in seiner Wohnung, und einer von ihnen nahm eine Universitätsprofessur nicht an, weil ihn das dazu gezwungen hätte, die Auffassungen des Nationalsozialismus zu unterstützen. Das waren keine heroischen, lebensrettenden Akte, aber sie waren auch nicht ganz risikolos. Der wichtige Punkt ist jedoch, daß der gesamte gesellschaftliche Druck diese Menschen in die entgegengesetzte Richtung drängte, nämlich nichts mit Juden zu tun zu haben und ihnen erst recht nicht irgendwie zu helfen. Doch sie taten, was sie für richtig hielten, und nicht, was für sie am einfachsten oder nützlichsten gewesen wäre.

Primo Levi war ein italienischer Chemiker, der als Jude nach Auschwitz geschickt wurde. Er überlebte und schrieb das Buch *Ist das ein Mensch?*, eine außerordentlich eindrucksvolle Darstellung seines Lebens als Sklave mit Essensrationen, die kaum ausreichten, um am Leben zu bleiben. Das Leben rettete ihm Lorenzo, ein nichtjüdischer Italiener, der als Zivilist für die Deutschen in einem Industrieprojekt tätig war, bei dem die Häftlinge als Arbeitskräfte eingesetzt wurden. Ich könnte nichts Besseres tun, als diesen Abschnitt mit Levis Gedanken darüber zu schließen, was Lorenzo für ihn getan hat:

»Es gibt wenig Konkretes darüber zu sagen: Ein italienischer Zivilarbeiter bringt mir ein Stück Brot und die Reste seines Essens, sechs Monate lang, Tag für Tag; er schenkt mir ein Unterhemd voller Flicken; er schreibt für mich eine Postkarte nach Italien und verschafft mir die Antwort. Dafür verlangt er keine Belohnung und will auch keine nehmen, denn er ist gut und einfach und glaubt nicht, daß man Gutes um der Belohnung willen tun soll ...

Ich glaube, daß ich es Lorenzo zu danken habe, wenn ich heute noch unter den Lebenden bin. Nicht so sehr wegen seines materiellen Beistands, sondern weil er mich mit seiner Gegenwart, seiner stillen und einfachen Art, gut zu sein, dauernd daran erinnerte, daß noch eine gerechte Welt außerhalb der unsern existiert: Dinge und Menschen, die noch rein sind und intakt, nicht korrumpiert und nicht verroht, fern von Haß und Angst; etwas sehr schwer zu Definierendes, eine entfernte Möglichkeit des Guten, für die es sich immerhin lohnt, sein Leben zu bewahren.

Die hier beschriebenen Personen sind keine Menschen. Ihr Menschentum ist verschüttet, oder sie selbst haben es unter der erlittenen oder der andern zugefügten Unbill begraben. Die schädlichen, dummen SS-Leute, die Kapos, die Politischen, die Kriminellen, die großen und kleinen Prominenten, bis herunter zu den unterschiedslosen, versklavten Häftlingen; alle Abstufungen dieser ungesunden, von den Deutschen gewollten Hierarchie: sie sind durch ihre einheitliche innere Verödung auf paradoxe Art miteinander verbrüdert.

Lorenzo aber war ein Mensch. Seine Menschlichkeit war rein und unangetastet, er stand außerhalb dieser Welt der Verneinung. Dank Lorenzo war es mir vergönnt, daß auch ich nicht vergaß, selbst noch ein Mensch zu sein.«[4]

Ein grüner Sproß

Wir müssen natürlich dankbar dafür sein, daß wir heute Fremden helfen können, ohne in ständiger Angst davor leben zu müssen, daß die Gestapo an unsere Tür klopft. Wir sollten jedoch nicht glauben, daß die Zeit des Heldentums vorüber ist. Wer an der »sanften Revolution« teilnahm, die den Kommunismus in der Tschechoslowakei stürzte, und an der entsprechenden Demokratiebewegung in Ostdeutschland, nahm große persönliche Risiken auf sich und war nicht vom Gedanken an persönliche Vorteile geleitet. Das gleiche gilt für die Tausende, die sich um das russische Parlament scharen, um Boris Jelzin in seinem Widerstand gegen den Staatsstreich der Hardliner zu verteidigen, der Michail Gorbatschow stürzte. Das herausragendste Bild aus unserer Zeit für diese Art von Mut kommt jedoch nicht aus Europa, sondern aus China. Es ist ein Foto, das in der ganzen Welt durch das Fernsehen und die Presse ging: ein einzelner chinesischer Student vor einer Panzerkolonne, die auf den Platz des himmlischen Friedens zurollt.

In freiheitlichen Demokratien birgt ein ethisches Leben nicht diese Art des Risikos, doch es fehlt nicht an Gelegenheiten zu einem ethischen Engagement für eine gute Sache. Meine Mitarbeit in der Tierbefreiungsbewegung hat mich mit Tausenden von Menschen zusammengebracht, die aus ethischen Überlegungen eine grundlegende Entscheidung getroffen haben: sie haben ihre Ernährung umgestellt und verzichten auf Fleisch, in manchen Fällen sogar auf *alle* Tierprodukte. Das ist eine Entscheidung, die das tägliche Leben betrifft. Darüber hinaus bleibt in einer Gesellschaft, in der die meisten weiterhin Fleisch essen, der Umstand, daß jemand zu einer vegetarischen Ernährungsweise übergeht, nicht ohne Einfluß darauf, was andere über ihn oder sie denken. Doch Tausende von Menschen haben es getan, nicht weil sie eine solche Ernährung für gesünder oder lebensverlängernd hielten – was auch der Fall sein kann –, sondern weil sie zu der Überzeugung gekommen sind, daß es keine ethische Rechtfertigung dafür gibt, wie zu Nahrungszwecken gezüchtete Tiere behandelt werden. So schrieb Mrs. A. Cardoso aus Los Angeles:

>»Ich erhielt Ihr Buch *Animal Liberation* vor zwei Wochen ... Ich dachte, es würde Sie interessieren, daß es über Nacht mein Denken verändert hat und ich auf der Stelle Vegetarierin geworden bin ... Ich danke Ihnen dafür, daß Sie mich auf unsere Selbstsucht aufmerksam gemacht haben.«

Solche Briefe hat es viele gegeben. Einige der Verfasser und Verfasserinnen interessierten sich nicht besonders für die Behandlung der Tiere, ehe sie mehr oder weniger zufällig mit der Problematik in Berührung kamen. Ein typischer Fall ist Alan Skelly, ein Lehrer an einer weiterführenden Schule auf den Bahamas:

>»Als Lehrer sollte ich mich mit dem allgemeinbildenden Stoff für die 11. Klasse befassen. Ich sollte drei aufeinanderfolgende Unterrichtsstunden über irgendein soziales Thema vorbereiten. Meine Frau hatte von einem Kind aus ihrer Klasse ein Flugblatt über ›Rechte der Tiere‹ bekommen. Ich schrieb an die Organisation ›People for the Ethical Treatment of Animals‹ in Washington, DC und erhielt das Video über ›Rechte der Tiere‹ ausgeliehen. Dieses Video hat meine Frau und mich so beeindruckt, daß wir Vegetarier geworden sind und uns für die Befreiung der Tiere einsetzen. Man schickte uns auch ein Exemplar Ihres Buches *Animal Liberation* ... Ich möchte Sie gerne wissen lassen, daß meine Frau und ich Ihnen – 14 Jahre nach dem Erscheinen Ihres Buches – radikale Veränderungen unserer Einstellung und unser Engagement für die Befreiung der Tiere verdanken. Nächsten Monat, wenn ich das Video von PETA 100 Schülern und Schülerinnen der 11. Klasse vorführe, werde vielleicht auch ich den moralischen Gesichtskreis anderer erweitern.«

Manche Menschen, die mir schreiben, berichten von speziellen Problemen, etwa wie sie zu Wanderstiefeln kommen können, die nicht aus Leder sind, oder daß sie keine praktikable Alternative dazu sehen, Mäuse zu töten, die in ihr Haus kommen. Der Inhaber eines Pelz- und Ledergeschäfts kam zu der Überzeugung, daß wir Tiere nicht um ihrer Haut willen töten sollten – er hatte Schwierigkeiten, seinen Partner davon zu überzeugen, daß sie zu einer anderen Art von Geschäft wechseln sollten! Andere möchten wissen, wie sie ihre Hunde und Katzen füttern sollen, oder ob ich glaube, daß Garnelen Schmerzen empfinden können. Manche stellen für sich allein ihre Ernährung um, andere arbeiten mit Gruppen zusammen, die versuchen, die Art und Weise zu verändern, wie Tiere behandelt werden. Einige setzen ihre Freiheit aufs Spiel und brechen in Laboratorien ein, um die dort verursachten Schmerzen und Leiden von Versuchstieren zu dokumentieren und vielleicht ein paar der Tiere zu befreien. Wo immer sie die Grenze ziehen, alle liefern sie bedeutsame Beweise dafür, daß ethische Argumente das Leben von Menschen ändern können. Als sie erst einmal davon überzeugt waren, daß es falsch ist, Hühner in kleinen Drahtkäfigen zu halten, damit sie billiger Eier produzieren, oder Schweine in Boxen zu halten, die so eng sind, daß sie sich nicht umdrehen können, beschlossen diese Menschen, daß sie in ihrem eigenen Leben eine moralische Revolution zuwege bringen müßten.

Die Befreiung der Tiere ist eine von vielen Angelegenheiten, die darauf angewiesen sind, daß Menschen sich zu einem ethischen Engagement bereit zeigen. Für zwei homosexuelle Amerikaner war der Ausbruch von AIDS eine solche Angelegenheit. Jim Corti, ein Krankenpfleger, und Martin Delaney, ein Unternehmensberater, waren entsetzt, als sie entdeckten, daß die amerikanischen Vorschriften ihren HIV-positiven Freunden neue Medikamente vorenthielten, die bei Menschen mit AIDS zu einer gewissen Hoffnung zu berechtigen schienen. Sie fuhren nach Mexiko, wo die Medikamente erhältlich waren, und schmuggelten sie in die Vereinigten Staaten ein. Bald waren sie die treibenden Kräfte einer weltweiten illegalen Aktion, die Arzneimittel schmuggelte und sich gegen staatliche Bürokratien wandte, die an einer unheilbaren Krankheit sterbende Menschen vor Arzneimitteln schützen wollen, für die noch kein Unbedenklichkeits- und Wirksamkeitsnachweis vorliegt. Nachdem sie erhebliche Risiken auf sich genommen und eine Menge harte Arbeit geleistet hatten, gelang es ihnen, eine Änderung der staatlichen Vorschriften zu erreichen, die ermöglicht, daß AIDS-Patienten – und alle tödlich Erkrankten – eher zu Behandlungen kommen können, die sich noch im Versuchsstadium befinden.[5]

Der denkwürdigste Kampf um ein Stück australische Wildnis trug sich 1982 und 1983 zu, als sich 2600 Menschen vor die Bulldozer setzten, die dazu verwendet werden sollten, mit dem Bau eines Staudamms am Franklin River in Südwest-Tasmanien zu beginnen. Der Franklin River war der letzte naturbelassene Fluß in Tasmanien, und der Staudamm, der der Elektrizitätsgewinnung dienen sollte, hätte gewaltige Schluchten und Stromschnellen überflutet, alte Kultstätten der Aboriginals ausgelöscht, 2000 Jahre alte Huon-Kiefern zerstört und die Tiere, die in den Wäldern lebten, ertränkt. Die Teilnehmer und Teilnehmerinnen der Blockade kamen aus ganz Australien, einige reisten auf eigene Kosten über Tausende von Kilometern aus Queensland und Westaustralien an. Es waren Männer und Frauen aus vielen Berufen dabei: Lehrer, Ärzte, Angehörige des öffentlichen Dienstes, Wissenschaftler, Bauern, Büroangestellte, Ingenieure und Taxifahrer. Fast die Hälfte von ihnen wurde von der Polizei verhaftet, meist wurde ihnen unbefugtes Betreten vorgeworfen. Ein Team von 20 Anwälten, alle ehrenamtlich, betreute sie juristisch. Fast 450 Angeklagte weigerten sich, eine Kaution zu stellen, und verbrachten zwischen 2 und 26 Tagen im Gefängnis. Professor David Bellamy, der weltweit bekannte englische Botaniker, reiste um die halbe Welt, um sich an der Blockade zu beteiligen, und wurde prompt verhaftet. Als er später im Gefängnis der örtlichen Polizei interviewt wurde, sagte er:

»Es war die erhebendste Sache, an der ich je teilgenommen habe, als Menschen aus so vielen Teilen der Gesellschaft bei wirklich unfreundlichem Wetter friedlich gegen die Zerstörung von etwas demonstrierten, woran sie alle glaubten.«[6]

Ethisches Engagement, wie stark es auch sei, wird nicht immer belohnt; doch dieses Mal war es so. Die Blockade machte den Franklin-Staudamm zu einer nationalen Frage und trug dazu bei, daß die nächste Wahl eine Labour-Bundesregierung gewann, die versprochen hatte, daß der Staudamm nicht gebaut würde. Der Franklin fließt noch immer ungestört.

Diese aufregenden Kämpfe sind Beispiele für eine Seite des Entschlusses zu einem ethischen Leben; sie zu sehr in den Mittelpunkt zu stellen, kann jedoch irreführend sein. Ethik stellt sich in unserem Leben auf viel gewöhnlichere, alltäglichere Weise dar. Als ich dieses Kapitel schrieb, erhielt ich mit der Post das Mitteilungsblatt der Australian Conservation Foundation, der führenden australischen Naturschutzlobby. Es enthielt einen Artikel vom Finanzierungskoordinator der Stiftung, worin er von einem Besuch bei einem Spender berichtete, der regelmäßig Spenden von 1000 Dollar und mehr geschickt hatte, und dem er dafür danken wollte. Als er an der Adresse ankam, glaubte er an einen Irrtum; er stand vor einem sehr bescheidenen Vorstadthaus. Aber es war kein Irrtum: David Allsop, ein Angestellter im öffentlichen Dienst, spendet die Hälfte seines Einkommens für den Umweltschutz. Er hatte früher selbst aktiv mitgearbeitet und sagte, er finde es tief befriedigend, jetzt andere Aktive finanziell unterstützen zu können.[7]

Ethisches Engagement hat etwas Erhebendes, ob man nun mit den Zielen einverstanden ist oder nicht. Sicher werden einige Leser und Leserinnen denken, es sei falsch, Tiere aus Laboratorien zu befreien, gleichgültig, was sie dort erleiden; andere werden meinen, jeder sollte sich an die staatlichen Planungsentscheidungen darüber halten, ob ein neuer Staudamm gebaut werden soll. Sie denken vielleicht, daß Menschen mit gegenteiliger Auffassung alles andere als ethisch handeln. Dennoch sollten sie das selbstlose Engagement der Teilnehmer und Teilnehmerinnen an diesen Aktionen erkennen können. So kann ich etwa die ethische Motivation bei Aktionen von Abtreibungsgegnern anerkennen, obwohl ich nicht mit ihnen über den Zeitpunkt übereinstimme, von dem an menschliches Leben geschützt sein sollte, und ihre Unempfindlichkeit gegenüber den Gefühlen schwangerer junger Frauen bedaure, die auf dem Weg zu einer Klinik, die Schwangerschaftsabbrüche durchführt, angegriffen werden.

Im Unterschied zu den meisten bisherigen Beispielen möchte ich jetzt einige betrachten, in denen selbstloses, ethisches Handeln etwas viel Stilleres, Gewöhnlicheres ist, aber deswegen nicht weniger bedeutsam. Maimonides, der größte jüdische Denker des Mittelalters, stellte eine »goldene Leiter der Mildtätigkeit« auf. Die unterste Stufe der Mildtätigkeit, so sagte er, ist das widerstrebende Geben; die nächste das fröhliche Geben, das aber nicht in angemessenem Verhältnis zur Not der betreffenden Person steht; die dritte Stufe ist das fröhliche und angemessene Geben, das aber nur auf Aufforderung erfolgt; die vierte das fröhliche, angemessene und unaufgeforderte Geben in die Hand des bedürftigen Menschen, so daß die Gabe diesen dazu bringt, sich zu schämen; die fünfte ist das Geben für Unbekannte, die aber ihrerseits ihren Wohltäter kennen; die sechste ist das Geben an jemanden, den man kennt, der einen aber nicht kennt; und die siebte Stufe ist das Geben, bei dem beide Beteiligten den jeweils anderen nicht kennen. Über diese äußerst verdienstvolle siebte Stufe stellte Maimonides nur noch die vorausschauende Erkenntnis von Bedürftigkeit und deren Verhütung durch Unterstützung beim Erwerb eines eigenen Lebensunterhalts.[8] Es ist bemerkenswert, daß 800 Jahre, nachdem Maimonides diese Rangbestimmung der Mildtätigkeit vornahm, viele gewöhnliche Bürger und Bürgerinnen etwas tun, was er – jedenfalls wenn keine Vorbeugung möglich ist – auf die höchste Stufe gestellt hätte. Ich meine das freiwillige Blutspenden. In England, Australien, Kanada und vielen europäischen Ländern sind freiwillige Blutspenden die einzige Möglichkeit zur Bereitstellung der großen Blutmengen, die für medizinische Zwecke gebraucht werden. In Kapitel 5 habe ich dieses verbreitete Beispiel ethischen Verhaltens schon kurz erwähnt. Der Akt des Blutspendens ist in einem Sinne sehr persönlich (das Blut, das in meinem Körper fließt, wird später im Körper eines anderen Menschen fließen) und in einem anderen sehr distanziert (ich werde nie wissen, wer mein Blut bekommen hat, und der andere Mensch wird den Spender nicht kennen). Blutspenden ist verhältnismäßig einfach. Jeder gesunde Mensch, ob reich oder arm, kann ohne Risiko spenden. Doch für den Empfänger oder die Empfängerin kann es so wertvoll sein wie das Leben selbst.

Es trifft zu, daß tatsächlich nur eine Minderheit der Bevölkerung Blut spendet (in England etwa sechs Prozent derer, die in Frage kämen).[9] Und es trifft auch zu, daß Blutspenden kein wirklich großes Opfer ist. Es dauert ungefähr eine Stunde, piekt ein wenig, und hinterher fühlen Sie sich möglicherweise ein paar Stunden lang etwas schwach, aber das ist alles. Wie viele Leute, könnte ein Skeptiker fragen, wären zu einem *wirklichen* Opfer bereit, damit ein fremder Mensch weiterleben kann?

Wenn die Bereitschaft, sich narkotisieren zu lassen und über Nacht im Krankenhaus zu bleiben, den Anforderungen an ein wirkliches

Opfer genügt, dann wissen wir, daß Hunderttausende in der Tat zu einem wirklichen Opfer bereit sind. In den letzten Jahren sind in etwa 25 Ländern Knochenmarkspender-Register eingerichtet worden. In den Vereinigten Staaten haben sich 650000 Menschen eintragen lassen, und 1300 haben bereits gespendet. In einigen anderen Ländern sieht es ähnlich aus. Zum Beispiel sind in Frankreich 63000 Menschen eingetragen, 350 haben gespendet; in England gibt es bei 180000 Eintragungen bisher 700 Spenden; in Kanada 36000 Eingetragene und 83 Spender bzw. Spenderinnen; und in Dänemark kam es bei 10000 Eintragungen bisher zu fünf Spenden. Etwa 25000 Menschen sind im australischen Knochenmarkspender-Register eingetragen und bis jetzt, also dem Zeitpunkt, zu dem ich das schreibe, kam es zu zehn Spenden.[10] Nach reiflicher Überlegung, in einer Situation, in der weder Nationalismus noch Kriegshysterie eine Rolle spielen, und ohne Aussicht auf irgendeine konkrete Belohnung ist eine ganze Anzahl gewöhnlicher Bürger und Bürgerinnen bereit, einiges auf sich zu nehmen, um einem fremden Menschen zu helfen.

Diese Hilfsbereitschaft sollte uns nicht überraschen. Der amerikanische Autor Alfie Kohn sagt in seinem heiteren Buch *The Brighter Side of Human Nature*:

> »Die Heldentaten kommen in die Zeitung (›Mann taucht in Teich, um ertrinkendes Kind zu retten‹) und drängen die Dutzende weniger denkwürdiger altruistischer Handlungen in den Hintergrund, die jeder von uns jede Woche erlebt und ausführt. Nach meiner Erfahrung drehen Autoräder auf dem Eis nicht lange durch, bis jemand hält, um zu schieben. Wir bringen unsere Zeitplanung durcheinander, um einen kranken Freund oder eine kranke Freundin zu besuchen, bleiben stehen, um Leuten weiterzuhelfen, die sich verfahren haben, wir fragen Weinende, ob wir ihnen irgendwie helfen können … Es sollte betont werden, daß dies alles besonders im Lichte der Tatsache bemerkenswert ist, daß unsere Sozialisierung auf dem Hintergrund einer Ethik individualistischen Konkurrenzdenkens abläuft. Wie ein grüner Sproß, der zwischen den Betonplatten eines städtischen Bürgersteigs hindurch nach oben drängt, trotzen die Beweise menschlicher Fürsorge und Hilfe füreinander der kulturellen Ambivalenz gegenüber solchem Handeln – und sogar ihrer offenen Behinderung.«[11]

Unzählige Hilfsorganisationen sind von Spenden aus der Öffentlichkeit abhängig, und die meisten sind auch auf etwas angewiesen, was viele von uns noch weniger gern hergeben: unsere Zeit. Amerikanische Umfragen zeigen, daß fast 90 Prozent der Amerikaner und Amerikanerinnen für mildtätige Zwecke Geld spenden, darunter 20 Millionen Familien, die mindestens fünf Prozent ihres Einkommens spenden. 80 Millionen amerikanische Männer und Frauen – fast die Hälfte der erwachsenen Bevölkerung – leisten freiwillige Dienste, 1988 wurden insgesamt 15 Milliarden Stunden freiwillige Arbeit geleistet.[12]

Auch als Verbraucher handeln wir ethisch. Als die Öffentlichkeit erfuhr, daß FCKW-haltige Aerosole die Ozonschicht schädigen, ging der Verkauf dieser Erzeugnisse deutlich zurück, noch ehe gesetzliche Bestimmungen für das Auslaufen der Produktion in Kraft traten. Die Verbraucher und Verbraucherinnen machten sich die Mühe, die Aufschriften zu lesen und Produkte ohne die schädlichen Bestandteile zu wählen, obwohl sich jeder und jede einzelne auch dazu hätte entscheiden können, sich nicht darum zu kümmern. Bei einer Verbraucherbefragung der führenden Werbeagentur J. Walter Thompson im Jahr 1990 gaben 82 Prozent der Befragten an, sie seien bereit, für umweltfreundliche Erzeugnisse mehr zu bezahlen. Zwischen einem Drittel und der Hälfte sagte, sie hätten bei ihren Einkäufen schon Umweltgesichtspunkte berücksichtigt. Zum Beispiel sagten 54 Prozent, daß sie bereits aufgehört hätten, Spraydosen zu verwenden.[13]

Der Council on Economic Priorities ist eine US-Organisation, die Firmen nach ihrem Beitrag zum gesellschaftlichen Gemeinwohl beurteilt. Berücksichtigt werden mildtätige Spenden, die Förderung von Frauen und Angehörigen von Minderheitsgruppen, Tierversuche, Verträge mit dem Militär, Gemeinnützigkeit, Atomenergie, Verbindungen zu Südafrika, Umweltauswirkungen und Familienfreundlichkeit. Die Ergebnisse werden jährlich in einem Taschenbuch veröffentlicht, von dem 800000 Exemplare verkauft werden. Vermutlich sind viele derer, die das Buch kaufen, daran interessiert, Firmen zu unterstützen, die bei ethischen Fragen gut bewertet werden.

Viele der Millionen Verbraucherinnen und Verbraucher, die dazu beigetragen haben, daß The Body Shop eine erfolgreiche internationale Kosmetikkette wurde, kaufen dort ein, weil sie sicher sein wollen, daß sie beim Kauf von Kosmetikartikeln nicht zu Tierversuchen oder Umweltschäden beitragen. Aus kleinen Anfängen heraus wuchs die Organisation jährlich um durchschnittlich 50 Prozent, und der Jahresumsatz liegt jetzt bei 150 Millionen Dollar. Da sich die Menschen auch für die ethischen Auswirkungen ihrer Investitionen zu interessieren beginnen und nicht nur für den finanziellen Ertrag, haben im letzten Jahrzehnt auch Investmentfonds auf Gegenseitigkeit erheblich an Bedeutung gewonnen, die nur in Firmen investieren, die bestimmte ethische Richtlinien befolgen.[14]

Diese Beispiele ethischen Verhaltens haben sich auf Fälle konzentriert, in denen fremden Menschen geholfen oder ein Beitrag zur Hilfe für die Gemeinschaft insgesamt, für nichtmenschliche Tiere oder für die Bewahrung der Natur geleistet wird, weil diese am leichtesten als altruistisch und somit als ethisch erkennbar sind. Doch der größte Teil unseres täglichen Lebens, und damit auch der größte Teil unserer ethischen Entscheidungen, bezieht Menschen ein, mit denen wir irgendwie in Beziehung stehen. Die Familie ist der Ort vieler unserer ethischen Entscheidungen, und ebenso der Arbeitsplatz. Wenn wir zu Menschen in einer langfristigen Beziehung stehen, dann ist weniger leicht auszumachen, ob das Motiv unseres Handelns darin besteht, das Rechte tun zu wollen, oder ob es darin besteht, daß wir aus allen möglichen Gründen die Beziehung aufrechterhalten möchten. Möglicherweise wissen wir auch, daß die andere Person Gelegenheit haben wird, auf unser Verhalten zu antworten – uns zu helfen oder uns das Leben schwer zu machen, je nachdem, wie wir uns ihr gegenüber verhalten. In solchen Beziehungen sind Ethik und Eigeninteresse unauflöslich miteinander vermischt, nicht anders als mit Liebe, Zuneigung, Dankbarkeit und vielen anderen wichtigen menschlichen Gefühlen. Doch der Aspekt der Ethik kann immer noch bedeutend sein.

Warum handeln Menschen ethisch?

In Kapitel 5 erwähnte ich die zynische Auffassung, daß wir nur tief genug graben müßten, um darauf zu stoßen, daß unter der Oberfläche einer jeden ethischen Handlung der Egoismus lauert. Wir sahen, daß im Gegensatz zu dieser Auffassung die Evolutionstheorie, recht verstanden, voraussagt, daß wir um das Wohl unserer Verwandten, der Mitglieder unserer Gruppe und derer, zu denen wir eine auf Gegenseitigkeit beruhende Beziehung haben können, besorgt sein werden. Jetzt haben wir gesehen, daß viele Menschen unter Bedingungen ethisch handeln, die auf diese Weise nicht erklärbar sind. Oskar Schindler förderte weder seine eigenen Interessen noch die seiner Verwandten oder seiner Gruppe, als er SS-Offiziere bestach oder überredete, jüdische Häftlinge vor der Deportation in die Todeslager zu bewahren. Für einen erfolgreichen nichtjüdischen deutschen Geschäftsmann waren die elenden und hilflosen jüdischen Häftlinge der SS kaum vielversprechende Partner zum Aufbau einer auf Gegeseitigkeit beruhenden Beziehung. (Das wirkliche Leben geht seltsame Wege; viele Jahre nach dem Krieg, als Schindler um den Aufbau einer Karriere kämpfte, konnten ihm einige der von ihm Geretteten helfen; doch 1942 wäre es nach menschlichem Ermessen für Schindler das einzig Kluge gewesen, sich um sein Geschäft zu kümmern oder sich, was er ja offenbar genoß, mit Wein, Frauen und Spiel zu vergnügen.) Ähnliches läßt sich über andere Retter in Tausenden von gut dokumentierten Fällen sagen. Doch dieser Punkt wird schon durch das viel harmlosere Beispiel des Blutspendens hinreichend bewiesen. Da dieses eine Institution ist, die sich weiter positiv entwickelt, ist ihre Untersuchung leichter.

Richard Titmuss, ein hervorragender englischer Sozialforscher, veröffentlichte die Ergebnisse einer Untersuchung von fast 4000 englischen Blutspendern und Blutspenderinnen in einem ausgezeichneten Buch mit dem Titel *The Gift Relationship*. Er fragte die Personen in seiner Erhebungsauswahl, warum sie zum ersten Mal Blut gespendet hätten und warum sie dann damit fortfuhren. Die allermeisten – Menschen aller Bildungs- und Einkommensschichten – antworteten, daß sie versuchten, anderen zu helfen. Hier ist ein Beispiel, die Antwort einer verheirateten jungen Frau, die als Maschinenbedienerin arbeitete:

»Blut kann man nicht im Supermarkt kaufen. Die Leute müssen von selber kommen, die Kranken können nicht aus ihrem Bett steigen und dich um einen halben Liter bitten, der ihr Leben rettet, deshalb bin ich freiwillig gekommen, um jemandem zu helfen, der Blut braucht.«

Ein Wartungsmechaniker sagte einfach: »Kein Mensch ist eine Insel.« Ein Bankmanager schrieb: »Ich dachte, es sei ein kleiner Beitrag, den ich zum Wohle der Menschheit leisten könnte.« Und eine verwitwete Rentnerin antwortete:

> »Weil ich das Glück habe, selbst gesund zu sein, und weil ich mir gerne vorstelle, daß mein Blut jemand anderem wieder zur Gesundheit verhelfen kann, und ich hatte das Gefühl, daß dies ein wundervoller Dienst wäre, an dem ich mich beteiligen wollte.«[15]

Aristoteles meinte, Menschen würden tugendhaft, indem sie Tugend üben, ähnlich wie jemand Lyraspieler wird, indem er die Lyra (eine antike Form der Harfe) spielt. In gewisser Beziehung erscheint das als ein seltsamer Gedanke, doch er wird durch weitere Untersuchungen über die Motivation von Menschen, die Blut spenden, gestützt. Professor Ernie Lightman von der University of Toronto befragte 2000 freiwillige Blutspender und Blutspenderinnen und fand, daß ihre erste Blutspende durch ein äußeres Ereignis angestoßen wurde, etwa den Aufruf einer Blutbank oder den Umstand, daß Freunde oder Kollegen spendeten, oder weil ganz in der Nähe eine Einrichtung war, wo man Blut spenden konnte. Doch mit der Zeit verloren diese äußeren Beweggründe an Bedeutung, und »Vorstellungen wie Pflichtgefühl und Unterstützung der Arbeit des Roten Kreuzes, auch ein allgemeiner Wunsch zu helfen« wurden wichtiger. Lightman schließt daraus: »Mit der wiederholten Durchführung einer freiwilligen Handlung über längere Zeit gewann das Gefühl einer persönlichen moralischen Verpflichtung immer mehr Bedeutung.« Forscher der University of Wisconsin haben ebenfalls die Motivation von Blutspendern untersucht und fanden, daß diese, je öfter sie schon gespendet hatten, um so seltener die Erwartungen anderer als Motiv angaben, sondern mit größerer Wahrscheinlichkeit sagten, es sei ein Gefühl moralischer Verpflichtung und Verantwortung gegenüber der Gemeinschaft, das sie dazu veranlasse. Vielleicht hatte also Aristoteles recht: je mehr wir Tugend üben, aus welchem Grunde auch immer, desto eher werden wir auch innerlich tugendhaft.[16]

Altruistisches Handeln ist leicht als ethisches zu erkennen, aber oft ist ethisches Verhalten durchaus vereinbar mit der Rücksicht auf das eigene Interesse. Hier ein letztes Beispiel, diesmal aus meinem eigenen Leben. Als Jugendlicher arbeitete ich in den Sommerferien im Büro meines Vaters. Es war ein kleines Familienunternehmen, ein Kaffee- und Teeimport. Bei der Korrespondenz, mit der ich zu tun hatte, waren gelegentlich Briefe meines Vaters an Lieferanten, in denen er sie daran erinnerte, daß sie für schon vor längerer Zeit gelieferte Waren noch keine Rechnung geschickt hatten. Manchmal war wegen der Länge der inzwischen verstrichenen Zeit klar, daß im Rechnungswesen des Lieferanten ein Fehler vorgekommen war. Handelte es sich bei den Lieferanten um große Firmen, so wäre der Fehler vielleicht nie entdeckt worden; für uns aber, die wir mit Bruttogewinnspannen von drei Prozent arbeiteten, hätten ein oder zwei »kostenlose« Lieferungen mehr Gewinn gebracht als das normale Geschäft eines ganzen Monats. Warum also, fragte ich meinen Vater, lassen wir die Lieferanten sich nicht selber um ihre Probleme kümmern? Wenn es ihnen einfiel, nach ihrem Geld zu fragen, schön und gut, wenn nicht, um so besser! Er antwortete, dies sei nicht die Art, wie anständige Leute Geschäfte machten; im übrigen schaffe der Versand solcher Erinnerungen Vertrauen, das für jede Geschäftsbeziehung lebenswichtig sei und sich auf lange Sicht in unserem Gewinn niederschlagen werde. Die Antwort schwankte also, um es anders zu sagen, zwischen dem Bezug auf ein ethisches Verhaltensideal (ein tugendhaftes Verhalten im Geschäftsleben, könnten wir sagen) und der Begründung durch ein langfristiges Eigeninteresse. Trotz dieser Ambivalenz verhielt sich mein Vater eindeutig ethisch.

Die Ethik findet sich überall in unserem täglichen Leben. Sie liegt hinter vielen unserer Entscheidungen, seien sie persönlich oder politisch oder beides. Manchmal erleben wir sie als leicht und zwanglos, unter anderen Umständen kann sie uns sehr fordern. In unser Bewußtsein dringt die Ethik jedoch nur gelegentlich ein, und das oft in verworrener Form. Sollen wir durchdachte grundlegende Entscheidungen treffen, so müssen wir uns zunächst der ethischen Verästelungen unserer Lebensweise bewußt werden. Nur so kann die Ethik zu einem bewußteren und verständlicheren Bestandteil des täglichen Lebens werden.

9 Das Wesen der Ethik

Eine umfassendere Perspektive

Menschen, die ethisch handeln, stehen für eine Lebensweise, die der kleinlichen, besitzanhäufenden und konkurrenzbetonten Verfolgung des eigenen Interesses entgegengesetzt ist, die, wie wir sahen, den Westen beherrscht und heute auch in den ehemals kommunistischen Ländern unangefochten ist. Ich möchte die Frage betrachten, warum jemand diese ethische Lebensweise wählen könnte. Bevor wir diese Frage diskutieren können, müssen wir uns aber klar darüber werden, was ethisch handeln eigentlich heißt. Das Wesen der Ethik wird oft mißverstanden. Ethik läßt sich nicht auf ein einfaches System von Regeln reduzieren wie »du sollst nicht lügen«, »du sollst nicht töten« oder »du sollst keine außerehelichen sexuellen Beziehungen haben«. Regeln sind bei der Kindererziehung nützlich, und sie sind ein nützlicher Leitfaden, wenn sorgfältiges und ruhiges Nachdenken für uns schwierig ist. In gewisser Beziehung sind sie wie Rezepte. Für einen unerfahrenen Koch sind Rezepte unverzichtbar; auch ein erfahrener Koch wird sie normalerweise befolgen, aber ein guter Koch weiß, wann und wie er sie abändern muß. Ebenso wie kein Kochbuch alle Umstände berücksichtigen kann, unter denen wir vor der Aufgabe stehen könnten, eine schmackhafte Mahlzeit zuzubereiten, ist auch das Leben selbst zu vielfältig, als daß irgendein begrenzter Regelkatalog die absolute Quelle moralischer Weisheit sein könnte.

Diese Analogie sollte aber nicht zu weit getrieben werden. Es kann eine Weile dauern, bis eine angehende Küchenchefin ein Rezept selbständig beurteilen und entscheiden kann, wie es verbessert werden könnte. Doch zum selbständigen Nachdenken über die Ethik sind wir alle berechtigt. Die moralischen Regeln, die in den meisten Gesellschaften immer noch gelehrt werden, sind oft nicht die, die wir unsere Kinder heute am dringendsten lehren sollten. Die Spannung zwischen Eigeninteresse und Ethik, die im Mittelpunkt dieses Buches steht, ist von der religiösen oder genauer der christlichen Ethik unabhängig; doch die traditionelle christliche Verurteilung harmloser körperlicher, vor allem sexueller Freuden trägt in einem solchen Ausmaß zur Verstärkung dieser Spannung bei, daß viele Menschen innerlich zu zerreißen drohen und das Ergebnis dann darin besteht, daß sie entweder die Ethik ganz aufgeben oder sich schuldig und unrein fühlen.

Heute wird viel vom Niedergang der Ethik geredet. Sehr oft aber meinen diejenigen, die darüber reden, daß bestimmte ethische Regeln weniger beachtet werden. Ich weiß nicht, ob die Befolgung dieser Regeln wirklich so abgenommen hat. (Weiß es überhaupt jemand? Bestimmt kann jemand eine Umfrage vorweisen, die zeigt, daß heute mehr Leute sagen, daß sie lügen, als dies vor zehn Jahren der Fall war; aber vielleicht geben die Menschen jetzt bloß offener zu, daß sie lügen.) Selbst wenn heute Regeln weniger beachtet würden, bedeutet das jedenfalls noch keinen Niedergang der Ethik, sondern eben nur, daß die Bereitschaft zur Befolgung dieser Regeln abgenommen hat. Ist das nun gut oder schlecht? Es kommt ganz darauf an. Hat jemand die Regeln mißachtet, weil er oder sie sich überhaupt nicht mehr um Ethik kümmert und nur an der Befriedigung der eigenen kurzfristigen Wünsche interessiert ist? Oder hat jemand sie nicht beachtet, weil er oder sie erkennt, daß die Einhaltung der Regel unter bestimmten Umständen für alle Betroffenen wahrscheinlich mehr Schaden als Nutzen bedeutet? Dann wäre dies ein ethisches Verhalten.

Oft heißt es auch, Ethik sei »in der Theorie ganz schön, aber für die Praxis unbrauchbar«. Wir können uns jedoch nicht mit einer Ethik zufriedengeben, die für die Wirren des Alltagslebens ungeeignet ist. Würde jemand eine so edle Ethik propagieren, daß der Versuch ihrer Befolgung für jeden eine Katastrophe bedeutete, dann wäre diese Ethik – wer auch immer sie propagierte – nicht edel, sondern töricht und müßte entschlossen zurückgewiesen werden. Ethik ist praktisch, oder sie ist nicht wirklich ethisch. Wenn sie in der Praxis unbrauchbar ist, dann ist sie auch als Theorie unbrauchbar. Die Aufgabe des Gedankens, daß ein ethisches Leben im absoluten Gehorsam gegenüber einem kurzen und einfachen System moralischer Regeln bestehe, machte es einfacher, die Falle einer undurchführbaren Ethik zu umgehen. Ein Verständnis der Ethik, das uns erlaubt, die besonderen Umstände zu berücksichtigen, in denen wir uns jeweils befinden, ist schon ein großer Schritt in Richtung auf eine Ethik, die unser Leben wirklich leiten kann.

Verbinden Sie also mit einer ethischen Lebenseinstellung nicht die Vorstellung, daß jedes Mal, wenn wir unser Leben genießen, in irgendeinem Winkel unseres Bewußtseins das Bild einer steinernen Tafel auftaucht, auf der geschrieben steht: »Du sollst nicht!«. Und halten Sie eine ethische Lebenseinstellung auch nicht für ein bloßes Ideal, das dafür, wie wir hier und jetzt handeln, belanglos ist. Doch wie sollen wir uns dann ein ethisches Leben vorstellen? Wir sollten uns ein ethisches Leben als das Ergebnis einer ausdrücklichen Entscheidung für Ziele und die Mittel, mit denen wir sie erreichen wollen, vorstellen. Aber das ist immer noch zu unbestimmt. Was ist, wenn ich mir zum Ziel gesetzt habe, ein sorgloses und luxuriöses Leben zu führen? Ist das ein ethisches Ziel? Und wenn nicht, warum nicht? Und wenn, sind dann alle Mittel, die ich einsetzen könnte, um mein Ziel zu erreichen, auch ethisch, solange sie dem Ziel dienlich sind?

Angenommen, ich wähle als mein Ziel mein eigenes Glück, und ich gehe ihm mit Erfolg nach. Führe ich ein ethisches Leben? Mit anderen Worten, kann ich völlig egoistisch und dabei zugleich ethisch sein? Hier ist ein Grund – nicht unbedingt der einzige – dagegen. Wenn ich mein Glück verfolge, kann es vorkommen, daß ich mit anderen in Konflikt gerate, die ihrerseits ihr Glück verfolgen. Möglicherweise habe ich darüber noch nie nachgedacht. Oder ich habe darüber nachgedacht und diesen Punkt als belanglos abgetan, weil ich mich schließlich um *mein* Glück kümmere und nicht um das von jemand anderem. In beiden Fällen habe ich keine ethische Entscheidung getroffen. Ethisch handeln heißt so handeln, wie wir es auch anderen empfehlen und vor ihnen rechtfertigen können – mindestens das scheint unmittelbar in der Bedeutung des Wortes zu liegen. Wie kann ich anderen Menschen Handlungen empfehlen und sie vor ihnen rechtfertigen, die nur meinem eigenen Glück dienen? Warum sollten andere mein Glück für wichtiger halten als ihr eigenes? Sie würden vielleicht zugeben, daß ich meine Gründe habe, meinem Glück nachzugehen, doch genau diese Argumentation würde sie dazu bringen, ihr eigenes Glück zu verfolgen – und das möchte ich ihnen gerade nicht empfehlen, denn wenn sie so zielstrebig ihre eigenen Interessen verteidigen wie ich meine, dann könnten sie mich bei der Verfolgung meiner eigenen Interessen stören.

Dieses Argument zeigt nicht, daß es *unvernünftig* wäre, sich nur mit den eigenen Interessen zu befassen und dabei keine Rücksicht darauf zu nehmen, wie sich das auf andere auswirkt. Es zeigt nur, daß es nicht ethisch sein kann, ein solches Leben zu führen. Da dieser

Schluß von der Bedeutung des Wortes »Ethik« abhängt, kann sich daraus keine Empfehlung ergeben, welches Verhalten vernünftig oder rational ist. Einige Philosophen haben versucht, so zu argumentieren, daß es unlogisch wäre, wenn jemand sagte: »Ich weiß, daß ich das, ethisch gesehen, tun sollte, aber ich bin unschlüssig, ob ich es tun soll.« Doch alle Argumente, die zu zeigen versuchen, daß das unlogisch sei, laufen darauf hinaus, daß versucht wird, aus den Bedeutungen der Wörter »gut« oder »sollen« Folgerungen darüber abzuleiten, was zu tun vernünftig ist. Dieser spezielle philosophische Zaubertrick ist schon vor langer Zeit aufgedeckt worden.[1] Wir können »gut« oder »sollen« definieren, wie immer wir wollen. Ich kann jederzeit ohne einen logischen Fehler sagen: »Wenn das die Bedeutung von ›gut‹ ist, dann liegt mir nichts daran, das Gute zu tun.« Die Entscheidung, ethische Fragen völlig unbeachtet zu lassen, ist möglicherweise keine *kluge* Entscheidung, aber das ist etwas ganz anderes als zu behaupten, sie sei eine in sich unstimmige oder widersprüchliche Entscheidung.[2]

Ethisch leben heißt über Dinge nachdenken, die jenseits des eigenen Interesses liegen. Wenn ich ethisch denke, dann wird aus mir ein Lebewesen, das zwar eigene Bedürfnisse und Wünsche hat, gewiß, das aber zugleich unter anderen lebt, die ebenfalls Bedürfnisse und Wünsche haben. Wenn wir ethisch handeln, sollten wir in der Lage sein, unser Tun zu rechtfertigen, und diese Rechtfertigung sollte so aussehen, daß sie im Prinzip jedes vernünftige Wesen überzeugen könnte. Dies wird als eine Grundbedingung der Ethik seit der Antike und in unterschiedlichen Kulturen anerkannt,[3] doch seine genaueste Formulierung erhielt dieser Gedanke durch R. M. Hare, ehemals Professor der Moralphilosophie an der Universität Oxford. Nach Hare müssen unsere Urteile, wenn sie moralisch sein sollen, »universalisierbar« sein. Damit meint er nicht, daß sie in jeder möglichen Situation gelten müssen, sondern daß wir bereit sein müssen, sie unabhängig von unserer jeweiligen Rolle zu vertreten – und das schließt auch ein, daß wir sie unabhängig davon vertreten müssen, ob wir durch ihre Anwendung gewinnen oder verlieren. Im wesentlichen bedeutet das: Wenn ich ethisch denke, muß ich mich bei meinen Überlegungen, ob ich etwas tun sollte, in die Lage all derer hineinversetzen, die von meiner Handlung betroffen sind (mit den Vorlieben und Wünschen, die sie haben). Auf der grundsätzlichsten Stufe ethischen Denkens muß ich die Interessen meiner Feinde so gut bedenken wie die meiner

Freunde, die Interessen fremder Menschen so gut wie die meiner Familie. Erst wenn ich nach voller Berücksichtigung der Interessen und Wünsche aller dieser Menschen immer noch denke, daß diese Handlung besser ist als jede andere Alternative, die sich mir bietet, kann ich wirklich sagen, daß ich so handeln sollte. Dabei darf ich auch die langfristigen Auswirkungen der Pflege familiärer Bindungen, der Schaffung und Förderung wechselseitiger Beziehungen und der Duldung dessen, daß jemand von seinen schlechten Taten profitiert, nicht übersehen. Niemand kann im täglichen Leben bei jeder moralischen Entscheidung so komplizierte Überlegungen anstellen; deshalb sind moralische Regeln wünschenswert, allerdings nicht als Quelle absoluter moralischer Wahrheit, sondern als im allgemeinen verläßliche Richtlinien für den Normalfall. Hares Erklärung des Wesens des ethischen Denkens erlaubt uns die Berücksichtigung aller für das ethische Verhalten relevanten Tatsachen, die in den früheren Kapiteln dieses Buches behandelt wurden, und zeigt gleichzeitig, warum das ethische Denken uns bei der Verfolgung unserer eigenen Bedürfnisse und unseres eigenen Glücks – oder dem unserer Familie, ja sogar unserer Rasse oder Nation – auf Kosten des Glücks anderer Grenzen setzt.[4] Ethisch leben heißt die Welt unter einer umfassenderen Perspektive betrachten und entsprechend handeln.

Sind Frauen das ethischere Geschlecht?

Die Behauptung, daß ethische Urteile im Prinzip von jedem Menschen anerkannt werden können, wirft eine Frage auf, die im letzten Jahrzehnt Gegenstand einer ausgiebigen Diskussion war: Gibt es eine geschlechtsspezifische Ethik? Der Gedanke, daß Männer und Frauen einen unterschiedlichen Zugang zur Ethik hätten, ist schon alt. Fast in der ganzen Geschichte wurde der weiblichen Natur eine stärkere Neigung zu den, wie wir sagen könnten, häuslichen Tugenden zugeschrieben, während sie sich für eine umfassende Perspektive angeblich weniger eignete. So faßt Rousseau in *Émile* die Pflichten einer Frau folgendermaßen zusammen: »Gehorsam und Treue, die sie ihrem Ehemann, Zärtlichkeit und Fürsorge, die sie ihren Kindern schuldet.«[5] Männer, jedoch nicht die Frauen, sollten die bürgerlichen und politischen Angelegenheiten verstehen und an ihnen teilhaben, denn

»die Vernunft der Frau ist eine praktische Vernunft ... Die Erforschung der abstrakten und spekulativen Wahrheiten, der Prinzipien und Axiome der Wissenschaften, alles, was auf die Verallgemeinerung der Begriffe abzielt, ist nicht Sache der Frauen.«[6] Hegel sah es ähnlich: das ethische Urteil der Frauen war auf das herkömmliche ethische Leben in Haus und Familie beschränkt; die Welt der Geschäfte, der bürgerlichen Gesellschaft und der abstrakteren Sphäre der allgemeinen Moral gehörte den Männern. Freud brachte diese Tradition in unser Jahrhundert ein, indem er sagte, »das Weib« zeige »weniger Rechtsgefühl als der Mann« und lasse sich »öfter in seinen Entscheidungen von zärtlichen und feindseligen Gefühlen leiten«.[7]

Seit Mary Wollstonecraft 1792 ihr Pionierwerk *A Vindication of the Rights of Woman* schrieb, gibt es eine feministische Denktradition, die entschieden gegen Rousseau und seine Gesinnungsgenossen die Auffassung vertrat, daß es keine spezifisch männlichen oder weiblichen Tugenden gibt, sondern daß die Ethik allgemeingültig ist. Eine ganz andere feministische Denkweise trat jedoch in der Frühzeit des Kampfes um das Frauenstimmrecht zutage: Manche Feministinnen befürworteten das Frauenstimmrecht gerade mit der Begründung, daß Frauen mit vielen ethischen und politischen Fragen anders umgingen, und daß sie aus genau diesem Grund in der Politik mehr Einfluß haben sollten. Ehrgeiz und Aggression der Männer, so dieses Argument weiter, seien für den Wahnsinn des Krieges und alles Leiden, das er mit sich bringe, verantwortlich. Von den Frauen hingegen hieß es, sie seien bewahrender und fürsorglicher. In *Women and Labour* aus dem Jahr 1911 meinte Olive Schreiner, daß Frauen, da sie Schwangerschaft, Geburt und das Aufziehen der Kinder selbst erlebt hätten, die »Vergeudung« von Leben im Krieg anders beurteilen würden als Männer.[8]

Solche Ansichten wurden in den siebziger Jahren unpopulär, als der moderne Feminismus wieder auflebte und jede Erwähnung natürlicher oder angeborener psychischer Geschlechtsunterschiede ideologisch suspekt war. Doch neuerdings haben einige Feministinnen den Gedanken wiederbelebt, daß Frauen die Ethik anders sehen als Männer. Einen wesentlichen Anstoß zu dieser veränderten Auffassung gab Carol Gilligans Buch *Die andere Stimme*. Es wendet sich gegen den Harvard-Psychologen Lawrence Kohlberg, der sein ganzes Arbeitsleben lang die moralische Entwicklung von Kindern studierte. Dazu befragte er Kinder, was sie in einer Reihe moralischer Problemsituationen tun würden, und beurteilte danach den Grad ihrer moralischen Entwicklung. In einem Beispiel, dem sogenannten »Heinz-Dilemma«, hat ein Mann namens Heinz eine Frau, die sterben wird, wenn sie nicht ein Medikament bekommt, das er nicht bezahlen kann. Der Apotheker weigert sich, Heinz das Medikament zu geben. Sollte Heinz das Medikament stehlen, um seiner Frau das Leben zu retten? Jake, ein elfjähriger Junge, antwortete, daß Heinz das Medikament stehlen und die Konsequenzen auf sich nehmen sollte. Nach Kohlberg zeigte Jake damit, daß er die gesellschaftlichen Regeln verstand und die Fähigkeit besaß, das Prinzip der Achtung des Eigentums und das Prinzip der Achtung des Lebens gegeneinander abzuwägen und richtig einzustufen. Die gleichaltrige Amy hingegen beschäftigte sich mehr mit der Beziehung zwischen Heinz und seiner Frau und kritisierte auch den Apotheker, daß er einer Sterbenden nicht helfen wollte. Sie meinte, Heinz solle hartnäckig bleiben und weiter versuchen, mit dem Apotheker zu reden, um zu sehen, ob er mit ihm eine Lösung des Problems finden könne. Für Kohlberg zeugte die Antwort des Jungen von einem höheren Grad der moralischen Entwicklung, da sie die Probleme auf einer höheren Abstraktionsebene betrachtet und an einem System von Regeln und Grundsätzen orientiert ist. Gilligan weist darauf hin, daß Amy die moralische Welt weniger abstrakt und persönlicher sieht und die Beziehungen und Verpflichtungen zwischen den Menschen betont. Das unterscheidet sich zwar von Jakes Sicht der Moral, doch es ist deshalb nicht geringwertiger und zeugt auch nicht von einem niedrigeren moralischen Entwicklungsstand.[9]

Nel Noddings vertritt in ihrem Buch *Caring: A Feminine Approach to Ethics and Moral Education* eine Auffassung, die in einigen Aspekten der Gilligans entspricht. Sie sagt, daß Frauen weniger als Männer dazu neigen, Ethik als abstrakte Regeln und Grundsätze zu sehen. Noddings meint, daß Frauen aufgrund ihrer fürsorglichen Einstellung auf bestimmte Situationen direkter reagieren. Für Frauen bildeten die eigenen persönlichen Beziehungen den Mittelpunkt bei der Wahrnehmung der Situation. An einem Punkt leitet Noddings aus dieser Sicht eine Kritik meines Arguments ab, daß wir das grundlegende moralische Prinzip der gleichen Berücksichtigung von Interessen auf alle Wesen ausdehnen sollten, die Interessen haben, also auf alle empfindungsfähigen Lebewesen. Das ist für Noddings ein Beispiel einer abstrakten und typisch männlichen Auffassung der Ethik; die von ihr vertretene weibliche Betrachtungsweise würde nicht dazu führen, daß wir Pflichten gegenüber *allen* Tieren hätten, sondern nur gegenüber bestimmten, etwa unseren eigenen Haustieren, zu denen wir eine Art von Beziehung haben. Davon ausgehend lehnt Noddings meinen Standpunkt ab, daß wir uns, wenn wir gleichwertige Alternativen dazu haben, das Fleisch von Tieren zu essen, vegetarisch ernähren sollten. Sie spricht zustimmend von der Hemmung, die jemand haben könnte, ein Tier mit einem Namen vom eigenen Haus und Hof zu essen, wie etwa die Kuh Daisy, meint aber, daß unsere Verpflichtung, keine Tiere zu essen, darüber nicht hinausgeht.[10]

Ich meine, daß Noddings hier irrt, und zwar nicht nur in ihren speziellen ethischen Urteilen, sondern auch in ihrer Charakterisierung einer feministischen Betrachtungsweise der Ethik. Ich kann Gilligan und Noddings nicht widerlegen, wenn sie behaupten, Frauen neigten weniger dazu, in Form abstrakter ethischer Regeln und Grundsätze zu denken als Männer, doch die Grundlage für diese Behauptung ist schwach, und es ist eine Ironie, daß es so aussieht, als kämen die beiden Autorinnen Rousseaus klar sexistischer Meinung, daß Frauen nicht abstrakt denken, sehr nahe.[11] Andere Feministinnen nehmen eine andere Haltung ein. Alison Jaggar zum Beispiel meint, eine »feministische Ethik« brauche keine »feminine Ethik« zu sein; sie lehnt auch den biologischen Determinismus ab und betont, daß nicht alle Frauen Feministinnen sind, einige Männer aber Feministen.[12] Geht es darum, wie jemand lebt, beschränken Frauen ihr ethisches Engagement jedenfalls nicht auf die, zu denen sie in irgendeiner Beziehung stehen. Im Gegenteil, es gibt Hinweise darauf, daß Frauen, wenn es überhaupt Unterschiede gibt, allenfalls *universaler* und langfristiger orientiert sind als Männer. Der bekannte kanadische Umweltaktivist und Rundfunkjournalist David Suzuki bemerkt in seinem Buch *Inventing the Future*, daß seiner Erfahrung nach »Frauen in der Umweltbewegung überrepräsentiert« seien. Das gleiche gilt für die Tierbefreiungsbewegung. Vom 19. Jahrhundert bis heute gab es in Gruppen, die sich um die Beendigung der Ausbeutung der Tiere bemühten, eindeutig mehr Frauen als Männer. Kürzlich beschlossen wir in der lokalen Tierbefreiungsgruppe, in der ich arbeite, das Geschlechterverhältnis bei den Mitgliedern festzustellen. Zu unserer

Überraschung kam dabei heraus, daß mehr als 80 Prozent der Mitglieder Frauen sind. Jetzt wollte ich es genau wissen und schrieb an People for the Ethical Treatment of Animals, eine in Washington, DC ansässige Organisation mit mehr Mitgliedern als jede andere Gruppe, die das Ziel der gleichen Berücksichtigung von Tieren verfolgt. Ich erhielt zur Antwort, daß bei der letzten Durchsicht der Liste der Personen, die die Gruppe unterstützen, ein ähnliches Übergewicht an Frauen festgestellt worden sei.[13]

Suzuki erklärt die große Zahl der Frauen in der Umweltbewegung damit, daß Frauen aus einem großen Teil der Machtstruktur unserer Gesellschaft ausgeschlossen worden seien und daher am status quo weniger interessiert seien als Männer. Das bedeute auch, daß sie unsere gesellschaftlichen Mythen besser durchschauen können als Männer. Daran könnte etwas sein, aber wer sich in der Umweltbewegung engagiert, muß auch an der langfristigen Rücksicht auf unseren Planeten und die auf ihm lebenden Arten interessiert sein. In ähnlicher Weise werden Menschen ganz überwiegend von der Tierbefreiungsbewegung angezogen, weil sie wegen des Leidens der Tiere besorgt sind. Ist es möglich, daß Frauen sich insgesamt mehr um das Leiden anderer kümmern als Männer? Sind sie vielleicht das ethischere Geschlecht? Zu allen solchen Verallgemeinerungen finden sich gewiß Ausnahmen, und sie sollten mit Vorsicht gehandhabt werden, doch ich vermute, daß jedenfalls in dieser eine gewisse Wahrheit steckt. Im Unterschied zur gängigen Parteipolitik bieten erfolgreiche Kampagnen für Tiere wenig Aussichten für eine Karriere und bringen den an der Kampagne Beteiligten keinen Nutzen außer dem Bewußtsein, daß sie dazu beigetragen haben, das Leiden anderer Lebewesen zu verringern. Obwohl andere Erklärungen sicher möglich sind, legt der überproportional hohe Anteil von Frauen in der Umwelt- und Tierbefreiungsbewegung doch eine größere Bereitschaft zum Engagement für weitergespannte Ziele nahe und nicht nur die Sorge für sich selbst oder die eigene Art. Interessanterweise zitiert Carol Gilligan eine Frau, die genau diese Orientierung an einer universalen Ethik zum Ausdruck bringt:

»Ich habe ein sehr starkes Gefühl der Verantwortung gegenüber der Welt, daß ich nicht bloß zu meinem Vergnügen leben kann, sondern daß mir allein die Tatsache meiner Existenz in dieser Welt eine Verpflichtung auferlegt zu tun, was ich kann, damit die Welt ein lebenswerterer Ort wird, so klein der Beitrag auch sein mag, den ich dazu leisten kann.« [14]

In früheren Kapiteln dieses Buches habe ich die Bedeutung von Familie, Verwandtschaft und auf Gegenseitigkeit beruhenden Beziehungen betont. Im vorigen Abschnitt dieses Kapitels habe ich auch die Bedeutung einer umfassenderen Perspektive betont, und ich werde diesen Gedanken im nächsten Kapitel weiterführen; doch diese umfassendere Perspektive muß die zentrale Stellung persönlicher Beziehungen im menschlichen ethischen Leben gelten lassen können. Die umfassende Anteilnahme an der Welt als Ganzes, die im letzten Zitat zum Ausdruck kommt, ist genau das, was die Welt zur Bewältigung ihrer Probleme braucht. Die nächste Frage lautet: Gibt es für einen Menschen, der vor der Entscheidung steht, wie er leben soll und diese Verantwortung für die ganze Welt nicht schon empfindet, gute Gründe, warum er eine so umfassende ethische Verpflichtung eingehen sollte?

Jesus und Kant: zwei Auffassungen, warum wir ethisch leben sollten

Mein Vater glaubte, es sei nicht nur richtig, sondern wahrscheinlich auch langfristig vorteilhaft, Lieferanten daran zu erinnern, daß sie ihm noch eine Rechnung schicken müßten. Ich weiß nicht, ob er tatsächlich glaubte, daß dieser Nutzen in jedem einzelnen Fall bestand, oder ob er allgemeiner an die Vorteile einer absolut ehrlichen Haltung in Geschäftsdingen dachte. Ich weiß auch nicht, ob er sich deshalb für die Ehrlichkeit entschieden hatte, weil er glaubte, daß Ehrlichkeit am längsten währt, oder ob er sich auch so entschieden hätte, wenn er überzeugt gewesen wäre, daß es seinem Geschäft auf lange Sicht schade.

Diese Fragen spiegeln eine tiefe Spaltung hinsichtlich der Frage wider, wie ein ethisches Leben begründet oder empfohlen werden kann, wenn wir eine grundlegende Entscheidung darüber treffen, wie wir leben wollen. Während des größten Teils der Geschichte der westlichen Zivilisation hatte das Christentum das Monopol auf unsere Überlegungen, warum wir in dieser Welt das Rechte tun sollten. Seine Antwort lautet, wir sollten in dieser Welt das Rechte tun, damit es uns dann in der nächsten besser gehe. Die ersten Christen maßen dieser Welt wenig Bedeutung bei. Sie erwarteten, daß sie bald an ihrem Ende angelangt sei und der Tag des Gerichts nahe bevorstehe. Schließlich hatte Jesus gesagt:

> »Wahrlich, ich sage euch: Es stehen etliche hier, die nicht schmekken werden den Tod, bis daß sie des Menschen Sohn kommen sehen in seinem Reich.«[15]

Und wenn auch diese Voraussage schon Ende des ersten Jahrhunderts nach Christus widerlegt war, so konnten sich die Christen doch noch an seinen Rat halten:

> »Darum seid ihr auch bereit! Denn des Menschen Sohn wird kommen zu einer Stunde, da ihr's nicht meinet.«[16]

Obwohl der Glaube an das nahe Bevorstehen der Wiederkunft zurückging, bestand die Auffassung fort, daß diese Welt lediglich als Vorbereitung auf die nächste von Bedeutung sei, in der die Menschen ihren sterblichen Körper ablegen und ewig leben würden. Die Bedeutung dieser Welt liegt demnach darin, daß sie zu Gottes Plan gehört. Unsere Aufgabe in ihr lautet, zur höheren Ehre Gottes zu handeln. Brauchen wir einen weiteren Grund, um moralisch zu handeln, findet dieser sich leicht in der Verheißung himmlischer Freuden als Belohnung und der Androhung höllischer Qualen als Strafe. Diese Belohnungen und Strafen werden von intellektuellen modernen Christen oft heruntergespielt, die sich bei einer so grob eigennützigen Antwort auf die Frage, warum wir das Rechte tun sollten, nicht wohl fühlen. Doch die Ankündigung von Lohn und Strafe war ein Hauptbestandteil der christlichen Morallehre bis in die jüngste Zeit. Sie beginnt mit Jesus, der nach dem Bild der Evangelien eine eigennützige Moral predigte. Oft hören wir, daß Jesus in seiner berühmten Bergpredigt sagte:

> »Wenn du nun Almosen gibst, sollt du nicht lassen vor dir posaunen, wie die Heuchler tun in den Schulen und auf den Gassen, auf daß sie von den Leuten gepriesen werden.«

Das könnte wie eine Vorwegnahme von Maimonides' goldener Leiter der Mildtätigkeit klingen; doch der Rest des Abschnitts, in dem Jesus erklärt, warum wir uns nicht so verhalten sollten, klingt nicht mehr so erhebend:

> »Wahrlich, ich sage euch: sie haben ihren Lohn dahin. Wenn du aber Almosen gibst, so laß deine linke Hand nicht wissen, was die rechte tut, auf daß dein Almosen verborgen sei; und dein Vater, der in das Verborgene sieht, wird dir's vergelten.«[17]

In der ganzen Bergpredigt vermittelt Jesus immer wieder dieselbe Botschaft, ob es nun um die Feindesliebe geht, das Beten im Verborgenen, die Bereitschaft, anderen zu vergeben, das Fasten, das Verurteilen anderer und überhaupt darum, »den Willen meines Vaters im Himmel« zu tun. Immer wird auf den himmlischen Lohn als Anreiz abgehoben – ein Lohn, der ja auch, anders als Schätze auf Erden, nicht rosten oder gestohlen werden kann.[18]

Während der nächsten achtzehn Jahrhunderte wurde die christliche Warnung vor der ewigen Strafe nicht in Zweifel gezogen. Christliche Theologen diskutierten darüber, ob edle Nichtchristen wie Vergil in die Hölle kämen, und sorgten sich um das Schicksal von Kindern, die ungetauft starben und deshalb am Tag des Gerichts noch im Zustand der Erbsünde sein würden. Für die ungebildeten Massen stellten die christlichen Maler die Qualen der Verdammten anschaulich dar, die von Teufeln geplagt und im Höllenfeuer geröstet wurden, während im Himmel die Gerechten Flügel bekamen und auf Harfen spielten. Achtzehn Jahrhunderte waren lang genug, um im westlichen Bewußtsein einen bleibenden Eindruck zu hinterlassen.

Als die Aufklärung im 18. Jahrhundert die Herrschaft des Christentums über das moralische Denken allmählich lockerte, entwarf Immanuel Kant, der größte deutsche Philosoph, ein ganz anderes Bild von der Moral. Kant versuchte das christliche Moralkonzept so umzuformen, daß es unabhängig von den Lehren über Himmel und Hölle und weitgehend sogar unabhängig vom Glauben an Gott wurde. Stattdessen vertraute er auf die Vernunft und nichts anderes in der Welt. Nach Kant handeln wir nur dann moralisch, wenn wir uns von allen Motiven befreit haben, die aus unseren Wünschen und Neigungen herrühren. Soll Pflicht nicht »jederzeit nur eitle Einbildung«

sein, dann muß »die bloße Übereinstimmung mit einem allgemeinen Gesetz als solchem« der Beweggrund des moralischen Handelns sein. Mit dem »allgemeinen Gesetz« meinte Kant das moralische Gesetz – und insbesondere seinen berühmten »kategorischen Imperativ«, der uns anweist, nur nach Grundsätzen zu handeln, von denen wir wollen können, daß sie zum allgemeinen Gesetz erhoben würden. Damit sagte er, wir müßten unsere Pflicht um der Pflicht willen erfüllen. Die Blutspenderin, die aus dem einfachen Wunsch heraus spendet, ihren Mitmenschen zu helfen, handelt nicht moralisch, es sei denn, sie kann von diesem Wunsch absehen und sich nur von dem Gedanken motivieren lassen, daß es nach dem moralischen Gesetz ihre Pflicht ist, anderen zu helfen.

Verständlicherweise versuchen viele moderne Denker, die sich als Kantianer verstehen, abzustreiten, daß eine so kalte und strenge Auffassung mit dem übereinstimmt, was Kant wirklich meinte. Die folgende bemerkenswerte Passage läßt daran aber kaum einen Zweifel:

> »Wohltätig sein, wo man kann, ist Pflicht, und überdem giebt es manche so theilnehmend gestimmte Seelen, daß sie auch ohne einen andern Bewegungsgrund der Eitelkeit oder des Eigennutzes ein inneres Vergnügen daran finden, Freude um sich zu verbreiten, und die sich an der Zufriedenheit anderer, so fern sie ihr Werk ist, ergötzen können. Aber ich behaupte, daß in solchem Falle dergleichen Handlung, so pflichtmäßig, so liebenswürdig sie auch ist, dennoch keinen wahren sittlichen Werth habe … denn der Maxime fehlt der sittliche Gehalt, nämlich solche Handlungen nicht aus Neigung, sondern *aus Pflicht* zu thun.«

Nach Kant kommt es erst dann, wenn ein solcher Mensch »alle Theilnehmung an anderer Schicksal« verloren hat – so daß er nicht mehr von irgendwelchen Neigungen angetrieben wird, sondern nur um der Pflicht willen handelt –, dazu, daß seine Handlung »allererst ihren ächten moralischen Werth« hat.[19]

Diese Lehre könnte selbst dem verzerrten Gesicht eines frühchristlichen Heiligen, der sein Fleisch in der Wüste abtöten möchte, ein zustimmendes Nicken abringen. In gewisser Hinsicht ist Kants Auffassung genau das Gegenteil des in Kapitel 2 betrachteten Gedankens, daß Moral ein Spiel für Dumme sei; und doch haben diese beiden

Auffassungen die Annahme gemeinsam, daß wir unsere eigenen wohlverstandenen Interessen zugunsten der moralischen Pflicht aufgeben müssen, um moralisch zu handeln. Der Unterschied liegt darin, daß diejenigen, die Moral für ein Spiel für Dumme halten, in dieser Annahme den Grund für die Verachtung der Moral sehen, während sie für Kant nur zeigt, wie rein und selten wahrer moralischer Wert ist. Kants Standpunkt eröffnet dem menschlichen Dasein traurige Aussichten. Wir begreifen das moralische Gesetz, weil wir uns seiner als Vernunftwesen unvermeidlich und in Ehrfurcht bewußt sind, aber wir erfahren es als grundsätzlich feindlich zu unserer Natur als körperliche, begehrende Wesen. Vielleicht sehnen wir uns nach Harmonie zwischen dem moralischen Gesetz und unseren Wünschen, aber erreichen können wir sie nie.

In vielen nichtwestlichen Gesellschaften würde eine solche Sicht der menschlichen Natur auf verblüfftes Unverständnis stoßen. Nach der buddhistischen Ethik muß der Mensch zum Beispiel die Quelle des Guten in der eigenen Natur suchen, nicht als etwas von außen Auferlegtes. Selbst bei den alten Griechen hätte der Gedanke, daß das, was wir tun sollen, *allen* unseren Neigungen zuwiderlaufen könnte, Unverständnis ausgelöst. Daß die Kantische Lehre ernstgenommen und von europäischen Lesern und Leserinnen oft sogar angenommen wurde, legt nahe, daß sie ein Element des spezifischen moralischen Bewußtseins widerspiegelt, mit dem Generationen in Westeuropa aufgewachsen sind. Es ist das Element, worauf das Wort »Moral« (und nicht »Ethik«) heute bevorzugt angewandt wird, denn heute ist Moral eher an die Vorstellung eines moralischen Gesetzes geknüpft und birgt die stillschweigende Folgerung, daß wir uns schuldig fühlen müssen, wenn wir es nicht erfüllen.

Sehen wir uns diese Moralvorstellung ein wenig genauer an. Warum in aller Welt sollte jemand meinen, Blut zu spenden habe *größeren* Wert, wenn es aus Pflicht geschieht, ohne jede Neigung, anderen zu helfen, als wenn es aus einem »inneren Vergnügen, Freude zu verbreiten« oder aus Mitgefühl mit der Not derer geschieht, die das Blut brauchen?

Ein möglicher Grund könnte der folgende sein. Wir loben oder tadeln Menschen, weil es uns, direkt oder indirekt, darum geht, sie und andere dazu zu bringen, daß sie sich so verhalten, wie wir es wollen. Wer gern Freude um sich verbreitet oder aus starkem Mitgefühl mit den Bedürfnissen anderer handelt, braucht für seine Blutspende nicht gelobt zu werden. Diese Leute müssen nur wissen, daß sie leicht Blut spenden können und daß Menschen leiden, wenn es zuwenig Blut gibt. Dann spenden sie. Lob und Tadel moralischer Art kommen erst dann zum Tragen, wenn es sich um Menschen handelt, denen es keine Freude macht, andere glücklich zu machen, und die kein Mitgefühl mit den Notleidenden haben. Dann liefert uns die Moral ein Druckmittel, mit dem sie vielleicht dazu gebracht werden können, das Richtige zu tun, obwohl sie von sich aus kein Bedürfnis danach verspüren. Mit anderen Worten geht es also bei der Behauptung eines besonderen moralischen Wertes der Pflicht um der Pflicht willen darum, einen Mangel an moralischer Motivation auszugleichen.

Der moralische Wert im Sinne Kants ist eine Art Alleskleber, mit dem die Gesellschaft die Risse in ihrem ethischen Gefüge kitten kann. Gäbe es keine Risse – hätten wir alle Freude daran zu tun, was getan werden muß, und anderen um des Helfens willen zu helfen –, dann bräuchten wir ihn nicht; doch eine solche Utopie ist unerreichbar. Darum ist der Begriff des moralischen Wertes so nützlich. Vielleicht hat irgendeine Frau keine großzügigen Neigungen, aber wenn sie es als ihre Pflicht anerkennt, Notleidenden zu helfen, wird sie es tun. Vielleicht hat irgendein Mann Vorurteile gegen Menschen einer anderen Rasse, aber wenn er es als seine Pflicht anerkennt, Rassendiskriminierung zu vermeiden, wird er es tun. Die Leistungsfähigkeit eines solchen künstlichen Ersatzes für natürlichere Neigungen ist jedoch beschränkt. Qualitäten wie persönliche Wärme, Spontaneität, Kreativität usw. können nicht durch eine Moral gefördert werden, die uns gebietet, unsere Pflicht um ihrer selbst willen zu erfüllen. Ein pflichtbewußter Vater sorgt vielleicht so umsichtig für seine Kinder wie jeder andere, aber er kann sie nicht um der Pflicht willen lieben. Dennoch ist eine Moral der »Pflicht um der Pflicht willen« so nützlich, daß leicht zu verstehen ist, warum eine Gesellschaft sie fördert.

Trotzdem hat diese Moralvorstellung, so nützlich sie auch sein mag, etwas an sich, das uns beunruhigen sollte. So sehr wir auch Menschen bestärken, ihre Pflicht um der Pflicht willen zu erfüllen, es geht bei dieser Ermutigung doch eigentlich darum, daß sie sich wegen der guten Folgen ihrer Pflichterfüllung so verhalten sollen. Wenn wir den besonderen moralischen Wert der Pflicht um der Pflicht willen erhalten wollen, dürfen wir also niemandem gestatten, sich allzu genau dafür zu interessieren, *warum* man seine Pflicht tun sollte. Wir müssen mit dem späteren englischen Philosophen F. H. Bradley sagen: »Nach dem Warum zu fragen ist einfach unmoralisch ... Wir verraten einen moralischen Standpunkt, wir erniedrigen und prostituieren die Tugend, wenn wir sie denen, die sie nicht um ihrer selbst willen lieben, schließlich wegen ihrer Freuden empfehlen.«[20] Das ist glänzende Rhetorik, aber kaum eine überzeugende Antwort. Wenn diejenigen, die auf der Pflicht um der Pflicht willen bestehen, alle Hilfe von seiten der Neigung oder des Eigeninteresses zurückweisen, schreiben sie die Spaltung von Moral und Eigeninteresse (wie weit dieses auch immer gefaßt wird) auf ewig fest. Die Moral bleibt ein in sich abgeschlossenes System. Wenn Sie »die Stimme des moralischen Bewußtseins« anerkennen, dann werden Sie auch anerkennen, daß Sie nicht weiter fragen sollten. Doch für jene, die sich nicht schon zum Leben nach dem Diktat der Pflicht bekennen, wird die Grundfrage, wie wir leben sollen, unbeantwortbar, weil die Moral, eine der Hauptkandidatinnen, sich in sich gekehrt und jede Antwort verweigert hat. Wenn Sie den moralischen Standpunkt nicht anerkennen, gibt es gemäß dieser Betrachtungsweise keine Möglichkeit, Ihnen einen Grund zu liefern, der Sie zu seiner Anerkennung bewegen könnte.

Skeptiker verhöhnen die Moral als etwas, das uns die Gesellschaft sich selbst zuliebe unterschieben will. Verstehen wir unter Moral die Auffassung, daß moralischer Wert nur in einem Handeln um der Pflicht willen liege, dann scheinen sie recht zu haben. Grob gesagt: nach dieser Auffassung ist Moral Betrug. Wird sie nicht in Frage gestellt, ist sie wohl gesellschaftlich nützlich, aber die Vorteile werden um den Preis eines hohen Risikos gewonnen; denn wird sie erst einmal in Frage gestellt, dann kann diese Moralvorstellung der Herausforderung durch die Skepsis nichts entgegensetzen. Damit verbuchen die Skeptiker einen unverdient leichten Triumph.

Die allzu einseitige Orientierung an der Pflicht – wie auch Kants Moralvorstellung interpretiert weden könnte – birgt noch eine weitere Gefahr. Ohne Leitung durch menschliche Güte und Mitgefühl kann ein starkes Pflichtgefühl zu einem starren moralischen Fanatismus führen. Ein bestürzendes Beispiel dafür, wie weit das gehen kann, zeigte sich in dem Prozeß gegen Adolf Eichmann in Jerusalem 1961. Nach dem offiziellen Protokoll des vor dem Prozeß durchgeführten Polizeiverhörs hat der frühere Cheforganisator des Holocaust an einem Punkt »plötzlich mit großem Nachdruck beteuert, sein Leben lang den Moralvorschriften Kants gefolgt zu sein, und vor allem im Sinne des Kantischen Pflichtbegriffs gehandelt zu haben«. Während des Prozesses befragte ihn einer der Richter darüber, und Eichmann antwortete: »Da verstand ich darunter, daß das Prinzip meines Wollens und das Prinzip meines Strebens so sein muß, daß es jederzeit zum Prinzip einer allgemeinen Gesetzgebung erhoben werden könnte.« Eichmann führte zur Stützung seiner kantianischen Pflichtauffassung auch an, daß er sich bei den Millionen von Fällen, die durch seine Hände gingen, nur zweimal durch Mitgefühl vom Weg der Pflicht habe abbringen lassen. Daraus folgt ganz klar, daß er offenbar auch in anderen Fällen Mitgefühl mit Juden hatte, die er in die Gaskammern schickte, daß er sich aber, weil er glaubte, seine Pflicht unabhängig von Sympathien tun zu müssen, streng an seine Pflicht hielt, statt sich dazu verleiten zu lassen, von den Regeln abzuweichen und den Juden zu helfen.[21]

Eichmann scheint nicht der einzige Nationalsozialist gewesen zu sein, der sich für entsetzliche Taten durch Konzentration auf die Pflicht und Niederhaltung normalerer Triebe stählte. In einer Rede an SS-Einsatzgruppen, spezielle Einheiten, deren Aufgabe es war, ganze Gruppen von Juden zu töten, sagte Heinrich Himmler, sie seien dazu ausersehen, eine »widerliche Pflicht« zu erfüllen, und er würde es keineswegs gern sehen, wenn sie es mit Freude tun würden. Er hatte kurz zuvor miterlebt, wie etwa 100 Juden mit Maschinengewehren zusammengeschossen wurden, und dieser Anblick hatte ihn, wie er sagte, »bis auf den Grund seiner Seele erschüttert«; dennoch gehorchte er dem höchsten Gesetz, indem er seine Pflicht tat.[22]

Geben wir also ein für allemal den Gedanken Kants auf, daß moralischer Wert nur darin liege, unsere Pflicht um ihrer selbst willen zu erfüllen. (Weil dieser Gedanke unsere Moralvorstellung so lange und so erfolgreich durchdrungen hat, spreche ich lieber von »Ethik« als von »Moral«.) Wir sollten auch die Annahme – die Kant mit den Skeptikern teilt, die in der Ethik ein Spiel für Dumme sehen – kritisch überprüfen, daß die Ethik und unsere natürlichen Neigungen sich immer in Konflikt befänden. Dann können wir zu einer Beschreibung der Ethik kommen, die auf unserer Natur als soziale Wesen aufbaut, statt sich von dieser abzuwenden.

Über Jesus und Kant hinaus: die Suche nach einer letzten Antwort

Jesus empfahl Gehorsam gegenüber Gottes Gebot, um der Verdammnis zu entgehen; demgegenüber ging die Kantische Moralauffassung davon aus, daß wir moralisches Verhalten allein um seiner selbst willen empfehlen sollten, ohne jeden Gedanken daran, daß »Ehrlichkeit am längsten währt«, oder auch nur daran, daß wir in der Hingabe an ein ethisches Leben Erfüllung finden könnten. Wir haben beide Sichtweisen abgelehnt, doch die letzte Frage, warum wir ethisch leben sollten, harrt immer noch der Antwort. Die Entscheidung für ein ethisches Leben schränkt unsere Handlungsmöglichkeiten in gewisser Hinsicht ein. Es könnte sein, daß wir Dinge tun möchten, von denen wir wissen, daß sie sich von einem universalisierbaren Standpunkt aus nicht rechtfertigen lassen. Warum sollten wir sie nicht trotzdem tun?

Kants verfehltes Beharren auf dem Gedanken, daß wir unsere Pflicht um ihrer selbst willen erfüllen sollten, war eine verständliche Reaktion auf die traditionelle Vorstellung von Lohn und Strafe, die er verachtenswert fand. Weil die christliche Sichtweise das ganze westliche Denken so lange beherrscht hatte, war das Heraufdämmern eines weltlichen Zeitalters, in dem viele nicht an Gott oder ein Leben nach dem Tode glauben, ein Schock. Wenn Gott verschwindet, was wird dann alles mit ihm verschwinden? Manche hielten Moral ohne Gott für unmöglich. Dostojewski schrieb in *Die Brüder Karamasow*, wenn es keinen Gott gäbe, wäre »alles erlaubt«. Dieser Gedanke spricht jene an, für die der Sinn dieser Welt zum Teil in Gottes Plan beschlossen liegt. Ohne Gott gibt es keine Vorsehung, die über uns wacht, keinen göttlichen Plan für die Welt und damit keinen Sinn für unser Leben. Das heißt auf einer persönlicheren Basis: wenn der Grund für das rechte Handeln darin besteht, in den Himmel einzugehen statt in die Hölle, dann scheint das Ende des Glaubens an ein Leben nach dem Tode auch das Ende jeder Begründung rechten Handelns zu bedeuten. Kierkegaard schrieb:

> »Wenn kein ewiges Bewußtsein wäre im Menschen, wenn allem nichts als eine wild gärende Macht zugrunde läge, die, in dunkeln Leidenschaften sich windend, alles hervorbrächte, was groß ist und was gering ist, wenn eine abgründliche Leerheit, nimmer zu sätti-

gen, sich unter allem verbärge, was wäre dann das Leben andres als Verzweiflung?«[23]

Nicht nur für Christen schuf der abnehmende religiöse Glaube ein Problem im Hinblick auf die Ethik. Viele Atheisten und Agnostiker, die in einer christlichen Kultur aufgewachsen waren, hielten die Ethik lediglich für ein Anhängsel der Religion, das ohne sie keinen Bestand haben könnte. Für die existentialistischen Philosophen um die Mitte des 20. Jahrhunderts wie Jean-Paul Sartre bedeutete die Absage an Gott, daß wir in der Welt allein sind. Wir müssen uns entscheiden, aber unsere Entscheidungen sind alle willkürlich. Es gibt keine Regeln, weder recht noch unrecht. Für Sartre bleibt nur, sich »authentisch« zu entscheiden und ein »unaufrichtiges« Leben zu vermeiden. Wenn aber jede Entscheidung willkürlich ist, wie können wir uns dann für eine Möglichkeit gegenüber einer anderen entscheiden? Sogar die Bevorzugung der Authentizität gegenüber der Unaufrichtigkeit braucht eine gewisse Begründung.

Eine ganz andere Gruppe von Philosophen des 20. Jahrhunderts kam auf einem anderen Wege zu einem ähnlichen Ergebnis. Frank Ramsey, ein brillanter Cambridge-Philosoph, der 1930 im Alter von 26 Jahren starb, schrieb: »Theologie und absolute Ethik sind zwei berühmte Gebiete (subjects), von denen wir erkannt haben, daß sie keinen wirklichen Gegenstand (object) haben.«[24] Diese Einstellung, mit jugendlichem Selbstvertrauen und von einer modernen wissenschaftlichen Weltsicht her ausgesprochen, bringt die Ethikauffassung der logischen Positivisten zum Ausdruck, einer Gruppe von Denkern, die von dem berühmten »Wiener Kreis« ausging und sich in der Folge von Wittgensteins *Tractatus* und A. J. Ayers entschlossenem Manifest *Language, Truth and Logic* in der englischsprachigen Welt ausbreitete. Ayer erklärte jede Aussage für sinnlos, für deren Wahrheit es nicht wenigstens grundsätzlich eine Verifikationsmethode gibt. Da Urteile darüber, ob eine Handlung ethisch gut oder schlecht ist, nicht verifizierbar sind, sind sie nach Ayer nur Ausdruck unserer subjektiven Gefühle. Seitdem befinden sich die Verteidiger der Objektivität der Ethik stets in der Defensive.

Ich teile Ramseys Sicht der Theologie und in gewissem Umfang auch seine Sicht der »absoluten« Ethik (»mit absolut« meint er »objektiv«). Wir können nicht mit einem Supercomputer die Antworten auf »das Leben, das Weltall und überhaupt alles« ausrechnen, wie es Douglas Adams in seinem unterhaltsamen *Per Anhalter durch die Galaxis* ausmalt. Wenn das Universum nicht nach einem Plan geschaffen wurde, gibt es auch keinen Sinn in ihm zu entdecken. Unabhängig von der Existenz empfindender Wesen, die gewisse Zustände anderen vorziehen, besitzt das Universum keinen ihm inhärenten Wert. Die Ethik ist nicht wie die Atome ein Teil der Struktur des Universums. Doch welche Möglichkeiten gibt es ohne den Glauben an Gott, eine Grundlage für die Ethik zu finden? Ist es möglich, die Natur der Ethik auf weltliche Art zu untersuchen und eine philosophische Begründung dafür zu finden, wie wir leben sollen?

Diese Frage ist alt und überall zu Hause; wer also vorchristliche Zeiten oder Kulturen außerhalb des Christentums zu Rate ziehen möchte, wird auf andere Vorstellungen über den Sinn des Lebens und den Ort des ethischen Verhaltens in ihm stoßen. Zu den ältesten aller erhaltenen literarischen Werke gehört das Epos von Gilgamesch, König von Uruk im alten Sumer (dem heutigen Südirak), aus dem dritten Jahrtausend v. Chr. Gilgamesch wird als brutaler Gewaltherrscher eingeführt, der Männer tyrannisiert und Jungfrauen vor ihrer Heirat vergewaltigt. Dann beginnt er sich wegen seiner eigenen Sterblichkeit Sorgen zu machen, und da er alle anderen Feinde besiegt hat, beschließt er, den Tod zu besiegen. Er reist weit umher, um die Antwort zu finden, und rastet in einer Schänke, wo das Schankmädchen ihm rät, die Sterblichkeit anzuerkennen und die Freuden des Lebens so gut es geht zu genießen:

> »Drum fülle dir, o Gilgamesch, den Bauch,
> Ergötze dich bei Tage und bei Nacht,
> Bereite täglich dir ein Freudenfest
> Mit Tanz und Spiel bei Tage und bei Nacht!
> Laß deine Kleider strahlend sauber sein,
> Wasch dir das Haupt und bade dich in Wasser,
> Blick auf das Kind, das an die Hand dich faßt,
> Beglückt sei deine Frau an deiner Brust –
> Denn solches alles ist der Menschen Lust!«

Doch Gilgamesch lehnt diesen hedonistischen Rat ab, und nach weiteren Abenteuern kehrt er nach Uruk zurück, noch immer sterblich, aber dem Wohl seines Volkes verpflichtet. Er wird ein großer König, baut Mauern um Uruk, die seinem Volk Sicherheit gewähren, baut die Tempel wieder auf und macht sein Königreich fruchtbarer, wohlhabender und friedlicher. Die zugrundeliegende Botschaft lautet, daß wir das gute, das befriedigendste Leben finden, wenn wir unsere ethischen Verpflichtungen so gut wir können erfüllen.[25]

Östliche Traditionen geben andere Antworten. Siddhartha Gotama war wie Gilgamesch ein Prinz, der Luxus und Bequemlichkeit kannte. Nach der Legende verließ der junge Mann, der in der beschützten Atmosphäre eines nordindischen Hofes aufgewachsen war, eines Tages das Gebiet des Palastes und stieß dabei auf einen alten Mann, einen kranken Mann und die Leiche eines Mannes. Entsetzt über Anblicke, die ihm bis dahin unbekannt waren, fragte er seinen Kutscher nach einer Erklärung und erfuhr, daß dieses Schicksal allen Menschen bevorstehe. Dann traf er einen wandernden heiligen Mann mit geschorenem Kopf und zerlumptem Gewand. Er erfuhr, daß dieser Mann ein heimatloses Leben gewählt hatte. Der Prinz kehrte in seinen Palast zurück. Diese Nacht fand er an den Mädchen, die zu ihm gebracht wurden, keinen Gefallen. Stattdessen lag er wach und dachte über die Bedeutung des Gesehenen nach. Am nächsten Tag verließ er den Palast, vertauschte sein fürstliches Gewand mit dem eines Bettlers und zog aus, um eine Antwort auf die Frage des Lebens in einer Welt zu finden, die so viel Leid birgt. Die Antwort, die er nach vielen Jahren des Suchens fand, erschien seinen Anhängern als so weise, daß sie ihn den Erleuchteten nannten, den Buddha. Nach seiner Lehre sind die vier höchsten Tugenden Güte, Mitleid, Mitfreude und Gleichmut. Die ersten drei zeigen die stark nach außen gewandte Natur des Buddhismus und seine Rücksicht auf alle empfindenden Wesen; die dritte und vierte zeigen, daß diese Rücksicht auf andere mit einem inneren Leben voller Freude und Ruhe verbunden ist. Der Buddhismus ist keine Religion im üblichen westlichen Sinne; er lehrt keinen Glauben an einen einzigen Gott oder auch mehrere Götter, und Buddha betrachtete sich gewiß nie als Gott oder ein Wesen, das angebetet werden sollte. Buddhisten wenden jedoch Meditationsmethoden an, um in Zustände zu gelangen, in denen die tiefen Schichten des Selbstempfindens in einem stärkeren Gefühl der Zugehörigkeit zu einem größeren Ganzen aufgehen und durch dieses ersetzt werden. Dieses Gefühl des Einsseins mit anderen und dem Universum ist gleichzeitig ein Gefühl des Glücks und der Lebensfreude. So versucht der Buddhismus den Widerstreit zwischen dem Ich und den anderen dadurch aufzulösen, daß das Ich seine tiefste Erfüllung in einem Bewußtseinszustand findet, der von einem Gefühl der Güte gegen andere beherrscht wird. In diesem Zustand handelt der erleuchtete Mensch auf der Grundlage dieser Gefühle zum Wohle aller, ohne einen Gedanken an weitere Belohnung.

In sozialer Hinsicht muß die buddhistische Tradition jedoch als Mißerfolg angesehen werden. Statt die herrschenden Praktiken in Frage zu stellen, paßte sich der Buddhismus an den status quo an. Nehmen wir etwa die oft zitierte »erste Lehre« des Buddhismus: Unschädlichkeit oder Nicht-Töten gegenüber allen empfindenden Wesen. In Japan wird man bei jedem Besuch eines historischen buddhistischen Tempels an dieses Gebot erinnert, es steht auf der Rückseite der Eintrittskarte. Doch als ich vor einigen Jahren nach Japan reiste, um die japanischen Einstellungen gegenüber den Tieren zu untersuchen, mußte ich feststellen, daß sehr wenige Buddhisten Vegetarier waren. Nur in einigen der strengeren Sekten verzichteten die Mönche auf Fleisch, und von den Laien wurde es nicht einmal da erwartet. Buddhistische Priester segnen sogar die japanische Walfangflotte, ehe sie zu ihrer tödlichen Mission in die Antarktis aufbricht. Wie Roshi Philip Kapleau, der Verfasser des Klassikers *Three Pillars of Zen*, erzählt, war das Fleischessen während seiner eigenen Ausbildung in Japan weit verbreitet, und es war auch in einem Kloster in Burma üblich, in dem er lebte. Die Mönche entschuldigten dieses Verhalten damit, daß die Tiere »nicht für sie getötet« würden, und deshalb davon ausgegangen werden könne, daß sie für ihren Tod nicht verantwortlich seien![26] Wie wir in Kapitel 6 sahen, haben buddhistische Vorstellungen durchaus einen gewissen Einfluß auf die Lebensziele, die sich japanische Menschen setzen. Trotzdem lebt dort und in anderen buddhistischen Ländern im ganzen gesehen nur eine winzige Minderheit derer, die sich Buddhisten nennen, wirklich das mitfühlende ethische Leben, das uns in der Geschichte von Buddhas Leben und Lehre entgegentritt.

In der vorchristlichen Tradition versuchte Sokrates, wie wir in Kapitel 1 sahen, Glaukons Herausforderung mit der Behauptung zu begegnen, nur der gute Mensch sei wirklich glücklich. Das begründete er so, daß nur bei einem guten Menschen die Teile seiner Seele in der richtigen Beziehung zueinander stünden. Im *Phaidros* trägt Platon die gleiche Auffassung vor, wenn er die Vernunft als Wagenlenker darstellt, der die beiden Rosse der Seele und des Begehrens lenkt. Sokrates und Platon meinten, niemand tue freiwillig Schlechtes, sondern nur, wenn die Vernunft die Seele (d.h. Gefühle wie Zorn oder Stolz) oder das Begehren (etwa Habsucht oder Lust) nicht unter Kontrolle habe. Dazu bemerkte Aristoteles ganz richtig, diese Lehre stehe in offensichtlichem Widerspruch zu den Tatsachen. Sokrates und Platon meinten, das Gute kennen bedeute auch schon danach streben. Sie unterschieden nicht zwischen dem Wissen, was gut ist, und dem Entschluß, das Gute zu tun. Obwohl dieser Gedanke an sich gar nicht überzeugend ist, stieß er eine lange Folge philosophischer Versuche an, die zeigen sollten, daß wir nur richtig nachdenken müßten und unser Verhalten nicht von vernunftwidrigen Wünschen leiten lassen dürften, um uns freiwillig für das Rechte zu entscheiden. Kant gehört in diese weitreichende Tradition, auch wenn Sokrates und Platon die Entscheidung für ein gutes Leben nicht als Opfer eigener Interessen im Namen der Pflicht ansahen, sondern als eine kluge Entscheidung für ein Leben, das erfolgreicher und damit glücklicher sei als ein weniger klug gestaltetes Leben.

Von David Hume, dem großen schottischen Philosophen aus dem 18. Jahrhundert, ging in moderner Zeit die grundsätzlichste Opposition gegen die Kantische Ethik aus. Hume vertrat die Auffassung, daß jeder Grund dafür, etwas zu tun, an ein vorhandenes Bedürfnis oder Gefühl anknüpfen müsse, wenn er sich auf das Verhalten auswirken solle. (Die Ethikauffassung von logischen Positivisten wie A. J. Ayer in *Language, Truth and Logic* leitet sich offensichtlich von Hume her.) Wenn Hume recht hat, dann können wir die Frage, was wir tun sollten, nur beantworten, wenn wir vorher fragen, was wir *wirklich* wollen. Hume hoffte, daß die Antwort meist oder immer laute, das Gute oder Rechte tun; nicht (wie Kant fordern würde) weil es unsere Pflicht sei, sondern wegen der natürlichen sozialen und mitfühlenden Bedürfnisse der Menschen. Hume gehört zu einer britischen philosophischen Schule, die das ethische Leben auf der Grundlage eines aufgeklärten Eigeninteresses empfiehlt. Im Gegensatz zu Hobbes' Pessimismus vertraten Philosophen wie der Earl of Shaftesbury, Bischof Butler (ein Bischof mit ausgesprochen weltlichen Tendenzen, was seine Auseinandersetzung mit der Moral betrifft) und David Hume eine viel positivere Sicht der menschlichen Natur. Sie sahen die Menschen als von Natur aus sozial und freundlich, und deshalb meinten sie, die Menschen fänden das wahre Glück in der Entwicklung und Befriedigung dieser Seite ihrer Natur. Sie betonten die Befriedigung, die von einem edlen Charakter, einem guten Ruf und einem guten Gewissen ausgeht. Sie drängten darauf, den natürlichen Gefühlen für andere zu folgen, und sprachen von den Freuden wahrer Freundschaft, die auf Offenheit und Ehrlichkeit beruht. Sie verwiesen auch auf die Wahrscheinlichkeit der Aufdeckung von Fehlverhalten.[27]

Im wesentlichen meinen die Vertreter dieser Schule, daß Menschen stärker durch Gefühle von Güte und Mitgefühl für andere bewegt werden als durch eher feindliche Gefühle. Deshalb würden die meisten Menschen, indem sie das tun, was sie möchten, glücklicherweise auch das tun, was für andere gut ist.

Im 19. Jahrhundert setzte sich jedoch eine pessimistischere Sicht durch. Jeremy Bentham, der Begründer des Utilitarismus, meinte, die Natur habe uns alle zwei Herren unterworfen, der Lust und dem Schmerz, und wir würden jeweils das tun, was uns die meiste Lust und den wenigsten Schmerz bringt. Damit es keinen Konflikt zwischen dem gibt, was das größte Maß an Lust und das geringste Maß an Schmerz sowohl für das Individuum wie für die ganze Gesellschaft bedeutet, hielt Bentham das Recht und ein dieses stützendes System von Belohnungen und Strafen für notwendig. Ein späterer utilitaristischer Philosoph, Henry Sidgwick, sah wegen der Unmöglichkeit, das eigene Glück und rechtes Verhalten miteinander zu vereinbaren, die gesamte Grundlage der Ethik in Gefahr. Am Ende der ersten Ausgabe seines klassischen Werkes *The Methods of Ethics* schrieb er nach 473 Seiten konzentrierter philosophischer Überlegungen:

»Die alte unmoralische Paradoxie, daß meine Erfüllung der sozialen Pflichten für andere, aber nicht für mich gut sei, läßt sich mit empirischen Argumenten nicht völlig widerlegen; je genauer wir diese untersuchen, desto eher müssen wir zugeben, daß die Paradoxie, wenn es keine anderen Argumente gibt, in manchen Fällen zutreffen muß. Und wir können ja nicht umhin zuzugeben … daß es letztlich vernünftig ist, nach seinem eigenen Glück zu streben … der Kosmos der Pflicht verwandelt sich so in ein Chaos, und wir erkennen, daß die langen Versuche des menschlichen Geistes, ein vollkommenes Ideal des vernünftigen Verhaltens zu entwerfen, von Anfang an zum unausweichlichen Scheitern verurteilt waren.«

Hat Sidgwick recht? Sind die »langen Versuche des menschlichen Geistes« – vom Verfasser des Gilgamesch-Epos an –, die Frage zu beantworten, mit der sich auch das vorliegende Buch beschäftigt, »von Anfang an zum unausweichlichen Scheitern verurteilt«? Es könnte durchaus so aussehen, als wäre diese Konsequenz dem egoistischen, gedankenlosen, gewalttätigen und oft einfach irrationalen Verhalten am ehesten angemessen, das in den abendlichen Fernsehnachrichten so breiten Raum einnimmt. Das ist das andere Extrem gegenüber den leuchtenden Beispielen heroischen ethischen Verhaltens, mit denen Kapitel 8 begann. Die verbleibenden Kapitel werden einige Gründe für die Hoffnung liefern, daß diese Sichtweise zu extrem ist, und daß es so etwas wie eine Antwort, wenn auch nur eine teilweise, auf Sidgwicks Paradoxie gibt.

10 Ein Ziel im Leben haben

Der Mythos von Sisyphus und der Sinn des Lebens

Nach einem alten griechischen Mythos verriet Sisyphus den sterblichen Menschen die Geheimnisse der Götter. Dafür verurteilten ihn die Götter dazu, einen großen Stein einen Hügel hinaufzurollen. Jedesmal, wenn er sich dem Gipfel nähert, verlassen ihn die Kräfte, und der Stein rollt die ganze Strecke wieder hinunter. Sisyphus muß seine Aufgabe von neuem beginnen, doch es geschieht dasselbe wie zuvor … Bis in alle Ewigkeit muß Sisyphus sich damit abmühen, den Stein den Hügel hinaufzurollen. Der Mythos von Sisyphus ist ein finsteres Bild für die Sinnlosigkeit der menschlichen Existenz. Jeden Tag arbeiten wir, um uns und unsere Familie zu ernähren, und sobald die Aufgabe erfüllt ist, müssen wir wieder von vorne beginnen. Wir pflanzen uns fort, und unsere Kinder müssen die gleiche Aufgabe übernehmen. Nichts wird je erreicht, und es wird nicht enden, bis unsere Spezies ausgestorben ist.

Der französische existentialistische Schriftsteller Albert Camus schrieb einen Essay über den Sisyphus-Mythos. Er beginnt mit einem berühmten Satz: »Es gibt nur ein wirklich ernstes philosophisches Problem: den Selbstmord.« Und er fährt fort: »Die Entscheidung, ob das Leben sich lohne oder nicht, beantwortet die Grundfrage der Philosophie.«[1] Vielleicht ist es so, in dem Sinne, daß wir, wenn wir das Leben als nicht lebenswert beurteilen – und entsprechend handeln –, eben nicht in der Lage sind, weitere philosophische Fragen zu stellen. Doch wir sollten hinzufügen (und Camus hätte zugestimmt), daß es weniger um ein passives *Urteil* geht, ob das Leben lebenswert ist oder nicht, als um eine bewußte *Entscheidung* für eine Lebensweise, die lebenswert ist. Selbst Sisyphus, behauptet Camus, kann das. Und so endet der Essay, dessen Anfang uns mit der Möglichkeit des Suizids konfrontierte, positiv:

»Es gibt kein Schicksal, das durch Verachtung nicht überwunden werden kann … Der Kampf gegen Gipfel vermag ein Menschenherz auszufüllen. Wir müssen uns Sisyphus als einen glücklichen Menschen vorstellen.«[2]

Im Schlußkapitel seines Buches *Good and Evil* kommt der amerikanische Philosoph Richard Taylor auch auf den Sisyphus-Mythos zu sprechen, um das Wesen des Sinns des Lebens zu ergründen.[3] Er stellt eine scharfsinnige Frage: wie müßte sich das Schicksal des Sisyphus ändern, damit sein Leben einen Sinn bekäme? Taylor betrachtet zwei Möglichkeiten. Die eine besteht darin, daß Sisyphus nicht wie bisher immer wieder versucht, denselben Stein auf den Gipfel des Hügels zu rollen, ohne daß ein Zeugnis seiner Mühe zurückbleibt, sondern daß es ihm gelingt, viele Steine auf den Hügel zu rollen und dort einen prächtigen Tempel zu bauen. Die andere Möglichkeit ist, daß Sisyphus zwar damit fortfahren muß, immer denselben Stein den Hügel hinaufzurollen, und immer vergeblich, daß ihm die Götter aber in einer merkwürdig gnädigen Stimmung den brennenden Wunsch einpflanzen, genau das zu tun, wozu sie ihn verurteilt haben – einen Stein den Berg hinaufzurollen!

Die beiden Möglichkeiten Taylors, wie das Leben des Sisyphus einen Sinn bekommen könnte, leiten sich von zwei verschiedenen Sichtweisen der Grundlage der Ethik ab. Nach der ersten können wir ein sinnvolles Leben führen, indem wir auf objektiv lohnende Ziele hinarbeiten. Einen Tempel zu bauen, der die Welt dauerhaft verschönert, ist ein solches Ziel. Diese Auffassung der Ethik setzt voraus, daß es objektive Werte gibt, wonach (unter anderem) die Schaffung großer Kunstwerke wie der antiken griechischen Tempel etwas Gutes ist. Die zweite Möglichkeit sieht den Sinn nicht in etwas Objektivem, sondern in etwas, das uns selbst innewohnt – in unserer Motivation. Hier entscheiden unsere Wünsche darüber, ob das, was wir tun, sinnvoll ist: *jede* Tätigkeit kann nach dieser Sicht sinnvoll sein, wenn wir sie wollen. Einen Stein einen Hügel hinaufzurollen, nur um zu sehen, wie er wieder nach unten rollt, sobald wir uns dem Gipfel nähern, von neuem zu beginnen und das bis in alle Ewigkeit zu wiederholen, ist nach dieser Sicht weder mehr noch weniger sinnvoll als einen Tempel zu bauen, weil nach dieser Auffassung vorausgesetzt wird, daß es unabhängig von dem, was wir wünschen, so etwas wie einen objektiven Wert oder Sinn nicht gibt. Sinn ist etwas Subjektives, eine Tätigkeit hat für mich Sinn, wenn sie zufällig meinen Wünschen entspricht, und sonst nicht.

Taylor bevorzugt die subjektive Auffassung. Er denkt, daß allein unser inneres Bedürfnis, unser Wille, unserem Leben Sinn verleihen kann. Damit befindet er sich in Einklang mit dem vorherrschenden Geist des 20. Jahrhunderts, wie ihn Existentialisten, logische Positivisten und viele zeitgenössische Philosophen zum Ausdruck bringen, die sich zu keiner dieser Gruppen rechnen, aber meinen, daß wir, da die Welt als ganze keinen Sinn habe, die Freiheit hätten, nicht der ganzen Welt, aber unserem Leben selbst einen Sinn zu geben. Doch genau diese Freiheit kann zu einer problematischen Wertauffassung führen, die hinter mancher Unzufriedenheit mit dem Leben auch unter Überflußbedingungen steht. Die alltäglichen Probleme mit einer solchen Wertauffassung sind einer genaueren Betrachtung wert.

Von Hausfrauen, australischen Ureinwohnern und Käfighühnern

Als Zeitschriftenautorin interviewte Betty Friedan im Amerika der 1950er Jahre viele junge Frauen, die den klassischen amerikanischen Traum erlebten: sie waren jung und gesund, wohnten in schönen Vorstadthäusern, ihre Männer hatten eine gutbezahlte Arbeit, ihre Kinder gingen zur Schule, ihre Hausarbeit wurde durch viele arbeitsparende Geräte erleichtert, und (so können wir heute hinzufügen) niemand machte sich Sorgen wegen Drogen oder AIDS. Das war das gute Leben schlechthin, im reichsten Land der Welt, und diese Frauen mußten sicherlich von allen beneidet werden, die jemals Mangel an Bequemlichkeit, Freizeit und finanzieller Sicherheit erlebt hatten. Doch als Friedan mit ihnen sprach, fand sie heraus, daß sie ein Problem hatten. Die Frauen hatten keinen Namen dafür, und Friedan ebenfalls nicht, und so nannte sie es »das Problem ohne Namen«. Es stand im Mittelpunkt ihres Buches *Der Weiblichkeitswahn oder die Selbstbefreiung der Frau*, das für die moderne feministische Bewegung mehr als jedes andere Einzelwerk ausschlaggebend war. In diesem Buch beschreiben die Frauen das Problem mit ihren eigenen Worten. Hier eine 23jährige Mutter:

> »Ich frage mich, warum ich so unzufrieden bin. Ich bin gesund, habe meine Kinder, ein schönes neues Haus, genug Geld … Es ist, als hätte es, seit du ein kleines Mädchen warst, immer jemanden oder etwas gegeben, das dein Leben bestimmt: die Eltern, das College, die Liebe, ein Kind bekommen, der Umzug in ein neues

Haus. Und dann wachst du eines Morgens auf, und es gibt nichts, worauf du dich freuen könntest.«[4]

Die damaligen Zeitschriften und Fernsehserien versuchten den Frauen zu erzählen, daß ihre erfüllendste Rolle die der Ehefrau und Mutter sei. Schließlich hatten es die amerikanischen Hausfrauen der 50er Jahre im Vergleich mit den Frauen früherer Zeiten oder in anderen Ländern doch leicht. Aber daß sie es so leicht hatten, war wenig tröstlich; in Wirklichkeit war es gerade das Problem. Diese Art Leben wurde für das gehalten, was eine Frau zur Erfüllung brauchte, doch wenn sie alles erreicht hatte, was sie sich angeblich wünschte, kam ihr Lebensplan zum Stillstand. Die Hausfrau in der Vorstadt lebt isoliert in ihrem komfortablen Haus mit seinen arbeitsparenden Einrichtungen, dank derer sie ihre tägliche Hausarbeit in ein oder zwei Stunden erledigt hat. In einer weiteren Stunde hat sie im Supermarkt einen Wochenvorrat an Lebensmitteln für die ganze Familie eingekauft. Ihre einzige Aufgabe ist die Familie, bald sind ihre Kinder den ganzen Tag in der Schule, und einen großen Teil der übrigen Zeit sehen sie fern. Nichts anderes scheint noch erstrebenswert.

Betrachten wir eine ganz andere Lebensweise. In den vergangenen vierzig Jahren kamen mehrere Gruppen australischer Ureinwohner, die sich als Jäger und Sammler in abgelegenen wüstenartigen Gebieten ernährten, in Berührung mit der westlichen Zivilisation. Dadurch erhielten sie Zugang zu einer zuverlässigen Lebensmittelversorgung, eisernen Äxten, Kleidung und vielen anderen Gütern. Wenn die Lebensqualität von der Menge der materiellen Besitztümer abhinge, hätte dieser Kontakt die Lebensqualität dieser Ureinwohnergruppen erhöhen müssen. Die Beobachter sind sich aber darin einig, daß er genau die gegenteilige Wirkung hatte. Wir brauchen das Nomadenleben der Ureinwohner nicht zu idealisieren, um zu erkennen, daß es viele Möglichkeiten bot, bei den Aufgaben, das zum Leben Notwendige zu beschaffen, Befriedigung zu finden. Richard Gould, ein amerikanischer Anthropologe, der bei einer australischen Ureinwohnergruppe von Jägern und Sammlern gelebt hat, bemerkte:

»Das tägliche Leben der nomadischen Aborigines ist im wesentlichen harmonisch und befriedigend. Der einzelne wächst mit dem Wissen auf, was von ihm erwartet wird. Indem er praktische

Kenntnisse und Fertigkeiten erwirbt und entwickelt, lernt er diese Erwartungen zu erfüllen und wird augenblicklich durch seine eigene Befriedigung über die Leistung und langfristig durch die Achtung seiner Sippe belohnt.«[5]

Kommt die Nahrung aus einem Laden, gegen einen Gutschein der staatlichen Wohlfahrt, den ein wohlmeinender Sozialarbeiter ausgegeben hat, der darauf achtet, daß alle Australier auch bekommen, worauf sie einen gesetzlichen Anspruch haben, dann haben die in einem ganzen Leben erworbenen Fähigkeiten und Kenntnisse plötzlich keinen Wert mehr. Das Ergebnis ist schwer demoralisierend. Fast alles, womit die Mitglieder der Nomadengruppe ihren Tag verbracht hatten, ist sinnlos geworden. Kein Wunder, daß der Alkohol oft zu einem ernsten Problem wird, und selbst wenn das nicht der Fall ist, scheint es, als wüßten diese früheren Nomaden einfach nicht, was sie anfangen sollen.

Die moderne Hausfrau in ihrem ordentlichen Haushalt und der australische Ureinwohner, der vor dem Laden auf dem staubigen Boden sitzt, leiden an der gleichen Krankheit: daß ihrem Leben jedes Ziel genommen ist. Das Bedürfnis nach einem Ziel ist tief in unserer Natur verankert. Wir können es auch an anderen Tieren beobachten, vor allem an denen, die wie wir soziale Säugetiere sind. Den Tiger, der rastlos hinter den Gitterstäben seiner kleinen betonierten Zelle hin und her läuft, finden wir im Zoo glücklicherweise immer seltener. Doch die Affen, die immer noch in kahlen Metallkäfigen in Laboratorien gehalten werden, oder die Schweine, die monatelang in Tierfabriken in Boxen eingesperrt sind, die so klein sind, daß sie nicht einmal hin und her gehen können, leiden am gleichen Problem. Wer einer Sau Futter und einen warmen und trockenen Platz gibt, an dem sie sich hinlegen kann, hat ihr noch nicht alles gegeben, was sie braucht. Solche Tiere zeigen ein, wie die Ethologen sagen, »stereotypes Verhalten« – sie beißen unaufhörlich an den Stäben ihres Verschlags herum oder stehen da und wiegen den Kopf hin und her. Sie versuchen den Mangel an zielgerichteter Tätigkeit in ihrem Leben auszugleichen. Auch die in einen Käfig gesperrte Henne in der Tierfabrik hat ihr tägliches Futter in ein paar Minuten aufgepickt, und dann bleibt ihr überhaupt nichts mehr zu tun. Das Ergebnis ist, daß sie ständig auf ihre Gefährtinnen einpickt, so daß allen Fabrik-

223

hühnern heute der Schnabel gekürzt wird, damit sie einander nicht umbringen. Einige etwas einsichtsvollere Tierhalter mischen heute dem täglichen Futter Stroh oder andere unverdauliche Materialien bei und verstreuen es auf dem Käfigboden, so daß die Tiere etwas tun müssen, um es zu finden. In geschlossenen Räumen gehaltenen Hühnern kann man sehr fein gemahlenes Futter geben, so daß sie für die tägliche Nahrungsaufnahme nicht nur ein paar Minuten, sondern vielleicht mehrere Stunden brauchen. Nach der modernen Sicht von Arbeit und Freizeit, wie wir sie auf Menschen anwenden, bewirken solche Maßnahmen, daß die Tiere mehr arbeiten und weniger Freizeit haben, was eigentlich eine Verschlechterung ihrer Situation sein müßte. Beobachtungen zeigen aber, daß es ihnen besser geht. Natürlich sind solche Vorkehrungen bestenfalls eine schwache Nachahmung der vielen verschiedenen Tätigkeiten, die Tieren in ihrer natürlichen Umgebung zugänglich sind. Sie machen die Tierhaltung in kahlen Käfigen nicht annehmbar; doch ihr relativer Erfolg sollte uns zum Nachdenken über unsere Einstellung zu Arbeit und Freizeit veranlassen. Es ist klar, daß unser Bedürfnis nach einem Ziel in unserem Leben seine Wurzeln weit zurück in unserer Entwicklungsgeschichte hat und nicht so leicht ausgeschaltet werden kann.

Es gibt eine Art Schnellverfahren, um das Bedürfnis nach einem Ziel zu überwinden. Für die pharmazeutische Industrie ist die existentielle Leere eine Marktchance. In den 60er Jahren begannen die Ärzte in den Vorstädten, den Hausfrauen immer mehr Tranquilizer zu verschreiben, wenn sie mit Depressionen zu ihnen kamen. So sangen die Rolling Stones in »Mother's Little Helper« (»Mutters kleiner Helfer«)«:

»Heut' sind die Kinder anders, höre ich jede Mutter sagen.
Mutter braucht heut' was zur Beruhigung.
Krank ist sie eigentlich nicht,
aber es gibt da eine kleine gelbe Pille.
Sie rennt nach dem Schutz durch Mutters kleinen Helfer,
und er hilft ihr auf dem Weg
durch den arbeitsreichen Tag.
Doktor, bitte, noch ein paar.
Vor der Tür hat sie noch vier genommen.
Wie mühsam ist es, alt zu werden.«

Das ist also eine »Lösung« für die Unzufriedenheit, die durch den Verlust des Ziels entsteht: aus der unzufriedenen Hausfrau einen zufriedengestellten unselbständigen Menschen zu machen. Das löst das Problem freilich nur in dem Sinne, wie der Alkohol die Probleme der australischen Ureinwohner bei der Anpassung an die westliche Zivilisation löst und Crack und andere Drogen die Probleme arbeitsloser Amerikaner in Großstadtslums.

Nicht ganz so süchtigmachend wie Heroin, weniger gefährlich als Alkohol, aber unter Umweltgesichtspunkten immer noch problematisch ist jener andere große moderne Tranquilizer, das Einkaufengehen. Viele Menschen geben ohne weiteres zu, daß für sie das Einkaufen nicht so sehr ein Mittel ist, um etwas zu bekommen, was sie brauchen, als vielmehr ihre hauptsächliche Erholung. Eine starke Dosis davon scheint bei der Überwindung von Depressionen hilfreich zu sein. Einkaufen ist ein moderner Ersatz für die Tätigkeit des Jagens und Sammelns. Die Geschäftsstraße hat die alten Jagdgründe ersetzt. So wie das Sammeln von Wurzeln, Samen und Beeren in einem Trockengebiet kann das Einkaufengehen einen großen Teil des Tages beanspruchen. Es läßt spezialisierte Formen von Kenntnissen und Fertigkeiten entstehen. (Wie wählt man das Richtige aus? Wo und wann gibt es die richtigen Schnäppchen?) Das Einkaufengehen kann sogar als zielgerichtete Tätigkeit gelten; seine Freizeitkomponente kann auf eine Weise verschleiert oder geleugnet werden, wie es nicht möglich ist, wenn man den Tag mit Golfspielen zubringt.

Warum erlebten in den 50er Jahren vor allem Frauen diesen Verlust eines Ziels? Damals hatten die meisten Männer, aber verhältnismäßig wenige Frauen Arbeitsplätze, die Aussicht auf Beförderung, mehr Verantwortung und Macht boten. Das ist immer noch oft der Fall, wenn auch nicht mehr ganz in dem Ausmaß. Wenn also ein Mann eines Morgens aufwacht und sich fragt: »Ist das mein ganzes Leben?«, dann kann er die Zweifel beschwichtigen, indem er an jenen großen Tag denkt, an dem er eine wichtigere Position mit höherem Gehalt und mehr Verantwortung bekommen wird. Das ist der Grund, warum nach den Erkenntnissen von Arbeitgebern ebenso wie von Gewerkschaften eine Karrierestruktur, eine aufwärts führende Leiter oft entscheidender für die Arbeitszufriedenheit ist als die eigentliche Bezahlung. Für die Hausfrau aber gibt es keine Beförderung. Die romantische Liebe verblaßt, und die Kinder brauchen ihre

Mutter immer weniger. Kein Wunder, daß viele amerikanische Hausfrauen, als sie alles hatten, was sie sich angeblich wünschten, die Sinnlosigkeit ihrer Existenz schärfer empfanden als ihre Ehemänner.

Der Kampf um den Sieg

Manche Menschen – charakteristischerweise Männer – finden ihr Lebensziel in einer konkurrenzbetonten Lebenseinstellung. Im ersten Kapitel dieses Buches sprach ich von dem Augenblick in dem Film *Wall Street*, in dem Bud Fox angesichts von Gordon Gekkos Gier nach immer mehr Geld die Frage stellt: »Wann ist es mal genug?« Hier ist Gekkos Antwort:

> »Es hat nichts mit ›genug‹ zu tun, mein Freund. Es ist ein Nullsummenspiel. Der eine gewinnt, der andere verliert.«

Diese Antwort wird allen irgendwie bekannt vorkommen, die wissen, wie die Größen der 80er Jahre denken, reden und schreiben. Im ersten Kapitel seines zweiten Buches, *Überleben ganz oben*, berichtet Donald Trump über das, was seit seinem ersten Buch geschehen war, über seine »Siege« und über die Lektionen, die ihn gelehrt hätten, »das Gewinnen nicht für selbstverständlich zu halten«. Ein paar Seiten weiter vergleicht er sich mit »einem professionellen Kampfsportler«. Später, in einer nachdenklicheren Stimmung, bemerkt er:

> »Manchmal bin ich konkurrenzbetonter, als für mich gut ist. Wenn jemand herumgeht und die Leute in Gewinner und Verlierer einteilt, dann möchte ich das Spiel annehmen und natürlich am Ende auf der richtigen Seite stehen.«[6]

Thorstein Veblen, der um die Jahrhundertwende lebende mürrische amerikanische Soziologe norwegischer Herkunft, der *Theorie der feinen Leute* schrieb, hätte darüber gelächelt, wie Leute wie Trump ihren Reichtum zur Schau stellten, unsinnig luxuriöse Jachten kauften, mit denen sie nur selten fahren konnten, oder palastartige Landsitze, die sie selten besuchten. Von Veblen stammt der Ausdruck »demonstrativer Konsum« für Konsum, der den eigenen Reichtum zur Schau stellen und somit den relativen Status heben soll. Veblen meinte, daß sobald die Bedürfnisse nach dem Lebensnotwendigen und einem vernünftigen Grad von physischem Komfort befriedigt seien, das Motiv hinter dem Besitzstreben der finanzielle Wettbewerb sei – der Wunsch, es anderen gleichzutun oder sie zu überholen. Das Eigentum wird »im Gegensatz zur heroischen Zeit ... zum leicht erkennbaren Beweis des Erfolgs und damit zur gesellschaftlich anerkannten Grundlage des Prestiges«.[7] Demonstrativer Konsum muß, soll er sich als wirksam dabei erweisen, das Ansehen des Konsumenten zu heben, »überflüssig« sein, »Verschwendung«. (Veblen fügt trocken hinzu, in einem ökonomie-theoretischen Buch wie dem seinen impliziere »die Verwendung des Ausdrucks ›Vergeudung‹ als Terminus technicus keine Mißbilligung der Motive oder Ziele, die vom Konsumenten gemäß dem Gesetz der demonstrativen Verschwendung verfolgt werden«.)[8] Die Grundsätze des »pekuniären Geschmacks« besagen, daß »die Kennzeichen überflüssiger Kostspieligkeit« Zeichen des Wertes sind und Güter uninteressant sind, wenn »sie den praktischen Zweck [zu] gut, d.h. [zu] sparsam erfüllen«.[9] Das Ergebnis ist ein Streben, das nie befriedigt werden kann:

> »So verfolgt man mit der Anhäufung von Gütern nichts anderes, als sich eine hohe Stellung in der Gesellschaft zu erobern, die an der Menge des Geldes gemessen wird. Fällt dieser Vergleich zum eigenen Nachteil aus, so lebt der Mensch in ständiger Unzufriedenheit mit seinem Schicksal. Hat er hingegen die in seiner Gesellschaft oder Klasse vorherrschende Norm erreicht, weicht zwar die chronische Unzufriedenheit, aber nur, um einem ruhelosen Streben Platz zu machen, das den Abstand zwischen dem eigenen und dem durchschnittlichen Vermögen möglichst vergrößern möchte. Der neiderfüllte Vergleich kann für den einzelnen nie so günstig ausfallen, daß er nicht immer noch den Wunsch nach einer höheren Stellung und noch größerem Ansehen verspüren würde.«

Wenn sich Männer, von Natur aus oder aufgrund ihrer Sozialisation, eher als Frauen auf dieses Statusstreben einlassen, dann ist das zugleich ihre Last und ihr Mittel, der Notwendigkeit, Fragen über den Sinn ihres Lebens zu stellen, auszuweichen. Sie können weiterhin Reichtum ansammeln, denn, wie Veblen hinzufügt:

»Bei dieser Lage der Dinge kann das Streben nach Reichtum schwerlich eine individuelle Erfüllung finden.«[10]

Das trifft sich mit einer Bemerkung, die Michael Lewis in seinem Buch *Wall Street Poker* mitteilt. Als er ein aufsteigender Aktienmakler bei Salomon Brothers war, sagte einer seiner Kollegen zu ihm:

»Du wirst in diesem Geschäft nicht reich ... Du erreichst nur neue Ebenen relativer Armut. Glaubst Du, Gutfreund [der Direktor] fühlt sich reich? Ich wette, nein.«[11]

In der Tat, John Gutfreunds Frau Susan, die wegen ihrer exotischen Dinnerparties berühmt war, soll einmal die Schwierigkeiten, das passende Personal für ihre New Yorker und Pariser Wohnsitze zu unterhalten, in der Klage zusammengefaßt haben: »Es ist so teuer, reich zu sein.«[12] In *Fegefeuer der Eitelkeiten* verspottete Tom Wolfe den Lebensstil von Leuten wie den Gutfreunds. In einer großartigen Szene sind der Aktienmakler Sherman McCoy und seine Frau Judy zu einem Dinner in der Fifth Avenue eingeladen, sechs Häuserblöcke von ihrer Wohnung. Judy kann wegen ihres Abendkleids nicht zu Fuß gehen; ein Taxi kommt auch nicht in Frage:

»Was würden sie dann *nach* der Party machen? Wie könnten sie *aus* dem Haus der Bavardages gehen, und alle Welt, tout le monde, würde sie auf der Straße stehen sehen, die McCoys, dieses schneidige Paar, wie sie ihre Hände in die Luft recken und tapfer, verzweifelt, pathetisch ein Taxi anzuhalten versuchen?«

Also mieten die McCoys eine Limousine mit Fahrer, der sie sechs Häuserblöcke weit fährt, vier Stunden auf sie wartet und sie dann wieder zurückfährt, für 197,20 Dollar. Aber auch damit werden sie nicht glücklich:

»Der Fahrer konnte in der Nähe des Eingangs nicht an den Gehweg heranfahren, weil so viele Limousinen im Wege standen. Er mußte in zweiter Reihe parken. Sherman und Judy mußten sich zwischen den Limousinen hindurchschlängeln. Neid ... o Neid ... An den Nummernschildern konnte Sherman erkennen, daß diese

Limousinen nicht gemietet waren. Sie *gehörten* denen, die sich in ihnen in ihrer ganzen Eleganz hierher chauffieren ließen. Ein Chauffeur, ein guter, der auch bereit war, lange und auch bis spät am Abend zu arbeiten, kostet 36000 Dollar im Jahr, mindestens; Garagenplatz, Instandhaltung, Versicherung, das sind nochmal mindestens 14000 Dollar, zusammen 50000, nichts davon absetzbar. *Ich verdiene eine Million Dollar im Jahr – und doch kann ich mir das nicht leisten!*«[13]

Grenzenlose Besitzanhäufung ist eine weitere Form der Flucht vor der Sinnlosigkeit. Doch sie ist ein Schlupfloch, das einen grundlegenden Mangel an Klugheit verrät. Mit »Klugheit« meine ich das Ergebnis eines von etwas Intelligenz und Selbstbewußtheit getragenen Nachdenkens darüber, was im Leben wichtig ist; und »praktische Klugheit« fügt dem die Fähigkeit hinzu, entsprechend zu handeln. Das von Veblen beschriebene Ziel des finanziellen Wettbewerbs kann einen nachdenklichen Menschen unmöglich befriedigen, ja er scheint nicht einmal diejenigen zu befriedigen, die nicht darüber nachdenken, was sie tun.

Wie Veblen sagt, steht hinter dem Erwerbsstreben ein Konkurrenzbedürfnis. Schon in den 70er Jahren spürte Michael Maccoby, der sowohl Psychoanalyse wie Sozialwissenschaft studiert hatte, daß ein neuer Typ des Firmenchefs im Kommen war. Nach Interviews mit 250 Managern aus 12 amerikanischen Großfirmen kam er zu dem Ergebnis, daß es für viele von ihnen im Geschäftsleben um das Gewinnen ging – für sich selbst, ihre Abteilung oder ihre Firma. Er schrieb darüber ein Buch und nannte es nach dem neuen Managerstil *The Gamesman* (»Der Spieler«). Das Buch feierte aber nicht den Aufstieg dieser konkurrenzbetonten Führungskräfte, die sich dem Gewinnen verschrieben hatten. Vielmehr enthielt es die Warnung, daß das eigene Leben schließlich irgendwann nichts mehr wert sein könnte, wenn es bloß als Spiel verstanden werde:

»Sind einmal seine Jugend, seine Energie und selbst die Faszination des Gewinnens dahin, dann wird [der Spieler] depressiv und ziellos und fragt sich, was sein Leben für einen Sinn hat. Der Kampf im Team verleiht ihm keine Energie mehr, und er hat nichts mehr außer sich selbst, woran er glaubt und wofür er sich einsetzen könnte, sei es nun die Firma oder auch die Gesellschaft, und so fühlt er sich völlig allein.«[14]

Michael Milken ist wohl ein klassisches Beispiel für einen ganz großen Gewinner, den das Gewinnen wenig befriedigte. Als er auf der Höhe seines Erfolges stand, legendär in der ganzen Finanzwelt und mit einem persönlichen Vermögen von einer Milliarde Dollar, sagte einer seiner Kollegen zu Connie Bruck: »Michael ist nichts gut genug. Er ist der unglücklichste Mensch, den ich kenne. Er hat nie genug ... Er macht alles – immer neue Geschäfte.« 1986 sagte ein langjähriger Käufer von Milkens Junk Bonds zu Bruck: »Milken schien immer freudloser zu werden – die Freude war in den ersten Jahren einfach ein Teil von ihm – und immer zwanghafter.«[15]

In einer kritischen Untersuchung über die Gewichtung der Konkurrenz in der westlichen Gesellschaft fand Alfie Kohn, daß viele Sportler über ein Gefühl der Leere berichteten, nachdem sie den größten möglichen Erfolg in ihrer Sportart errungen hatten. Der Trainer der Dallas Cowboys, Tom Landry, sagte:

> »Auch wenn du soeben den Super-Cup gewonnen hast – *gerade* wenn du soeben den Super-Cup gewonnen hast –, *gibt es immer ein nächstes Jahr*. Wenn es heißt, ›Gewinnen ist nicht alles, es ist das einzige‹, dann ist ›das einzige‹ gar nichts – Leere, der Alptraum eines Lebens ohne einen letzten Sinn.«[16]

Harvey Ruben, der Verfasser eines Buches mit dem Titel *Competing* und ein begeisterter Befürworter des Wettbewerbs, gesteht zu: »Die Entdeckung, daß das ›Geschaffthaben‹ letzten Endes oft ein leerer Gewinn ist, ist einer der schlimmsten Augenblicke, den der erfolgreiche Wettbewerbsteilnehmer erleben kann.« Stuart Walker, ein Regattasegler und ebenfalls Verfasser eines Buches über Gewinnen und Wettbewerb, schreibt:

> »Das Gewinnen befriedigt uns nicht – wir müssen es immer und immer wieder haben. Der Geschmack des Erfolgs scheint bloß Appetit auf mehr zu machen. Wenn wir verlieren, dann ist der Zwang, bald einen Erfolg zu erzielen, überwältigend; das Bedürfnis, nächstes Wochenende am Rennen teilzunehmen, ist unwider-

stehlich. Wir können nicht aufhören, wenn wir vorne sind, wenn wir gewonnen haben, und wir können auf gar keinen Fall aufhören, wenn wir hinten liegen, wenn wir verloren haben. Wir sind süchtig.«[17]

Hier ist die beste verfügbare Antwort auf eine der Fragen, die ich in Kapitel 1 gestellt habe. Warum riskierte Ivan Boesky alles wegen ein paar Millionen Dollar, als er schon mehr hatte, als er je ausgeben konnte? 1992, sechs Jahre, nachdem er sich der Ausnutzung interner Informationen schuldig bekannt hatte, brach seine ihm entfremdete Frau Seema das Schweigen und sprach in einem Interview mit Barbara Walters für das Programm »20/20« der amerikanischen Fernsehgesellschaft ABC über Ivan Boeskys Motive. Walters fragte, ob Ivan Boesky dem Luxus verfallen gewesen sei. Seema Boesky dachte das nicht und wies darauf hin, daß er sieben Tage in der Woche rund um die Uhr gearbeitet und sich nie auch nur einen Tag frei genommen habe, um etwas von seinem Geld zu haben. Sie erinnerte sich dann, daß Boesky aufgebracht war, als er 1982 von dem Magazin *Forbes* zum ersten Mal auf die Liste der reichsten Amerikaner gesetzt wurde. Sie vermutete, er habe wohl das Aufsehen gescheut, und sagte etwas in diesem Sinne zu ihm. Boesky antwortete:

»Das stört mich nicht. Aber wir sind niemand. Wir sind nirgends. Wir stehen unten auf der Liste, aber ich verspreche dir, das tue ich dir nie wieder an. Wir bleiben nicht da unten.«[18]

Die Sucht nach dem Gewinnen, in der Wirtschaft oder im Sport, ist die moderne Form der Mühsal des Sisyphus – die Verurteilung zu nie endender Zwangsarbeit ohne ein Ziel. Diese Sucht hatte Boesky in ihren Fängen, und sie ruinierte ihn. Doch auch wenn er nicht von ihr ruiniert worden wäre, letzten Endes hätte er – ob er gewann oder verlor – sein Verlangen unstillbar gefunden.

Die Wendung nach innen

Viele Menschen meinen, es müsse mit ihnen etwas nicht stimmen, wenn ihr Leben nicht erfüllend sei. Sie wenden sich der Psychotherapie zu. In den 20 Jahren bis 1976 verdreifachte sich die Zahl der Menschen in Amerika, die psychotherapeutische oder psychiatrische Hilfe suchten. Es fing bei jungen Großstadtbewohnern mit guter Ausbildung und qualifizierten Berufen an, breitete sich dann aber auch in andere Gesellschaftsschichten aus.[19] Ich konnte nicht umhin das zu bemerken, als ich 1973 eine Gastprofessur am philosophischen Institut der New York University antrat. Vor meiner Ankunft in New York hatte ich niemanden gekannt, der auch nur einmal wöchentlich zu einer Psychotherapie ging; doch als ich mit einem Kreis New Yorker Professoren und ihren Ehefrauen bekannt wurde, stellte ich bald fest, daß viele von ihnen *täglich* zur Psychoanalyse gingen. Fünf Tage die Woche, elf Monate im Jahr hatten sie eine einstündige Verabredung, die unter allen Umständen eingehalten werden mußte, wenn es nicht gerade um Leben und Tod ging. Sie konnten nur gleichzeitig mit ihrem Analytiker Urlaub machen. (Oft gingen beide zu verschiedenen Analytikern, doch zum Glück gehen alle Psychotherapeuten im August in Urlaub, und so konnten die Paare doch zusammen Urlaub machen.) Das alles war keineswegs billig. Einige meiner Kollegen, gutbezahlte, erfolgreiche Akademiker, ließen ein Viertel ihres Jahreseinkommens bei ihrem Analytiker! Und es waren Leute, die nach meinem Eindruck nicht mehr gestört oder weniger gestört waren als diejenigen, die keine Analyse machten, und abgesehen von ihrer Überzeugtheit von der Analyse erschienen sie mir nicht anders als die Menschen, die ich in Oxford oder Melbourne kannte. Ich fragte meine Freunde, warum sie das machten. Sie sagten, sie fühlten sich unterdrückt, oder sie hätten unaufgelöste psychische Spannungen, oder sie fänden das Leben sinnlos. Ich hätte sie am liebsten am Kragen gepackt und durchgeschüttelt. Das waren intelligente, begabte, wohlhabende Menschen, die in einer der interessantesten Städte der Welt lebten. Sie befanden sich im Mittelpunkt des größten Kommunikationszentrums der Geschichte. Die *New York Times* unterrichtete sie täglich über die Verhältnisse in der wirklichen Welt. Sie wußten zum Beispiel, daß es in etlichen Entwicklungsländern Familien gab, die nicht wußten, wo sie das Essen für den nächsten Tag hernehmen sollten, und Kinder, die aufgrund der Unterernährung körperlich und geistig verkümmert aufwuchsen. Sie wußten auch, daß der Planet genug Lebensmittel erzeugen kann, damit jeder Mensch genug zu essen hat, aber daß sie so ungleich verteilt sind, daß es einfach lächerlich ist, von Gerechtigkeit zwischen den Nationen zu reden. (Zum Beispiel betrug 1973 das Bruttosozialprodukt pro Kopf in den Vereinigten Staaten 6200 Dollar und in Mali 70 Dollar.)[20] Hätten sich diese fähigen, reichen New Yorker nur von der Couch erhoben und aufgehört, über ihre eigenen Probleme nachzudenken und sich stattdessen aufgemacht, um etwas für die wirklichen Probleme der weniger begünstigten Menschen in Bangladesch oder Äthiopien zu tun – oder auch für die in Manhattan, ein paar U-Bahn-Haltestellen weiter nördlich –, sie hätten ihre eigenen Probleme vergessen und vielleicht dabei die Welt ein Stück besser gemacht.

Wenn Menschen die Lösung ihrer Probleme in ihrem Inneren suchen, dann sind sie auf jene geheimnisvolle Substanz aus, die die Götter Sisyphus einpflanzten, um dessen Leben nach der von Taylor vorgeschlagenen zweiten Möglichkeit Sinn zu verleihen, so daß er den Stein den Hügel hinaufrollen *wollte*. Wenn ich stattdessen als Lösung vorschlage, in die Welt hinauszugehen und etwas Wichtiges zu tun, spreche ich mich für die andere Möglichkeit aus, die nicht Sisyphus ändert, sondern es ihm erlaubt, die Welt draußen zu ändern, indem er einen Tempel baut. Vorläufig versuche ich keine philosophische Begründung für diesen offensichtlich objektivistischen Standpunkt. Für den Augenblick genügt es, daß er in der Praxis zu funktionieren scheint.

Menschen verbringen, oft ganz fruchtlos, Jahre in der Psychoanalyse, weil die Analytiker im Freudschen Dogma geschult sind, wonach die Probleme im Unterbewußtsein der Patienten selbst zu suchen sind und versucht werden muß, sie durch Introspektion zu lösen. So werden die Patienten angehalten, nach innen statt nach außen zu schauen. Viktor Frankl, Psychotherapeut und Nicht-Freudianer, erzählte von einem amerikanischen Diplomaten, der ihn in seiner Wiener Klinik aufsuchte, weil er eine Analyse fortsetzen wollte, die er fünf Jahre zuvor in New York begonnen hatte. Frankl fragte ihn, warum er die Analyse damals begonnen habe, und der Diplomat antwortete, er sei mit seiner Karriere unzufrieden gewesen, weil er es schwierig gefunden habe, die damalige amerikanische Außenpolitik zu unterstützen. Sein Freudianischer Analytiker hatte darauf so reagiert, daß er ihm wiederholt sagte, das Problem bestehe darin, daß die amerikanische Regierung und seine Vorgesetzten lauter Vaterfiguren seien; er sei mit seiner Arbeit unzufrieden, weil er unbewußt seinen Vater hasse. Die

Lösung des Analytikers bestand also darin, daß sich der Patient mit seinen unbewußten Gefühlen gegenüber seinem Vater auseinandersetzen und versuchen sollte, sich mit ihm zu versöhnen. Frankl war nicht dieser Meinung. Er kam zu dem Schluß, daß der Diplomat überhaupt keine Psychotherapie brauche. Er sei einfach unglücklich, weil er in seiner Arbeit keinen Sinn finden könne. Daher empfahl Frankl eine andere Beschäftigung. Der Diplomat befolgte den Rat. Seine neue Tätigkeit gefiel ihm von Anfang an, und als ihn Frankl nach fünf Jahren wiedersah, war es immer noch so.[21]

Der Irrtum, den Sinn im Inneren zu suchen, ist so verbreitet, daß Robert Bellah und seine Mitarbeiter bei der Planung der Untersuchung, die sich in ihrem Buch *Gewohnheiten des Herzens* niederschlug, die Psychotherapie neben Liebe und Ehe als einen der wichtigen Aspekte des amerikanischen Lebens auswählten, die in die Untersuchung eingeschlossen werden sollten. In ihrem Vorwort heißt es:

> »Im Privatleben untersuchten wir Liebe und Ehe, eine der ältesten Formen, in der Menschen ihre private Existenz gestalten, und das Thema Therapie, ein neueres, aber zunehmend wichtiges Mittel, durch das Mittelschichtamerikaner ihrer Privatsphäre Sinn geben.«[22]

Der Psychotherapeut hat also eine neue Rolle: nicht nur den psychisch Kranken zu helfen, sondern auch dem Leben der amerikanischen Mittelschicht Sinn zu verleihen.

Ein weiteres Anzeichen für die weitverbreitete Akzeptanz einer durch die Psychotherapie geprägten Lebensauffassung ist die erstaunlich dauerhafte Popularität des Buches *Der wunderbare Weg* von Scott Peck. Als ich diese Zeilen im Juni 1992 schrieb, stand die englische Ausgabe seit 436 Wochen oder mehr als acht Jahren auf der Bestsellerliste der *New York Times*. Peck, ein Psychiater, empfiehlt die Psychotherapie nicht nur zur Behandlung psychischer Krankheiten, sondern auch als »abgekürzten Weg zur Persönlichkeitsentwicklung«. Er gibt zwar zu, daß »Persönlichkeitsentwicklung auch möglich ist, ohne daß die Psychotherapie damit befaßt ist«, meint aber, das mache »die Aufgabe oft unnötig mühsam, langwierig und schwierig«. Er vergleicht die Psychotherapie als Weg zur Persönlichkeitsentwicklung mit dem Gebrauch von Hammer und Nägeln, um ein Haus zu bauen, und betont, es sei »ganz allgemein sinnvoll, verfügbare Werkzeuge zur Abkürzung einer Arbeit zu verwenden.«[23]

Ich finde diese Analogie zweifelhaft; allzu oft stellt sich die Abkürzung als eine lange Sackgasse heraus. Die Berufskrankheit der Psychotherapeuten, gegen die nur wenige immun sind, ist eine übertriebene Konzentration auf das Ich, die oft mit einem oberflächlichen Wertsubjektivismus einhergeht, der es dem Therapeuten unmöglich macht, ernsthaft einen ethischen Standpunkt einzunehmen. Die Verfasser von *Gewohnheiten des Herzens* berichten:

> »Die therapeutische Persönlichkeit wird … durch ihre Wünsche und Befriedigungen definiert … Ihr sozialer Aspekt ist in der Hauptsache auf einfühlsame Kommunikation, Aufrichtigkeit und gerechtes Aushandeln begrenzt … In der therapeutischen Kultur wird jede Aussage über ›richtig‹ und ›falsch‹ vermieden, die nicht von dem subjektiven Dementi eines ›Ich glaube‹ oder ›Ich habe das Gefühl‹ eingeleitet wird. Daraus spricht die Überzeugung, daß moralische Urteile auf rein subjektiven Gefühlen basieren und nicht sinnvoll diskutiert werden können.«[24]

Ein Gestalttherapeut skizzierte den Übergang von »Moral« zu ihrem therapeutischen Nachfolger so:

> »Die Frage: ›Ist dies richtig oder falsch?‹ wird zu: ›Wird sich das jetzt für mich auszahlen?‹ Der einzelne muß unter Berücksichtigung seiner eigenen Bedürfnisse eine Antwort finden.«[25]

Zu beachten ist hier die Unfähigkeit, den Wert irgendeines Zieles jenseits des Ich zu erkennen, eine Eigenschaft, die dieser Therapeut mit einem populäreren Autor gemeinsam hat, der ebenfalls der Moral mißtraut. Robert J. Ringer schreibt in seinem Buch *Werde Nr. 1*:

> »Als Vorstufe für die Entscheidung, ob es gut ist, auf den eigenen Vorteil bedacht zu sein, schlage ich vor, daß Sie alle unerbetenen Moralprinzipien anderer Leute aus Ihren Erwägungen ausschließen … Sie sollten sich nur mit der Frage beschäftigen, ob von Ihrem eigenen rationalen und kritischen Standpunkt aus der Wunsch,

Nummer Eins zu werden, moralisch akzeptabel ist ... Ich kann die Frage: ›Ist es gut?‹ vielleicht am besten dadurch beantworten, daß ich Sie etwas frage: Sehen Sie irgendeinen rationalen Grund, warum Sie nicht versuchen sollten, Ihr Leben erfreulicher und erträglicher zu gestalten, solange Sie nicht gewaltsam in die Rechte anderer eingreifen?«[26]

Ich zähle Ringer zu denen, die alles auf die Nabelschau des Ich reduzieren, weil das, wie auch der Titel nahelegt, die allgemeine Tendenz seines Buches ist; dennoch ist zu beachten, wie oft Ringer stillschweigend die Einschränkung anführt, daß die Rechte anderer nicht gewaltsam beeinträchtigt werden dürften. Es wäre interessant zu wissen, welchen »vernünftigen Grund« er dafür sieht, die Rechte anderer nicht gewaltsam einzuschränken, wenn das »Ihr Leben angenehmer und weniger mühsam gestaltet«. Erkennt Ringer aber auch nur eine moralische Forderung an, die nicht in der eigenen Lust oder im eigenen Schmerz begründet ist, warum sollte er dann nicht auch andere anerkennen?

Wie *Werde Nr. 1* war *In der Mitte des Lebens* von Gail Sheehy ein sehr populäres Selbsthilfebuch der 70er Jahre. Es wandte sich an ein wesentlich anspruchsvolleres Publikum als Ringers Buch, konzentrierte sich aber ebenso auf das eigene Ich als Quelle alles Gültigen. Hier ist Sheehys Rat für den Umgang mit der Midlife-crisis:

»Die wichtigsten Worte in der Lebensmitte sind: laß los. Laß es dir geschehen. Laß es deinem Partner geschehen. Laß die Gefühle zu. Laß die Veränderungen zu.

Du kannst nicht alles mitnehmen, wenn du zu der Reise in deine Lebensmitte aufbrichst. Du begibst dich weg. Weg von den institutionellen Anforderungen und anderer Leute Angelegenheiten. Weg von den äußeren Wertungen und Bestätigungen, auf die Suche nach inneren Werten. Du begibst dich weg aus Rollen und in dich selbst ... Um später einmal die Klarheit zu erreichen, müssen wir vorerst bei der unbeschwerten Reise durch das Ungewisse bleiben.«[27]

Kritisch über die eigenen Werte und Maßstäbe nachzudenken ist eine gute Sache; aber die Vorstellung, daß wir »loslassen« können, »unbe-

236

schwert« werden und einfach unsere eigenen Maßstäbe in »uns selbst« finden sollen, bedeutet die Wiederholung des psychoanalytischen Fehlers, nach innen zu schauen statt in die Wirklichkeit, in der wir leben, eine Wirklichkeit, die uns sowohl mit Gelegenheiten wie Grenzen für unser Handeln versieht. Soll unser Leben über die Phantasien unserer eigenen Vorstellungskraft hinaus irgendeinen Sinn haben, so müssen wir diese Wirklichkeit anschauen und uns fragen, welche Ansprüche sie uns gegenüber geltend macht. Wir leben eine gewisse Zeit, und dann sterben wir. Unser Leben kann angenehm oder quälend sein, aber wenn wir wollen, daß es auch einen Sinn hat, können wir diesen Sinn nicht einzig und allein aus unserem subjektiven Erleben heraus erschaffen. Ein Leben kann keinen Sinn haben, wenn es nicht etwas gibt, das wert ist, getan zu werden. Die Entscheidung, daß etwas wert ist, getan zu werden, bezieht ein ethisches Urteil mit ein.

Hier haben wir den Irrtum in Richard Taylors subjektivistischer Sicht, daß es im Leben des Sisyphus nicht auf die Art der Aufgabe ankomme, sondern darauf, ob er sie ausführen möchte. Für Taylor kann die Aufgabe so absurd sein, wie sie will – und kaum eine Aufgabe könnte wohl absurder sein, als immer wieder denselben Stein einen Hügel hinaufzurollen und niemals oben anzukommen, bevor der Stein wieder hinunterrollt –, wenn sie genau das ist, was Sisyphus tun möchte, dann lebt er das beste mögliche Leben. Auch der Gestalttherapeut, den ich bereits zitiert habe, hätte als Reaktion auf das Schicksal des Sisyphus bestimmt gesagt:

>»Die Frage ›Ist es für Sisyphus gut oder schlecht, den Stein zu rollen?‹ wird zu der Frage ›Bringt ihm das jetzt etwas?‹ Er muß das im Lichte seiner eigenen Bedürfnisse beantworten.«

Und wenn Sisyphus in der Mitte der Ewigkeit eine Midlife-crisis erleben sollte, dann könnte ihm Gail Sheehy versichern, daß »äußere Wertungen und Bestätigungen« ihn nicht zu beunruhigen bräuchten, solange er seine eigenen »inneren Werte« habe.

Viktor Frankl bildet mit seinem Beharren darauf, daß Sinn in etwas außerhalb des Ich gefunden werden müsse, eine Ausnahme unter den Psychotherapeuten. Frankl wurde sich der Wichtigkeit des Sinnbedürfnisses unter den denkbar schlimmsten Umständen bewußt. Als

Wiener Jude verbrachte er einen großen Teil des Zweiten Weltkriegs in nationalsozialistischen Konzentrationslagern. Dort sah er, daß »diejenigen am ehesten fähig waren, sogar noch solche Grenzsituationen zu überleben, die ausgerichtet waren auf die Zukunft, auf etwas, das auf sie wartete, oder auf jemanden, der auf sie wartete«.[28] Häftlinge, die nichts hatten, wofür sie leben konnten, gaben sich selbst dem körperlichen und seelischen Verfall preis. Einige begingen Suizid; andere arbeiteten nicht mehr und wurden erschossen oder totgeschlagen. Die übrigen erlagen Infektionen und Krankheiten. Um eine Überlebenschance zu haben, brauchte man etwas, wofür man leben konnte. Das konnte die Aussicht sein, ein Kind oder einen anderen geliebten Menschen wiederzusehen, die sich vor dem Krieg noch durch Flucht in Sicherheit gebracht hatten. Frankl kannte einen Wissenschaftler, der von dem Gedanken aufrechterhalten wurde, daß er seine unterbrochenen Forschungen zu Ende bringen müsse. Das Ziel konnte sogar das Bedürfnis sein zu überleben, um die unfaßliche Wirklichkeit des Holocaust zu bezeugen. Für Frankl selbst war es der Gedanke, das am Tage seiner Ankunft in Auschwitz beschlagnahmte Manuskript seines ersten Buches noch einmal zu schreiben. Er zitiert Nietzsche: »»Wer ein Warum zu leben hat, erträgt fast jedes Wie.««[29]

Die Fixierung auf das Ich war *der* kennzeichnende psychologische Irrtum der Generationen der 70er und 80er Jahre. Ich bestreite nicht, daß Persönlichkeitsprobleme von lebenswichtiger Bedeutung sind; der Irrtum liegt darin, die Lösung dieser Probleme in der Konzentration auf das Ich zu suchen. Dieser Fehler hat eine gewisse Ähnlichkeit mit dem, den Sie machen würden, wenn Sie sich so sehr der Idee hingeben würden, Ihre Autobiographie zu schreiben, daß Sie bereits in jungen Jahren beschließen würden, nichts anderes mehr zu tun, als Ihre Autobiographie zu schreiben. Worüber könnten Sie schreiben? Sie könnten sich an Ihren Computer setzen und eintippen: »Ich schreibe jetzt meine Autobiographie.« Sie könnten die Gedanken schildern, die Sie sich über das Schreiben Ihrer Autobiographie machen, und vielleicht könnten Sie dieses Verfahren eine Zeitlang aufrechterhalten, aber wenn Sie nicht noch einige andere Erlebnisse haben, über die Sie schreiben können, dann wird das Buch dünn und sein Inhalt uninteressant. Ähnlich ist es, wenn Sie Ihre ganze Zeit und Kraft darauf verwenden wollten, »sich selbst zu finden«, indem Sie nach innen schauen; dem Ich, das Sie fänden, würde es an Substanz fehlen. Es wäre ein leeres Ich. Natürlich verwendet niemand seine *ganze* Zeit und Kraft auf eine solche Innenschau; aber viele verwenden zuviel Zeit darauf, und das Ergebnis ist, daß ihr Leben verarmt.

Es gibt viele Gründe, warum Menschen auf das Ich fixiert sein können. Viele von denen, die die Lösung in der Psychotherapie suchen, sind einfach unglücklich und sind zu der Meinung gelangt, daß der Fehler in ihrem eigenen Kopf liegen müsse. Andere lassen sich jedoch vom täglich tausendfach bestärkten Ethos der Konsumgesellschaft überzeugen, daß das einzige lohnende Ziel das Verfolgen des eigenen Vergnügens oder Glücks sei. Der Fehler, den sie machen, ist schon alt, die Philosophen nennen ihn die »Paradoxie des Hedonismus«. Der Hedonist gibt sich ganz der Suche nach dem Glück hin; doch wer sich ausdrücklich auf den Weg macht, das Glück zu suchen, findet es kaum jemals, höchstens einmal flüchtig. Die moderne Version dieser Lebenshaltung wird in *Less Than Zero*, dem ersten Roman von Bret Easton Ellis, großartig dargestellt. Die junge, reiche Clique aus Los Angeles, die er beschreibt, driftet vom Alkohol zum Sex, zu Drogen, zu endlosen Rock-Videoclips, zur Gewalt und wieder zurück zum Alkohol, ohne irgendwo viel Freude zu finden – von Erfüllung gar nicht zu reden. Die Keime zu Ellis' späterem, schockierenderen *American Psycho* finden sich schon in der Ziellosigkeit einer solchen Existenz. Der englische Philosoph F. H. Bradley hätte in Ellis' Werk ein überzeugendes Beispiel für das gefunden, was er mehr als hundert Jahre zuvor über das Streben nach Freude sagte:

> »Freuden [sind] etwas Vergängliches. Die eine kommt, und das starke Ich-Gefühl verkündet Befriedigung. Sie ist vorbei, und *wir* sind unbefriedigt … Wieder und wieder eine bringt uns nicht das, was wir suchen; wir sind immer noch eifrig und zuversichtlich, bis der Gefühlsschwall abebbt, und ist das vorbei, ist nichts mehr übrig. Wir stehen wieder da, wo wir mit der Glückssuche angefangen haben; und wir haben nicht uns selbst gefunden, und wir sind nicht befriedigt.
>
> Das ist allgemeine Erfahrung, und es ist die praktische Widerlegung des Hedonismus oder der Glückssuche in der Lust.«[30]

Die von Überfluß geprägte Konsumgesellschaft stellt das Streben nach dem eigenen Glück in den Mittelpunkt des Lebens; und sie

führt zu genau der Erfahrung, die Bradley beschreibt, bis in die Wort-
wahl hinein: wir sagen, wir seien nicht befriedigt und müßten »uns
selbst finden«. Wir haben die alte Weisheit vergessen, daß der Weg
zum Glück oder zu anhaltender Zufriedenheit der ist, etwas anderes
anzustreben und zu versuchen, es gut zu machen. Henry Sidgwick
sagte es in seiner gemessenen viktorianischen Sprache so: »Das Glück
wird eher gewonnen, wenn das Ausmaß, in dem wir bewußt nach
ihm streben, sorgfältig beschränkt wird.«[31] Wonach sollen wir aber
streben?

Ein weiterreichendes Ziel

In *Gewohnheiten des Herzens* sprechen Robert Bellah und seine Mitarbeiter warnend von der modernen Tendenz, sich auf der Suche nach
Sinn nach innen zu wenden. Sie dokumentieren diese Tendenz, stellen aber auch eine andere Möglichkeit vor. Sie sprachen mit politisch
aktiven Menschen wie Wayne Bauer, der armen Einwanderern in seiner Nachbarschaft hilft. Er sagte, er habe einige Schwierigkeiten gehabt, sein Leben auf die Reihe zu bekommen:

> »Moral wurde eine Frage für mich. Es ging mir darum, die Dinge
> wieder zusammenzukriegen, und zwar auf einer beständigeren
> Grundlage, die Spannungen aushalten würde … Sich für Politik zu
> interessieren heißt, am Kampf um die Zivilisationsentwicklung
> teilzunehmen, und das ist sehr aufregend. Aber es ist auch ein ganz
> persönliches Engagement, weil es um deine eigene Erfahrung in
> diesem Zusammenhang geht, in diesem irgendwie geschichtlichen
> Zusammenhang … Ich habe ein gutes Gefühl bei meiner Arbeit.
> Ich empfinde es so, daß sie sich direkt nützlich auf andere Men-
> schen auswirkt. Es ist wieder diese Wertfrage. Man kann seine Zeit
> mit der Überlegung verbringen, wie man möglichst viele materiel-
> le Güter und wie man viel Geld verdienen kann. Oder man kann
> sich bemühen, anderen zu helfen und zusammenarbeiten … Für
> mich ist es sehr schön, das zu sehen, und sehr spannend, daran teil-
> zunehmen, weil es sich dabei um so etwas wie die Weiterentwick-
> lung von Bewußtsein handelt.«[32]

Marra James macht bei der Umweltbewegung in einer südkalifornischen Vorstadt mit. Sie sagt:

>Ich beschreibe mich manchmal als Gummiball … ich war manchmal so niedergeschlagen, daß ich beinahe plattgedrückt war, aber es ist mir immer wieder gelungen, hochzukommen … Ich fühle mich als Teil des Ganzen – der Geschichte. Ich lebe in einem Spektrum, das die ganze Welt umfaßt. Denn was ich tue, wirkt auf das Ganze.«[33]

Bei ihrem Versuch zu erklären, warum sie bei dem, was sie tun, Erfüllung finden, erwähnen Bauer und James beide die Beteiligung an einer größeren Sache, die Teilhabe an einer »Weiterentwicklung von Bewußtsein« oder der Geschichte. Das amerikanische Streben nach privater Erfüllung führt »häufig in die Leere«, bemerken die Verfasser von *Gewohnheiten des Herzens*; doch viele Menschen fänden, daß »private Verwirklichung und öffentliches Engagement keine Antithesen sind«, weil die Erfüllung aus »der aktiven Identifikation mit Gemeinschaften und Traditionen entspringt«.[34]

Eine Autorin und ein Autor mit völlig anderem Hintergrund stimmen dieser Auffassung darüber zu, was nötig ist, um unserem Leben einen Sinn zu geben. Weiter oben in diesem Kapitel sahen wir, wie gut Betty Friedan die Ziellosigkeit beschrieb, die Frauen in den ihnen zugewiesenen Rollen empfanden. Sie sah die Lösung des »Problems ohne Namen« darin, daß Frauen einen »Lebensplan« entwickeln, »Interessen und Ziele fürs ganze Leben«. Ein Beruf konnte dazugehören, aber:

«Es muß ein Beruf sein, den sie als Teil eines Lebensplans ernstnehmen kann, eine Arbeit, bei der sie als Teil der Gesellschaft wachsen kann.«[35]

Dreißig Jahre nach dem Erscheinen von *Der Weiblichkeitswahn* erschien ein neuer Bestseller, der recht gut »Der Männlichkeitswahn« hätte heißen können. Sein Verfasser, Robert Bly, nannte ihn stattdessen *Eisenhans*. Der Unterschied zwischen den beiden Büchern ist der, daß Friedan den Weiblichkeitswahn kritisiert, während Bly im Männlichkeitswahn schwelgt. Er hat Wochenenden veranstaltet, an denen

Männer in Gruppen in die Wälder gehen und alte Legenden über Krieger lesen, die Heldentaten vollbringen. Dann schwenken diese amerikanischen Männer aus dem 20. Jahrhundert Schwerter über ihren Köpfen und beobachten, wie die Sonne auf den Klingen blinkt. Auf diese Weise hoffen sie in sich den »Krieger« wiederzuentdecken, aber wahrscheinlich bestätigen sie lediglich die weibliche Klage, daß Männer nie erwachsen würden. *Eisenhans* – das ein Jahr lang auf den Bestsellerlisten stand – erzählt das Grimmsche Märchen vom »eisernen Hans« nach, einem wilden Mann, der aus einem Teich auftaucht und einen jungen Prinzen in die Männerwelt einführt. Verschüttet unter den vielen weitschweifigen Kommentaren zu den Vorkommnissen in dem Märchen findet sich in *Eisenhans* jedoch eine rettende Passage, die sich folgendermaßen liest:

> »Wenn ein Krieger jedoch im Dienst eines Wahren Königs – das heißt einer transzendenten Sache – steht, dann fühlt er sich gut, und aus seinem Körper wird ein hart arbeitender Diener, von dem er verlangt, daß er Kälte, Hitze, Schmerz, Wunden, Narben, Hunger, wenig Schlaf, Strapazen aller Art erträgt. Der Körper reagiert normalerweise gut. Ein Mensch, der die Energie eines Kriegers hat, kann bis spät in die Nacht arbeiten, Müdigkeit überwinden, das tun, was getan werden muß, die Doktorarbeit mit sämtlichen Fußnoten zu Ende bringen, widerliche Abteilungsleiter ertragen, so anspruchslos leben wie Ralph Nader, wie T. S. Eliot jahrelang unter einer einsamen, von der Decke baumelnden Glühbirne schreiben, immer wieder Kot und Dreck wegputzen wie der heilige Franziskus oder Mutter Teresa, wie Sacharow Verachtung, Demütigung und Exil ertragen. Eine Krallenhand nimmt das verwöhnte Kleinkind mit sich fort, und ein erwachsener Krieger nistet sich in dem Körper ein.«[36]

In diesem grundlegenden Aspekt stimmen Robert Bly, Betty Friedan, Wayne Bauer, Marra James, die Verfasser von *Gewohnheiten des Herzens* und Viktor Frankl alle überein: wir müssen uns einer Sache verpflichten, die größer ist als das eigene Ich, wenn wir wirkliche Selbstachtung finden und alles aus uns machen wollen, was in uns steckt. In scharfem Gegensatz zu Richard Taylors Gedanken, jede Tätigkeit sei so gut wie jede andere, solange sie das ist, was wir uns wünschen, bedeut das, daß bestimmte Dinge besser geeignet sind als andere, unserem Leben Sinn zu verleihen.

Was aber ist ein »Wahrer König« oder eine »transzendente Sache«, wie es Bly auch nennt? Wenn es sich nicht danach richtet, was wir uns zufällig gerade wünschen, wie finden wir dann Ziele, die unser Leben sinnvoller machen? Richard Taylor bestritt, daß es das Leben des Sisyphus sinnvoller machen würde, wenn der Stein nicht ständig wieder den Berg hinunterrollen würde und er stattdessen mehrere Steine hinaufrollen könnte, um mit ihnen einen Tempel zu bauen. Der Gedanke, daß Sisyphus im Bau eines Tempels einen Sinn finden könnte, scheint doch vorauszusetzen, daß jedenfalls einige unserer Leistungen objektiv wertvoll sein können. Dem hält Taylor entgegen, daß jeder Tempel, wie stabil er auch immer gebaut sei, irgendwann einmal zerfallen werde. Hier schlägt er eine Saite an, die ihren klassischen Ausdruck in Shelleys Gedicht *Osymandias* gefunden hat:

»Ein Wandrer kam aus einem alten Land
Und sprach: Ein riesig Trümmerfeld von Stein
Steht in der Wüste, rumpflos Bein an Bein,
Das Haupt daneben, halb verdeckt von Sand.

Der Züge Trotz belehrt uns: wohl verstand
Der Bildner, jenes eitlen Hohnes Schein
Zu lesen, der in todten Stoff hinein
Geprägt den Stempel seiner ehrnen Hand.

Und auf dem Sockel steht die Schrift: ›Mein Name
Ist Osymandias, aller Kön'ge König: –
Seht meine Werke, Mächt'ge, und erbebt!‹

Nichts weiter blieb. Ein Bild von düstrem Grame,
Dehnt um die Trümmer endlos, kahl, eintönig
Die Wüste sich, die den Koloß begräbt.«[37]

Bertrand Russell brachte gern einen ähnlichen Gesichtspunkt vor und betonte unsere kosmische Unbedeutendheit, indem er darauf hinwies, daß die Erde, unsere ganze Welt, nur ein Planet eines Fixsterns in einer Galaxie mit 300 Milliarden Fixsternen ist, die selbst wiederum nur eine von mehreren Millionen Galaxien ist. Die Sonne werde schließlich erkalten und das Leben auf der Erde aufhören, doch das Universum werde weiter bestehen, in völliger Gleichgültigkeit gegenüber unserem Schicksal.[38]

Solche Bilder könnten Sisyphus wohl innehalten lassen, wenn er, vom Hochmut eines Osymandias erfaßt, sich einbilden würde, sein Tempel würde ewig stehen. Würde Sisyphus in Russells Werk jedoch ein Stück weiter lesen, würde er auf folgende Passage stoßen: »Die Erkenntnis der Winzigkeit des Menschen und aller seiner Angelegenheiten« könne wohl zunächst als etwas Hemmendes, ja Lähmendes erscheinen, doch »diese Wirkung ist nicht vernünftig und sollte nicht anhalten. Es gibt keinen Grund, der bloßen Größe zu huldigen.«[39] Dann würde Sisyphus erkennen, daß die Schaffung eines Tempels, der so lange besteht, wie das Parthenon bestanden hat, und mit Recht wegen seiner Schönheit und von Fachkenntnis zeugenden Konstruktion bewundert wird, eine Leistung wäre, auf die er sehr wohl stolz sein könnte. Und nach einigem intensiveren Nachdenken über seinen Platz im Universum würde er seine Arbeit wieder aufnehmen.

Die Tatsache, daß auch die schönsten und dauerhaftesten von Menschen geschaffenen Werke einmal zu Staub zerfallen, ist also kein Grund zu bestreiten, daß ihre Schaffung eine wertvolle und sinnvolle Aufgabe war. Taylor hat aber noch einen anderen Grund für die Auffassung, daß der Sinn in Sisyphus' Tätigkeit von seiner Einstellung und nicht der Art der Aufgabe selbst abhängig sei. Selbst wenn Sisyphus seinen Tempel vollenden und sich für alle Ewigkeit an seiner Schönheit erfreuen könnte, was würde das bedeuten? Taylor meint: nur unendliche Langeweile. Anstelle des »Alptraums ewiger und sinnloser Tätigkeit« hätten wir »die Hölle ihres ewigen Fehlens«. Und schließlich würde Sisyphus erkennen, daß alle seine Mühen doch sinnlos waren.

Auch hier begeht Taylor einen Fehler, der seine Analyse, wie ein menschliches Leben sinnvoll werden könnte, hinfällig werden läßt. Er übersieht eine bestimmte Eigenschaft von Sisyphus' Leben, die auf keinen Menschen zutrifft. Die Götter haben Sisyphus dazu verurteilt, den Stein bis in alle Ewigkeit den Berg hinaufzurollen, er muß also unsterblich sein. Er lebt also länger als alle Menschen, und wenn sein Tempel fertig ist, hat er noch immer unendlich viel Zeit vor sich. Kein Wunder, daß ihm die Betrachtung seines Tempels langweilig wird! Wir Sterblichen sind anders. Wir sterben, ehe unser Tempel vollendet ist. Es gibt immer noch etwas zu tun.

Wenn wir in unserem Leben einen Sinn finden wollen, indem wir für eine Sache arbeiten, dann muß es nach Bly eine »transzendente Sache« sein, also etwas, das über die Grenzen unseres Ich hinausreicht. Davon gibt es viele. Fußballer werden ständig daran erinnert, daß der Verein mehr ist als der einzelne; ebenso die Mitarbeiter von Firmen, und besonders von solchen Firmen, die die Gruppenloyalität nach der Art japanischer Firmen durch Lieder, Slogans und gemeinsame Unternehmungen fördern. Wer seine Mafia-»Familie« unterstützt ist Teil einer größeren Sache als das eigene Ich. Ebenso ist es mit der Mitgliedschaft in einer Religionsgemeinschaft oder der nationalsozialistischen Partei. Und so ist es auch mit der Arbeit gegen Ungerechtigkeit und Ausbeutung in einer ihrer vielen Formen, wie sie neben vielen anderen von Marra James und Wayne Bauer getan wurde. Ohne Zweifel kann eine Hingabe an jede dieser Sachen für manche Menschen ein Weg sein, Sinn und Erfüllung zu finden. Ist es also letztlich beliebig, ob wir uns für eine ethische Sache entscheiden oder für eine andere? Nein; ein ethisches Leben ist sicher nicht die einzige Möglichkeit für ein Engagement, das dem Leben Inhalt und Wert verleihen kann; aber für alle, die sich entscheiden, eine bestimmte Art von Leben einer anderen vorzuziehen, ist es das Engagement mit der beständigsten Grundlage. Je mehr wir über unser Engagement für einen Fußballverein, eine Firma oder sonst ein beschränktes Interesse nachdenken, desto weniger Sinn werden wir wahrscheinlich darin erkennen. Im Gegensatz dazu wird noch soviel Nachdenken die Entscheidung für ein ethisches Leben niemals als trivial oder sinnlos erscheinen lassen. Das ist vielleicht die wichtigste Behauptung dieses Buches, aber auch die strittigste. Im Schlußkapitel werde ich die Auffassung vertreten, daß ein ethisches Leben es uns ermöglicht, uns mit dem größten aller Ziele zu identifizieren, und daß das der beste Weg ist, den wir einschlagen können, um unser Leben sinnvoll zu machen.

11 Das gute Leben

Das Steinchen ein Stück weiterrollen

Henry Spira verließ sein Zuhause als Teenager und verdingte sich auf Handelsschiffen. Als Seemann und Mitglied der Gewerkschaft der Seeleute gehörte er zu einer Gruppe von Reformern, die gegen korrupte Gewerkschaftsfunktionäre vorgingen. In der McCarthy-Ära schrieb er als Fließbandarbeiter in einer Autofabrik in New Jersey für linke Publikationsorgane und handelte sich eine dicke FBI-Akte ein. In den 60er Jahren kämpfte er für die Bürgerrechte in Mississippi. Ich traf ihn 1973, als er sich für einen Erwachsenenbildungskurs über die Tierbefreiung einschrieb, den ich an der New York University hielt. Er hatte zum ersten Mal von der Tierbefreiung gehört, als er auf einen Artikel in einer marxistischen Zeitschrift stieß. Der Artikel verurteilte dieses Konzept als die neueste Verirrung der radikalen Schickeria im Umfeld der *New York Review of Books*. Doch Spira konnte durch den Spott hindurch die Umrisse einer Idee erkennen, von der er meinte, es lohne sich, mehr über sie zu erfahren. Nachdem der Kurs zu Ende war und ich nach Australien zurückgekehrt war, stellte Spira Nachforschungen über Tierversuche an, die am American Museum of Natural History, nur ein paar Häuserblöcke von seiner Wohnung entfernt, durchgeführt wurden. Er fand heraus, daß Wissenschaftler dort Katzen verstümmelten, indem sie zum Beispiel ihren Geruchssinn ausschalteten, um herauszufinden, welche Wirkung das auf ihr Sexualleben hatte. Spira wandte sich an einige frühere Teilnehmer an meinem Kurs, und zusammen organisierten sie eine Kampagne gegen die Experimente. Die Kampagne wuchs, Dauerposten wurden vor dem Museum aufgestellt, und gelegentlich wurde eine größere Demonstration veranstaltet. Schließlich gab das Museum die Einstellung der Experimente bekannt. Dies könnte durchaus die erste Kampagne gegen Tierexperimente gewesen sein, die ihr Ziel erreicht hat. Anschließend wandte sich Spira größeren Zielen zu. Er griff Revlon an, weil die Firma Kosmetiktests an den Augen nicht narkotisierter, fixierter Kaninchen durchführte. Zunächst fand er keine Beachtung, doch er hielt den Druck aufrecht; zehn Jahre später gab Revlon bekannt, daß alle Tierversuche eingestellt worden seien. Mehrere andere Kosmetikfirmen folgten. Zur Zeit, da ich dies schreibe, befaßt sich Spira mit Frank Perdue, Amerikas bekanntestem Produzenten von Hühnern in fabrikmäßiger Massenhaltung; er veröffentlicht Anzeigen, in denen Perdue nicht nur der Grausamkeit gegenüber den Hühnern bezichtigt wird, sondern auch der Herstellung eines ungesunden Erzeugnisses, der Ausbeutung seiner Arbeiter und der Beauftragung von Gangstern, um seine Arbeiter davon abzuhalten, der Gewerkschaft beizutreten. Und Spira belegt seine Vorwürfe so gut, daß die *New York Times* seine Anzeigen gegen Perdue gedruckt hat.

Wird Henry Spira nach den Gründen für seinen lebenslangen Einsatz für verschiedene Dinge gefragt, antwortet er, er fange mit der Frage an: Wo kann ich am meisten tun, um all diese Schmerzen und dieses ganze Leiden zu verringern? Ständig an die Schmerzen und das Leid erinnert zu werden, das noch aus der Welt geschafft werden muß, erscheint vielleicht als deprimierend, aber Spira hat sich seinen Humor bewahrt. (Eine seiner Anzeigen gegen Perdue hatte die Überschrift: »Sicheres Huhn gibt es nicht.« Darunter war ein großes Foto mit dem Leichnam eines Huhns in einem Kondom abgedruckt.) Auf jeden Fall hat Spira zu viel zu tun, um deprimiert zu sein. Als er in einem Interview gefragt wurde, was auf seinem Grabstein stehen solle, antwortete er: »Er hat das Steinchen ein Stück weitergerollt.« Wenn ich bei meinen gelegentlichen Besuchen in New York bei ihm und seiner Katze in seiner Mietwohnung an der Upper Westside bin, finde ich ihn stets beim Nachdenken über Strategien, wie die Dinge weiter voranzubringen wären, und in Vorfreude auf den nächsten Angriff. Ich verlasse ihn stets in guter Stimmung.

Inmitten der Arbeit an diesem Buch erhielt ich einen Brief von einer anderen alten Freundin aus der Tierbefreiungsbewegung. Christine Townend gründete die erste australische Organisation zur Unterstützung einer Tierbefreiungsethik. Mit ihrem Mann Jeremy, einem Anwalt, wohnte sie in einem schönen Haus auf einem großen Grundstück in einer baumbestandenen Vorstadt von Sydney. Vor einigen Jahren sah sie auf einer Indienreise die verzweifelte Lage der Tiere in diesem Land, wo trotz der hinduistischen und buddhistischen Traditionen, die tierfreundlicher als die unseren sind, die Armut der Menschen für die Tiere zu einem elenden Leben und noch schlimmeren Tod führt. Sie begann, jedes Jahr ein oder zwei Monate in Indien zu verbringen und eine mühsam kämpfende Freiwilligen-

Gruppe in der Nähe von Jaipur in Radschahstan zu unterstützen. Die Probleme dort waren klarer als in Australien, wo die Tierschutzbewegung in eine Phase gekommen war, in der jede Reform zum Gegenstand geduldiger Verhandlungen in nicht endenwollenden Sitzungen von Regierungsausschüssen wurde. Jetzt, so schrieb mir Christine in ihrem Brief, hätten sie und Jeremy beschlossen, daß sie, da ihre Kinder erwachsen geworden seien und das Haus verlassen hätten, für die indische Organisation mehr tun könnten und sollten. Sie seien dabei, ihr Haus zu verkaufen, Jeremy gebe seine Anwaltspraxis auf, und sie gingen nach Indien, um mindestens die nächsten fünf Jahre als Freiwillige zu arbeiten. Als ich Christine anrief, um ihr zu sagen, wie ich ihren mutigen Entschluß bewunderte, klang ihre Stimme zuversichtlich und glücklich. Sie freute sich auf etwas Aufregendes und Lohnendes. Sie empfand es nicht als Opfer, denn das, was sie tat, war ihr wertvoller als das bequemere Leben, das sie hinter sich ließ.

Henry Spira und Christine Townend denken so, wie es die von Carol Gilligan in *Die andere Stimme* zitierte Frau so gut zum Ausdruck brachte. Ich habe die Passage schon einmal in Kapitel 9 zitiert, aber sie ist es wert, noch einmal zitiert zu werden:

»Ich habe ein sehr starkes Gefühl der Verantwortung gegenüber der Welt, daß ich nicht bloß zu meinem Vergnügen leben kann, sondern daß mir allein die Tatsache meiner Existenz in dieser Welt eine Verpflichtung auferlegt zu tun, was ich kann, damit die Welt ein lebenswerterer Ort wird, so klein der Beitrag auch sein mag, den ich dazu leisten kann.«

Das hätten viele Menschen sagen können, die ich kenne, Menschen, die für mehr Hilfe für arme überseeische Länder arbeiten, für die elementare Freiheit von Tieren in der Landwirtschaft, sich wenigstens umdrehen und ihre Glieder ausstrecken zu können, für die Freilassung von Gefangenen aus Gewissensgründen oder für die Abschaffung der Atomwaffen. Es kann hinter den Handlungen derer stehen, die sich um fremde Menschen kümmern, wie ich es in Kapitel 8 beschrieben habe. Denken wir auch daran, wie Wayne Bauer und Marra James – wir sahen es im vorigen Kapitel – ihr Gefühl ausdrücken, Teil eines größeren Ganzen zu sein, und wie das etwas ganz Positives in ihr Leben bringt.

Diese Menschen machen sich die größere Perspektive zu eigen, die für ein ethisches Leben kennzeichnend ist. Sie stellen sich – mit Henry Sidgwicks denkwürdigen Worten – »auf den Standpunkt des Universums«. Das ist nicht wörtlich zu nehmen, denn wenn wir nicht Pantheisten sind, kann das Universum gar keinen Standpunkt haben. Ich benutze Sidgwicks Formulierung, um mich auf einen Standpunkt zu beziehen, der so umfassend wie möglich ist, der aber weder dem Universum noch irgendeinem Teil davon, der kein empfindendes Wesen ist, ein Bewußtsein oder sonstige Einstellungen zuschreibt. Aus dieser Perspektive können wir sehen, daß unsere Leiden und Freuden denen anderer sehr ähnlich sind, und daß es keinen Grund gibt, die Leiden anderer weniger zu berücksichtigen, bloß weil sie »andere« sind. Das trifft zu, wie immer das Anderssein definiert wird, solange die Fähigkeit zum Leiden oder Lustempfinden vorhanden ist.

Menschen, die den Standpunkt des Universums einnehmen, erschrecken vielleicht wegen der ungeheuren Größe der Aufgabe; doch langweilig wird ihnen nicht, und sie brauchen auch keine Psychotherapie, um ihrem Leben einen Sinn zu verleihen. Es liegt eine tragische Ironie darin, daß wir unsere Erfüllung gerade deshalb finden können, weil es so viel vermeidbare Schmerzen und Leiden in der Welt gibt; aber so ist die Welt nun einmal. Die Aufgabe ist erst erfüllt, wenn wir keine Kinder mehr finden können, die durch Unterernährung verkümmert sind oder an leicht heilbaren Infektionskrankheiten sterben; keine Obdachlosen, die sich mit Pappe warm zu halten versuchen; keine politischen Häftlinge ohne Gerichtsverfahren; keine Atomwaffen, die ganze Städte vernichten können; keine Flüchtlinge, die jahrelang in primitiven Lagern leben; keine Tiere, die auf so engem Raum eingesperrt sind, daß sie sich nicht umdrehen oder ihre Glieder ausstrecken können; keine Pelztiere, die mit einem Bein in den Stahlklauen einer Falle hängen; keine Menschen, die wegen ihrer Rasse oder Religion, ihres Geschlechts, ihrer sexuellen Orientierung oder einer irrelevanten Behinderung getötet, geschlagen oder diskriminiert werden; keine durch Umweltgifte verseuchte Flüsse; keine seit langem bestehende Urwälder, die gefällt werden, um triviale Bedürfnisse der im Überfluß Lebenden zu befriedigen; keine Frauen, die häusliche Gewalt ertragen müssen, weil sie nirgends Zuflucht finden; und so weiter und so fort. Wie wir einen Sinn in unserem Leben finden könnten, wenn alle vermeidbaren Schmerzen und

Leiden beseitigt wären, ist eine interessante philosophische Frage, doch leider dürfte sie in absehbarer Zukunft keine praktische Bedeutung haben.

Menschen wie Henry Spira oder Christine Townend oder die Millionen anderer, die an der Bekämpfung der vielen Ursachen von Elend arbeiten, die unseren Planeten heute heimsuchen, können mit Recht in der Arbeit, die sie tun, Erfüllung finden. Sie wissen, daß sie auf der richtigen Seite stehen. Das klingt vielleicht selbstgefällig. Heute sind wir so tolerant gegenüber jedem möglichen Standpunkt, daß man schon durch die Erwähnung einer »richtigen« Seite Gefahr läuft, als selbstgerecht zu erscheinen. Doch eine andere Meinung zu tolerieren heißt noch nicht, sie für ebenso richtig wie jede andere zu halten. Bei einem hinreichend langfristigen Blick auf die Dinge ist nicht schwer zu erkennen, daß es in vielen Fragen in der Tat eine richtige Seite gegeben hat. Es gab eine richtige Seite im Kampf gegen die Sklaverei. Es gab eine richtige Seite im Kampf der Arbeiter um das Recht auf gewerkschaftliche Organisation, um Begrenzung der Arbeitszeit und Minimalanforderungen an die Arbeitsbedingungen. (Niemand möchte zu den Zeiten zurück, als Kinder 12 Stunden am Tag in stickigen Fabriken oder in Kohlebergwerken arbeiteten.) Es gab eine richtige Seite in dem langen Kampf der Frauen um das Stimmrecht, das Recht auf Zulassung zum Studium an Universitäten und das Recht auf eigenen Besitz in der Ehe. Es gab eine richtige Seite im Kampf gegen Hitler. Es gab eine richtige Seite, als Martin Luther King Demonstrationen dafür anführte, daß Afro-Amerikaner neben weißen Amerikanern in Bussen und Restaurants sitzen konnten. Heute gibt es eine richtige Seite in den Fragen der Hilfe für die ärmsten Menschen in den Entwicklungsländern, der friedlichen Lösung von Konflikten, der Ausdehnung unserer Ethik über unsere eigene Art hinaus und des Schutzes unserer globalen Umwelt.

Bei jeder dieser Fragen gibt es vielleicht eine gewisse Unsicherheit, wie der beste Weg zum Ziel aussieht, und wie weit er verfolgt werden soll. Wir können die Chancengleichheit für rassische Minderheiten befürworten, aber darüber diskutieren, ob Durchsetzungsprogramme ein gutes Mittel zur Schaffung von Chancengleichheit sind. Wir können darüber diskutieren, ob zur Gleichberechtigung der Frauen gehört, daß sie immer frei über Fortsetzung oder Abbruch einer Schwangerschaft entscheiden können. Daß Kälber monatelang in

Einzelverschläge gesperrt und absichtlich blutarm gemacht werden, damit Feinschmecker »weißes Kalbfleisch« bekommen können, ist sicher unrecht; doch es gibt begründbare unterschiedliche Auffassungen darüber, ob die Beibehaltung von Zoos wünschenswert ist. Wir sollten auf eine Welt ohne Krieg hinarbeiten – aber wie tun wir das am besten? Es kann keine ethische Rechtfertigung dafür geben, daß die meisten reichen Länder – die Vereinigten Staaten, Deutschland, Großbritannien, Japan, Australien – nicht einmal die von den Vereinten Nationen vorgesehenen bescheidenen 0,7 Prozent des Bruttosozialprodukts für Entwicklungshilfe aufbringen; doch wie hoch die Entwicklungshilfebeiträge vernünftigerweise sein sollten und wie sie am besten verteilt werden sollten, diese Fragen bedürfen einer weiteren Betrachtung. Die wirklich schwierigen Fragen zeigen sich erst, wenn wir einer Sache so nahe sind, daß wir die Einzelheiten erkennen können. Aus großer Entfernung erkennen wir nur die gröbsten Umrisse. Und um diese etwas abgehobene Sichtweise geht es mir hier. Gehen wir von ihr aus, so können wir sehen, daß die im vorigen Absatz aufgezählten Fragen nicht zwischen verschiedenen Gruppen von Menschen umstritten sind, die sich auf die höchsten ethischen Grundprinzipien berufen, sondern daß die Meinungsverschiedenheit zwischen denen besteht, die ethischen Grundsätzen verpflichtet sind, und anderen, die diese Grundsätze nicht akzeptieren. Erstere bemühen sich um gleiche Berücksichtigung der Armen und Machtlosen, letztere verteidigen ihren eigenen Reichtum, ihre Privilegien und ihre Macht.

Zugegeben, die Anstrengungen derer, die die Grenzen der ethischen Berücksichtigung erweitern möchten, können tragisch in die Irre gehen. Marx und Lenin versuchten aufrichtig, der großen Masse der besitzlosen Arbeiter ein besseres Leben zu verschaffen, doch Marx' Vision davon, wie der Sozialismus verwirklicht werden könne, litt an einem entscheidenden Fehler: er glaubte, daß die Abschaffung des Privateigentums eine grundlegende Veränderung der menschlichen Natur hervorrufen würde, so daß es keine Konflikte über Macht und Privilegien mehr geben würde. (Hier erwies sich der Anarchist Bakunin als sehr viel weitsichtiger.)[1] Lenins Überzeugung, daß Marx recht habe, brachte ihn in Verbindung mit seinem autoritären Führungsstil dazu, den Problemen, die durch den Umstand hervorgerufen wurden, daß zur Zeit der bolschewistischen Revolution die meisten Russen den Sozialismus nicht wollten, mit Zwangsmaßnahmen zu begegnen. So führte das ethische Engagement von Marx, Lenin und zahllosen frühen Marxisten nur zum Alptraum des Stalinismus. Fanatismus und autoritäre Regierungssysteme im Namen eines ethischen Grundsatzes können leicht ebensoviel Schaden anrichten wie die egoistische Verteidigung von Minderheitsprivilegien. Das ist ein starker Grund, Fanatismus und autoritäre Regierungssysteme abzulehnen und darauf zu bestehen, daß jene Grundfreiheiten bewahrt bleiben, die den Staat beschränken und den einzelnen vor denen schützen, die glauben, alles am besten zu wissen. Wenn uns die Geschichte überhaupt etwas lehren kann, dann dies, daß unsere demokratischen Freiheiten durch Menschen, die ethisch motiviert sind, ebenso gefährdet sind wie durch andere, die von Habsucht und persönlichen Ehrgeiz angetrieben werden. Und da wir vor letzteren tatsächlich mehr auf der Hut sind, ist die Gefahr durch erstere womöglich sogar die größere. Wir sollten auch gegenüber allen wachsam sein, die uns großartige Theorien präsentieren und behaupten, die Ursachen aller Übel und den einzigen Weg zu ihrer Überwindung zu kennen.

Doch das sind alles keine Gründe, sich von einem ethischen Leben abzuwenden, in dem wir unsere Fehlbarkeit anerkennen und tun, was wir können – unmittelbar und praktisch –, um die Welt zu einem besseren Ort zu machen. Die richtigen Politiker und Politikerinnen zu wählen, ist nicht genug. Wenn wir die Ethik an die erste und die Politik an die zweite Stelle setzen, können wir die Leute danach beurteilen, was sie jetzt tun, statt danach, für wen sie stimmen oder was ihrer Meinung nach geschehen sollte. Sind Sie gegen die heutige Verteilung der Ressourcen zwischen den reichen und den armen Ländern? Wenn Sie dagegen sind und in einem der reichen Länder leben, was tun Sie deswegen? Wieviel von Ihrem überschüssigen Einkommen geben Sie einer der vielen Organisationen, die den Ärmsten der Armen in den Entwicklungsländern helfen? Glauben Sie vielleicht, daß es für das Problem des Hungers auf der Welt keine Lösung gibt, ohne daß das Problem der wachsenden Weltbevölkerung gelöst ist? Schön, aber welche Unterstützung geben Sie Organisationen, die sich für die Begrenzung des Bevölkerungswachstums einsetzen? Ist es Ihnen gleichgültig, ob Wälder in Sägespäne verwandelt werden? Wenn nicht, sammeln Sie Ihr Altpapier? Sind Sie dagegen, daß Tiere so eingesperrt werden, daß sie nicht herumlaufen und ihre Glieder ausstrecken können? Unterstützen Sie aber dennoch Agrarfirmen, die die Tiere so halten, indem Sie ihnen den Schinken und die Eier abkaufen, die so produziert werden? Ein ethisches Leben zu leben heißt mehr, als die richtigen Einstellungen zu haben und die richtigen Meinungen zu äußern.

Die Rolltreppe der Vernunft

In früheren Kapiteln sahen wir, daß es eine Erklärung gibt, die nicht mit unserer Natur als durch Evolution entstandene Wesen in Widerspruch steht, warum wir um unsere Verwandten, um jene, mit denen wir in gegenseitige Beziehungen treten können, und in gewissem Maße für die Mitglieder unserer eigenen Gruppe Sorge tragen. Nun haben wir gesehen, daß manche Menschen Unbekannten helfen, sowohl auf heroische Weise wie unter alltäglicheren Bedingungen. Durchbricht das nicht die Grenzen unserer entwicklungsbedingten Natur? Wie kann die Evolutionstheorie ein Gefühl der Verantwortung dafür erklären, die Welt zu einem besseren Ort zu machen? Wie könnten die Menschen mit einem solchen Verantwortungsgefühl verhindern, daß sie weniger Nachkommen hinterlassen und so im Laufe der Zeit durch die normale Evolution ausgemerzt werden?

Eine mögliche Antwort: Die Menschen haben nicht die Stärke des Gorillas, die scharfen Zähne des Löwen, die Schnelligkeit des Geparden. Unsere Spezialität sind die Fähigkeiten unseres Gehirns. Das Gehirn ist ein Denkwerkzeug, und die Denkfähigkeit hilft uns, zu überleben, uns zu ernähren und unsere Kinder zu beschützen. Mit ihr haben wir Maschinen entwickelt, die mehr heben können als viele Gorillas, Messer, die schärfer sind als die Zähne irgendeines Löwen, und Transportmittel, gegen die der Gepard langsam wie eine Schnecke ist. Doch die Denkfähigkeit ist eine eigenartige Fähigkeit. Im Unterschied zu starken Armen, scharfen Zähnen oder schnellen Beinen kann sie uns zu Ergebnissen führen, die wir gar nicht erzielen wollten. Denn die Vernunft ist wie eine Rolltreppe, die nach oben führt und weiter reicht, als wir sehen können. Betreten wir sie erst einmal, wissen wir nicht, wo wir schließlich hingelangen werden.[2]

Eine Geschichte darüber, wie Thomas Hobbes sich für die Philosophie zu interessieren begann, zeigt, welche überwältigenden Möglichkeiten die Fähigkeit zum rationalen Denken besitzt, um uns zu lenken. Hobbes stöberte in einer Bibliothek und stieß zufällig auf Euklids »Elemente der Geometrie«. Das Buch war beim 47. Lehrsatz aufgeschlagen. Hobbes las die Konklusion und hielt sie für absolut unmöglich. Also las er den Beweis, doch der machte von einem vorher bewiesenen Satz Gebrauch; dieser auch wieder, und so führte ihn die Begründungskette schließlich zu Euklids Axiomen, von denen er zugeben mußte, daß sie so einleuchtend seien, daß er sie nicht bestreiten könne. So führte reines Schließen Hobbes zu einem Ergebnis, das er auf den ersten Blick für falsch gehalten hatte. (Die Episode beeindruckte ihn so, daß er in seinem größten Werk, dem *Leviathan*, die nämliche deduktive Methode in den Dienst der Verteidigung des Rechts des Souveräns auf absoluten Gehorsam zu stellen versuchte.)[3]

Die Fähigkeit des Denkens, uns irgendwohin zu führen, wohin wir nicht zu gelangen erwarteten, könnte auch zu einer merkwürdigen Abweichung von dem führen, was wir als die gerade Linie der Evolution erwarten würden. Unsere Denkfähigkeit hat sich entwickelt, weil sie uns hilft, zu überleben und uns fortzupflanzen. Wenn aber die Vernunft eine Rolltreppe ist, dann kann es durchaus passieren, daß wir, obwohl das erste Stück des Wegs uns beim Überleben und der Fortpflanzung hilft, unter Umständen weiter gehen als für diesen Zweck allein nötig wäre. Wir könnten schließlich sogar an einen Punkt kommen, der zu Spannungen mit anderen Seiten unserer Natur führt. In dieser Hinsicht könnte also doch an der Kantischen Vorstellung etwas Richtiges sein, die eine Spannung zwischen unserer Fähigkeit zum vernünftigen Denken und seinen Ergebnissen hinsichtlich des Rechten einerseits und unseren tiefer liegenden Bedürfnissen andererseits annimmt. Wir können nur bis zu einem gewissen Grad mit Widersprüchen leben. Als die aufständischen amerikanischen Kolonisten erklärten, alle Menschen hätten das Recht auf Leben, Freiheit und das Streben nach Glück, hatten sie möglicherweise gar nicht die Absicht, die Abschaffung der Sklaverei herbeizuführen, aber sie schufen damit die Grundlage zu einer Entwicklung, die nach fast einem Jahrhundert genau dieses Ergebnis hervorbrachte. Es ist denkbar, daß die Sklaverei auch ohne die Unabhängigkeitserklärung abgeschafft worden wäre, oder daß sie sich auch trotz der Unabhängigkeitserklärung noch ein oder zwei Jahrzehnte länger hätte halten können; doch die Spannung zwischen der Erklärung so universaler

Rechte und der Institution der Sklaverei war nicht schwer zu erkennen.

Ein anderes Beispiel stammt aus Gunnar Myrdals klassischer Untersuchung des amerikanischen Rassenproblems, *An American Dilemma*. Sie erschien 1944, lange vor den Siegen der Bürgerrechtsbewegung in den 60er Jahren, doch Myrdal beschrieb schon den Verlauf des ethischen Denkens, das es schwierig machte, rassistische Praktiken aufrechtzuerhalten:

> »Der einzelne ... handelt nicht in moralischer Isolation. Er kann seine Rationalisierungen nicht ohne Störung von außen nach Belieben gestalten. Vielmehr werden seine Wertungen diskutiert und in Frage gestellt ... Das Bedürfnis nach logischer Vereinbarkeit mit der Hierarchie der moralischen Bewertungen – und das verlegene und manchmal verzweifelte Gefühl, daß die moralische Ordnung brüchig sei – ist in dieser Intensität eine ziemlich neue Erscheinung.«[4]

Myrdal sagt weiter, daß dieses intensive moderne Bedürfnis nach Vereinbarkeit mit erhöhter Mobilität, Kommunikation und der weiteren Verbreitung von Bildung zusammenhingen. Traditionelle und lokal verankerte Vorstellungen würden durch die breitere Gesellschaft in Frage gestellt und könnten den mehr universalen Werten nicht widerstehen. Myrdal sagte voraus, daß dies zu einer breiteren Anerkennung universaler Werte führen würde. Er dachte an die universale Anwendung moralischer Grundsätze auf alle Mitglieder der menschlichen Spezies; schriebe er heute, dann würde er vielleicht als ein weiteres Beispiel für die von ihm beschriebene Tendenz die Sichtweise erwägen, daß auch die Interessen nichtmenschlicher Tiere gleiche Berücksichtigung finden sollten.[5]

Merkwürdigerweise verwies Marx im Zusammenhang mit der Geschichte der Klassenrevolutionen auf eine ganz entsprechende Tendenz:

> »Jede neue Klasse nämlich, die sich an die Stelle einer vor ihr herrschenden setzt, ist genötigt, schon um ihren Zweck durchzuführen, ihr Interesse als das gemeinschaftliche Interesse aller Mitglieder der Gesellschaft darzustellen, d.h. ideell ausgedrückt: ihren

Gedanken die Form der Allgemeinheit zu geben, sie als die einzig vernünftigen, allgemein gültigen darzustellen ... Jede neue Klasse bringt daher nur auf einer breiteren Basis als die der bisher herrschenden ihre Herrschaft zustande.«[6]

Marx meinte, die Vernunft liefere hier lediglich einen Deckmantel für die Klasseninteressen der Revolutionäre. Bei seinem materialistischen Geschichtsbild konnte er auch kaum etwas anderes sagen. Doch er wies auch darauf hin, daß der Kapitalismus dazu beitrug, das Bewußtsein der Arbeiter über ihre eigene Lage zu heben, indem er sie in den Industriezentren konzentrieren und ihnen wenigstens ein Mindestmaß an Bildung angedeihen lassen mußte. Dieselben Vorgänge können auch anders aufgefaßt werden: als die Herausbildung der ihrer Natur nach universalisierenden Beschaffenheit des Denkens in Gesellschaften, die zunehmend aus gebildeten und ihrer selbst bewußten Menschen bestehen, die sich allmählich von den Zwängen engbegrenzter und religiöser Vorstellungen freimachen. Da allgemeine Bildung und Kommunikationserleichterungen in der Welt immer noch zunehmen, haben wir einigen Grund zu der Hoffnung, daß sich dieser Prozeß fortsetzt und schließlich zu einer grundlegenden Wandlung unserer ethischen Einstellungen führen wird.

Unsere Denkfähigkeit kann also dazu beitragen, uns von einem willkürlichen Subjektivismus ebenso abzubringen wie von der unkritischen Anerkennung der Werte unserer Gemeinschaft. Der Gedanke, daß alles subjektiv sei oder, spezieller, nur für unsere Gemeinschaft gelte, scheint mit jeder Generation erneut in Mode und auch wieder aus der Mode zu kommen. Die heutige postmoderne Form des Relativismus kann ebensowenig wie ihre Vorgänger erklären, wie es kommt, daß wir in verstehbarer Form über die Werte diskutieren können, die in unserer Gemeinschaft gelten sollten, oder behaupten können, daß unsere Werte besser seien als die von Gesellschaften, die die Sklaverei, die genitale Verstümmelung von Frauen oder Todesurteile für Schriftsteller anerkennen, denen mangelnde Achtung vor der herrschenden Religion vorgeworfen wird. Demgegenüber erklärt die von mir vertretene Auffassung die Möglichkeit dieser Art von Diskussion mit Hilfe von zwei einfachen Voraussetzungen. Die eine ist die Existenz unserer Fähigkeit zum rationalen Denken. Die andere ist unsere Fähigkeit, uns beim Nachdenken über praktische Fragen von unserer eigenen Sichtweise zu lösen und eine breitere Perspektive einzunehmen, letzten Endes sogar die des Universums.

Die Vernunft macht es uns möglich, uns so zu sehen, weil wir beim Nachdenken über unsere Stellung in der Welt erkennen können, daß jeder und jede von uns nur ein Wesen unter anderen ist, mit Interessen und Bedürfnissen wie andere auch. Ich habe eine persönliche Sicht der Welt, in der meine Interessen ganz im Vordergrund stehen, diejenigen meiner Familie und der Menschen in meinem Freundeskreis gleich danach kommen, und die Interessen fremder Menschen sich ganz im Hintergrund befinden. Doch die Vernunft ermöglicht es mir zu erkennen, daß andere ähnlich subjektive Sichtweisen haben, und daß »vom Standpunkt des Universums« aus meine Perspektive gegenüber den Sichtweisen anderer keinen Vorrang besitzt. Die Vernunft zeigt mir also, daß ich mich über meine eigene Sichtweise erheben kann, und sie zeigt mir, wie das Universum aussehen könnte, wenn ich keine persönliche Sichtweise hätte.

Als Grundlage eines ethischen Standpunktes den Standpunkt des Universums einzunehmen bedeutet nicht, daß wir jederzeit unparteiisch handeln müßten. Für einige Formen der Parteilichkeit gibt es eine unparteiische Rechtfertigung. So ist es wahrscheinlich für die Kinder im allgemeinen das Beste, wenn Eltern eine wesentlich strengere Pflicht auferlegt wird, für ihre eigenen Kinder zu sorgen als für die Kinder fremder Menschen. So macht sich die Gesellschaft die natürliche Liebesbindung zwischen Eltern und Kindern nutzbar, die im Normalfall stets dem Wohlwollen eines mit der Kinderfürsorge betrauten öffentlichen Dienstes vorzuziehen ist, wie gutwillig die Bürokraten und die in einer solchen Abteilung in der Sozialarbeit Tätigen auch sein mögen. Die Liebe zu den eigenen Kindern ist eine Kraft, die zum Wohle aller wirken kann, doch manchmal führt sie Menschen dazu, sich für etwas zu entscheiden, das aus unparteiischer Sicht das geringere Gut ist. Wenn Eltern vor der Situation stünden, daß die Schule ihres Kindes brennt und sie sich entscheiden müßten, ob sie die Tür aufbrechen sollten, hinter der nur ihr Kind eingeschlossen ist, oder eine andere, hinter der zwanzig Kinder gefangen sind – und sie hätten nicht die Zeit, beide aufzubrechen –, dann würden wohl die meisten Eltern ihr eigenes Kind retten. Die Eltern der anderen Kinder könnten sie dafür tadeln, doch wenn sie gerecht wären, würden sie wohl erkennen, daß sie in einer entsprechenden Lage ebenso gehandelt hätten. Betrachten wir die Rettung des eigenen Kindes unmittelbar von einem unparteiischen Standpunkt aus, so werden wir sie für falsch erklären; bedenken wir aber zuerst, daß Elternliebe wünschenswert ist und dann, daß die Handlung von dieser bestimmt war, dann werden wir eher bereit sein, sie zu akzeptieren.[7]

Im Einklang mit der Vorstellung, den Standpunkt des Universums einzunehmen, akzeptieren die großen religiösen Traditionen alle in der einen oder anderen Form eine Goldene Regel, die die gleiche Berücksichtigung von Interessen fordert. »Liebe deinen Nächsten wie dich selbst«, sagte Jesus. »Was dir verhaßt ist, das tu nicht deinem Nächsten an«, sagte Rabbi Hillel. Konfuzius faßte seine Lehre ganz ähnlich zusammen: »Was du nicht angetan haben möchtest, das tue auch keinem anderen an!« Das große indische Epos *Mahabharata* sagt: »Keiner soll einem anderen antun, was ihm selbst widerwärtig wäre.«[8] Die Parallelen sind erstaunlich. Jesus und Hillel schöpften aus derselben jüdischen Tradition, doch Konfuzius und *Mahabharata* scheinen unabhängig voneinander und von der jüdisch-christlichen Tradition zu dem Standpunkt gekommen zu sein. Und schließlich werden diese Worte in allen Fällen als eine Zusammenfassung des ganzen moralischen Gesetzes präsentiert. Die Art und Weise, wie Jesus und Hillel die Regel formulierten, könnte zwar an eine Beschränkung auf die Mitglieder der eigenen Gruppe denken lassen, doch das Gleichnis vom barmherzigen Samariter schließt diese Lesart, wen Jesus mit dem Nächsten gemeint habe, eindeutig aus.[9] Auch Hillel, Konfuzius und *Mahabharata* muß, zumindest in diesen Passagen, nichts weniger als eine universale Ethik unterstellt werden.

Die Möglichkeit, sich auf den Standpunkt des Universums zu stellen, überwindet das Problem, im Leben einen Sinn zu finden, trotz der Nichtigkeit der menschlichen Existenz vor den Äonen der Ewigkeit. Angenommen, wir beteiligen uns an einem Projekt, das einer kleinen Gemeinde in einem Entwicklungsland helfen soll, ihre Schulden abzubauen und ihre Nahrungsmittel selbst zu erzeugen. Das Projekt ist ein großer Erfolg, die Dorfbewohnerinnen und -bewohner sind gesünder, glücklicher, besser ausgebildet, wirtschaftlich gesichert und haben weniger Kinder. Jetzt könnte jemand sagen: »Was hast du schon Gutes getan? In tausend Jahren sind diese Leute längst tot und ihre Kinder und Enkel auch, und was du getan hast, macht überhaupt keinen Unterschied.« Das kann richtig sein, aber es kann auch falsch sein. Die Veränderungen, die wir heute herbeiführen, könnten auch einen Schneeballeffekt haben und auf längere Sicht zu viel weitreichenderen Veränderungen führen. Sie können natürlich auch zu nichts führen. Wir können es einfach nicht wissen. Wir sollten aber nicht meinen, unsere Bemühungen wären vergeudet, wenn sie nicht ewig oder doch ganz lange nachwirken. Wenn wir die Zeit als die vierte Dimension ansehen, dann können wir uns das Universum für alle Zeiten, in denen es empfindendes Leben enthält, als eine vierdimensionale Entität denken. Diese vierdimensionale Welt können wir zu einem besseren Ort machen, indem wir unnötiges Leiden an einem bestimmten Ort zu einer bestimmten Zeit vermindern. Solange wir dadurch nicht anderes Leiden an einem anderen Ort oder zu einer anderen Zeit vermehren oder einen vergleichbaren Verlust an Wertvollem bewirken, haben wir das Universum positiv beeinflußt. Im vorigen Kapitel sagte ich, daß Sisyphus vielleicht einen Sinn in seinem Leben finden könnte, wenn er, statt immer denselben, viele Steine den Berg hinaufrollen könnte, um mit diesen einen schönen Tempel zu bauen. Nehmen wir den Tempel, den Sisyphus bauen könnte, als Metapher für alle möglichen Ziele, dann haben wir, indem wir die Welt zu einem besseren Ort machen, einen kleinen Beitrag zur Schönheit des größten aller Tempel geleistet.

Ich habe mich gegen die Auffassung gewandt, daß die Frage des Wertes ausschließlich von den eigenen subjektiven Wünschen abhängig sei. Ich verteidige aber nicht die Objektivität der Ethik im herkömmlichen Sinne. Ethische Wahrheiten sind nicht ins Gefüge der Welt eingemeißelt; hierin ist die subjektivistische Auffassung zutreffend. Gäbe es keine Wesen mit Bedürfnissen oder Wünschen irgendwelcher Art, dann wäre nichts von Wert und die Ethik ohne jeden Inhalt. Gibt es aber Wesen mit Bedürfnissen, dann gibt es Werte, die nicht nur die subjektiven Werte des jeweiligen Einzelwesens sind. In der Möglichkeit, durch Nachdenken auf den Standpunkt des Universums geführt zu werden, liegt so viel »Objektivität«, wie es nur geben kann. Wenn meine Fähigkeit zu denken mir zeigt, daß das Leiden eines anderen Wesens dem meinen sehr ähnlich ist und (gegebenenfalls) für dieses genausoviel bedeutet wie mein Leiden für mich, dann zeigt mir mein Denken etwas unbezweifelbar *Wahres*. Ich kann mich natürlich immer noch dafür entscheiden, das unberücksichtigt zu lassen, aber dann kann ich nicht mehr leugnen, daß meine Perspektive enger und beschränkter ist, als sie sein könnte. Das genügt vielleicht nicht, um eine objektiv wahre ethische Position hervorzubringen. (Man kann immer fragen, was denn an einer größeren, umfassenderen Perspektive so Gutes sei.) Aber es kommt einer objektiven Grundlage für die Ethik so nahe wie nur möglich.

Die Perspektive auf uns selbst, die wir vom Standpunkt des Universums aus gewinnen, erbringt auch soviel Objektivität, wie wir brauchen, um ein Ziel zu finden, das unabhängig von unseren eigenen Bedürfnissen wertvoll ist. Das offensichtlichste solche Ziel ist das von Henry Spira zu Beginn dieses Kapitels genannte: die Verringerung von Schmerzen und Leiden, wo immer sie sich finden. Das ist vielleicht nicht der einzige rational begründete Wert, aber der unmittelbarste, dringendste und allgemein anerkannte. Wir wissen aus unserer eigenen Erfahrung, daß alle anderen Werte in den Hintergrund treten, wenn Schmerzen und Leiden akut sind. Vom Standpunkt des Universums aus können wir erkennen, wie dringlich es ist, etwas gegen Schmerzen und Leiden anderer zu tun, bevor wir auch nur daran denken können, andere mögliche Werte wie Schönheit, Erkenntnis, Autonomie oder Glück (um ihrer selbst willen und nicht als Mittel zur Verringerung von Schmerzen und Leiden) zu fördern.

Bedeutet die Möglichkeit, sich auf den Standpunkt des Universums zu stellen, daß ein Mensch, der lediglich aus einer engen Perspektive handelt – für sich selbst, die Familie, Freunde oder den Staat, und zwar auf eine Weise, die nicht einmal indirekt von einem unparteiischen Standpunkt aus gerechtfertigt werden kann –, notwendig irrational handelt? Nicht im vollen Sinne, meine ich. In dieser Beziehung unterscheidet sich das praktische Denken – das Nachdenken über unser Handeln – vom theoretischen. Hätte Hobbes die Euklidischen Axiome akzeptiert und keinen Fehler in der Ableitungskette bis zum 47. Satz gefunden, diesen aber immer noch für falsch gehalten, dann hätten wir zu Recht sagen können, er habe Euklids Schlußweise nicht verstanden. Er hätte sich einfach im Irrtum befunden – und hätte er seine Meinung beispielsweise bei einem praktischen Meß- oder Konstruktionsproblem angewandt, so hätte er eine falsche Lösung erhalten, und das hätte ihn bei der Erreichung des wie auch immer beschaffenen Zieles behindert, das er durch die Messung oder Konstruktion angestrebt hatte. Wenn ich andererseits so handle, daß ich mich weniger um das Leiden fremder Menschen kümmere als um das meiner Familie oder meiner Freunde, dann zeige ich damit nicht, daß ich unfähig war, den Standpunkt des Universums zu begreifen, sondern nur, daß diese Perspektive mich nicht so stark motiviert wie die persönlichere Perspektive. Wenn unvernünftig zu sein bedeutet, sich im Irrtum zu befinden, dann liegt hier kein Irrtum vor; die Verfolgung meiner engeren Perspektive führt mich nicht zu einer falschen Antwort, die mich daran hindert, meine beschränkten Ziele zu erreichen. Zum Beispiel behauptete ich in Kapitel 5, wir hätten uns zu Wesen mit dem besonders starken Bedürfnis entwickelt, die Interessen unserer Familienmitglieder zu schützen und zu fördern. Diese Seite unserer Natur völlig unbeachtet zu lassen ist kaum möglich. Die Rolltreppe der Vernunft kann lediglich fordern, daß wir sie unter Kontrolle halten und uns bewußt bleiben, daß es die weitere Perspektive gibt. Wer von einer engeren Perspektive ausgeht, kann also nur in einem weiteren Sinne als weniger vernünftig bezeichnet werden als andere, die vom Standpunkt des Universums aus handeln.

Es wäre schön, wenn wir hinsichtlich der Grundlage der Ethik zu einem stärkeren Ergebnis kommen könnten. Wie die Dinge stehen, ist Sidgwicks »alte unmoralische Paradoxie«, der Gegensatz zwischen eigenem Interesse und universaler Güte, gemildert worden, aber aufgelöst ist er nicht.

Auf ein ethisches Leben zu

In einer Gesellschaft, in der die enge Verfolgung des materiellen eigenen Interesses die Norm darstellt, ist der Übergang zu einem ethischen Standpunkt etwas Radikaleres, als viele meinen. Verglichen mit den Bedürfnissen der Menschen, die in Somalia verhungern, wird der Wunsch, die Weine der führenden französischen Weingüter zu kosten, völlig unbedeutend. Verglichen mit dem Leiden fixierter Kaninchen, denen Shampoo in die Augen geträufelt wird, ist ein besseres Haarwaschmittel ein unwürdiges Ziel. Die Erhaltung von alters her bestehender Wälder sollte über unserem Bedürfnis stehen, Papierhandtücher zu benutzen. Eine ethische Lebenseinstellung verbietet nicht, sich an Essen und Wein zu freuen, aber sie verändert unser Verständnis der Prioritäten. Der Aufwand und die Kosten für modische Kleidung, die endlose Suche nach immer raffinierteren Gaumenfreuden, die erstaunlichen Zusatzkosten, die den Markt der Luxusautos von dem der Autos unterscheidet, die schlicht als zuverlässiges Transportmittel gebraucht werden – das alles erscheint Menschen unverhältnismäßig, die ihre Perspektive so weit verändern können, daß sie selbst, zumindest für eine gewisse Zeit, nicht mehr im Mittelpunkt stehen. Wenn sich ein höheres ethisches Bewußtsein ausbreitet, wird das die Gesellschaft, in der wir leben, völlig verändern.

Wir können nicht erwarten, daß dieses höhere ethische Bewußtsein alle erfassen wird. Es wird immer Menschen geben, die sich um nichts und niemanden kümmern, noch nicht einmal um sich selbst. Zahlreicher werden andere sein, die berechnender sind und sich ihren Lebensunterhalt damit sichern, daß sie andere übervorteilen, vor allem Arme und Machtlose. Wir können es uns nicht leisten, auf einen fernen Tag zu warten, da alle in Frieden und Harmonie miteinander leben werden. So ist die menschliche Natur zur Zeit nicht beschaffen, und nichts weist darauf hin, daß sie sich in absehbarer Zukunft genügend ändern wird. Da sich das Denken allein als unfähig erwiesen hat, den Gegensatz zwischen Eigeninteresse und Ethik völlig aufzuheben, ist es unwahrscheinlich, daß rationale Argumente jeden zum Denken fähigen Menschen dazu bringen werden, ethisch zu handeln. Auch wenn die Vernunft in der Lage gewesen wäre, uns noch weiter zu bringen, würden wir immer noch der Realität einer Welt gegenüberstehen, in der viele Menschen weit davon entfernt sind, aufgrund irgendwelcher Überlegungen zu handeln, und seien es auch nur grob egoistische. Die Welt wird also noch sehr lange ein unfreundlicher Ort zum Leben bleiben.

Dennoch sind wir aber Teil dieser Welt, und es besteht eine verzweifelte Notwendigkeit, *jetzt* etwas für die Bedingungen zu tun, unter denen Menschen leben und sterben, und sowohl die soziale als auch die ökologische Katastrophe abzuwenden. Wir haben keine Zeit, unsere Gedanken auf die Möglichkeit einer fernen utopischen Zukunft zu konzentrieren. Zu viele Menschen und nichtmenschliche Tiere leiden jetzt, die Wälder verschwinden zu schnell, das Bevölkerungswachstum ist noch immer außer Kontrolle, und wie wir in Kapitel 3 sahen, ist allein im Nildelta und im Gangesdelta das Leben und Zuhause von 46 Millionen Menschen in Gefahr, wenn wir die Treibhausgasemissionen nicht rasch senken. Wir können auch nicht auf die Regierungen warten, damit sie die nötigen Änderungen her-

beiführen. Es liegt nicht im Interesse von Politikern, die Grundvorstellungen der Gesellschaft, die sie an ihre Spitze gewählt hat, in Frage
zu stellen. Würden sich zehn Prozent der Bevölkerung eine bewußt
ethische Lebenseinstellung zu eigen machen und entsprechend handeln, dann wäre die Veränderung bedeutender als irgendein Re-
gierungswechsel. Die Kluft zwischen einer ethischen und einer egoistischen Lebenseinstellung ist viel grundsätzlicher als die zwischen
rechter und linker Politik.

Wir müssen den ersten Schritt tun. Wir müssen den Gedanken,
ein ethisches Leben zu leben, wieder zu einer realistischen und trag-
fähigen Alternative zur heutigen materialistischen Selbstsucht machen. Wenn im nächsten Jahrzehnt eine »kritische Masse«, eine Ket-
tenreaktion durch Menschen mit anderen Prioritäten, entstehen und
es sich herausstellen würde, daß diese Menschen in jeder Beziehung
gut daran tun, sich so zu verhalten – indem ihre Zusammenarbeit allen Seiten Vorteile bringt, indem sie Freude und Erfüllung in ihrem
Leben finden –, dann würde sich die ethische Haltung ausbreiten,
und der Konflikt zwischen Ethik und Eigeninteresse wäre erkennbar
überwunden, nicht durch abstraktes Denken allein, sondern durch
die Übernahme des ethischen Lebens als praktische Lebensform, die
in psychologischer, sozialer und auch ökologischer Hinsicht funktioniert.

Jeder Mensch kann Teil der »kritischen Masse« werden, die uns
eine Aussicht bietet, die Welt zu verbessern, ehe es zu spät ist. Sie können über Ihre Ziele neu nachdenken und sich fragen, was Sie aus Ihrem Leben machen. Wenn Ihre heutige Lebensweise einer unparteiischen Bewertung nicht standhält, können Sie sie ändern. Das kann
bedeuten, den Beruf aufzugeben, das Haus zu verkaufen und nach Indien zu gehen, um für eine Hilfsorganisation zu arbeiten. Häufiger
wird es jedoch so sein, daß der Entschluß zu einer ethischeren Lebensweise der erste Schritt zu einer allmählichen, aber weitreichenden
Entwicklung in Ihrem Lebensstil und Ihren Vorstellungen von Ihrem
Platz in der Welt ist. Sie werden sich mit neuen Dingen befassen und
feststellen, daß sich Ihre Zielsetzungen verschieben. Wenn Ihre Arbeit
Sie interessiert, werden Geld und Status weniger wichtig. Aus Ihrer
neuen Perspektive wird die Welt anders aussehen. Eines ist sicher:
Sie werden eine Menge lohnender Aufgaben finden. Sie werden sich
nicht langweilen oder den Eindruck haben, daß Ihrem Leben die Er-

füllung fehle. Und am wichtigsten von allem, Sie werden wissen, daß Sie nicht umsonst gelebt haben und gestorben sein werden, denn Sie werden in die große Tradition derer eingegangen sein, die auf das Ausmaß von Schmerzen und Leiden in der Welt damit reagiert haben, daß sie versuchten, die Welt zu einem besseren Ort zu machen.

Anmerkungen

Kapitel 1

1 Die Informationen über Ivan F. Boesky in diesem und den folgenden Absätzen stammen teilweise aus Robert Slater, *The Titans of Takeover*, Prentice-Hall, Englewood Cliffs, N.J. 1987, Kap. 7.

2 *Wall Street Journal*, 20.6.1985, zitiert bei Slater, *The Titans of Takeover* (s.o. Anm. 1), S. 134.

3 Ivan F. Boesky, *Merger Mania*, Holt, Rinehart and Winston, New York 1985, S. V. Die vorhergehenden Zitate stehen auf S. XIII-XIV.

4 Mark Brandon Read, *Chopper From the Inside*, Floradale Productions, Kilmore, Vic. 1991, S. 6 f.

5 Platon, *Sämtliche Werke* in 10 Bänden, Bd. 5: *Politeia*, Insel, Frankfurt, M. 1991, Buch 2, 360b ff. [Grammatik und Interpunktion leicht modernisiert, d. Üb.]

6 Slater, *The Titans of Takeover* (s.o. Anm. 1), S. 132; Adam Smith, *The Roaring '80s*, Penguin Books, New York 1988, S. 209.

7 Michael Lewis, *Wall Street Poker. Die authentische Story eines Salomon-Brokers*, Econ, Düsseldorf/Wien/New York 1990, S. 9; engl.: *Liar's Poker*, Penguin Books, New York 1990.

8 Donald J. Trump mit Charles Leerhsen, *Überleben ganz oben*, Heyne, München 1990; engl.: *Surviving at the Top*, Random House, New York 1990, S. 13.

9 *Time*, 8.4.1991, S. 62.

10 Oliver Stone, Regisseur und Produzent, *Wall Street*, CBS/Fox, Los Angeles 1987.

11 *Marx-Engels-Gesamtausgabe*, Dietz, Berlin, I.2, 1982: Ök.-philos. Manuskripte, 1. Wiedergabe, Heft 3, Nr. 3, S. 263.

12 Siehe Francis Fukuyama, *Das Ende der Geschichte. Wo stehen wir?*, Kindler, München 1992; engl.: *The End of History and the Last Man*, Hamish Hamilton, London 1992.

13 Siehe Daniel Bell, *The End of Ideology*, 2. Aufl. mit einem neuen Nachwort, Harvard University Press, Cambridge, Mass. 1988.

14 Siehe Bill McKibben, *The End of Nature*, Random House, New York 1989.

15 Derek Parfit, *Reasons and Persons*, Clarendon Press, Oxford 1984, S. 454.

16 Zur Begründung siehe mein Buch *Praktische Ethik*, 2., revidierte Auflage, Reclam, Stuttgart 1994, Kap. 6; engl.: *Practical Ethics*, 2. Aufl., Cambridge University Press, Cambridge 1993.

17 *The Independent*, London, 20.3.1992; ich äußerte mich ganz ähnlich in meinem Buch *Praktische Ethik*, Reclam, Stuttgart 1984, S. 9 f.; engl.: *Practical Ethics*, 1. Aufl., Cambridge University Press, Cambridge 1979.

18 Robert J. Ringer, *Werde Nr. 1. Du bist Dir selbst der Nächste*, Orbis, München 1994, S. 25; engl.: *Looking Out for # 1*, Fawcett Crest, New York 1978.

19 Todd Gitlin, *Inside Prime Time*, Pantheon, New York 1983, S. 268 f.

Kapitel 2

1 Joelle Attinger, »The Decline of New York«, *Time*, 17.9.1990.

2 *New York Times*, 2.3.1992, S. B3.

3 *Time*, 17.9.1990.

4 Richard Brooks, »Dreamland Now Third World Capital«, *The Observer*, London, 3.5.1992.

5 *Time*, 17.9.1990.

6 Robert N. Bellah, Richard Madsen, William S. Sullivan, Ann Swidler, Steven M. Tipton, *Gewohnheiten des Herzens. Individualismus in der amerikanischen Gesellschaft*, Bund, Köln 1987, S. 39; engl.: *Habits of the Heart: Individualism and Commitment in American Life*, University of California Press, Berkeley, Calif. 1985.

7 *New York Times*, 10.10.1991.

8 *New York Times*, 11.2.1991.

9 Joseph Nocera, »Scoundrel Time«, *GQ*, Aug. 1991, S. 100.

10 Graef S. Crystal, *In Search of Excess: The Overcompensation of American Executives*, W. W. Norton & Co., New York 1991, S. 205; *The Age*, 11.11.1991.

11 *New York Times*, 8.5.1991.

12 *New York Daily News*, 3.2.1992.

13 *Time*, 26.8.1991, S. 54; *New York Times*, 10.4.1991, S. A22; 10.5.1991, S. A14; 30.7.1991, S. A1; *The Animals' Agenda*, Juli/Aug. 1991.

14 *Sunday Age*, 27.12.1992.

15 Nancy Gibbs, »Homeless, USA«, *Time*, 17.12.1990.

16 *Time*, 17.12.1990.

17 Bellah u.a., *Gewohnheiten des Herzens* (s.o. Anm. 6), S. 83, 110, 228. Das Tocqueville-Zitat stammt aus *Über die Demokratie in Amerika*, Reclam, Stuttgart 1985, 2. Teil, Kap. 2, letzter Abs., S. 240.

18 Frances Fitzgerald, *Cities on a Hill*, Picador, London 1987, S. 241 f.

19 Raoul Naroll, *The Moral Order*, Sage Publications, Beverly Hills, Calif. 1983.

20 Thomas Hobbes, *Leviathan*, Luchterhand, Neuwied/Berlin 1966, Kap. 11, S. 75.

21 Ebd., Kap. 13, S. 96.

22 *New York Times*, 25.12.1990, S. 41.

23 *Über die Demokratie in Amerika* (s.o. Anm. 17), Bd. 2, Teil 2, Kap. 2, letzter Satz; zitiert bei Bellah u.a., *Gewohnheiten des Herzens* (s.o. Anm. 6), S. 37.

24 G. Hofstede, *Culture's Consequences*, Sage Publications, Beverly Hills, Calif. 1980, zitiert bei H. Triandis, C. McCursker, H. Hui, »Multimethod Probes of Individualism and Collectivism«, *Journal of Personality and Social Psychology*, Bd. 59, 1990, Nr. 5, S. 1010.

25 Zitiert bei Daniel Coleman, »The Group and the Self: New Focus on a Cultural Rift«, *New York Times*, 25.12.1990.

26 *Marx-Engels-Gesamtausgabe*, Bd. 4, Dietz, Berlin 1972: *Manifest der kommunistischen Partei* (1848), I, S. 464 (3. Seite von I), 467.

27 P. R. Mooney, »On folkseed and life patents«, in: *Advances in Biotechnology: Proceedings of an International Conference Organized by the Swedish Council for Forestry and Agricultural Research and the Swedish Recombinant DNA Advisory Committee, 11-14 March 1990*, Swedish Council for Forestry and Agricultural Research, Stockholm 1990.

28 *E Magazine*, Bd. 3, Nr. 1, Jan./Feb. 1992, S. 9.

29 Bellah u.a., *Gewohnheiten des Herzens* (s.o. Anm. 6), S. 196.

30 Andrew Stephen, »How a burn-up ended in flames on the streets of LA«, *The Observer*, London, 3.5.1992.

31 Martin Walker, »Dark Past Ambushes the ›City of the Future‹«, *Guardian Weekly*, 10.5.1992.

32 Richard Schickel, »How TV Failed to Get the Real Picture«, *Time*, 11.5.1992.

33 S.o. Anm. 30.

Kapitel 3

1 Adam Smith, *Der Wohlstand der Nationen. Eine Untersuchung seiner Natur und seiner Ursachen*, C. H. Beck, München 1974, S. 15; engl.: *The Wealth of Nations*, hrsg. von R. H. Campbell und A. S. Skinner, Clarendon Press, Oxford 1976.

2 Bei Locke ist es ein König in Amerika und nicht in Afrika: »Der König eines großen und fruchtbaren Landes dort wohnt, nährt und kleidet sich schlechter als ein Tagelöhner in England.« (John Locke, *Über die Regierung*, Reclam, Stuttgart 1983, Abschn. 41, S. 33; engl.: *Second Treatise of Civil Government*, London 1966). Siehe auch Bernard Melville, *The Fable of the Bees*, I.181: »Betrachten wir die Anfänge der blühendsten Nationen, so werden wir finden, daß in jeder Gesellschaft in grauer Vorzeit den reichsten und angesehensten Leuten noch lange ganz viele Bequemlichkeiten des Lebens fehlten, die heute noch der Allerelendeste genießt.« Dieses Zitat entnehme ich aus Campbell und Skinner, *The Wealth of Nations* (s.o. Anm. 1). 120 Jahre später war dasselbe Argument noch im Denken Andrew Carnegies am Werke (siehe Kap. 4, Text zu Anm. 36).

3 Jean-Jacques Rousseau, *Diskurs über die Ungleichheit*, Schöningh, Paderborn 1984: 1. Teil, 2. Abs.

4 Adam Smith, *Theorie der ethischen Gefühle*, Meiner, Hamburg 1985, 4. Teil, 1. Kap., S. 315 f.; engl.: *A Theory of the Moral Sentiments*, Oxford University Press, Oxford 1976, Bd. 4, Kap. 1. Diese Hinweise entnehme ich aus Michael Ignatieff, *The Needs of Strangers*, Chatto and Windus, London 1984, S. 108 ff.

5 1. Mose, 24-28.

6 Sandra Postel und Christopher Flavin, »Reshaping the Global

Economy«, in: Lester R. Brown (Hg.), *State of the World, 1991: The Worldwatch Institute Report on Progress Towards a Sustainable Society*, Allen & Unwin, Sydney 1991, S. 186.

7 Alan Durning, »Asking How Much is Enough«, in: Brown, *State of the World* (s.o. Anm. 6), S. 154, 157.

8 Genaueres bei Postel und Flavin »Reshaping the Global Economy« (s.o. Anm. 6), S. 170.

9 »Ozone Hole Gaps Wider«, *Time*, 4.11.1991, S. 65.

10 Siehe besonders mein Buch *Animal Liberation. Die Befreiung der Tiere*, Rowohlt, Reinbek 1996; engl.: *Animal Liberation*, 2. Aufl., A *New York Review* Book, New York 1990.

11 Jeremy Rifkin, *Das Imperium der Rinder*, Campus, Frankfurt/New York 1994, S. 124; engl.: *Beyond Beef*, E. P. Dutton, New York 1992. Zu den Umweltkosten der Tierproduktion siehe auch Alan B. Durning und Holly B. Brough, *Taking Stock: Animal Farming and the Environment*, Worldwatch Paper 103, Worldwatch Institute, Washington, DC 1991.

12 Postel und Flavin »Reshaping the Global Economy« (s.o. Anm. 6), S. 178.

13 Fred Pearce, »When the Tide Comes in …«, *New Scientist*, 2.1.1993, S. 23.

14 »›Don't Let Us Drown‹, Islanders Tell Bush«, *New Scientist*, 13.6.1992, S. 6.

15 Siehe Jodi L. Jacobson, »Holding Back the Sea«, in: Lester R. Brown u.a., *State of the World, 1990: The Worldwatch Institute Report on Progress Towards a Sustainable Society*, Worldwatch Institute, Washington, DC 1990.

16 »Don't Let Us Drown« (s.o. Anm. 14), S. 6.

17 Anil Agarwal und Sunita Narain, *Global Warming in an Unequal World: A case of environmental colonialism*, Centre for Science and the Environment, Neu-Delhi 1991, zitiert bei Fred Pearce, »Ecology and the New Colonialism«, *New Scientist*, 1.2.1992, S. 55 f.

18 Smith, *Theorie der ethischen Gefühle* (s.o. Anm. 4), Bd. 4, Kap. 1, S. 10.

19 Siehe z.B. E. J. Mishan, *Costs of Economic Growth*, Staples, London 1967, und D. H. Meadows u.a., *Die Grenzen des Wachstums*, DVA, Stuttgart 1972. Eine Analyse der Entwicklung des Wachstumsgedankens wie auch von Gegengesichtspunkten in dieser Pe-

riode findet sich bei H. W. Arndt, *The Rise and Fall of Economic Growth*, Longman Cheshire, Melbourne 1978.

20 Postel und Flavin, »Reshaping the Global Economy« (s.o. Anm. 6), S. 186 f.

21 Lester Brown, »Picturing a Sustainable Society«, in: Brown u.a., *State of the World, 1990* (s.o. Anm. 15), S. 190.

22 Durning, »Asking How Much is Enough« (s.o. Anm. 7), S. 157. Dort wird auch die erwähnte Untersuchung zitiert: José Goldemberg u.a., *Energy for a Sustainable World*, Worldwatch Institute, Washington, DC 1987.

23 Paul Wachtel, *The Poverty of Affluence*, Free Press, New York 1983, S. 11.

24 Durning, »Asking How Much is Enough« (s.o. Anm. 7), S. 154.

25 Ebd., S. 156, wo eine persönliche Mitteilung von Michael Worley vom National Opinion Research Center der University of Chicago, Illinois, vom Sept. 1990 zitiert wird.

26 Wachtel, *The Poverty of Affluence* (s.o. Anm. 23), S. 22 f.

27 D. Kahnemann und C. Varey, »Notes on the Psychology of Utility«, in: J. Elster und J. Roemer (Hg.), *Interpersonal Comparisons of Well-Being*, Cambridge University Press, Cambridge 1991, S. 136 f. (Dieses und das folgende Zitat verdanke ich einer persönlichen Mitteilung von Julian Savulescu.)

28 P. Brickman, D. Coates, R. Janoff-Bulman, »Lottery Winners and Accident Victims – Is Happiness Relative?«, *Journal of Personality and Social Psychology*, Bd. 36, 1978, Nr. 8, S. 917-927.

29 John Greenwald, »Why the Gloom«, *Time*, 13.1.1992.

30 R. A. Easterlin, »Does Economic Growth Improve the Human Lot: Some Empirical Evidence«, in: P. A. David und M. Abramovitz (Hg.), *Nations and Households in Economic Growth*, Academic Press, New York 1974, S. 121.

31 Durning, »Asking How Much is Enough« (s.o. Anm. 7), S. 157.

Kapitel 4

1 Max Weber, *Gesammelte Aufsätze zur Religionssoziologie*, Bd. 1, Mohr (Siebeck), Tübingen 1947, I.2, S. 41.

2 Ebd., S. 55.

3   Aristoteles, *Werke*, Bd. 6: *Politik* (Neudruck der Ausgabe Leipzig 1879, Franz Susemihl), Scientia, Aalen 1978, Buch 1, 1263a.

4   Ebd., 1263b.

5   Ebd., 1257b-1258a.

6   Ebd., 1258b.

7   5. Mose 23:20-21.

8   Luk. 6:35.

9   Matth. 21:12-13.

10 Mark. 10:21, 24-25.

11 W. E. H. Lecky, *History of European Morals from Augustus to Charlemagne*, Bd. 2, Longman, London 1899, S. 81.

12 Zitiert bei Nicole Oresme, *Traictie de le Premiere Invention des Monnoies*, um 1360, Kap. 17, wieder abgedruckt bei A. E. Monroe (Hg.), *Early Economic Thought: Selections from economic literature prior to Adam Smith*, Harvard University Press, Cambridge, Mass. 1965 (1. Aufl. 1924), S. 96. Oresme gibt keine Quelle an, und ich konnte das Original bei Gregor nicht finden.

13 Lester K. Little, *Religious Poverty and the Profit Economy in Medieval Europe*, Cornell University Press, Ithaca, N.Y. 1978, S. 38.

14 John T. Noonan, Jr., *The Scholastic Analysis of Usury*, Harvard University Press, Cambridge, Mass. 1957, S. 1.

15 Jacques Le Goff, »The Usurer and Purgatory«, in: Center for Medieval and Renaissance Studies, University of California, Los Angeles, *The Dawn of Modern Banking*, Yale University Press, New Haven, Conn. 1979, S. 28-30.

16 Ebd., S. 32-43.

17 Little, *Religious Poverty* (s.o. Anm. 13), S. 36 f.

18 Ebd., S. 34.

19 Thomas von Aquin, *Summa Theologica*, hrsg. von der Albertus-Magnus-Akademie, Bd. 17A, 1959, II-II, Frage 32, Art. 5, Nr. 4, Antwort.

20 Ebd., Bd. 18, 1953, Frage 66, Art. 7, Nr. 3, Antwort und »Zu 3«.

21 Zur Naturrechtslehre vom Eigentum und dem, was daraus wurde, siehe Stephen Buckle, *Natural Law and the Theory of Property: Grotius to Hume*, Clarendon Press, Oxford 1990.

22 Noonan, *The Scholastic Analysis of Usury* (s.o. Anm. 14), S. 365-367.

23 Richard Huber, *The American Idea of Success*, McGraw-Hill Book

Co., New York 1971, S. 15, wo auch verwiesen wird auf Louis B. Wright, *Middle-Class Culture in Elizabethan England*, Huntington Library Publications, Chapel Hill 1935, S. 165-200.

24 André Siegfried, *Die Vereinigten Staaten von Amerika: Volk, Wirtschaft, Politik*, Füssli, Zürich 1928, I.3, S. 41.

25 Cotton Mather, *A Christian at His Calling*, Boston 1701, zitiert nach Huber, *The American Idea of Success* (s.o. Anm. 23), S. 12.

26 William Penn, *The Advice of William Penn to His Children*, zitiert nach Huber, *The American Idea of Success* (s.o. Anm. 23), S. 14.

27 Huber, *The American Idea of Success* (s.o. Anm. 23), S. 20 f.

28 Nathaniel Hawthorne, *Tales, Sketches, and Other Papers*, *The Works of Nathaniel Hawthorne*, Houghton Mifflin, Boston/New York 1883, Bd. 12, S. 202; Paul Ford, *A List of Books Written by or Relating to Benjamin Franklin*, Brooklyn, N.Y. 1889, S. 55. Beides entnehme ich Huber, *The American Idea of Success* (s.o. Anm. 23), S. 21.

29 Weber, *Gesammelte Aufsätze zur Religionssoziologie* (s.o. Anm. 1), S. 38. [1. Abs. zitiert nach Weber, d. Üb.]

30 Zitiert ohne Quelle bei Peter Baida, *Poor Richard's Legacy*, William Morrow, New York 1990, S. 25.

31 Ebd., S. 78. Weitere Zitate stammen aus Kap. 4 dieses Buches.

32 Huber, *The American Idea of Success* (s.o. Anm. 23), S. 25.

33 W. J. Ghent, *Our Benevolent Feudalism*, Macmillan & Co., Ltd., New York 1902, S. 29, zitiert bei Huber, *The American Idea of Success* (s.o. Anm. 23), S. 66.

34 Zitiert bei Richard Hofstadter, *Social Darwinism in American Thought*, Beacon Press, Boston 1966, S. 31.

35 Lochner v. New York, 198 US 45 (1905), zitiert bei Hofstadter, *Social Darwinism in American Thought* (s.o. Anm. 34), S. 47.

36 Andrew Carnegie, *Autobiography*, Houghton Mifflin, Boston, 1948, S. 321; »Wealth«, *North American Review*, 391, Juni 1889, S. 654-657.

37 Alexis de Tocqueville, *Über die Demokratie in Amerika* (s.o. Kap. 2, Anm. 17), Teil 1, Kap. 3, S. 41.

38 Zitiert bei Weber (s.o. Anm. 1), I.2, S. 33.

39 Thomas L. Nicholls, *Forty Years of American Life*, London 1964, Bd. 1, S. 402-404, zitiert bei Huber, *The American Idea of Success* (s.o. Anm. 23), S. 116.

40 Siegfried, *Die Vereinigten Staaten von Amerika* (s.o. Anm. 24), III.27, S. 274, 277.

41 Harold Laski, *The American Democracy*, New York 1948, S. 165, 172, zitiert bei Huber, *The American Idea of Success* (s.o. Anm. 23), S. 35.

42 Friedrich Engels, »Die Arbeiterbewegung in Amerika«, *Marx-Engels-Gesamtausgabe*, Bd. 21, Dietz, Berlin, 1962, S. 342.

43 Vance Packard, *Die geheimen Verführer*, Econ, Düsseldorf 1961 ff., S. 30; engl.: *The Hidden Persuaders*, Penguin Books, Harmondsworth, Middlesex 1957.

44 Charles Reich, *The Greening of America*, Allen Lane, The Penguin Press, London 1971, S. 1.

45 Peter Weiss, *Die Verfolgung und Ermordung Jean-Paul Marats, dargestellt durch die Schauspielgruppe des Hospizes zu Charenton unter Anleitung des Herrn de Sade*, Suhrkamp, Frankfurt, M. 1964 ff., 30. Szene, S. 123 f.; zitiert bei Todd Gitlin, *The Sixties*, Bantam Books, New York 1987, S. 424.

46 Michael Rossman, »The Only Thing Missing was Sufis«, *Creem*, Okt. 1972, wieder abgedruckt in: Michael Rossman, *New Age Blues*, E. P. Dutton, New York 1979, S. 5.

47 Ebd., S. 15-18.

48 Ebd., S. 20. [Dianetik ist die »Theorie« der Scientology-Sekte Ron L. Hubbards, d. Üb.]

49 Jerry Rubin, *Growing (Up) at Thirty-Seven*, M. Evans, New York 1976, S. 20; zitiert bei Christopher Lasch, *Das Zeitalter des Narzißmus*, Steinhausen, München 1980, S. 32; engl.: *The Culture of Narcissism: American Life in an Age of Diminishing Expectations*, W. W. Norton & Co., New York 1978.

50 Der »Jacuzzi«-Kommentar stammt aus Todd Gitlin, *The Sixties* (s.o. Anm. 45), S. 433; er zitiert Charles Krauthammer, »The Revolution Surrenders: From Freedom Train to Gravy Train«, *Washington Post,* 12.4.1985, S. A25, meint aber selbst, die Konzentration der Medien auf ein paar spektakuläre Fälle werde der Wirklichkeit nicht gerecht, da viele frühere Radikale besser strukturiert und auf konventionellere Art weiter für Frieden und Gerechtigkeit arbeiteten.

51 Kitty Kelley, *Nancy Reagan. Die Skandalbiographie*, Droemer/Knaur, München 1992, S. 335; engl.: *Nancy Reagan: An Un-*

authorized Biography, Bantam Books, New York 1991.

52 Ebd., S. 341-343.
53 *Los Angeles Times*, 6.2.1982, zitiert bei Bellah u.a., *Gewohnheiten des Herzens* (s.o. Kap. 2, Anm. 6), S. 264.
54 *Time*, 3.8.1987.
55 Fitzgerald (s.o. Kap. 2, Anm. 18), S. 143, 195; John Taylor, *Circus of Ambition*, Warner Books, New York 1989, S. 3; *Time*, 3.8.1987.
56 *Time*, 3.8.1987.
57 Fitzgerald, *Cities on a Hill* (s.o. Kap. 2, Anm. 18), S. 248, 375.
58 Taylor, *Circus of Ambition* (s.o. Anm. 55), S. 107.
59 Ebd., Kap. 4.
60 George Wilders, *Wealth and Poverty*, Basic Books, New York 1981, S. 118.
61 *New York Times*, 5.3.1992; *Wall Street Journal*, 8.4.1992. Weitere Statistiken darüber, wie in den 80er Jahren in Amerika die Reichen reicher und die Armen ärmer wurden, finden sich bei Donald L. Bartlett und James B. Steele, *America: What Went Wrong?*, Andrews and McMeel, Kansas City, Missouri 1992, Kap. 1.

Kapitel 5

1 Die Geschichte wird, leider ohne weitere Angaben, erzählt bei John M. Darley und Bibb Latane, »Norms and Normative Behavior: Field Studies of Social Interdependence«, in: J. Macaulay und L. Berkowitz, *Altruism and Helping Behavior*, Academic Press, New York 1970, S. 86.
2 Richard D. Alexander, *The Biology of Moral Systems*, Aldine de Gruyter, New York 1987, S. 159. Alexander wandte sich gegen die Ausführungen über das Blutspenden in meinem Buch *The Expanding Circle*, Farrar, Straus & Giroux, New York 1981.
3 E. O. Wilson, *On Human Nature*, Harvard University Press, Cambridge, Mass. 1978, S. 165.
4 P. L. van den Berghe, »Bridging the paradigms: biology and the social sciences«, in: M. S. Gregory, A. Silvers, D. Sutch (Hg.), *Sociobiology and Human Nature*, Jossey-Bass, Inc., Publishers, San Francisco 1978, S. 32-53. Ich entnehme das Zitat aus Joseph

Lopreato, *Human Nature and Biocultural Evolution*, Allen & Unwin, London 1984, S. 209.

5   G. Hardin, *The Limits of Altruism: An Ecologist's View of Survival*, Indiana University Press, Bloomington, Ind. 1977.

6   Quellen für die obigen Beispiele für Altruismus bei Schimpansen finden sich bei E. O. Wilson, *Sociobiology: The New Synthesis*, Belknap Press/Harvard University Press, Cambridge, Mass. 1975, S. 128. Weitere Beispiele für Altruismus bei Tieren finden sich S. 122-129, 475, 495 sowie bei Felicity Huntingford, »The Evolution of Cooperation and Altruism«, in: Andrew M. Colman (Hg.), *Cooperation and Competition in Humans and Animals*, Van Nostrand Reinhold, London 1982, S. 3-5.

7   Das Wolfsbeispiel stammt von Konrad Lorenz, *Er redete mit dem Vieh, den Vögeln und den Fischen*, dtv, München 1964, S. 119 f.; engl.: *King Solomon's Ring*, Methuen, London 1964.

8   Dimity Reed, »My Kidney for my Son«, *Canberra Times*, 14.10.1989.

9   Peter Hillmore, »Kidney Capital«, *The Age*, 17.8.1991.

10 David Gilmore, *Mythos Mann. Rollen, Rituale, Leitbilder*, Artemis & Winkler, München/Zürich 1991, S. 46, 117, 165; engl.: *Manhood in the Making: Cultural Concepts of Masculinity*, Yale University Press, New Haven, Conn. 1990.

11 J. S. Mill, *Die Hörigkeit der Frau*, in: John Stuart Mill, Hariett Taylor Mill, Helen Taylor, *Die Hörigkeit der Frau. Texte zur Frauenemanzipation*, Syndikat, Frankfurt, M. 1976, S. 180; engl.: *On the Subjection of Women*, 1869, Kap. 2; abgedruckt in: J. S. Mill, *On Liberty, Representative Government, On the Subjection of Women*, J. M. Dent, London 1960.

12 Pat Shipman, »Life and death on the wagon trail«, *New Scientist*, 27.7.1991, S. 40-42; Donald K. Grayson, »Donner party deaths: A demographic assessment«, *Journal of Anthropological Research*, Bd. 46, Nr. 3, Herbst 1990, S. 223-242.

13 Platon, *Politeia* (s.o. Kap. 1, Anm. 5), S. 464.

14 Siehe Yonina Talmon, *Family and Community in the Kibbutz*, Harvard University Press, Cambridge, Mass. 1972, S. 3-34.

15 John Lyons, »The Revenge of the Mommy«, *The Good Weekend*, Melbourne, 28.9.1991.

16 Douglas Adams und Mark Carwardine, *Die letzten ihrer Art. Eine*

Reise zu den aussterbenden Tieren unserer Erde, Hoffmann und Campe, Hamburg 1991, S. 179; engl.: *Last Chance to See*, Heinemann, London 1990. Die Auffassungen des neuseeländischen Naturschutzbeauftragten ähneln (und stammen vielleicht von) einer umstrittenen Theorie von V. Wynne Edwards in *Animal Dispersion in Relation to Social Behaviour*, Oliver and Boyd, Edinburgh 1962, die von Robert Ardrey in *The Social Contract*, Collins, London 1970, populär gemacht wurde. Diese Theorie wird heute von so gut wie keinem Forscher aus dem Bereich der Biowissenschaften vertreten.

17 Siehe J. Maynard Smith, *The Theory of Evolution*, Penguin Books, London 1975, sowie Richard Dawkins, *Das egoistische Gen*, ergänzte und überarbeitete Neuauflage, Spektrum, Heidelberg/Berlin/Oxford 1994, S. 125 ff.; engl.: *The Selfish Gene*, Oxford University Press, Oxford 1976.

18 David Hume, *Ein Traktat über die menschliche Natur*, Meiner, Hamburg, 1978, 3. Buch , 2. Teil, Abschn. 1, S. 223; engl.: *A Treatise of Human Nature*.

19 Sydney L. W. Mellon, *The Evolution of Love*, W. H. Freeman, Oxford 1981, S. 261.

20 Robert Edgerton, *Rules, Exceptions and Social Order*, University of California Press, Berkeley, Calif. 1985, S. 147.

21 Joseph Lopreato, *Human Nature and Biocultural Evolution* (s.o. Anm. 4), S. 225-235.

22 Alexander, *The Biology of Moral Systems* (s.o. Anm. 2), S. 160.

Kapitel 6

1 Die hier vorgetragene Auffassung ist die vorherrschende in der japanischen wie der westlichen Literatur über die japanische Gesellschaft. Eine nachdrückliche Kritik daran und eine Alternative findet sich bei Ross Mourer und Yoshio Sugimoto, *Images of Japanese Society; a study in the social construction of reality*, KPI, London 1986.

2 Siehe z.B. die Analyse der Arbeitszeit in einer japanischen Bank von Thomas P. Rohlen, *For Harmony and Strength: Japanese White-Collar Organization in Anthropological Perspective*, Univer-

278

sity of California Press, Berkeley, Calif. 1974, S. 94-100, 111, wonach die Angestellten der untersuchten Bank schätzungsweise durchschnittlich 56 Stunden in der Woche im Büro arbeiteten und weitere 4-6 Stunden in der Woche gesellig mit ihren Kollegen verbrachten.

3   Jack Seward und Howard Van Zandt, *Japan: The Hungry Guest*, verbesserte Aufl., Yohan Publications, Tokio 1985, S. 97.

4   B. H. Chamberlain, zitiert bei Thomas Crump, *The Death of an Emperor*, Oxford University Press, Oxford 1985, S. 57.

5   Seward, *Japan: The Hungry Guest* (s.o. Anm. 3), S. 102.

6   Siehe Herbert Passin, »Japanese Society«, in: David Sills (Hg.), *International Encyclopedia of the Social Sciences*, Macmillan and The Free Press, New York 1968, Bd. 8, S. 242.

7   Rohlen, *For Harmony and Strength* (s.o. Anm. 2), S. 38-45.

8   Ebd., S. 36.

9   Siehe Mark Zimmerman, *How to do Business with the Japanese*, Random House, New York 1985, S. 12 f.

10 Seward, *Japan: The Hungry Guest* (s.o. Anm. 3), S. 95 f.

11 Ebd., S. 97.

12 Rohlen, *For Harmony and Strength* (s.o. Anm. 2), S. 79, 148 f.

13 Ebd., S. 47.

14 Ebd., S. 97-100.

15 George W. England und Jyuji Misumi, »Work Centrality in Japan and the United States«, *Journal of Cross-cultural Psychology*, Bd. 17, 1986, Nr. 4, S. 399-416.

16 Robert Cole, *Work, Mobility and Participation: A comparative study of American and Japanese Industry*, University of California Press, Berkeley, Calif. 1979, S. 252 f., zitiert bei Robert J. Smith, *Japanese Society: Tradition, Self and the Social Order*, Cambridge University Press, Cambridge 1983, S. 60.

17 Robert Whiting, »You've Gotta Have ›Wa‹«, *Sports Illustrated*, 24.9.1979, S. 60-71, zitiert bei Smith, *Japanese Society* (s.o. Anm. 16), S. 50.

18 John David Morley, *Pictures from the Water Trade: An Englishman in Japan*, Fontana, London 1985, S. 185.

19 V. Lee Hamilton u.a., »Group and Gender in Japanese and American Elementary Classrooms«, *Journal of Cross-cultural Psychology*, Bd. 22, 1991, Nr. 3, S. 317-346, besonders S. 327, 336.

20 Jeremiah S. Sullivan, Teruhiko Suzuki, Yasumasa Kondo, »Managerial Perceptions of Performance«, *Journal of Cross-cultural Psychology*, Bd. 18, 1986, Nr. 4, S. 379-398, besonders S. 393.

21 Morley, *Pictures from the Water Trade* (s.o. Anm. 18), S. 53.

22 Seward, *Japan: The Hungry Guest* (s.o. Anm. 3), S. 54.

23 Rohlen, *For Harmony and Strength* (s.o. Anm. 2), S. 48 f., 175.

24 Siehe Kap. 2, S. 138.

25 Morley, *Pictures from the Water Trade* (s.o. Anm. 18), S. 38.

26 Smith, *Japanese Society* (s.o. Anm. 16), S. 81.

27 Tomosaburo Yamauchi, *Aite no tatiba oi tatu – Hare no dotoku tetugaku*, Keiso Shobo Publishing Company Ltd., Tokio 1991. Mehr über die Philosophie von R. M. Hare in Kapitel 9 des vorliegenden Buches.

28 Rohlen, *For Harmony and Strength* (s.o. Anm. 2), S. 52.

29 Siehe z.B. Mourer, *Images of Japanese Society* (s.o. Anm. 1), S. 196 f.

30 *Time*, 4.11.1991, S. 7.

31 Rohlen, *For Harmony and Strength* (s.o. Anm. 2), S. 252.

32 *Time*, 10.2.1992, S. 11.

33 Morley, *Pictures from the Water Trade* (s.o. Anm. 18), S. 184.

34 Siehe Mary Midgley, »On Trying Out One's New Sword«, in: Mary Midgley, *Heart and Mind: The varieties of moral experience*, Harvester Press, Brighton 1981.

35 Morley, *Pictures from the Water Trade* (s.o. Anm. 18), S. 121.

36 Näheres bei Dexter Cate, »Die Insel des Drachens«, in: Peter Singer (Hg.), *Verteidigt die Tiere*, München 1988; engl.: »The Island of the Dragon«, in: Peter Singer (Hg.), *In Defence of Animals*, Basil Blackwell Ltd., Oxford 1985.

Kapitel 7

1 Tony Ashworth, *Trench Warfare, 1914-1918: The Live and Let Live System*, Holmes and Meier, New York, 1980; zitiert bei Robert Axelrod, *Die Evolution der Kooperation*, Oldenbourg, München/Wien, 3. Aufl., 1995, Kap. 4; engl.: *The Evolution of Cooperation*, Basic Books, New York 1984.

2 Diese Darstellung beruht auf der Arbeit von Peter Munch in der

Zusammenfassung bei Raoul Naroll in *The Moral Order*, Sage Publications, Beverly Hills, Calif. 1983, S. 125-127. Siehe Peter Munch, *Crisis in Utopia*, New York Crowell, 1971. Das Zitat stammt aus Peter Munch, »Economic Development and Conflicting Values: A Social Experiment in Tristan da Cunha«, *American Anthropologist*, Bd. 72, 1970, S. 1309.

3   Axelrod, *Die Evolution der Kooperation* (s.o. Anm. 1), S. 25-49.
4   Die Rede von den »Betrogenen« und den »Betrügern« stammt von Dawkins, *Das egoistische Gen* (s.o. Kap. 5, Anm. 17).
5   Axelrod, *Die Evolution der Kooperation* (s.o. Anm. 1), S. 89.
6   Richard Christie und Florence Geis, *Studies in Machiavellianism*, Academic Press, New York 1970, S. 318-320, wo Untersuchungen von A. de Miguel und S. Guterman zitiert werden.
7   E. Westermarck, *The Origin and Development of Moral Ideas*, 2 Bde., Macmillan Publishing Company, London 1906.
8   Cicero, *De officiis*, I.47.
9   Siehe Chad Hansen, »Classical Chinese Ethics«, in: Peter Singer (Hg.), *A Companion to Ethics*, Basil Blackwell Ltd., Oxford 1991, S. 72.
10 Alvin Gouldner, »The Norm of Reciprocity«, *American Sociological Review*, Bd. 25, 1960, Nr. 2, S. 171.
11 Polybios, *Geschichte in 2 Bdn.*, 1. Bd., Artemis, Zürich/Stuttgart 1961, VI.6, S. 530; zitiert bei Westermarck, *The Origin and Development of Moral Ideas* (s.o. Anm. 7), Bd. 1, S. 42.
12 Gerald A. Larue, »Ancient Ethics«, in: Singer, *A Companion to Ethics* (s.o. Anm. 9), S. 32.
13 Solche Fehden sind in vielen Gesellschaften verbreitet; siehe Jacob Black-Michaud, *Cohesive Force: Feud in the Mediterranean and the Middle East*, Basil Blackwell Ltd., Oxford 1975; oder Altina L. Waller, *Feud: Hatfields, McCoys and Social Change in Appalachia, 1860-1900*, University of North Carolina Press, Chapel Hill, North Carolina 1988.

Kapitel 8

1   Näheres zum Leben Wallenbergs findet sich bei John Bierman, *Raoul Wallenberg. Der verschollene Held*, Droemer/Knaur, Mün-

chen 1983; engl.: *The Righteous Gentile*, Viking Press, New York 1981.

2 Siehe Thomas Kenneally, *Schindler's Ark*, Hodder and Stoughton, London 1982.

3 Samuel und Pearl Oliner, *The Altruistic Personality: Rescuers of Jews in Nazi Europe*, Free Press, New York 1988. Die vorher in diesem Absatz erwähnten Fälle stammen aus Kristen R. Monroe, Michael C. Barton und Ute Klingemann, »Altruism and the Theory of Rational Action: Rescuers of Jews in Nazi Europe«, *Ethics*, Bd. 101, Nr. 1, Okt. 1990, S. 103-123. Siehe auch Perry London, »The Rescuers: motivational hypotheses about Christians who saved Jews from the Nazis«, in: Macaulay u. Berkowitz, *Altruism and Helping Behavior* (s.o. Kap. 5, Anm. 1); Carol Rittner und Gordon Myers (Hg.), *The Courage to Care – Rescuers of Jews During the Holocaust*, New York University Press, New York 1986; Nehama Tec, *When Light Pierced the Darkness – Christian Rescuers of Jews in Nazi-Occupied Poland*, Oxford University Press, New York 1986; Gay Block und Malka Drucker, *Rescuers – Portraits of Moral Courage in the Holocaust*, Holmes and Meier, New York 1992.

4 Primo Levi, *Ist das ein Mensch?*, Hanser, München 1991, Ende von »Der Sommer«, S. 115, 117 f.

5 Die Geschichte von Corti und Delaney findet sich bei Jonathan Kwitny, *Acceptable Risks*, Poseidon Press, New York 1992.

6 The Blockaders, *The Franklin Blockade*, The Wilderness Society, Hobart 1983, S. 72.

7 *Conservation News*, Bd. 24, Nr. 2, April/Mai 1992.

8 Maimonides, *Mishneh-Torah*, VII.10, abgedruckt in Isadore Twersky, *A Maimonides Reader*, Behrman House, New York 1972, S. 136 f.

9 R. M. Titmuss, *The Gift Relationship*, Allen & Unwin, London 1971, S. 44.

10 Diese Zahlen beruhen auf den Auskünften der entsprechenden Registraturen im Juni/Juli 1992.

11 Alfie Kohn, *The Brighter Side of Human Nature*, Basic Books, New York 1990, S. 64.

12 B. O'Connell, »Already 1,000 Points of Light«, *New York Times*, 25.1.1989, S. A23. (Diesen Hinweis verdanke ich Kohn, *The*

Brighter Side of Human Nature [s.o. Anm. 11], S. 290.) Siehe auch *Time*, 8.4.1991.

13 Die Erzeugung von Körperpflegemitteln in Sprühdosen sank 1989 gegenüber dem Vorjahr um 11 Prozent: Chemical Specialty Manufacturers Association, *The Rose Sheet*, Federal Department of Conservation Reports, Chevy Chase, Maryland, Bd. 11, Nr. 50, 10.12.1990.

14 »Doing the Right Thing«, *Newsweek*, 7.1.1991, S. 42 f.

15 Die Zitate stammen aus Titmuss, *The Gift Relationship* (s.o. Anm. 9), S. 227 f.

16 E. Lightman, »Continuity in social and policy behaviors: The case of voluntary blood donorship«, *Journal of Social Policy*, Bd. 10, 1981, Nr. 1, S. 53-79; J. A. Piliavin, D. E. Evans und P. Callero, »Learning to ›give to unnamed strangers‹: The process of commitment to regular blood donation«, in: E. Staub u.a. (Hg.), *Development and Maintenance of Prosocial Behavior: International Perspectives on Positive Morality*, Plenum Press, New York 1984, S. 471-491; J. Piliavin, »Why do they give the gift of life? A review of research on blood donors since 1977«, *Transfusion*, Bd. 30, 1990, Nr. 5, S. 444-459. Von Aristoteles siehe die *Nikomachische Ethik*. Den Gesichtspunkt dieses Absatzes entnehme ich aus »Giving Blood: The Development of Generosity«, unsignierter Artikel in: *Issues in Ethics*, Bd. 5, 1992, Nr. 1, Center for Applied Ethics, University of Santa Clara, Calif.

Kapitel 9

1 Die Geschichte dieser Aufdeckung wird dargestellt bei A. N. Prior, *Logic and the Basis of Ethics*, Oxford University Press, Oxford 1949.

2 Einige Philosophen haben das zu zeigen versucht und die Frage selbst, die wir diskutieren, für widerspruchsvoll erklärt. Siehe z.B. Stephen Toulmin, *The Place of Reason in Ethics*, Cambridge University Press, 1961, S. 162. Das ist aber aus den angegebenen Gründen falsch. Nichts Substantielles kann von der Definition eines Wortes abhängen. Mehr dazu in meiner Arbeit »The triviality of the debate over ›Is-Ought‹ and the definition of ›moral‹«,

American Philosophical Quarterly, Bd. 10, 1973, S. 51-56.

3 Siehe den Ausspruch von Rabbi Hillel im *Babylonischen Talmud*, Mo'ed, Sabbath, Abschn. 31a, und Konfuzius, Lun Yu XV.23 und XII.2, zitiert bei Westermarck, *The Origin and Development of Moral Ideas* (s.o. Kap. 7, Anm. 7), Bd. 1, S. 102; Marcus Aurelius, *Commentarii*, IV.4.

4 Das ist natürlich eine sehr knappe Zusammenfassung; interessierten Leserinnen und Lesern sei empfohlen: R. M. Hare, *Freedom and Reason*, Oxford University Press, Oxford 1965, und R. M. Hare, *Moral Thinking*, Oxford University Press, Oxford 1981.

5 J.-J. Rousseau, *Emile oder über die Erziehung*, Schöningh, Paderborn 1971, 5. Buch, Abschn. »Die Erziehung der Frau«, S. 415.

6 Ebd., S. 409, 420.

7 Sigmund Freud, »Einige psychische Folgen des anatomischen Geschlechtsunterschieds«, *Gesammelte Werke*, S. Fischer, Frankfurt, M., Bd. 14, 1948, ⁴1968, vorletzte Seite der Abhandlung (S. 29 f.).

8 Zitiert bei Jean Grimshaw, »The Idea of a Female Ethic«, in: Singer, *A Companion to Ethics* (s.o. Kap. 7, Anm. 9), S. 496.

9 Carol Gilligan, *Die andere Stimme. Lebenskonflikte und Moral der Frau*, Piper, München 1988; engl.: *In a Different Voice: Psychological Theory and Women's Development*, Harvard University Press, Cambridge, Mass. 1982. Die ursprüngliche Diskussion des Dilemmas findet sich bei Lawrence Kohlberg, »Zusammenhänge zwischen der Moralentwicklung in der Kindheit und im Erwachsenenalter«, in: Wolfgang Althof (Hg.), *Die Psychologie der Moralentwicklung*, Suhrkamp, Frankfurt, M. 1995; engl.: »Continuities and Discontinuities in Childhood and Adult Moral Development Revisited«, in: *Collected Papers on Moral Development and Moral Education*, Moral Education and Research Foundation, Cambridge 1973. Siehe auch Lawrence Kohlberg, *The Philosophy of Moral Development*, Harper and Row, San Francisco 1981.

10 Nel Noddings, *Caring: A Feminine Approach to Ethics and Education*, University of California Press, Berkeley, Calif. 1984, S. 153-159.

11 Eine knappe Kritik der Grundlage für Gilligans Schlußfolgerungen findet sich bei Susan Faludi, *Backlash*, Chatto & Windus, London 1992, S. 361-366.

12 Alison Jaggar, »Feminist Ethics: Projects, Problems, Prospects«, in: Claudia Card (Hg.), *Feminist Ethics*, University Press of Kansas, Lawrence 1991, S. 79-103, besonders S. 92, 94. Eine weitere allgemeine Betrachtung der feministischen Ethik findet sich bei Grimshaw, *The Idea of a Female Ethic* (s.o. Anm. 8).

13 Persönliche Mitteilung von Carla Bennett, People for the Ethical Treatment of Animals, Washington, DC, 15.5.1992.

14 Gilligan, *Die andere Stimme* (s.o. Anm. 9), S. 32.

15 Matth. 16:28; siehe auch Matth. 10:23 und 24:34; Mark. 9:1 und 13:30; Luk. 9:27.

16 Matth. 24:44.

17 Matth. 6:2-4.

18 Siehe Matth. 5:6-7; Jesus spricht auch über Lohn und Strafe bei Matth. 19:27-30 und 25:31-46; Mark. 3:29, 8:34-38, 9:41-48, 10:21; Luk. 9:24-25, 12:4-5, 14:7-14.

19 Immanuel Kant, *Grundlegung zur Metaphysik der Sitten*, Akademie Ausgabe, Bd. 4, S. 398 (Originalausgabe [Reprint: Fischer, Erlangen 1984] S. 10). Kantkenner werden zweifellos einwenden, in anderen Schriften habe sich Kant anders geäußert und seiner Moralphilosophie ein versöhnlicheres Gesicht gegeben. Das hat er zweifellos. Ich stelle hier keine Behauptung über die Konsistenz von Kants Philosophie auf; ich behaupte nur, daß er die hier wiedergegebene Auffassung vertreten hat, und zwar in dem Werk, das viele für sein bestes auf dem Gebiet der Moralphilosophie halten.

20 F. H. Bradley, *Ethical Studies* (1876), 2. Aufl., Oxford University Press, Oxford 1959, S. 63.

21 Hannah Arendt, *Eichmann in Jerusalem*, Piper, München 1964, VIII, S. 174. Später widersprach sich Eichmann und sagte, er habe aufgehört, nach Kantischen Grundsätzen zu leben, als er mit der Durchführung der Endlösung betraut worden war. Das könnte sich auf die Vorstellung des Lebens nach einem allgemeinen Gesetz beziehen, oder vielleicht auf Kants andere Formulierung des kategorischen Imperativs, wonach andere Menschen stets als Zweck an sich selbst und nicht als Mittel behandelt werden sollen. Ich behaupte nicht, daß Kants Ethik, richtig verstanden, zum Massenmord führe, sondern nur, daß der Gedanke, wir sollten unsere Pflicht um der Pflicht willen erfüllen, ohne nach weiteren

Begründungen zu fragen, fehlgeleitet und gefährlich ist.

22 Raul Hilberg, *Die Vernichtung der europäischen Juden*, 3 Bde., Fischer, Frankfurt, M. 1983, S. 348; engl.: *The Destruction of the European Jews*, Quadrangle, Chicago 1961, S. 218 f.

23 Sören Kierkegaard, *Gesammelte Werke*, 4. Abt.: *Furcht und Zittern*, Diederichs, Düsseldorf 1950, »Lobrede auf Abraham«, Beginn (S. 12).

24 F. P. Ramsey, »Epilogue«, in: R. B. Braithwaite (Hg.), *The Foundations of Mathematics and Other Logical Essays*, Routledge & Kegan Paul, London 1931, S. 289.

25 *Das Gilgamesch-Epos*, Kohlhammer, Stuttgart u.a. [6]1985; das Zitat stammt aus 10.II (altbabylon. Version, Meißner-Fragment), S. 88.

26 Roshi Philip Kapleau, *To Cherish All Life*, The Zen Center, Rochester, N.Y. 1981, S. 27-30.

27 Siehe Anthony Ashley Cooper, 3. Earl of Shaftesbury, *Characteristics of Men, Manners, Opinions and Times* (1711); Joseph Butler, *Fifteen Sermons preached at the Rolls Chapel and A dissertation of the Nature of Virtue,* T. A. Roberts (Hg.), S. P. C. K., London 1970; David Hume, *Ein Traktat über die menschliche Natur* (s.o. Kap. 5, Anm. 18), engl.: *A Treatise of Human Nature.*

Kapitel 10

1 Albert Camus, *Der Mythos von Sisyphus*, Rowohlts deutsche Enzyklopädie Nr. 90, 1959, I, Beginn, S. 9.

2 Ebd., IV (»Der Mythos von Sisyphos«), »Der ewige Rebell«, letzter Satz, und letzte 2 Sätze des Buches (ohne Anh.).

3 Richard Taylor, *Good and Evil*, Prometheus, Buffalo, N.Y. 1984 (1. Aufl. Macmillan, New York 1970).

4 Betty Friedan, *Der Weiblichkeitswahn oder die Selbstbefreiung der Frau* (gekürzte Ausgabe), Rowohlt, Reinbek 1984; engl.: *The Feminine Mystique*, Penguin Books, Harmondsworth, Middlesex 1965, S. 19.

5 Richard Gould, *Yiwara Foragers of the Australian Desert*, Collins Publishers, London 1969, S. 90.

6 Trump, *Überleben ganz oben* (s.o. Kap. 1, Anm. 8), S. 5.

7   Thorstein Veblen, *Theorie der feinen Leute*, Fischer, Frankfurt, M. 1987, S. 45 f.; engl.: *The Theory of the Leisure Class* (1899), Unwin Books, London 1970.

8   Ebd., S. 103 f.

9   Ebd., S. 139.

10 Ebd., S. 48.

11 Lewis, *Wall Street Poker* (s.o. Kap. 1, Anm. 7), S. 274.

12 Taylor, *Circus of Ambition* (s.o. Kap. 4, Anm. 55), S. 176 f.

13 Tom Wolfe, *Fegefeuer der Eitelkeiten*, Droemer/Knaur, München 1990; engl.: *Bonfire of the Vanities,* Farrar, Straus & Giroux, New York, 1987, S. 329 f.

14 Michael Maccoby, *The Gamesman: The New Corporate Leaders*, Bantam Books, New York 1978, S. 111.

15 Connie Bruck, *The Predator's Ball*, S. 302, 314.

16 Alfie Kohn, *No Contest: The case against competition*, Houghton Mifflin, Boston 1986, S. 111.

17 Ebd., S. 112 f.

18 ABC News, »20/20«, Nachschrift #1221, ABC Television, New York, 15.5.1992, S. 5.

19 Joseph Veroff, Richard Kulka und Elizabeth Douvan, *Mental Health in America: Patterns of Help-Seeking from 1957 to 1976*, Basic Books, 1981, zitiert bei Bellah u.a., *Gewohnheiten des Herzens* (s.o. Kap. 2, Anm. 6), S. 143.

20 Peter Brown und Henry Shue, »Introduction«, in: Peter Brown und Henry Shue (Hg.), *Food Policy: The Responsibility of the United States in the Life and Death Choices*, Free Press, New York 1977, S. 2.

21 Viktor Frankl, *Der Mensch auf der Suche nach Sinn. Zur Rehumanisierung der Psychotherapie*, Herder, Freiburg 1973, S. 105 f.

22 Bellah u.a. *Gewohnheiten des Herzens* (s.o. Kap. 2, Anm. 6), S. 17.

23 M. Scott Peck, *Der wunderbare Weg*, Goldmann, München 1989; engl.: *The Road Less Travelled*, Arrow Books, London 1990, S. 58 f.

24 Bellah u.a., *Gewohnheiten des Herzens* (s.o. Kap. 2, Anm. 6), S. 157, 172.

25 Ebd., S. 160.

26 Ringer, *Werde Nr. 1* (s.o. Kap. 1, Anm. 18), S. 23 f.

27 Gail Sheehy, *In der Mitte des Lebens*, Droemer/Knaur, München

1989; engl.: *Predictable Crises of Adult Life*, Bantam Books, New York 1977, S. 251.

28 Viktor Frankl, *Die Sinnfrage in der Psychotherapie*, Piper, München, 1981, S. 131.

29 Ebd., S. 132 f.

30 Bradley, *Ethical Studies* (s.o. Kap. 9, Anm. 20), S. 96.

31 H. Sidgwick, *The Methods of Ethics*, 7. Aufl., Macmillan, London 1907, S. 405.

32 Bellah u.a., *Gewohnheiten des Herzens* (s.o. Kap. 2, Anm. 6), S. 41 f.

33 Ebd., S. 191.

34 Ebd., S. 196.

35 Friedan, *Der Weiblichkeitswahn* (s.o. Anm. 4), S. 225 f.

36 Robert Bly, *Eisenhans. Ein Buch über Männer*, Kindler, München 1991, S. 213; engl.: *Iron John*, Element Books Ltd., Longmead, Shaftesbury 1990.

37 *Shelley's ausgewählte Dichtungen*, Verlag des Bibliographischen Instituts, Leipzig [um 1900], S. 315; engl.: Thomas Hutchinson (Hg.), *The Poetical Works of Shelley*, London 1904, S. 550.

38 Siehe Bertrand Russell, »The Expanding Mental Universe«, in: Robert Egner und Lester Dononn (Hg.), *The Basic Writings of Bertrand Russell*, Allen & Unwin, 1961, S. 392 f.; siehe auch »What I Believe«, ebd., S. 371.

39 Ebd., S. 393.

Kapitel 11

1 Dazu siehe Peter Singer, *Marx*, Oxford University Press, Oxford 1980, S. 75 f.

2 Ich verwendete die Metapher von der Rolltreppe in meinem Buch *The Expanding Circle: Ethics and Sociobiology* (s.o. Kap. 5, Anm. 2), S. 88; Teile des vorliegenden Abschnitts stützen sich auf dieses Buch. Im wesentlichen das gleiche Argument findet sich bei Colin McGinn, »Evolution, Animals and the Basis of Morality«, *Inquiry*, Bd. 22, 1979, S. 91.

3 John Aubrey, *Brief Lives*, hrsg. von A. Clark, Oxford University Press, Oxford 1898, Bd. 1, S. 332.

4   Gunnar Myrdal, *An American Dilemma*, Harper & Row, New York 1944, Anh. 1.

5   Zu den Grundlagen dieser Auffassung und der Bewegung, zu der es Anlaß gab, siehe mein Buch *Animal Liberation. Befreiung der Tiere*, 2. Aufl., Rowohlt, Reinbek 1996.

6   *Marx-Engels-Gesamtausgabe*, Bd. 3, Dietz, Berlin, 1962: *Deutsche Ideologie*, I »Feuerbach«, 2. »Über die Produktion des Bewußtseins«, S. 47 f.

7   Eine eingehendere Diskussion dieser Fragen findet sich in meinem Buch *Praktische Ethik* (s.o. Kap. 1, Anm. 16), S. 232-234.

8   Matth. 22:39; *Babylonischer Talmud*, Mo'ed, Sabbath, Abschn. 31a; Lun Yu XV.23 und XII.2, zitiert bei Westermarck, *The Origin and Development of Moral Ideas* (s.o. Kap. 7, Anm. 7), Bd. 1, S. 102; *Mahabharata*, XXIII.5571.

9   Luk. 10:29-37.

Index

Abtreibung s. Schwangerschaftsunter-
brechung
Adams, Douglas 115, 211 f.
Agarwal, Anil 60 f.
Akers, John 37
Alexander, Richard 101 ff.
Allsop, David 185
Altruismus 31, 102 f., 120-123
 - gegenüber Verfolgten 122, 175-
 181,190
 - nichterblicher 117 f.
 - Blutspende 101, 186, 190 f., 206 f.
 - Entwicklungstendenz 160
 - Knochenmarkspende 186 f.
 - mütterlicher 105 f.
 - indirekte Gegenseitigkeit 122 f.
 - freiwillige Leistungen und Spenden
 187 f.
 - bei Tieren 103 f.
 - s.a. Gruppensolidarität, Kooperation
Araskog, Rand 37
Arbeit und Freizeit in westlichen Gesell-
schaften 221-226
Aristoteles
 - Calvin und 80 f.
 - zum Geldverdienen 70 ff.
 - zum Handel 72
 - und jüdisch-christliche Lehre 77
 - zu Platon 215
 - und Ausübung der Tugend 47, 191
 - Unfruchtbarkeit des Geldes 72
 - zum Zins 72, 77
Ausgleich s. Entschädigung
Außenseiter, Haltung gegenüber
 - Bosnien-Herzegowina 148
 - bei Hitler 119
 - in Japan 135, 146 ff.
Auto(industrie) 22, 51, 55, 90 f., 139
 - Kraftstoffverbrauch 90 f.
 - Sicherheit 90 f.
Axelrod, Robert 152, 156 f., 160, 162,
164, 168
Ayer, J. J. 211, 215

Baida, Peter 85
Bakker, Jim 96

Bakunin, Michail 252
Barnard, F. A. P., zu Spencer 86
Battaglia, Letizia 38 f.
Bauer, Wayne 240 f., 242, 245, 249
Bell, Daniel 24
Bellah, Robert 35, 40, 44, 47, 234 f.,
 240-242
 - zum Individualismus 44, 47
 - zur Psychotherapie 234 f., 240
Bellamy, David 184
Bentham, Jeremy 216
Bevona, Gus 37
»Die Bewegung« 93 f.
 - für »menschliche Potenzen« 94
Bhagwan Shree Rajneesh 97
Bly, Robert 241 f., 245
The Body Shop 188 f.
Boesky, Ivan 11-15, 70, 84, 95, 99, 231
 - zur Habgier als Tugend 20
 - Vermögen 11
 - Verwertung interner Informationen
 12 ff., 19
Boesky, Seema 231
Bond, Alan 70, 99
Bradley, F. H. 208, 239
Brown, Lester 63
Bruck, Connie 230
Buddhismus 25, 142 f., 206, 213 ff.
 - und Tiere 213 f., 248
 - Zen- 142, 214
Bush, George, US-Präsident
 - Amnestien in der Iran-Contra-Affäre
 38
 - Golfkrieg 166
 - Japan-Besuche 22, 138 f.
 - Kürzung der Mittel für Bedürftige
 39
Butler, Bischof 215

Calvin, Johannes
 - und Aristoteles 80
 - zum Geld 80 ff.
 - Prädestinationslehre 80
 - zur Scholastik 80
Camus, Albert 219
Cardoso, A. 182

Carey, Dr. George, Erzbischof von
  Canterbury 27
Carnegie, Andrew
  - »Evangelium des Reichtums« 87
  - Rechtfertigung der sozialen Un-
    gleichheit 87 f.
Carwardine, Mark 115
Cate, Dexter 147
Chicagoer Acht 93
China und der Treibhauseffekt 59 f.
Christie, Richard 161
Christliche Lehre
  - vom Eigentum 74, 77 f.
  - zur Gemeinschaft 74
  - Rückgang des Glaubens 210 f.
  - Jesus 73, 159, 203 f., 210, 259
  - Lohn und Strafe 29, 204
  - Nächster im japanischen Verständnis
    145 f.
  - moderne 27, 204
  - pervertiert 96, 193 f.
  - zum Reichtum 73 f.
  - die andere Wange hinhalten 159 f.
  - s.a. jüdisch-christliche, katholische,
    protestantische Lehre
Cicero zur Gegenseitigkeit 170
Corti, Jim 183

Dart, Justin 95
Davis, Rennie 93
Delaney, Martin 183
Dingell, John 37 f.
Donner, G. u. J. 112
Dostojewski, F. 210
Dritte Welt
  - Armut 51 f.
  - Entwicklungshilfe 252
  - Gebiete in geringer Meereshöhe
    59, 61 f.
  - Ressourcenverbrauch 60 f., 232
  - Behandlung der Tiere 248 f.
  - Verkauf von Nieren 105 f.
Durning, Alan 63

Easterlin, R. A. 66
Egoismus 101-123
  - biologische Argumentation 102-105
Ehe als Kooperation 163
Ehrgeiz, persönlicher, als Lebensideal
  30

Eichmann, Adolf 176
  - Berufung auf Kant 208 f.
Eigenes Interesse
  - amerikanische Gesellschaft 33-41
  - aufgeklärtes 32
  - und Ethik 14-17, 29-32, 174, 194
  - individuelles und gemeinschaftliches
    67 f.
  - als wichtigstes Lebensziel 15 ff.,
    27 f., 122 f.
  - Krise in der westlichen Gesellschaft
    33
  - s.a. Altruismus, Häftlings-Dilemma,
    Kooperation
Einkaufen als Erholung 225
Elektrizitätserzeugung, verschiedene
  Methoden 66 f.
Ellis, Bret Easton 239
Engagement, persönliches 163 f., 181-
  185, 240-242, 245, 247-254
  - s.a. Japan
Engels, Friedrich 9
  - zu Individualismus und Gemein-
    schaft 44 f.
Entschädigung 171
Entscheidung
  - beschränkte 14
  - grundlegende 11-32
  - und Macht 18 ff.
  - Theorie der rationalen E. 31
Erwerbsstreben 28, 51 f., 185
  - Gesellschaft 88 f.
  - s.a. Konsum, Konsumentenhaltung
Erwiderung guter und schlechter
  Handlungen 164-172
Ethik
  - ethisch leben 175-192
  - der 1990er Jahre 27 f.
  - angeblich Betrug 101 f.
  - im Geschäftsleben 192, 202
  - und Gesellschaft 27 f.
  - und Glück 18 ff.
  - und Individuum 27 f.
  - und eigenes Interesse 14-17, 29-32,
    174, 194
  - und persönliche Beziehungen 17
  - und Politik 26 ff.
  - praktische Anwendung 253 f.
  - und Lebenspraxis 194
  - als Regelwerk 193 f.
  - Nutzen von Regeln 197

- Auswirkungen des Rückgangs der Religion 210 f.
- religiöse 25 ff.
  - der politischen Rechten 26 ff.
- nichtreligiöse 25 ff.
- universale Perspektive 247-265
- Universalisierbarkeit 196 f.
- angeblicher Verfall 194
- Wandlungstendenzen 28
- Wesen der 193-217
- s.a. Altruismus, Kooperation, Verwandtschaft
Evolution 115-122
- und Altruismus s. Altruismus: Entwicklungstendenz
- und Egoismus 102 f.
- der Kultur s. Kultur: Entwicklung
- evolutionär stabile Strategie 117
- Sozialdarwinismus 86
Existentialismus 14 f., 30, 211, 219

Falwell, Jerry 96
Familie s. Verwandtschaft
Feminismus
- Herausforderung herrschender männlicher Auffassungen 31
- zu den Geschlechterrollen 198 f.
- s.a. Geschlechterrollen, Frauen
Fernsehen 30
Fitzgerald, Francis 40
Flavin, Christopher 62 f.
Frankl, Viktor 233 f., 237 f., 242
Franklin, Benjamin 83 f.
- als Kapitalismustheoretiker 82 ff.
- als Philosoph 84 f.
Frauen
- modernes Leben 221-226
- und Schwangerschaftsunterbrechung 26
- s.a. Feminismus, Geschlechterrollen
Freizeit und Arbeit in westlichen Gesellschaften 221-226
Freud, Sigmund
- zu den Geschlechterrollen 198
- Persönlichkeitstheorie 29
Freundschaft 161
Friedan, Betty 221, 241 f.
Fukuyama, Francis 24

Galbraith, J. K. 63 f.
Gegenkultur (der 1960er Jahre) 91-94, 113
Gegenseitigkeit 170 f., 259, 264 f.
- s.a. Kooperation
Geld
- bei Aristoteles 70 ff.
- als Erfolgsmaßstab 51 f., 95, 226 ff.
- jüdisch-christliche Lehre 73-79
- katholische Lehre 74-78, 81 f.
- protestantische Lehre 79-82
- bei William Penn 82
- als Selbstzweck 69 f.
- Ziel der 1990er Jahre 27 f.
- s.a. Habgier, Zins
Gemeinschaft
- Beispiele 43
- Gruppensolidarität 115-123
- und Individualismus 41 f.
- als Moralnetze 41
- als Platons Ideal 70 f.
- auf Tristan da Cunha 150 f.
- Verlust der 40-49
- und Zins 73
- s.a. Kibbuz, Kooperation, Verwandtschaft
»Gerechte« (Einsatz für Verfolgte) 122, 175-181, 190
Gerechtigkeit
- als ethisches Problem 28, 170
- und Glück 19
- Probleme 16 f., 24 f., 28, 250-254
- s.a. Ressourcen, Tiere, Umwelt
Geschichtstheorien 23-26
Geschlechterrollen 197-202
- bei Freud 198
- bei Gilligan 198-202, 249
- bei Hegel 198
- bei Jaggar 200
- in Japan 144 f.
- bei Noddings 199 f.
- bei Rousseau 197, 200
- bei Schreiner 198
- bei Suzuki 200 f.
- bei Wollstonecraft 198
Gesellschaft
- liberaldemokratische marktwirt-schaftliche 23 f.
- marxistische Utopie 23 f., 26
- Vertrag 42 f.
- s.a. Japan, Kultur, USA

Gilder, George 97 f.
Gilgamesch, König von Uruk: Moral
  212 f.
Gilligan, Carol, zu den Geschlechter-
  rollen 198-202, 249
Gilmore, David 107 f.
Gitlin, Todd 30
Gleichheitsideal 85
Glück
  - kein Zusammenhang mit Überfluß
    64 f., 68
  - als Ziel 195 f.
Gotama, Siddhartha, s. Buddhismus
Gouldner, Alvin 170
Grayson, Donald, über Verwandt-
  schaftsgruppen 112
Griechische Antike 42, 70 ff., 206
  - s.a. Aristoteles, Platon, Sokrates
Gruppe
  - und Außenseiter 119, 148
    - in Japan 145 f., 148
  - und Individuum in Japan 139-148
  - s.a. Gemeinschaft, Japan,
    Verwandtschaft
Gruppensolidarität 115-123
Gutfreund, John u. Susan 21, 228

Habgier
  - Jahrzehnt der (die 1980er Jahre)
    20 ff., 35-39, 65, 95
  - Folgen 22, 27 f.
  - als »etwas Gutes« 20, 95
  - Managergehälter 36 f., 98 f., 137 ff.
  - s.a. Reagan, USA
Häftlings-Dilemma 31, 152-158,
  167 ff.
Haldane, J. B. S. 109 f.
Hammurabi, Kodex 171
Hardin, Garrett 103
Hare, R. M. 141, 196
Hawthorne, Nathaniel, über Benjamin
  Franklin 83
Hedonismus, Paradoxie des 31, 239 f.
Hegel, G. W. F.
  - zur Gemeinschaft 42
  - Theorie der Geschichte 24
  - zu den Geschlechterrollen 198
Heldentum
  - in China 181
  - gegenüber Verfolgten 122, 175-181,

190
  - kulturbedingtes 19 ff.
  - in Osteuropa und Rußland 181
  - s.a. Altruismus
Hillel, Rabbi 259
Himmler, Heinrich, zur Pflicht 209
Hitler, Adolf
  - Beschwichtigungspolitik gegenüber
    165
  - bedient sich des Hasses gegen
    Außenseiter 119
Hobbes, Thomas 42 f., 48, 122 f.,
  254 f., 261 f.
Holloway, Wanda 114
Holmes, Richter 87
Homosexualität als ethisches Problem
  26
Honorius von Autun über das Geld 74
Hubbard, Ron L. 95 f.
Hume, David 25, 117, 215
Hunt, Thomas P. 85

Icahn, Carl 21
Ideologie, Ende der 24
Individualismus
  - extremer 44
  - Gefahr für die Gemeinschaft 40-44
  - und Kapitalismus 43 ff.
  - s.a. USA
Industrialisierung und Verstädterung,
  ethische Auswirkungen 161 f.
Interne Informationen, unzulässige
  Verwertung beim Wertpapierhandel
  12 ff., 19, 173, 231
Interesse, eigenes s. Eigenes Interesse

Jaggar, Alison, zu den Geschlechter-
  rollen 200
James, Marra 241 f., 245, 249
Japan
  - Arbeitszeit 127, 144
  - »nicht auffallen« 136, 148
  - Autoindustrie 22, 139
  - Baseballmannschaften 135 f.
  - Bescheidenheit ein Muß 137
  - Familienleben 126, 144 f.
  - Fortdauer des Feudalismus 127 ff.
    145
  - Firma als ethische Gemeinschaft

127-139
- Firma als »große Familie« 130-135
- Fleischgenuß und Buddhismus 213 f.
- Geschichte 127-130
- Geschlechterrollen 145
- Gruppe und Individuum 139-148
- Harmonieideal 134 ff.
- Kriminalität 143
- Kinder 136 f., 144 f.
- Kleidung 136 f.
- Konflikt und Kooperation 135 f.,
  148
- Kritik erzeugt Unbehagen 148
- Kultur 125-148
- Loyalität als höchste Tugend 126-
  130, 245
- Meiji-Restauration 128
- Modernisierung 128 f.
- »Nächstenliebe«: Verständnis-
  problem 145 f.
- Mangel an Naturschätzen 143
- Neid auf Amerika 145
- öffentliche Verantwortung,
  Mangel an 148
- Partikularismus 135 f., 145 f.
- Rang 137
- Sprache 140 ff., 145 f.
- Einstellungen zu Tieren und Umwelt
  147 f., 213 f.
- Überarbeitung, Tod durch 144 f.
- »Uedagin«-Bank (Rohlen) 130 ff.,
  134 f., 138, 142 f.
- Wirtschaft 126, 143
  - Leistungen 22
- Wohnung 140
Jüdisch-christliche Lehre
- und Aristoteles 77
- vom Geld 73-79
- Rückgang des Glaubens 210 f.
- »Gerechte« (Einsatz für Verfolgte)
  122, 175-181, 190
- Rabbi Hillel 259
- zum Zins 73 ff.
- s.a. christliche, katholische,
  protestantische Lehre
Junk Bonds s. Wertpapierhandel

Kant, Immanuel
- Moralphilosophie 204-210, 215
- Theorie der Vernunft 29, 255

Kapital s. Ressourcen
Kapitalismus
- Erziehung zum 85 f.
- ethische Rechtfertigung 69
- und Individualismus 43 ff.
- s.a. USA
Kapleau, Roshi Philip 214
Katholische Lehre vom Geld 74-78, 80f.
- Bernard von Siena 76
- gegenüber dem Calvinismus 81 f.
- zum Geiz 76
- Johannes von Salisbury 76
- Konzil von Vienne 75
- Laterankonzil 75
- Papst Gregor 74
- Papst Leo d. Gr. 74
- Petrus Damianus 76
- Thomas von Chobham 75
Kelley, Kitty 95
Kibbuz 113
Kierkegaard, Sören 210
King, Martin Luther 251
Klimaveränderung 17, 24 f.
- Artenverlust 59
- Beteiligung Chinas 59 f.
- Intergovernmental Panel on Climate
  Change 59
- Konvention auf der Weltgipfel-
  konferenz von Rio 60, 62
- Anstieg des Meeresspiegels 59, 61 f.
- Treibhauseffekt 17, 58-62, 264
Klugheit, praktische 229
Kohlberg, Lawrence
- moralische Entwicklung des Kindes
  198 f.
Kohn, Alfie 187, 230
Koiso, Akio 144
Kommunikation, moderne 257
Kommunismus s. Lenin, Marx, Sozialis-
mus, Stalinismus
Konfuzianismus 25, 170, 259
Konkurrenz
- als Bedürfnis 227, 229
- in Japan 135 f., 148
- im Westen 226-231
Konsum
- Autos 55, 90 f.
- Bodenschätze 55, 60
- »demonstrativer« 51 f., 58, 96 f.,
  226 ff.
- als Verschwendung 227

- Fleisch 55, 57 ff.
Konsumentenhaltung 27 f., 51, 63 f.,
89 ff., 226 ff.
- ethische 188
- als Ideal 27 f., 30
- Plünderungen 48 f.
- Werbung 90 f.
Kooperation
- Beispiel »Max und Lyn« 151 f.,
154 f., 169
- Ehe als 163
- Entwicklung 149-174, 264 f.
- beim Häftlings-Dilemma 31, 152-
158, 167 ff.
- Ingangsetzung 163 f.
- Förderung bei Kindern 167 f.
- Selbsterhaltung durch Selbstlosigkeit
157 f.
- bei Tieren 158, 161
- auf Tristan da Cunha 150 f.
- im 1. Weltkrieg 47, 149
- s.a. Gemeinschaft
Kravis, Henry 21
Krebshäufigkeit 56
Kriminalität
- in Japan 143
- in Los Angeles 35, 48 f.
- in New York 34 f.
- in den USA 33 f.
- Waffengebrauch 34 f., 36
Krugman, Paul 98
Kürnberger, Ferdinand 88
Kultur
- der Arapaho 120
- der australischen Ureinwohner
(Aboriginals) 125
- Niedergang 222 f., 225
- der Cheyenne 120
- Entwicklung 118-121
- Japans 125-148
- der Kung 125
- der USA 33-41

Landry, Tom 230
Landwirtschaft
- industrielle 27, 57, 183, 223 f., 248
- nicht nachhaltige 56-59
- Viehzucht: Futteraufwand 57 f.
Laski, Harold 88
Lauper, Cindy 97

Lebensstil
- Fernsehen 30
- gutes Leben 17 f.
Lebensziel 221-245
Leggatt, Jeremy 59
Lenin, W. I. 23, 253
Letzte Entscheidung 11-32
Levi, Primo 180 f.
Levine, Dennis 12 f.
Lewis, Michael 20 f., 228
Lightman, Ernie 191
Locke, John, über die Gesellschaft 43
Lorenzo 180 f.
Los Angeles
- Kriminalität 35
- Unruhen und Plünderungen (1992)
48 f.
Luther, Martin
- spricht Mittelschicht an 79
- Priestertum aller Gläubigen 79
Lynch, Peter 21

Maccoby, Michael 229
Machiavellismus 161 f.
Madonna 97
Männer als Konkurrenten 226 f.
- s.a. Geschlechterrollen
Managergehälter 36 f., 98 f., 137 ff.,
259
Maharai Ji (»der vollkommene Meister«)
93
Maimonides (»goldene Leiter der Mild-
tätigkeit«) 185 f., 204
Marx, Karl
- über Kapitalismus und Gesellschaft
44 ff.
- *Kommunistisches Manifest* 44
- Kritik an 45 f., 252 f.
- Utopismus 23, 26
- Verfälschung seiner Theorien 32
- über die Vernunft 256 f.
Materialismus s. Konsumentenhaltung
Mather, Cotton, über das Geld 82
McKibben, Bill 24
Medikamentenmißbrauch 224 f.
Meeresspiegel s. Klimaveränderung
Mellon, Sydney 118
Metropolitan Museum of Art
(New York), gesellschaftliche
Veranstaltungen 97

Milken, Michael 21, 84, 99, 230
Mill, John Stuart 108
Mißbrauch von Forschungsmitteln 37 f.
Moral
- bei Buddha 213 f.
- Gilgameschs 212 f.
- bei Kant 204-210, 215
- Sexual- 26 f., 193 f.
- bei Sokrates und Platon 18 ff., 214
- Verwandtschaft und Gegenseitigkeit 170 f.
- s.a. USA
»Moralische Mehrheit« 96
Morley, John 136, 140, 145 ff.
Munch, Peter 150
Myrdal, Gunnar 256

Nachhaltiges Wirtschaften, Erfolge 67
Nachsicht 172
Nader, Ralph 91
Naroll, Raoul 40 f.
Natarajan, Renuka 105 f.
Nationalsozialismus 175-181, 190, 209, 237 f.
Neid 172 f.
Neuseeland, Steuern 28
New York, Kriminalität 34 f.
Nicholas, N. J. (Time-Warner Inc.) 37
Nicholls, Thomas 88
Nietzsche, Friedrich 238
Nocera, Joseph 37
Noddings, Nel, über Geschlechterrollen 199 f.
Noonan, John, zum Zins 74 f.
Nullsummenspiel 167, 172 f., 226

Ökologie s. Umwelt
Oliner, Samuel 178

Packard, Vance 90
Parfit, Derek 25 f., 27
Parker, Thomas 85 f.
Peck, M. Scott 234 f.
Penn, William, über das Geld 82
Perdue, Frank 248
Pickens, T. Boone 21
Platon 214 f.
- zur Familie 113

- ideale Gemeinschaft 70 f.
- Der Ring des Gyges 18 ff., 214
Politik
- und Ethik 27 f.
- Neue Linke der 1960er Jahre 24
- Religiosität und die politische Rechte 26 ff.
Polybios über die Pflicht 171
Postel, Sandra 62
Protestantische Lehre vom Geld
- Calvin 80 ff.
- Luther 79
Psychotherapie 231-239

Rassismus als ethisches Problem 27
Ramsey, Frank 211
Raymond, Bobby 36
Read, Mark »Chopper« 17
Reagan, Nancy 95
Reagan, Ronald, US-Präsident
- Amtsantritt 95
- Eßgeschirr im Weißen Haus 95
- Iran-Contra-Affäre 38
- Klüngelwirtschaft 95
- Kürzung von Sozialleistungen 39, 95
- Obdachlosigkeit in den USA 38 f.
- die Reichen werden reicher 95-99
»Reaganomics« 95-99
- Theorie der Ausstrahlung auf die Armen 98
Rechtfertigung der sozialen Ungleich- heit 52, 87 f., 98
Rechtfertigung unethischer Handlungen 17
Redefreiheit, Bewegung für 20, 93
Reed, Dimity u. Josh 105 f.
Reich, Charles 91 f.
Ressourcen
- Atmosphäre 56, 59-62
- Begrenztheit 24 f.
- fossile Brennstoffe 57, 62 f., 66
- Mangel in Japan 143
- menschliche 11-15
- Mineralien 55, 60
- Plünderung des Planeten 17, 24 f., 28, 56
- Verbrauch 55 ff., 60 f., 232 f.
- Verbraucherländer 60 f.
- Vorteile der Erhaltung 66 ff.
- Wälder 24 f., 56

- Abholzung 58
- Wiederverwendung 67
- Worldwatch Institute 62
- s.a. Klimaveränderung, Landwirt-
  schaft
Rezession der 1990er Jahre 22
Riefenstahl, Leni 119
Ring des Gyges (Platon) 18 ff.
Ringer, Robert J. 30, 235 f.
Roberts, Oral 96
Rockefeller, David u. Peggy 98
Rockefeller, John D., Jr.
- Rechtfertigung des Kapitalismus 86
Rohlen, Thomas 128 f., 134 f., 138
Ross, Steven 37
Rossman, Michael 93
Rousseau, Jean-Jacques 52 f.
- über die Geschlechterrollen 197 f.
- Kritik durch Adam Smith 53
Ruben, Harvey 230
Rubin, Jerry 94
Russell, Bertrand 243 f.

Sahlins, Marshall 111
Sartre, Jean-Paul
- über die Entscheidung 15
- Existentialismus 15, 211
Schwangerschaftsunterbrechung als
  ethisches Problem 26, 185
Schickel, Richard, über die Unruhen
  von Los Angeles (1992) 49
Schindler, Oskar 177 f., 190
Scholastiker, zum Zins 77, 80 f.
Schreiner, Olive 198
Schuller, Robert 96
Schulweis, Harold 175
Selbsttötung 219
Seward, Jack, u. Van Zandt, Howard
  132 f., 137
Shaftesbury, Earl of 215
Sheehy, Gail 236 f.
Shelley, Percy B. 243
Shibusawa, Eiichi 130
Sidgwick, Henry 23, 111, 216 f., 240,
  250, 262
Siegfried, André 81 f., 88
Sinai, Allen 65 f.
Singer, Peter 101
Sisyphus 219 ff., 233, 237, 243 f., 260
Skelly, Alan 182

Smith, Adam 68, 125
- zum Erwerbsstreben 53 f.
- Befürworter des Kapitalismus 51 ff.
- Kritik an Rousseau 53
- Rechtfertigung der Ungleichheit 52,
  61, 85, 98
Smith, J. Maynard 117
Smith, Robert 141
Sokrates
- Der Ring des Gyges 18 ff.
- subversiv 42
- zur Vernunft 214 f.
- s.a. Platon
Sozialdarwinismus 86
Sozialismus
- in Rußland und Osteuropa per-
  vertiert 125 f.
- Schimpfwort 89
- s.a. Kibbuz
Soziobiologie 103
Spencer, Herbert 86 f.
Spira, Henry 247 ff., 251, 261
Stalinismus 23, 32, 253
Steinberg, Laura u. Saul 97
Stephen, Andrew, zu den Unruhen in
  Los Angeles (1992) 49
Steuern
- als ethisches Problem 28, 169 f.
- in Neuseeland 28
- in den USA 39
Suzuki, David 200 f.
Swaggart, Jimmy 96

Tawney, R. H. 88 f.
Taylor, Richard 220 f., 233, 237, 242,
  244
Teresa, Mutter (Kalkutta) 103, 120 f.
Thomas von Aquin
- zu Aristoteles 77
- zum Privateigentum 77 f.
Thompson, J. Walter 188
Tiere
- Altruismus bei 103 f.
- Befreiung der 181 ff., 185, 247 ff.
  - »People for the Ethical Treatment
    of Animals« 182, 201
  - stärkere Beteiligung von Frauen
    200 f.
- Behandlung
  - in der Dritten Welt 248 f.

- in Japan 147, 213 f.
- Experimente mit
  - American Museum of Natural
    History 247 f.
  - Kosmetikindustrie 188 f., 217 f.,
    262
  - Revlon 247
- Haustiere 59
- industrielle Tierproduktion 27,
  57 f., 183, 223 f., 248
- Kooperation bei 158, 161
- Erzeugung von Methan durch 58
- Patentierung 46
- Rechtslage 46 f.
  - kein Schutz der Delphine 46 f.
- soziale 158
- Untätigkeit bei 223 f.
- Unterwerfungsgeste 104
Tisch, Laurence u. Jonathan 97
Titmuss, Richard 190
Tocqueville, Alexis de, über Amerika
  40, 43, 88
Tönnies, Ferdinand 41, 43
Townend, Christine u. Jeremy 248 f.,
  251
Treibhauseffekt 17, 58-62, 264
- s.a. Klimaveränderung
Tristan da Cunha 150 f.
Trump, Donald 21, 51, 84, 226
Tugend, Ausübung, bei Aristoteles 47,
  191

Überfluß
- Gewöhnung 64 f.
- kein Zusammenhang mit dem
  Glücklichsein 64 f., 68
- Verpflichtungen angesichts des 26 f.
Umwelt
- Altruismus aus Selbstbestimmung
  188 f.
- Australian Conservation Foundation
  185
- Erhaltung 27
- Erhaltung des Franklin River in
  Australien 184
- Zerstörung 17, 24 f.
- s.a. Klimaveränderung, Ressourcen
Ungleichheit, soziale
- Rechtfertigung 52, 87 f., 98
- bei Rousseau 52 f.

Universale Perspektive 247-265
Unparteilichkeit 171
USA
- Autoindustrie 51, 90 f., 139
- Bettler 39
- Council on Economic Priorities 188
- Eigennutz als Grundlage der Gesell-
  schaft 33-41
- Einkommen 65 f., 98 f.
- mangelnder Familienzusammenhalt
  40
- Fixierung auf das Geld 81-89
- frühe 81 f., 85 f.
- Verlust der Gemeinschaft 40 f.
- Kriminalität 33 f., 48 f.
- Mobilität 40
- Moral
  - Abgeordnete 36
  - Gewerkschaftler 37
  - Manager 36 f., 139
  - Universitäten 37 f.
- Obdachlosigkeit 38 f.
- psychische Probleme 231-239
- Ressourcenverbrauch 55, 61, 232
- Socialist Labor Party (1887) 89
- Steuern 39
- Überfluß 64
- Unabhängigkeitserklärung 255
- 14. Verfassungsergänzung 86 f.
- Wirtschaftsexpansion in der Folge
  des 2. Weltkriegs 89 f.
- Wohnungsbaumittel 39
- s.a. Habgier (Jahrzehnt der)

Van den Berghe, Pierre 103
Van Zandt, Howard s. Seward
Veblen, Thorstein 226 -229
Vietnam, falsche Sicht auf 166
Vergeben s. Nachsicht
Vernunft
- bei Kant 29, 255
- bei Marx 256 f.
- bei Sokrates 214 f.
- als Werkzeug 254-258
Verwandtschaft 170
- Eheleute 111
- Mutter und Kind 105-108
- Vater und Kind 108
- Eltern und Kind 113 ff., 258 f.
  - in den USA 40

298

- Geschwister 111, 160
- Sorge für 105-115
- Überleben in Verwandtschafts-
  gruppen 112
- Fortbestand der Familie 113 f.
- s.a. Gemeinschaft, Kibbuz
Verzeihen s. Nachsicht

Walker, Carolyn, Senatorin 36
Walker, Stuart 230 f.
Wall Street (Film) 21 f., 226
Wallenberg, Raoul 175 ff.
Watkins, Brian 33 f.
Weber, Max 69
- zu Benjamin Franklin und dem Geiz
  81 f.
Weinberger, Caspar, Amnestie für 38
Weiss, Peter 92
Weltgipfelkonferenz von Rio 60
- s.a. Klimaveränderung
Wertpapierhandel, -händler 11 ff.,
  20 ff., 51, 228, 230
- Junk Bonds 12
- Vermögen 11, 20 f.
- unzulässige Verwertung interner
  Informationen 12 ff., 19, 173, 231
Wettbewerb s. Konkurrenz
Westermarck, Edward 106 f., 111, 170
Wie-du-mir-so-ich-dir 149-174
- s.a. Kooperation
Wilson, Edward O. 103, 120 f.
Wirtschaften, nachhaltiges: Erfolge 67

Wirtschaftswachstum 55
- als Fetisch 46, 62-66
- Ressourcenverbrauch 55-59
- nicht nachhaltig 59-62
- Theorie der Ausstrahlung auf die
  Armen 98
Wirtschaftsrationalismus und GATT
  46 f.
Wittgenstein, Ludwig 211
Wolfe, Tom 228 f.
Wollstonecraft, Mary 198
Worldwatch Institute
  (Washington, DC) 62, 66

Yamauchi, Tomasaburo 141 f.
Yippies 94

Zen-Buddhismus 142, 214
Zimmerman, Mark 132
Zins
- bei Aristoteles 72, 77
- bei Calvin 80 f.
- und Gemeinschaft 73
- jüdisch-christliche Lehre 73 ff.
- Juden als Geldverleiher 75
- bei John Noonan 74 f.
- Scholastiker 77, 80 f.
  - Ausnahmeregelungen 80 f.
- s.a. Geld
Zusammenarbeit s. Kooperation

Über den Autor

Peter Singer wurde 1946 in Melbourne, Australien, geboren und studierte Philosophie an der University of Melbourne und an der University of Oxford, England. 1971 bis 1973 war er Radcliffe Lecturer an der University of Oxford, anschließend Dozent bzw. Professor an der New York University, der University of Colorado in Boulder, der University in Irvine und an der australischen La Trobe University.

Singer ist heute Professor der Philosophie, Co-Direktor des Institute of Ethics and Public Affairs und Stellvertretender Direktor am Centre for Human Bioethics der Monash University in Melbourne.

International bekannt wurde Singer durch sein Buch *Animal Liberation.* Er ist der Verfasser des Übersichtsartikels »Ethics« in der neuesten Ausgabe der *Encyclopedia Britannica.*

1992 wurde Singer zum Gründungspräsidenten der International Association of Bioethics gewählt. Viele Jahre war er außerdem Präsident von Animal Liberation (Victoria) und ist heute Präsident der Australian and New Zealand Federation of Animal Societies. Er ist Mitbegründer und Präsident des Great Ape Project, einer internationalen Bewegung zur Durchsetzung von Rechten für die Großen Menschenaffen. 1996 war er Kandidat der Grünen bei den Senatswahlen in Australien. Peter Singer ist verheiratet und hat drei Töchter.

In deutscher Sprache sind von Peter Singer weiterhin erschienen:

– *Praktische Ethik*, Reclam, Stuttgart 1984 (2., rev. Auflage 1994).
– *Muß dieses Kind am Leben bleiben? Das Problem schwerstgeschädigter Neugeborener*, (mit Helga Kuhse), Fischer, Erlangen 1993.
– *Animal Liberation. Die Befreiung der Tiere*, Rowohlt, Reinbek 1996.

Er ist Herausgeber von:

– *Verteidigt die Tiere. Überlegungen für eine neue Menschlichkeit,* Paul Neff, Wien 1986.
– *Menschenrechte für die Großen Menschenaffen. Das »Great Ape Projekt«,* (mit Paola Cavalieri), Goldmann, München 1994.